国家社科基金
后期资助项目
GUOJIA SHEKE JIJIN HOUQI ZIZHU XIANGMU

价值和积累理论

The Theory of Value and Accumulation

孟 捷 著

社会科学文献出版社
SOCIAL SCIENCES ACADEMIC PRESS (CHINA)

题 记

献给我的父母
孟繁炳先生和温耀群女士

国家社科基金后期资助项目
出版说明

后期资助项目是国家社科基金设立的一类重要项目，旨在鼓励广大社科研究者潜心治学，支持基础研究多出优秀成果。它是经过严格评审，从接近完成的科研成果中遴选立项的。为扩大后期资助项目的影响，更好地推动学术发展，促进成果转化，全国哲学社会科学规划办公室按照"统一设计、统一标识、统一版式、形成系列"的总体要求，组织出版国家社科基金后期资助项目成果。

全国哲学社会科学规划办公室

前　言

　　与本书相关的研究和写作，开始于 2002 年前后，当时我正经历第二次负笈留学的生活——在日本京都大学从事博士后研究。自那时以来陆续写下的一系列论文，逐渐形成了本书的主干。在日本以及前此在英国访学期间，我开始了解和学习当代演化经济学。作为一个志在研究马克思主义经济学的青年学人，我很快就意识到演化经济学对于马克思主义经济学的发展或创造性转化的意义，并开始了对这两种理论的比较研究。一些初步的研究成果曾收入 2001 年出版的《马克思主义经济学的创造性转化》一书中。稍后，作为丛书主编，我还和中国人民大学出版社的马学亮同志一起策划翻译了一套介绍演化经济学的丛书（共七册），于 2007年出版。读者会看到，对演化经济学研究主题和方法的借鉴，在本书多章（如第 1、第 6、第 7 章）都有体现，我乐意将此视为本书在理论风格上的特色之一。

　　本书在内容上涉及劳动价值论、剩余价值论和资本积累论。为了帮助读者了解本书，我想在此以总括的方式对书中讨论的主要问题（或问题群）略做些介绍。这些问题大致可分述为三个方面。其一，由劳动价值论入手，结合资本积累论，本书考察了马克思主义经济学和市场经济的非均衡与不确定性之间的关系。在马克思主义经济学中，一直有两种分析传统：一种是将劳动价值论理解为马歇尔式的解释均衡价格的静态理论，另一种则将其理解为解释资本主义经济的非均衡和不确定性的理论工具。这两种分析传统的差异，首先体现在围绕两种社会必要劳动概念的争论中。本书坚持并发展了后一种传统，即认为劳动价值论是一个关于资本主义经济的动态非均衡理论的组成部分。为此我们重新诠释了马克思的两种市场价值理论，从非均衡的立场协调了这两种理论的关系。

在此基础上，本书还将非均衡视角引入价值转形问题的研究。在以往的研究中，价值转形通常是以某种方式与均衡条件联系在一起的。一种根深蒂固的观点认为，价值转形的结果，即经过利润率平均化而形成的生产价格，是一种长期均衡价格，除非生产的技术条件和实际工资率发生改变，否则生产价格将不会变化。本书基于文本分析批评了这种观念，指出以一般利润率为前提的生产价格，并不一定是和再生产均衡相对应的均衡价格，而是可以和非均衡相对应的。

在这一观念的指引下，本书还从非均衡的立场出发考察了利润率下降规律。在《资本论》第三卷中，马克思虽然意识到利润率下降是和资本积累的基本矛盾相关联的，但在以资本有机构成解释利润率下降时，他还是撇开了资本积累的矛盾来讨论利润率下降规律。在现代马克思主义经济学中一直被争论的"置盐定理"，虽然表面看来与马克思的结论不同，但其赖以成立的前提和马克思其实是一样的：两者都假设，对利润率变化的研究应该在假定再生产均衡的前提下进行。本书批评了这一假设，并从资本积累的基本矛盾以及由此产生的再生产失衡的立场出发，对马克思的理论和"置盐定理"进行了再考察，提出了更具有一般性的解释利润率动态的理论模型。

其二，本书有多章探讨了技术进步和价值创造的关系。对这两者关系的探讨属于剩余价值论的范畴。在分析这些问题时，本书运用并发展了成正比理论。成正比，即劳动生产率提高与单位时间创造的净产出价值量成正比的理论，是由中国学者提出和发展的。这个理论为丰富和发展剩余价值论和资本积累论提供了更大的空间。运用这一理论，本书进一步解释了超额利润的来源；说明了劳动和资本在价值创造中的正和关系赖以存在的条件；同时探讨了发展一种内生增长理论的可能性。

同属这一问题群的，还有部门内企业代谢竞争的理论。在马克思的部门内竞争理论中，始终假设不同企业生产的是"种类相同，质量也接近相同的商品"。在此假设的基础上，部门内竞争被还原为同质产品之间的价格竞争。然而，一旦引入演化经济学注重的企业组织知识专有性的问题，马克思的模型就必须加以修改。在同一部门内，产品是可以差异化的，因为生产这些产品的企业是以各自掌握的不同知识为前提进行生产的，并在此前提下围绕产品的性价比开展竞争。由此就会带来书中指出的部门内竞争的动态层级结构（不同于马克思模型里的动态平面结构和新古典完全竞争理论里的静态平面结构），以及与之相适应的可持久存在的利润率等级。本书利用马克思的市场价值理论，分析了部门内企业代谢竞争的特点以及市场价值规律在这一竞争模型里的运作方式。值得指出的是，在概念上得以明确的这种部门内的代谢竞争，还可用于解释一国的经济发展或赶超。关于后进国家经济赶超的理论，应以一种适当的部门内竞争理论为基础，无论是新古典经济学还是传统马克思主义经济学，都没有提供这样的理论。遗憾的是，这一点迄今尚未引起足够的注意。

在上述讨论的基础上，本书全面分析了传统剩余价值论赖以建立的诸多假设条件，探讨了重新界定劳动力价值等核心概念的可能性和必要性，以期重构剩余价值论，进一步扩大其解释的范围。在我看来，剩余价值率的决定取决于两大阶级的力量对比和各阶级内部的竞争，而不必依赖于工人的必要生活资料在一定时代始终不变，以及劳动力价值是在价值形成过程之前预先给定的已知量等为马克思所倚重的假设。除了强调阶级斗争的重要作用以外，本书还探讨了投资对于剩余价值率的影响。尽管阶级斗争对于利润和工资的划分是至关重要的，但投资及其所固有的不确定性，也会给作为国民收入余额的工资份额的变化带来实质性影响。我们把前一种注重阶级斗争的作用的观点称作**决定剩余价值率的阶级斗争理论**，把后一种强调投资作用的观点称为**决定剩余价值率的投资理论**。像《工资、价格和利润》或莱博维奇的《超越〈资本论〉》那样，仅仅关注工人阶级提高工资的斗争是远远不够的。纯粹以提高工资为目的的斗争，其成功与否要以更为广阔的经济和政治环境为条件。

其三，本书对马克思经济学中一些悬而未决的传统疑难问题，如复杂劳动还原、价值转形、利润率下降等做了新的解释。本书批判地考察了过往关于复杂劳动还原的理论，尤其是希法亭的理论，在汲取这些理论的合理要素的同时，重新诠释了教育培训劳动（以及研究开发活动）与产品价值形成过程的关系，分析了复杂劳动还原的条件和机制。在此基础上，我们提出应同时立足于两种社会必要劳动的概念，将希法亭和鲁宾所代表的两种理论传统经过适当的修正综合在一个框架里。在本书提出的模型里，复杂劳动还原系数是由价值生产方程和价值实现方程共同构成的。关于复杂劳动还原的研究为成正比理论奠定了基础，同时也为发展马克思主义的竞争理论，以及发展内生增长理论开辟了前景。

在价值转形研究中，本书一反由鲍特基维茨开创的将投入加以转形的做法，提出价值转形应以在生产过程中形成的产出价值为起点，投入的价值并不能直接决定产出的价值。这一主张回归到了马克思转形研究的传统。在当代转形理论中，"新解释"最先提出类似观点。"新解释"认为，投入生产的活劳动总量若乘以劳动时间的货币表现，应等于以货币度量的净产品价值。"新解释"所倚重的这一总量相等条件，虽然局限于净产品，但其优点在于，它与投入是否转形全然无关。本书批判地重估了"新解释"的思想史意义，并在下述方面进一步发展了"新解释"所倡导的进路：利用冯金华提出的实现价值方程，将这一进路由净产品推广到总产品；结合第二种社会必要劳动的概念，对转形所需服从的总量一致命题做了新的阐释——转形不仅是从价值到生产价格的转形，在考虑非均衡和市场价值概念的前提下，也是从第二种含义的市场价值向市场生产价格的转形。

值得指出的是，在研究上述所有三个方面的问题时，本书一以贯之地坚持将两种社会必要劳动概念相结合的立场，以此为前提构建了诸如复杂劳动还原、部门内企业的代谢竞争、价值转形、利润率变动等数理模型。在此，我要特别提及冯金华教授近年来从事的一项出色的研究，由于他的努力，我们得以利用数理手段表达第二种含义的社会必要劳动概念，这极大地便利了本书的研究。

收入本书的各章均曾作为论文独立发表过，但在汇编成书时，我又对多篇旧文做了实质性的修改和补充，其中以第 1 章的改动为最大，其他如第 4 章、第 8 章（尤其是第 3 节）也有一些重要的补充和修改。如蒙读者引用，请以本书的内容为准。此外，书中各章在不同程度上采用了数理分析，但变量符号未能在各章间完全统一，敬请读者谅解。

2014 年以来，我和冯金华教授有过多次亲密无间、富有成效的合作，本书的第 2 章、第 7 章和第 10 章都是这一合作的产物，在此谨向冯金华教授致以诚挚的谢意。感谢林岗教授、程恩富教授、陈平教授、马艳教授、张忠任教授、荣兆梓教授、白暴力教授、李翀教授、张衔教授、李帮喜副教授，笔者在与他们多年交往中获益良多。同时要感谢我的学生骆桢、张雪琴、魏峰、孙小雨、马梦挺、秦蒙在研究和成书过程中给予的各种帮助。

本书的出版得到国家社科基金后期资助项目的支持，谨致谢忱。

2018 年早春

于沪上新江湾寓所

目　录

图表目录

第 1 章　劳动价值论与资本主义经济中的非均衡和不确定性：对第二种社会必要劳动概念的再阐释

20 世纪 70 年代，英国学者斯蒂德曼出版了《按照斯拉法思想研究马克思》一书，从斯拉法的理论出发，对劳动价值论提出了一个著名的诘难。斯蒂德曼认为，以生产的标准技术条件和实际工资为前提，可以构造一个生产价格体系，直接求解出一组生产价格，而不必像《资本论》那样，先确立价值体系，然后再向生产价格体系转形。基于这种考虑，斯蒂德曼主张，既然劳动价值论的理论功用是为了得出生产价格理论，而生产价格可以在给定物量数据时直接求取，那么劳动价值论便是纯粹多余的，可以安然将其放弃。

本章的主要目的之一便是回应斯蒂德曼的这个诘难。虽然这个诘难早在近半个世纪前就已提出，但自那时以来，马克思主义者一直没有达成一个足够充分并令人信服的反批判。针对斯蒂德曼的已有回应大多局限于指出，劳动价值论的分析功能在于理解资本主义的剥削关系；一旦放弃劳动价值论，我们将无法解释这种剥削的特殊性。[1] 在笔者看来，这类反批判就其本身而言固然是正确的，但把劳动价值论的分析功能局限

---

[1] 英国学者罗桑的论文代表了对斯蒂德曼诘难的这一类回应，见 B. Rowthorn, "Neo-Classicism, Neo-Ricardianism and Marxism", in *Capitalism*, *Conflict and Inflation* (London: Lawrance and Wishart, 1980)。在国内学者中，白暴力较早考察了斯蒂德曼的理论观点，他提出："斯蒂德曼的实物利润理论不能说明利润的实体和资本主义社会的基本生产关系及社会本质——剥削。而马克思建立在劳动价值论基础上的剩余价值和利润理论则能完善地说明这些问题。"见白暴力《论价格直接基础》，西北工业大学出版社，1986，第138 页。

于对剥削关系的解释，又造成另一种片面性，即忽略了劳动价值论同时也是把握资本主义经济中固有的不确定性的理论工具，这种不确定性意指资本主义生产的手段和目的、条件和结果之间的联系的不确定性，它既存在于微观即个别企业的层面，也存在于宏观即整个经济的层面。价值概念所表达的这种不确定性，意味着劳动价值论是一个关于资本主义经济演化的非均衡理论的组成部分。

斯蒂德曼认为，《资本论》第一卷在起调节作用的（或标准的）生产技术条件与商品价值量之间建立了决定论式的因果关系。对《资本论》的这一解读，是斯蒂德曼提出上述诘难的理论出发点。令人遗憾的是，马克思主义者迄今为止并未对此解读提出一个透彻的批判，相反，许多人竟而默认了这种解读。《资本论》第一卷虽然详细考察了价值概念，但在那里价值概念仍是未完成的，必须结合在第三卷得到较多论述的市场价值概念，才能就生产的技术条件和商品价值量的关系达成一个全面的理解。在马克思经济学中，劳动价值论最终服务于建构一个关于资本主义经济的动态非均衡理论。而斯蒂德曼所倡导的那种对马克思价值概念的理解，只会将劳动价值论导向一种静态均衡理论。在此意义上，笔者以为，由斯蒂德曼引发的这场延续了近半个世纪的争论，意义远远超出了通常理解的价值转形问题的范围，而关涉到马克思经济学的理论特质和作为一种经济学范式的存在意义。

1　问题的提出：斯蒂德曼对劳动价值论的诘难

在马克思主义经济学史上，有两次围绕"价值转形问题"（Transformation Problem）的争论。第一次争论肇始于20世纪初冯·鲍特基维茨对转形问题的研究。鲍特基维茨提出，马克思的转形方案仅限于将产出由价值转形为生产价格，投入或成本价格（不变资本和可变资本）则仍以价值来衡量，因而是不彻底的。基于这一考虑，鲍特基维茨重新设计了转形方案，将投入也由价值转形为生产价格。然而，在为模型求解时，鲍特基维茨发现，马克思针对价值转形提出的两个总量恒等式，即在转形之后全部产出的总价值等于总生产价格，总剩余价值等于总平均利润，无法同时得到满足，这便为后世的争论奠定了基础。[①]

由鲍特基维茨引发的这场争论，有时被称作"狭义转形问题"的争论。参与这一争论的学者——包括鲍特基维茨本人在内——虽然在转形模型的设计上不同于马克思，但主观上仍然是坚持劳动价值论的，这一点与新李嘉图主义者斯蒂德曼迥然不同。斯蒂德曼认为由价值向生产价格转形，是逻辑上不必要的迂回[②]，这便从根本上否定了劳动价值论，并开启了所谓"广义转形问题"的争论。

为便于读者理解这些争论，这里引入一个由鲍特基维茨率先采用的包含三部门的经济体系，三个部门分别是投资品、工资品和奢侈品部门。根据假设，工人只消费工资品，资本家只消费奢侈品。上述三部门年产品的价值构成为：

$$C_1 + V_1 + S_1 = W_1$$
$$C_2 + V_2 + S_2 = W_2$$
$$C_3 + V_3 + S_3 = W_3$$

其中，C、V、S 分别代表不变资本、可变资本和剩余价值，W 是各部门年产品的价值，下标 1、2 和 3 依次代表投资品、工资品和奢侈品部门。在这个价值体系的基础上，可以写出马克思的转形方案：

---

① 鲍特基维茨的研究在 20 世纪初发表后并未立即引起反响。20 世纪 40 年代，斯威齐出版了《资本主义发展论》一书，向英语世界介绍了鲍特基维茨的理论观点。此后不久，即在 20 世纪 50 年代，出现了第一次围绕转形问题的国际争论。自那时以来，关于转形问题的争论一直连绵不绝。关于转形问题的理论史，可参见张忠任《百年难题的破解：价值向生产价格转形问题的历史与研究》，人民出版社，2004。

② 斯蒂德曼：《按照斯拉法思想研究马克思》，吴剑敏、史晋川译，商务印书馆，1991。

$$(C_1 + V_1)(1 + r) = W_1 x$$

$$(C_2 + V_2)(1 + r) = W_2 y$$

$$(C_3 + V_3)(1 + r) = W_3 z$$

此处，r 是一般利润率（严格来讲，这一利润率是所谓价值利润率，其定义为总剩余价值和总成本价格之比），x、y、z 分别是三个部门产品的生产价格 – 价值比率。依照鲍特基维茨开创的转形研究传统，可以假设第三个部门的生产价格 – 价值比率 $z = 1$，这样一来，我们就有三个方程和三个未知数（x、y、r），从而可以求出方程的唯一解。

鲍特基维茨对马克思的转形方案提出了批评，认为这一方案仅将产出加以转形，没有考虑投入或成本价格的转形。若将投入转形，则可写出鲍特基维茨的转形方案：

$$(C_1 x + V_1 y)(1 + r) = W_1 x$$

$$(C_2 x + V_2 y)(1 + r) = W_2 y$$

$$(C_3 x + V_3 y)(1 + r) = W_3 z$$

与马克思的方案不同，在这个体系中，不仅年产品的价值转形为生产价格，成本价格即 $C + V$ 也同样实现了转形。相应的，在此体系中，一般利润率 r 也不再是通常理解的价值利润率，而是一种价格利润率。依然假设 $z = 1$，可求出该体系的三个未知数即 x、y、r 的唯一解。但问题是，正如鲍特基维茨所发现的，求解所得的结果，不能同时满足马克思为转形提出来的两个总量一致命题，即在转形后，总产品的价值等于其生产价格，总产品的剩余价值等于总平均利润，从而引发了关于狭义转形问题的争论。不过，鲍特基维茨虽然是这场争论的发起者，其转形方案仍是从价值体系出发的，换言之，劳动价值论对他的研究而言是默认的前提。与此不同，斯蒂德曼则对劳动价值论本身提出了诘难。

斯蒂德曼首先追问，构成价值体系的各项价值量即 C、V、S、W 是如何被决定的。为此他诉诸《资本论》第一卷，在那里马克思写道：

社会必要劳动时间是在现有的社会正常的生产条件下，在社会平均的劳动熟练程度和劳动强度下制造某种使用价值所需要的劳动时间。①

《资本论》第一卷的这一定义，通常被称为社会必要劳动的第一种含义，与社会必要劳动的第二种含义相对应。斯蒂德曼没有考虑社会必要劳动的第二种含义，而是直接从社会必要劳动的第一种含义出发，提出产品的价值量取决于他所谓的生产的物量数据（Physical Data of Production），后者不仅包括以投入 – 产出消耗系数为代表的生产的技术条件，还涉及实际工资率。在斯蒂德曼看来，只要给出这样一套物量数据，就能计算出各部门产品的价值量，即得到一个价值体系。斯蒂德曼进而在马克思和斯拉法之间进行了比较，指出依照斯拉法的理论，给定一套生产的物量数据，还可以在撇开价值体系的前提下，直接得出一个生产价格体系。斯蒂德曼认为，既然《资本论》叙述逻辑的最终结果是为了得出生产价格体系，像马克思那样由生产的物量数据出发先构筑一套价值体系，再将价值体系转形得出生产价格体系，就不如斯拉法的方法来得简洁，因而是逻辑上不必要的迂回。在此意义上，劳动价值论显得多余，"'转形问题'是一个虚幻的、无中生有的问题"②。

可以通过一个数例进一步说明斯蒂德曼的上述理论观点。假设经济中有三个部门，分别生产铁、谷物和黄金，三部门的标准技术条件如表 1 – 1 所示。

在表 1 – 1 的投入 – 产出关系中，铁是三个部门使用的唯一生产资料。工资率则假定为 1 天消费 1 单位谷物。由于工作日总量为 240，实际工资总量便为 240 单位谷物。在这个生产体系中，存在着物量形态的经济剩余，它由两部分构成，第一部分等于谷物的产量减去实际工资总量，

---

① 马克思：《资本论》第 1 卷，载《马克思恩格斯全集》第 23 卷，人民出版社，1972，第 52 页。

② 斯蒂德曼：《按照斯拉法思想研究马克思》，吴剑敏、史晋川译，商务印书馆，1991，第 2 页。

表 1-1　生产的物量数据：一个数例

部　门	铁的投入	工作日	产　出
铁	40	40	60
谷物	10	160	360
黄金	10	40	60
总计	60	240	

即以 360 单位减去 240 单位，等于 120 单位谷物；第二部分是奢侈品部门生产出来的 60 单位黄金，这部分黄金作为奢侈品完全由资本家消费。

现在我们从表 1-1 给定的物量数据出发，分别构造价值体系和生产价格体系。假设铁、谷物和黄金的单位价值量分别为 λ_i、λ_c、λ_g，可以写出下面的方程组：

$$40\lambda_i + 40 = 60\lambda_i$$

$$10\lambda_i + 160 = 360\lambda_c$$

$$10\lambda_i + 40 = 60\lambda_g$$

解此方程组，得 $\lambda_i = 2$、$\lambda_c = 1/2$、$\lambda_g = 1$，据此可求出上述三部门的不变资本和总产品的价值。若再用各部门的工作日减去所对应的可变资本（后者等于各部门实际工资总额乘以谷物的单位价值），还可得出各部门的剩余价值，分别为 20、80、20 单位。三部门年产品的价值构成就可写为：

$$80C + 20V + 20S = 120$$

$$20C + 80V + 80S = 180 \quad\quad (1-1)$$

$$20C + 20V + 20S = 60$$

该体系中的价值利润率（等于总剩余价值/总成本价格）为 0.5。

在马克思和鲍特基维茨那里，上述价值体系构成了向生产价格体系转形的起点。而在斯蒂德曼看来，在表 1-1 给定的物量数据的基础上，无须经过价值体系的中介，直接就可得出生产价格体系。假定 w 为货币工资率，p_i、p_c、p_g 分别为铁、谷物和黄金的生产价格，按照斯拉法的方法可以写出：

$$(40p_i + 40w)(1 + r) = 60p_i$$
$$(10p_i + 160w)(1 + r) = 360p_c \qquad (1-2)$$
$$(10p_i + 40w)(1 + r) = 60p_g$$

其中，r 为价格利润率。由于假设工人每天消费 1 单位谷物，故而 p_c 和 w 相等，另设 $p_g = 1$，则可解得 $r = 0.37$、$p_i = 3.15$、$p_c = w = 0.305$。

依照斯蒂德曼的观点，上述结果和通过鲍特基维茨的转形方案最终得到的结果是等价的。鲍特基维茨的转形方案可以写为：

$$(80x + 20y)(1 + r) = 120x$$
$$(20x + 80y)(1 + r) = 180y \qquad (1-3)$$
$$(20x + 20y)(1 + r) = 60z$$

其中，x、y、z 是产品的生产价格 - 价值比率，求解结果见表 1-2 中的第（2）列数字。将方程组（1-2）和方程组（1-3）相比较可以看到，根据鲍特基维茨模型得到的方程组（1-3）由方程组（1-1）所代表的价值体系脱胎而来，而斯蒂德曼根据斯拉法方法得到的方程组（1-2）则无须经过价值体系的中介。然而，若从结果即最终得到的一组生产价格和价格利润率的数值来看，两种进路并无不同，表 1-2 说明了这一点。

表 1 - 2　转形后的结果：数值比较

（1） 作为出发点的价值	（2） 鲍特基维茨方程中的价格 - 价值比率和价格利润率	（3） 转形后的生产价格 = （1）×（2）
$\lambda_i = 2$	$x = 1.575$	$p_i = \lambda_i \times x = 3.15$
$\lambda_c = 1/2$	$y = 0.61$	$p_c = \lambda_c \times y = 0.305$
$\lambda_g = 1$	$z = 1$	$p_g = \lambda_g \times z = 1$
价值利润率 $r = 0.5$	价格利润率 $r = 0.37$	

将表 1-2 给出的价格利润率和生产价格与根据斯拉法体系解出的结果相比较，可以看到两者在数值上是完全一致的。斯蒂德曼就此得出结论：

> 既然马克思的各种劳动量完全是以物质形式表现的实际工资和生产条件的衍生物，而这些物质的量本身足以决定利润率和生产价格，我们马上就可以得出结论，对于利润率和生产价格的决定来说，劳动时间量是没有意义的。[①]

斯蒂德曼的著作问世后，在西方政治经济学界产生了巨大影响。反对劳动价值论的人士自以为从他那里找到了有力的论据。而斯蒂德曼的马克思主义对手，一方面试图批判斯蒂德曼，另一方面却有意或无意地接受了他的理论预设，即在生产的物量数据和商品价值量之间所建立的单向的、决定论的关系。这样一来，马克思主义的批判就没有触及问题的要害，无法真正驳倒斯蒂德曼。

斯蒂德曼对劳动价值论的诘难，促使我们进一步反思生产的物量数据（尤其是生产的技术条件）和商品价值量之间的关系，并在全面考察马克思文本的基础上以一种不同于斯蒂德曼的方式解释这种关系。在此，有必要把本章的主要结论概括如下：在一个部门内起调节作用的生产技术条件，是不能脱离价值概念预先给定的，相反，价值概念是用来把握这种技术条件的必不可少的理论工具。美国著名马克思主义经济学家谢克曾提出了与此结论十分近似的观点，他写道：

> 什么决定了生产的物量数据呢？在马克思那里，答案是清楚的：这便是劳动过程。正是人类的生产活动，劳动的实际支出，把"投入"变成了"产出"，并且仅当劳动顺利地完成，我们才能有"生产的物量数据"。此外，如果劳动过程是商品生产过程，价值在这个过

[①] 斯蒂德曼：《按照斯拉法思想研究马克思》，吴剑敏、史晋川译，商务印书馆，1991，第42页。

程中会物化在使用价值的形式上。无论投入和产出都是体现为使用价值形式的物化价值，我们可以说，在实际过程中，**是价值决定了生产的物量数据**。①

遗憾的是，在谢克那里，这样重要的观点并没有得到进一步的论证，尤其是，谢克没有意识到，要论证这一观点，还有赖于重建马克思的市场价值理论。斯蒂德曼对生产技术条件和商品价值量的关系的理解，是以《资本论》第一卷对社会必要劳动时间的定义为基础的，这个定义并没有穷尽价值概念的含义。《资本论》对价值概念的规定，经历了从抽象到具体的过程，这一过程最终在《资本论》第三卷才接近完成，在那里马克思提出了更为具体的市场价值概念和社会必要劳动的另一种含义。只有在全面考察和重建马克思市场价值理论的基础上，才有可能回应斯蒂德曼的诘难，这也是笔者在本章中为自己设定的任务。

2　围绕两种市场价值概念的争论

2.1　两种市场价值概念与再生产均衡

在《资本论》里，尤其是在第三卷第十章，马克思为我们留下了两种社会必要劳动或两种市场价值理论。第一种理论可称作由生产的标准技术条件所决定的市场价值理论，用马克思的话来说：

> 市场价值，一方面，应看作是一个部门所生产的商品的平均价值，另一方面，又应看作是在这个部门的平均条件下生产的、构成该部门的产品很大数量的那种商品的个别价值。②

---

① A. Shaikh, "Neo‐Ricardian Economics—A Wealth of Algebra, A Poverty of Theory," *Review of Radical Political Economics* 1982, 14（2）：71‐72（重点标识是原有的）。

② 马克思：《资本论》第3卷，载《马克思恩格斯全集》第25卷，人民出版社，1974，第199页。

这个观点与《资本论》第一卷开篇对社会必要劳动时间的规定是一致的。依照这个观点，商品供求条件对市场价值自身的确定没有影响，只是造成市场价格围绕市场价值这个中心波动。

第二种理论可称作由需求参与决定的市场价值理论，按照这个理论，需求条件的变化，对商品市场价值的决定有直接影响。在《资本论》第一卷第三章讨论货币和商品的形式变换即 W－G－W 这个公式的时候，马克思就已涉及这个理论。马克思提出，假定有一个织麻布者，生产出为社会所需要的麻布，这些麻布能吸引多少货币呢？马克思就此回答道：

> 当然，答案已经由商品的价格即商品价值量的指数预示了……假定他（引者注：织麻布者）耗费在他的产品上的只是平均社会必要劳动时间。因此，商品的价格只是物化在商品中的社会劳动量的名称。但是，织麻布业的以往可靠的生产条件，没有经过我们这位织麻布者的许可而在他的背后发生了变化。同样多的劳动时间，昨天还确实是生产一码麻布的社会必要劳动时间，今天就不是了。货币所有者会非常热心地用我们这位朋友的各个竞争者定出的价格来说明这一点。真是不幸，世上竟有很多织麻布者。最后，假定市场上的每一块麻布都只包含社会必要劳动时间。即使这样，这些麻布的总数仍然可能包含耗费过多的劳动时间。如果市场的胃口不能以每码 2 先令的正常价格吞下麻布的总量，这就证明，在全部社会劳动时间中，以织麻布的形式耗费的时间太多了。其结果就象每一个织布者花在他个人的产品上的时间都超过了社会必要劳动时间一样。①

在这里，"每一码（引者注：麻布）的价值是耗费在麻布总量上的社

---

① 马克思、恩格斯：《马克思恩格斯全集》第 23 卷，人民出版社，1972，第 125～126 页。

会劳动量的一部分的化身"①，这个"社会劳动量"所带来的使用价值量，有可能在现行价格下过剩，这样一来，每一码麻布的价值量，或生产每一码麻布所需要的社会必要劳动时间，就必须同这种商品的社会需要的规模相适应而重新加以确定。

在《资本论》第三卷，马克思进一步发挥了这些观点。在地租篇的一段重要论述中，马克思提出社会必要劳动时间还"包含着另一种意义"：

> 事实上价值规律所影响的不是个别商品或物品，而总是各个特殊的因分工而互相独立的社会生产领域的总产品；因此，不仅在每个商品上只使用必要的劳动时间，而且在社会总劳动时间中，也只把必要的比例量使用在不同类的商品上。这是因为条件仍然是使用价值。但是，如果说个别商品的使用价值取决于该商品是否满足一种需要，那末，社会产品总量的使用价值就取决于这个总量是否适合于社会对每种特殊产品的特定数量的需要，从而劳动是否根据这种特定数量的社会需要按比例地分配在不同的生产领域……在这里，社会需要，即社会规模的使用价值，对于社会总劳动时间分别用在各个特殊生产领域的份额来说，是有决定意义的。但这不过是已经在单个商品上表现出来的同一规律，也就是：商品的使用价值，是它的交换价值的前提，从而也是它的价值的前提……社会劳动时间可分别用在各个特殊生产领域的份额的这个数量界限，不过是整个价值规律进一步发展的表现，**虽然必要劳动时间在这里包含着另一种意义**。为了满足社会需要，只有这样多的劳动时间才是必要的。在这里界限是通过使用价值表现出来的。②

---

① 马克思、恩格斯：《马克思恩格斯全集》第23卷，人民出版社，1972，第126页编者注2。
② 马克思、恩格斯：《马克思恩格斯全集》第25卷，人民出版社，1974，第716~717页（重点标识为笔者添加）。

围绕两种市场价值概念的争论，在某种程度上源于对规定和定义这两种方法的不同理解。从辩证方法的角度看，规定和定义是不同的，市场价值的双重含义事实上是两个具有互补性的规定，而不是彼此无关的、呆板的定义，这些貌似不同的规定在从抽象到具体的叙述过程中，最终将被综合为一个具体整体。匈牙利哲学家卢卡奇曾就规定和定义的区别做过一个透彻的说明，不妨引述如下：

> 我们是从规定的方法而不是从相反地从定义的方法出发的。这样我们就能回到辩证法的真实性基础上，回到对象的外延和内涵的无限性及其关系上来……定义是将其自身的局部性固定为终极的东西，这就必然歪曲现象的基本特性。而规定从一开始就将其自身视为多少带有暂时性的、需要补充的、其本质是在不断发展不断形成的、具体化的东西……**我们只能逐渐地、一步一步地接近对象，且对同一对象要在不同的联系中、在与各种其他对象的不同的关系中开展考察，并不否定这种方法在起始时的规定——把它作为错误的——而是相反地使它不断丰富、不断去接近该对象的无限性。**[①]

这段话有助于我们在方法论上理解两种市场价值规定之间的关系。这两种规定不是相互矛盾的，沿着第二种市场价值概念的方向发展马克思的市场价值理论，并非要否定第一种概念，将其视为错误，而是使其与新的规定相综合，得以丰富和发展。第一种市场价值概念是以均衡为前提的，当叙述过程进一步展开时，市场价值又会受到与非均衡相伴随的需求因素的影响，但即便如此，生产的技术条件仍然是市场价值的决定因素之一。

---

① 卢卡奇：《审美特性》第 1 卷，徐恒醇译，中国社会科学出版社，1986，前言，第 16～17 页。卢卡奇在该书前言里还提到，德国社会学家韦伯（卢卡奇曾是他的学生）在给他的一封信中，曾将马克思的这种辩证方法比作易卜生的戏剧——直至剧终人们才理解它的开端的含义。

在马克思主义经济学史上，围绕市场价值概念的争论最早发生在 20
世纪 20 年代的德国和苏联，当时非常活跃的经济学家鲁宾（I. I. Rubin，
又译卢彬）的著作记录了这场争论。① 20 世纪 70 年代，鲁宾的著作首度
翻译为英文，随即产生了广泛的国际影响。鲁宾将第二种社会必要劳动
称作"社会必要劳动的'经济'概念"，并对争论双方的立场做了如下
概括：

> 社会必要劳动的"经济"概念是指……商品的价值不仅取决于
> 生产率（它表现为在给定的平均技术条件下生产一种商品所必需的
> 劳动量），而且取决于社会需要或需求。这个概念的反对者（即那些
> 认为社会必要劳动时间由"技术"决定的人）则反对道，需求的变
> 化，如果没有伴随着生产率和生产技术的变化，只能带来市场价格
> 对市场价值的暂时的偏离，而不会给平均价格带来长期的永久的变

---

① 《资本论》第三卷问世后，上述两种市场价值概念的差异乃至矛盾并没有立即在马克思
主义内部或外部引发争论。庞巴维克是第一个从外部对劳动价值论发起攻讦的资产阶级
经济学家，他曾就价值转形、复杂劳动还原等一系列劳动价值论的核心问题提出了尖锐
的批评，却唯独没有触及市场价值的两种概念。与庞巴维克展开论战的希法亭也没有区
分这两种概念，但是，希法亭依靠正确的理论本能，看到了将两种市场价值概念结合起
来的必要性，他写道："经验能帮助我确定的，是为生产一种具体产品所需要的劳动的
具体支出。这个具体劳动在多大程度上是社会必要劳动，也就是说，在多大程度上影响
着价值的形成，要在下述条件下才能决定，也就是说，**我需要知道生产率的实际平均水
平、这一生产力所要求的强度，还需要知道社会需要多大数量的这种产品**。而这意味
着，我们在向个人询问社会所执行的职能。因为社会是唯一有能力计算价格水平的会
计，而且社会为此目的所使用的方法是竞争的方法。在市场的自由竞争中，**社会把一种
产品的所有生产者所耗费的具体劳动当作一个整体，而且社会只偿付那些其耗费是社会
必要耗费的劳动，因此正是社会表明了，具体劳动在多大程度上真正参与了价值形成和
价格的确定**。而'劳动券'和'构成价值'的乌托邦则是建立在下述幻想的基础上：
理论上的衡量尺度同时直接就是实际中的衡量尺度。与这种观念相适应的是把价值理论
看作获得一张价目表的手段，这张价目表越稳定越公平越好，而不是把价值理论看作
'发现现代社会运动规律的工具'。"见 R. Hiferding, "Bohm - Bawerk's Criticism of Marx,"
in P. Sweezy, ed., *Karl Marx and the Closure of His System* (New York: Augstus M. Kelley
Publishers, 1966), pp. 146 - 147（重点标识为笔者所加）。希法亭在此谈到的"劳动
券"和"构成价值"的观念，分别来自空想社会主义者格雷等人和小资产阶级社会主
义者蒲鲁东，并为马克思所批判。

化，也就是说，不会带来价值本身的变化。①

此后，在马克思主义经济学中就一直存在着两种相互对立的立场，但相较而言，市场价值的第一种概念具有更大的影响。日本著名马克思主义经济学家伊藤诚试图分析造成这一现象的原因，他写道：

> 如果供给和需求的比率决定市场价值的水平，那么价值由生产这种商品的内含的抽象劳动量所决定这一点就会受到损害，而且这样做类似于边际主义以供给和需求决定价格的理论。为了避免这一立场，多数马克思主义者在传统上偏爱马克思对市场价值的第一种定义，把市场价值理解为由生产一种给定商品在技术上所需要的平均劳动时间所决定的。②

然而，第二种市场价值理论与边际主义理论的相似性只是表面的，双方对需求及其作用的理解截然不同，在边际主义看来，需求变动是与商品价格严格地成反比的，而在第二种市场价值理论中，需求的改变在相当程度上具有和价格无关的自主性。更重要的是，边际主义的最终目的是达成一种均衡理论，以说明资本主义经济天然具有内在的稳定性；而第二种市场价值理论是揭示资本主义经济演化所固有的非均衡和不确定性特点的理论工具。在研究旨趣上，两种理论可谓截然相反。事实上，与边际主义的理论旨趣和分析假设真正体现出某种近似性的，反而是市

---

① I. I. Rubin, *Essays on Marx's Theory of Value* (Detroit: Black and Red, 1972), p. 185. 在我国经济学界，对两种社会必要劳动概念的探讨最早是由魏埙和谷书堂在 1955 年进行的 [见魏埙、谷书堂《价值规律在资本主义各个阶段中的作用及其表现形式》，《南开大学学报》（经济科学版）1955 年第 1 期；魏埙、谷书堂《价值规律在资本主义各个阶段中的作用及其表现形式》（第三版），上海人民出版社，1961]，后者在 50 年代初接受过苏联专家的培训。此后，在 1956～1958 年、1962 年前后以及 1982 年前后，分别出现了三次围绕该问题的争论。对这几次争论的简要介绍，可参见谷书堂、杨玉川《对价值决定和价值规律的再探讨》，《经济研究》1982 年第 2 期，第 18 页附注。

② M. Itoh, *Value and Crisis* (London: Pluto Press, 1980), p. 84.

场价值的第一种理论，这一点通常易为人忽略。这种近似性体现在，第一种市场价值理论依赖于均衡假设，并把劳动价值论理解为一个关于资本主义经济的均衡理论的组成部分。

在斯蒂德曼诘难提出以后，继续坚持第一种市场价值概念就变得十分困难了。由新李嘉图主义者挑起的这场论战，暴露出市场价值第一种理论的局限性，同时也使第二种市场价值理论成为唯一合理的发展方向。但令人遗憾的是，并不是所有马克思主义者都明确意识到这一点。

市场价值的第一种概念是与部门乃至整个经济的供求均衡相对应的；在供求失衡时，市场价格与市场价值相偏离，但市场价值本身仍由平均的技术条件所决定。从文本来看，这一理论和马克思的观点不尽符合。在《资本论》第三卷第十章，马克思曾明确将市场价值的决定和需求因素联系了起来：

> 在一定的价格下，一种商品只能在市场上占有一定的地盘，在价格发生变化时，这个地盘只有在价格的提高同商品量的减少相一致，价格的降低同商品量的增加相一致的情况下，才能保持不变。另一方面，**如果需求非常强烈，以致当价格由最坏条件下生产的商品的价值来调节时也不降低，那末，这种在最坏条件下生产的商品就决定市场价值。**这种情况，只有在需求超过通常的需求，或者供给低于通常的供给时才可能发生。最后，**如果所生产的商品的量大于这种商品按中等的市场价值可以找到销路的量，那末，那种在最好条件下生产的商品就调节市场价值。**[①]

在这段话里，马克思同时提到了需求变动和商品价格的两种关系：第一，需求变动和价格成反比，即当价格上升时需求下降，价格下降时

---

① 马克思、恩格斯：《马克思恩格斯全集》第 25 卷，人民出版社，1974，第 199~200 页（重点标识为笔者添加）。

需求上升；第二，需求的变化具有与价格无关的自主性，这意味着，即便价格提高，需求也有可能不减少，反之，即便价格下降，需求也可能不扩张。假如需求严格地伴随价格升降而反向变动，就不会出现马克思所分析的两种极端情形，即由最坏条件或最好条件下形成的个别价值调节市场价值，而只会出现市场价格与市场价值的偏离；在出现这种偏离后，市场还会自动调整，最终使产量和价格稳定在一个均衡点，形成由均衡产量和均衡价格（市场价值）构成的稳定组合。正如我们将要在第2.2 小节看到的，鲁宾就是利用需求和价格的这种函数关系，来论证市场价值第一种理论的。反之，如果我们承认需求的变动具有与价格无关的自主性，市场的这种自动调整机制及其所带来的唯一稳定的均衡组合就变得没有意义了。

在上述论断中，马克思没有进一步讨论与两种极端情形相对应的需求条件是如何形成的，而只是抽象地谈论了这类需求条件存在的可能性。一方面，价格下降，需求却不扩张，是与部门内产品的结构性过剩相联系的；另一方面，价格提高，需求却不减少，对应于部门的结构性稀缺。在《资本论》的地租篇，我们可以发现后一类情形的实例；至于前一类情形，则存在于那些出现周期性生产过剩的工业部门中。结构性过剩和结构性稀缺的并存和在一定条件下的相互转化，正是经济增长过程中结构性转变的特征，也是经济非均衡的表现形式。①

在其名著《马克思〈资本论〉的形成》中，罗斯多尔斯基以马克思的前引论述为依据，主张在下述意义上理解市场价值，以及市场价格和市场价值的关系②：

---

① 在《资本论》第三卷第十章，需求变动和价格无关的假设，与需求是价格的函数这一假设是杂然并存的，马克思虽然意识到两者的区别，但没有充分展开以讨论两种假设的意义。

② 罗斯多尔斯基：《马克思〈资本论〉的形成》，魏埙、张彤玉、沈玉玲等译，魏埙审校，山东人民出版社，1992，第三章第五节，尤见第 102 ~ 105 页。

市场价值只能在由三种生产类型中的某一种所决定的生产条件（从而也是由个别价值决定）的限度内运动。

如果由于市场的变动，大多数商品按照高于在较坏条件下生产的商品的个别价值出售，或者相反，按照低于在较好条件下生产的商品的个别价值的价值出售，市场价格就会在实际上偏离市场价值。

根据罗斯多尔斯基的解释，第一，市场价值对应于部门内某种既有的个别价值，但未必等于由平均的生产条件所决定的个别价值。第二，供求因素可以参与市场价值的决定，但其影响被局限在一个限度内，即供求只能导致市场价值在最坏或最好的生产条件之间变动；一旦超出这个范围，供求变化就只影响市场价格与市场价值的偏离，而不影响市场价值本身。

在我国，魏埙和谷书堂在20世纪50年代中期也提出了类似观点。他们写道：

供求状况在一定条件下（劳动生产率不变）可以调节社会价值，使之或是与社会平均条件下的个别价值相一致，或是和优等或劣等条件下的个别价值相一致。[①]

以罗斯多尔斯基、魏埙和谷书堂为代表的这类解释，代表了以第二种市场价值概念为前提、协调市场价值两种理论的重要尝试。笔者赞同并试图发展这种解释。值得强调的是，罗斯多尔斯基在讨论市场价值的形成时，没有为其附加任何均衡条件，这意味着，当市场价值

[①] 魏埙、谷书堂：《价值规律在资本主义各个阶段中的作用及其表现形式》（第三版），上海人民出版社，1961，第6页。不过，在和第一种市场价值理论的拥护者辩论时，谷书堂等人有时陷入了误区，以为供求只影响价格与价值的偏离，而不涉及市场价值决定本身。例如，他们说："第二种含义的社会必要劳动时间参与价值决定，而市场供求只决定市场价格与价值的差额，只决定价值实现，两者怎么可以混同呢？"参见谷书堂、杨玉川《对价值决定和价值规律的再探讨》，《经济研究》1982年第2期，第22页。

由较高或较低的生产率水平调节时，该部门（乃至整个社会生产）可能处于市场供求失衡乃至再生产失衡的状态。在一篇发表于 1982 年的论文里，谷书堂和杨玉川更为明确地指出：应该在商品供求不均衡的前提下开展对第二种市场价值概念的分析；在非均衡的前提下，市场价值可能和通过加权平均得到的市场价值无关，而直接等于最优或最劣生产条件下的个别价值。[①] 然而，无论是罗斯多尔斯基还是谷书堂等人，都没有从方法论上明确提出前文所指的关键问题，即对需求和价格的关系应做出有别于传统的解释，并以此为前提讨论非均衡与市场价值决定的关系。

为了后文讨论的方便，这里需要对马克思经济学中的均衡概念略做讨论。在笔者看来，马克思的均衡概念不仅包含通常意义的市场供求均衡（指在市场上以现行价格出清产出），而且涉及再生产均衡，后一概念是马克思在考察再生产图式时提出来的。从再生产图式可以看到，两大部类的均衡条件一方面涉及年产品的价值量均衡，另一方面涉及实物供求平衡，这两者构成再生产均衡的双重维度。在马克思对再生产图式的分析中，由于抽象了价格调整机制，价值量均衡和实物供求均衡是同时实现或同时破坏的，换言之，两者是互为条件的。如果引入价格调整机制，则有可能出现以下情况：当价值量均衡条件不能实现时，可以通过价格调整实现实物量的供求均衡。以生产投资品的第一部类为例，在扩大再生产的条件下，第一部类可能出现下述价值量的非均衡：

$$C_1 + V_1 + S_1 > C_1 + C_2 + S_{1c} + S_{2c}$$

其中，C、V、S 分别代表不变资本、可变资本和剩余价值，S_c 代表投资，下标数字分别代表两个部类。此时通过价格向下调整，可实现投资品的市场供求均衡（即实物供求均衡），但问题是，投资品的价值量并未

---

① 谷书堂、杨玉川：《对价值决定和价值规律的再探讨》，《经济研究》1982 年第 2 期，第 20～21 页。

因此全部得到实现。另一种调整途径是产量调整,第一部类此时可以限制产量,即通过降低产能利用率,来实现市场或实物量的供求均衡。在这些情况下,尽管可实现市场供求均衡,但都不存在完整意义的再生产均衡。在凯恩斯经济学中,类似情形被称为非充分就业的均衡。①

在马克思那里,两大部类是由不同部门组成的,对均衡的讨论也可以拓展到部门这一层次。在市场或实物量供求均衡之外,各部门同样存在与其他部门的价值量均衡问题。这种价值量均衡可以用部门总产出的个别价值总额与市场价值总额相等来定义。在由最好或最坏技术条件下的个别价值调节市场价值的情形中,不存在这种意义的部门再生产均衡。

均衡概念和均衡假设在马克思经济学中具有双重意义。第一,马克思对资本主义生产方式运动规律的分析要以市场供求均衡和再生产均衡为前提,因为只有在此前提下,这些规律和现象才能在“它们的合乎规律的、符合它们的概念的形态上来进行考察”②。第二,正如马克思所说,在现实中,均衡几乎是不存在的,在科学上的意义等于零。③ 作为理论假设,均衡条件只是分析非均衡的参照系和出发点,非均衡才是全部分析的最终目标。这意味着,在一定的分析阶段,必须放弃与均衡相关的假设,转向对非均衡的分析。

应予指出的是,均衡概念和均衡假设的双重意义,在马克思那里并未得到令人满意的协调。一个突出的例子是他对利润率下降的分析,在

---

① 谷书堂和杨玉川也试图界定马克思的均衡概念,但他们的局限是:第一,没有足够清晰地区分再生产均衡和市场供求均衡;第二,对再生产均衡的双重含义,即同时包含价值量均衡和实物量均衡也未做分梳,而只着重谈论了再生产中的实物量均衡;第三,片面地强调了市场供求均衡与再生产实物均衡的区别,相对忽略了市场供求均衡与再生产均衡的联系。见谷书堂、杨玉川《对价值决定和价值规律的再探讨》,《经济研究》1982 年第 2 期,第 21~22 页。

② 马克思、恩格斯:《马克思恩格斯全集》第 25 卷,人民出版社,1974,第 212 页。

③ 例如,马克思说:“供求实际上从来不会一致;如果它们达到一致,那也只是偶然现象,所以在科学上等于零,可以看作没有发生过的事情。”参见马克思、恩格斯《马克思恩格斯全集》第 25 卷,人民出版社,1974,第 212 页。

笔者考察置盐定理的时候，曾专门讨论了这一问题。[①] 利润率下降本来应该作为非均衡的表现形式，而在马克思那里，对此规律的讨论却是以假设再生产均衡为前提的。后世马克思主义者对待均衡假设的态度，更常常出现偏差，一方面，一些马克思主义者从均衡假设的重要性出发，忽略或排斥对非均衡的分析。在劳动价值论研究中，这一点体现为，他们往往坚持价值概念要以均衡条件为前提，忽略了价值或市场价值同时也是分析非均衡的概念工具。鲁宾便是这类倾向的突出代表。另一方面，也有一些马克思主义者从非均衡着眼，批评马克思仅仅探讨了保持均衡所需的条件，而忽略了对非均衡的分析。罗莎·卢森堡对《资本论》第二卷再生产图式的批评便是这种态度的典型例子。在后文的分析中，笔者将尝试把均衡概念的双重意义辩证地统一起来。在方法上，这意味着必须明确揭示均衡分析所依赖的假设，弄清必须在何时放弃这些假设，以便及时地转向非均衡分析。

2.2　鲁宾对市场价值第二种理论的批判

鲁宾的著作提供了对市场价值第一种理论的全面辩护，以及对市场价值第二种理论的全面批判。鲁宾主张，市场价值的形成是与正常的供求形势或市场均衡状态相对应的。在他看来，马克思在《资本论》第三卷第十章的讨论区分了下述两种情形：

第一，生产率最先进的那类企业的产品在市场上占据多数，市场价值也由这类企业的个别价值所决定；

第二，市场价值在正常条件下由该部门的平均价值所决定，但由于过度供给，市场价格低于市场价值，且市场价格由生产率最先进的那类企业的个别价值所决定。

---

① 孟捷、冯金华：《非均衡与平均利润率的变化：一个马克思主义的分析框架》，《世界经济》2016 年第 6 期（本书第 10 章）。

在第一种情形下，产品按照先进企业的个别价值出售，意味着市场处于正常状态，在该部门与社会生产其他部门之间存在着长期而稳定的均衡。在第二种情形下，产品虽然也按照先进企业的个别价值来出售，但这是由不正常的过度供给引起的，并将不可避免地造成该部门产量的缩减，也就是说，在该部门和社会生产其他部门之间存在非均衡。在第一种情形下，产品按照市场价值出售；在第二种情形下，市场价格偏离了由社会必要劳动时间决定的市场价值。[1]

鲁宾对上述两种情形的区分是否契合马克思的文本，是非常值得怀疑的。在前文的引述中，马克思就表达了与鲁宾不同的观点："如果所生产的商品的量大于这种商品按中等的市场价值可以找到销路的量，那末，那种在最好条件下生产的商品就调节市场价值。"[2] 在这里，马克思丝毫没有提及在极端条件下生产的产品是否居于多数，以及生产该产品的部门是否存在市场供求均衡。

可以借助一个数例，来表达依据产出所占比重而求得的第一种含义的市场价值与第二种含义的市场价值的区别。设经过加权平均求得的市场价值为 λ^a，根据表 1-3 中的数字可得：

$$\lambda^a = \frac{2 \times 200 + 4 \times 10 + 6 \times 10}{200 + 10 + 10} = \frac{500}{220} = 2.27$$

表 1-3　部门内三种生产条件下的个别价值、产出和市场价值

生产条件	个别价值	产出	通过加权平均取得的市场价值（λ^a）	需求参与决定的市场价值（λ^*）
最优条件	2	200		
中等条件	4	10	2.27	2.04
最坏条件	6	10		

---

[1]　I. I. Rubin, *Essays on Marx's Theory of Value* (Detroit: Black and Red, 1972), p. 182.

[2]　马克思、恩格斯：《马克思恩格斯全集》第 25 卷，人民出版社，1974，第 200 页。

　　由于最优条件下的产出所占权重最大，所求得的市场价值也最接近于该生产条件下的个别价值，换言之，最优条件下的个别价值此时起着调节市场价值的主要作用。

　　再假设该部门总产出的个别价值总和（等于500）不能全部实现，即存在部门再生产的非均衡，且通过价格调整，全部产品销售后可以实现450单位的价值量。在这种情况下，第二种含义的市场价值（假设为 λ^*）就等于可实现个别价值总量除以部门总产出，即有：

$$\lambda^* = \frac{450}{220} = 2.04$$

　　这一结果低于经过加权平均得到的市场价值，但接近于最优条件下的个别价值。在鲁宾看来，最优条件下的个别价值此时只决定市场价格；而在市场价值的第二种理论看来，只要需求不会进一步增加，最优条件下的个别价值就是市场价值。①

　　鲁宾坚持认为，市场价值的确定要以再生产均衡和市场均衡的成立为前提，这一见解在方法论上具有典型意义。他写道：

　　　　市场价值是与理论上界定的各个生产部门之间的均衡状态相适应的。如果商品按照市场价值出售，均衡就得到维持。或者说，该部门的生产就不会不顾其他部门而扩张或收缩。不同生产部门之间的均衡，社会生产和社会需要之间的协调，市场价格和市场价值的一致——所有这些因素都是相互密切联系和共存的。②

---

①　需要指出的是，第二种含义的市场价值还可以这样来求取，即以第一种含义的市场价值乘以产品价值的实现率 ϕ，根据前面的数值，$\phi = \frac{450}{500}$，从而有 $\lambda^* = \phi\lambda^a$，即 $2.27 \times \frac{450}{500} = 2.04$。

②　I. I. Rubin, *Essays on Marx's Theory of Value* (Detroit: Black and Red, 1972), pp. 178 – 179. 在鲁宾看来，不同部门之间的均衡（实际上就是包括价值量和实物量双重均衡的再生产均衡）是长期而稳定的市场供求均衡的前提。

在此观点的指引下，鲁宾对第二种市场价值概念——他所谓的"市场价值的经济概念"——展开了细致的批判。由于第二种市场价值理论主张需求因素参与市场价值的形成，对需求概念的讨论就成为鲁宾关注的重点。鲁宾认为，对某种商品的均衡需求量取决于该商品的均衡价格即市场价值，他写道：

> 倘若我们假设一个既定的需要（needs）水平和既定的人口所有的收入水平，那么技术的状况决定了产品的价值（或均衡价格——引者注），而价值又进而决定了正常的需求量（或均衡产量——引者注），以及相应的供给量。①

实际的市场价格和需求量围绕上述均衡价格和均衡产量而波动。如果市场价格低于市场价值（或均衡价格），需求就会增加，面对扩大的需求量，供给便会缩减，此时资本流到其他部门，并导致价格和需求量的进一步调整；如果市场价格高于市场价值，则有相反的调整过程。在商品的需求曲线上，尽管存在各种价格和产量的组合，但从长期看，只有均衡价格和均衡产量这一组合是稳定的。

依照鲁宾的上述观点，生产力或技术的发展水平决定商品的单位价值量（或其均衡价格），单位价值量决定需求量，需求量又决定供给即产量。将此观点和马克思的观点相比较，会发现两者间的明显差异。《资本论》第一卷讨论了劳动生产率提高与商品单位价值量和使用价值量变动的关系，马克思提出，生产率提高与单位价值量的变动成反比，与使用价值量的变动成正比。在《资本论》第三卷，马克思进而指出，在剥削率不变的前提下，单位商品价值量的下降会造成单位利润的减少。在这种情况下，要维持利润总量的增长，使用价值量的实现就变得至关重要。换言之，劳动生产率与单位价值量成反比，与使用价值量成正比这两个

---

① I. I. Rubin, *Essays on Marx's Theory of Value* (Detroit: Black and Red, 1972), p. 190.

规律，潜在地构成了资本积累内在矛盾进一步发展的动力。①　与马克思不同，鲁宾只承认生产率的变动会影响单位商品价值量，而刻意回避了生产率提高对供给量的影响。在他那里，生产率提高以价值或均衡价格的变动为中介，在调节需求的同时也调节供给，最终供求之间自动达成均衡。这一观点明显地更接近新古典经济学，而不同于马克思经济学。②

值得注意的是，鲁宾在提出上述命题时，还从概念上区分了需求（Demand）和社会需要（Social Needs）。在他看来，需求取决于价格，即与价格成反比，而社会需要则可因价格以外的原因而变动。③　对需求和需要的这种区分是武断的，但正由于这种区分，他才得以把需求严格定义为均衡价格乃至生产率的函数，而把社会需要的变动作为外生的、偶然出现的情况在分析上予以排除。后文将进一步指出，需求并不只是价格或生产率的函数，对需求具有决定性影响的是资本家阶级的积累活动。由于积累的规模和方向是无法预先确定的，有效需求的形成也是不确定的。如果依从鲁宾的主张，认为需求的变动仅仅取决于商品的价格或价值，而价值又取决于生产率发展的水平，则给定生产的物量数据，需求至少在理论上是可以预测的，这显然不符合资本主义市场经济的实际情况。

2.3　市场价值是隶属于均衡的概念吗

在上述讨论的基础上，鲁宾将市场价值第二种理论的"弊端"概括如下：第一，这一理论混淆了市场的正常状态和非正常状态，在长期内，

---

① 参见笔者在《马克思主义经济学的创造性转化》（经济科学出版社，2001）第 4 章里的讨论。

② 鲁宾承认，他在论证市场价值第一种概念时所采用的一些术语，如"均衡价格"和"均衡产量"，均来自马歇尔。参见 I. I. Rubin, *Essays on Marx's Theory of Value*（Detroit：Black and Red, 1972）, p. 189 and note 4。

③ 例如，鲁宾提到，天气变化可以导致对棉布的社会需要发生变化。参见 I. I. Rubin, *Essays on Marx's Theory of Value*（Detroit：Black and Red, 1972）, pp. 186, 188, 192。

不同部门之间有达成均衡的趋势，这一趋势虽然有可能出现崩溃，但这种崩溃是暂时的，第二种理论混淆了长期规律和暂时的崩溃；第二，由于前述混淆，社会必要劳动时间的概念就被破坏了，因为这个概念预设了各部门间的均衡；第三，第二种理论忽视了市场价格偏离市场价值的机制，当市场出现不正常状况时，商品可以任一价格销售，第二种理论不恰当地理解这一点，把在这种状况下据以销售的价格当作与价值相符的价格，从而混淆了价值与价格；第四，第二种理论切断了社会必要劳动和生产力之间在概念上的联系，在第二种理论看来，即便生产力没有改变，社会必要劳动也能发生变化。①

　　这些批评的核心（第一点和第二点），是把市场价值看作隶属于均衡的概念。在鲁宾看来，只有在均衡条件下，运用价值概念才是有意义的。用他的话来说："我们把供求之间达到均衡的阶段称作商品按照其价值出售的状态……供求均衡只有当不同生产部门之间达到均衡时才会发生。"②鲁宾的分析始终包含这样的假定：均衡是资本主义经济的主导趋势，价值概念则是用来理解这种均衡的比较静态概念。

　　在探讨市场价值两种理论的关系时，下述问题具有极为重要的意义：市场价值概念是否应隶属于均衡条件，劳动价值论是否应作为某种一般均衡理论的组成部分。这些问题之所以重要，还在于它们在鲁宾之后一再被人提出来。例如，日本学者森岛通夫就认为，可以将马克思和瓦尔拉相提并论，因为两者各自独立而同时表述了一般均衡理论。③

　　在《资本论》里，马克思的确频繁地使用过均衡（中译文一般译为平衡）这一术语。但是，他对均衡概念的理解和运用与新古典经济学截

---

① I. I. Rubin, *Essays on Marx's Theory of Value* (Detroit: Black and Red, 1972), pp. 183 – 184.

② I. I. Rubin, *Essays on Marx's Theory of Value* (Detroit: Black and Red, 1972), p. 190. 在鲁宾那里，均衡同时涵盖了市场供求均衡和再生产均衡。

③ M. Morishima, *Marx's Economics: A Dual Theory of Value and Growth* (Cambridge: Cambridge University Press, 1979), pp. 1 – 2.

然不同。对新古典经济学而言，均衡是整个经济应该趋向的一种状态；作为经济学理论中的隐喻（Metaphor），它暗示了新古典经济学家对资本主义经济的内在稳定性的信仰。而在马克思看来，均衡的实现是偶然的，他说："供求实际上从来不会一致；如果它们达到一致，那也只是偶然现象，所以在科学上等于零，可以看作没有发生过的事情。"① 在他那里，均衡和非均衡是用于解释经济演化过程的分析工具，在概念上具有某种互补性，下面这段引文清晰地表达了这一点：

> 在（引者注：资本主义）工场手工业中，保持比例数或比例的铁的规律使一定数量的工人从事一定的职能；而在商品生产者及其生产资料在社会不同劳动部门中的分配上，偶然性和任意性发挥着自己的杂乱无章的作用。诚然，不同的生产领域经常力求保持平衡，一方面因为，每一个商品生产者都必须生产一种使用价值，即满足一种特殊的社会需要，而这种需要的范围在量上是不同的，一种内在联系把各种不同的需要量连结成一个自然的体系；另一方面因为，商品的价值规律决定社会在它所支配的全部劳动时间中能够用多少时间去生产每一种特殊商品。**但是不同生产领域的这种保持平衡的经常趋势，只不过是对这种平衡经常遭到破坏的一种反作用。**②

这种"保持平衡的经常趋势"与"平衡经常遭到破坏的"趋势，是一对具有互补性的矛盾。关于这类矛盾的特点，马克思在论及商品交换过程中的矛盾的时候，曾有如下方法论的说明，他说："商品的发展并没有扬弃这些矛盾，而是创造这些矛盾能在其中运动的形式。一般说来，这就是解决实际矛盾的方法。例如，一个物体不断落向另一个物体而又不断离开这一物体，这是一个矛盾。椭圆便是这个矛盾借以实现和解决

---

① 马克思、恩格斯：《马克思恩格斯全集》第 25 卷，人民出版社，1974，第 212 页。
② 马克思、恩格斯：《马克思恩格斯全集》第 23 卷，人民出版社，1972，第 394 页（重点标识为笔者所加）。

的运动形式之一。"① 在马克思经济学中，上述矛盾的互补性，还意味着它们可以相互转化，譬如，危机——这是非均衡的表现形式——同时又是均衡的瞬间恢复。

美国学者纳尔逊和温特是当代演化经济学的代表人物，他们指出：自亚当·斯密以来，经济学所关注的首要问题是，由各种分散决策派生的经济活动如何形成整个经济中的秩序。② 对于演化经济学来说，秩序并不等于均衡，秩序毋宁说存在于均衡和非均衡的互补性之中。演化经济学的另一知名人物弗里曼及其合作者，也在方法论上论述了与此相关的问题，他们使用"协调"（Coordination）这一概念以代替均衡③：

> 协调概念解释了，为什么存在非均衡过程，以及非均衡过程为什么会受到约束……为什么结构性的不稳定性持续地存在着，但又不会驱使整个系统朝向爆炸性毁灭。

> 存在协调这一事实并不意味着存在和谐或均衡，不管均衡在意识形态的意义上指的是资本主义经济的一般特征，或者在其精确意义上指的是市场体系所具有的持久的动态稳定性特征。

两位学者还写道：

> 马克思已经预见到"资本主义作为整体"的协调过程的重要性，并把协调解释为各种基本趋势和反趋势——也就是冲突——的结果。

劳动价值论作为马克思主义经济学的基石，旨在分析社会生产的自

---

① 马克思、恩格斯：《马克思恩格斯全集》第23卷，人民出版社，1972，第122页。
② Richard R. Nelson and Sidney G. Winter, "Evolutionary Theorizing in Economics," *Journal of Economic Perspectives* 2002, 16（2）: 23 – 46.
③ C. Freeman and F. Louca, *As Time Goes By: From the Industrial Revolutions to Information Revolution* (Oxford University Press, 2002), pp. 120, 121. 另见弗里曼、卢桑《光阴似箭》，沈宏亮等译，中国人民大学出版社，2007。

组织或"协调"过程，而不应成为一般均衡理论的工具。从这一点着眼，鲁宾对马克思市场价值理论的解释有着明显的缺陷，他完全忽视了**市场价值形成的动态性和不确定性**，丢失了劳动价值论在分析功能上的一个重要维度。在下一节里，笔者将联系再生产图式对此问题做进一步的分析，这里仅限于指出，将市场价值隶属于静态均衡条件的做法，和马克思的下述思想是直接相冲突的，马克思曾把资本规定为"处于运动过程中的价值"①，这个提法表明，价值决定是一个动态过程，隶属于资本主义经济的各种矛盾；与价值的动态决定过程相伴随的是资本的价值革命，后者给个别资本的价值决定带来了根本的不确定性。马克思就此写道：

> 资本主义生产只有在资本价值增殖时，也就是在它作为独立价值完成它的循环过程时，因而只有在价值革命按某种方式得到克服和抵销时，才能够存在和继续存在……如果社会资本的价值发生价值革命，他个人的资本就可能受到这一革命的损害而归于灭亡，因为它已经不能适应这个价值运动的条件。价值革命越是尖锐，越是频繁，独立价值的那种自动的、以天然的自然过程的威力来发生作用的运动，就越是和资本家个人的先见和打算背道而驰，正常的生产过程就越是屈服于不正常的投机，单个资本的存在就越是要冒巨大的危险。②

现代马克思主义经济学家曼德尔（又译孟德尔）也指出，由运动中的价值所经历的价值革命可以推断：

> **投入层次上的价值并不能自动地决定产出层次上的价值。只**

---

① 马克思说："资本在某种意义上，可以称为**处于运动过程中的价值**……从自身出发并以加大的量回到自身。"（重点标识为原有的）参见马克思、恩格斯《马克思恩格斯全集》第 26 卷第 3 册，人民出版社，1974，第 147 页。
② 马克思、恩格斯：《马克思恩格斯全集》第 24 卷，人民出版社，1972，第 122 页。

在一定的时间间隔以后，才能表明"投入"的一个部分是否已被浪费。①

这一见解提出了价值决定的动态整体性问题，这种整体性是指，一方面，投入的价值是产品价值形成的前提；另一方面，产品的价值决定也会影响投入的价值。产品的价值决定不仅要以生产中投入的劳动量为前提，还与产品的实现条件有关，而个别部门产品的实现条件最终取决于全社会年产品的实现条件。如本书第9章将要讨论的，价值决定的动态整体性也从理论上规定了价值转形的实质和意义。如果投入的价值自动决定产品的价值，则作为转形出发点的产品的价值，就可还原为投入的价值，换言之，在转形研究中将投入即成本价格加以转形——这是自鲍特基维茨以来在转形研究中常见的做法——就是正确的；反之，如果投入的价值不能自动地决定产品的价值，反而要受到产品价值决定的影响，则投入的价值就不能看作预先给定的量，从而也不宜作为价值转形的出发点。

鲁宾在将市场价值与均衡条件相联系时暗含了一点，即把劳动价值论看作解释商品绝对价格水平的理论。马克思则表示，解释绝对价格水平在理论上只是次要的问题，他更关注的是用劳动价值论解释商品价格的长期运动：

不同商品的价格不管最初用什么方式来互相确定或调节，它们的变动总是受价值规律的支配。在其他条件相同的情况下，如果生产商品所必需的劳动时间减少了，价格就会降低；如果增加了，价格就会提高。②

---

① 孟德尔：《〈资本论〉新英译本导言》，仇启华、杜章智译，中央党校出版社，1991，第94~95页（重点标识为笔者所加）。

② 马克思、恩格斯：《马克思恩格斯全集》第25卷，人民出版社，1974，第198页（重点标识为笔者添加）。

在这里，马克思明显地给价值规律的作用做了限定：它只影响价格的变动；至于变动之初的价格水平，则可任由其他因素来调节。希法亭在回应庞巴维克对劳动价值论的批判时，更为明确地阐述了这个问题，他写道：

> 马克思不是把价值理论看作确定价格的手段，而是把它看作发现资本主义社会的运动规律的工具。经验教给我们，绝对价格水平是这个运动的出发点，但是，对别的问题来说，这个价格的绝对高度只具有次要的意义，我们所关注的只是研究其运动的规律……价值规律向我们揭示的是，归根结底，生产力的发展控制了价格的运动，我们有可能把握这些变化的规律；并且，由于所有的经济现象都通过价格的变化而使自己表现出来，进而就可能达到对所有经济现象的理解。①

如果希法亭的阐释是正确的，劳动价值论的功能在于解释劳动生产率的变动与商品交换价值或价格变动之间的长期联系，均衡条件对于市场价值概念就未必是不可或缺的。相反，劳动价值论是一个动态经济理论的组成部分，它被用来解释生产活动及其实现条件的变化，以及这些变化如何通过竞争和交换影响到社会经济的各个部门。鲁宾本人对这一点也曾有过深刻的理解，如他写道：

> 由于他们（引者注：指商品生产者）依靠劳动产品在交换中相互联系，他们在其生产过程中、在其劳动活动中也是相互联系的，因为在直接生产过程中，他们必须考虑到市场上可推测的条件。通过交换商品的价值，某些商品生产者的劳动活动影响着其他人的劳

---

① R. Hiferding，"Böhm‑Bawerk's Criticism of Marx，" in P. Sweezy, ed.，*Karl Marx and the Closure of His System*（New York：Augstus M. Kelley Publishers，1966），pp. 139 – 140. 布哈林也曾指出："在马克思那里，价值是两种社会现象之间、劳动生产率与价格之间社会联系的表现。"参见布哈林《食利者政治经济学》，郭连成译，商务印书馆，2002，第62~63页。

动活动，并引起确定的改变。另一方面，这些改变也影响着这些劳动活动本身。社会经济的各个领域之间互相进行着适应性调节。而这种调节只有当一个领域通过市场上的价格运动影响到另一领域时才是可能的，而价格的运动取决于"价值规律"……价值是传送带（transmission belt），它把社会一个领域的生产过程的运动传送到另一领域，使社会成为调节着的整体。①

如果说鲁宾的理解有什么不足的话，那便在于，他仅限于把各种变化之间的相互关系理解为空间上并存的、共时性的关系，而不是历时性的关系。价值作为"传送带"，不仅把变化从社会经济的一个部门传送到另一个部门，而且使得在不同时间维度发生的变化彼此相互影响。

2.4 日本宇野学派对市场价值理论的研究

在结束这一节之前，笔者还拟就日本宇野学派（the Uno School）的市场价值理论略做讨论。和鲁宾不同，宇野学派试图按照第二种市场价值理论的方向协调马克思的两种市场价值理论。② 根据该派代表伊藤诚的介绍，宇野学派的市场价值理论大致包括如下要点。

第一，宇野学派主张，不能脱离市场竞争的动态过程，单纯依据现有生产条件的静态组合得出市场价值。供求的波动并非只影响市场价格，相反，只有通过供求波动和市场价格的变化，才能最终揭示用于满足社会需求的产量是在何种技术条件下生产出来的。③ 基于这一观点，伊藤诚批评了新李嘉图主义者——"新李嘉图主义者片面强调生产的技术条件是价格的决定因素，忽略了市场竞争的作用"；必须借助动态化的市场竞

---

① I. I. Rubin, *Essays on Marx's Theory of Value* (Detroit：Black and Red, 1972), pp. 80 – 81.

② 此处对宇野学派的介绍，参考了伊藤诚的下述著作——*Value and Crisis：Essays on Marxian Economics in Japan* (London：Pluto Press, 1980) 以及 *The Basic Theory of Capitalism* (Basingstoke, Hampshire：Macmillan Press, 1988)。

③ M. Itoh, *Value and Crisis* (London：Pluto Review Press, 1980), pp. 86, 87.

争，才能发现起调节作用的标准技术条件和市场价值。①

第二，在部门内起调节作用的标准技术条件，不仅要依靠部门内竞争来确定，还要借助部门间竞争的作用。宇野学派认为，市场价值和生产价格的确定并不是分别独立进行的过程，两者统一在"市场生产价格"的形成过程中。部门内竞争从一开始就应被看作生产价格理论的一部分。与此相应，市场价值理论不应置于生产价格理论之前，而应置于生产价格理论之后来考察。②

宇野学派的第一个观点是值得称道的。但该学派同时又认为，在竞争中最终被发现的市场价值仍然对应于市场均衡条件，用该学派的创立者宇野弘藏的话来说："市场价值作为市场价格的引力中心，是在供给和需求均衡的基础上被决定的。这意味着，当市场价格高过这个中心时，一种商品的供给就会因为对它的需求增加而增加，情况相反时则减少。这样，一种商品的市场价值就决定于下述生产条件，在这个生产条件下，商品的供给条件相对于波动的需求得到了调整。"③ 这样一来，宇野学派的观点就是不彻底的。在均衡条件下，生产的技术条件是市场价值的唯一决定因素。一旦把均衡条件和市场价值的确定联系在一起，发展第二种市场价值理论的尝试必然走向自我否定。宇野学派一方面试图发展第二种市场价值理论，但另一方面在这个关键问题上重蹈了鲁宾的覆辙，最终陷入自相矛盾。

再来看宇野学派的第二个观点。这个观点的合理之处，在于强调两类竞争是互相结合的，其缺陷则在于主张将生产价格理论置于市场价值理论之前来论述。在马克思那里，第二种含义的市场价值在《资本论》

---

① M. Itoh, *Value and Crisis* (London: Pluto Press, 1980), pp. 178 – 179, note 11.

② 伊藤诚写道："相较而言，对于把价值规律发展为资本主义社会再生产的规律来说，生产价格理论比市场价值理论更为重要""市场价值理论应该置于生产价格理论之后来讨论，并且应该作为生产价格理论的内在组成部分"。参见 M. Itoh, *Value and Crisis* (London: Pluto Press, 1980), p. 90。

③ M. Itoh, *Value and Crisis* (London: Pluto Press, 1980), p. 87.

第一卷就提出来了，远早于生产价格理论的提出。这种市场价值不仅是适用于部门内竞争的概念，同时还是解释资本主义经济的非均衡和不确定性的工具。将第二种市场价值作为生产价格的前提意味着，首先，价值转形是与非均衡兼容的，而不必局限于均衡条件；其次，转形的结果实际上是市场生产价格，而不必是在平均生产条件下形成的生产价格。这样一来，价值转形就获得了和鲍特基维茨传统不同的含义——转形实质上和均衡条件无关，即便在非均衡前提下，也存在价值转形。这一结论可以从马克思地租理论中得到证明。在级差地租理论中，劣等地的个别生产价格同时也是市场生产价格，在此基础上，一方面形成了相对稳定的谷物供求关系和市场价格，另一方面产生了虚假的社会价值，后者度量了在谷物部门和其他部门之间存在的再生产非均衡。值得注意的是，由于谷物部门的结构性稀缺，即便谷物价格上涨并超过市场生产价格水平，谷物的供给也可能不增加，而只是造成绝对地租乃至垄断地租的形成。在形成绝对地租的场合，劣等地的个别价值将作为市场价值调节谷物的市场价格；若以虚假的社会价值来衡量，前述非均衡此时不仅依然存在，而且变得更为严重，因为虚假的社会价值进一步增加了。马克思地租理论潜在地包含着如下重要结论：第一，非均衡与利润率平均化（从而与价值转形）是可以并存的①；第二，非均衡与市场价值的形成也

---

① 从资本主义生产当事人的角度看，生产价格也是均衡价格，因为利润率平均化意味着资源配置的一种均衡状态。但这种均衡纯然是以资本主义生产当事人的眼光来看的，与马克思所说的再生产均衡迥然不同。在马克思那里，即便实现了利润率平均化或形成了生产价格，也会出现再生产非均衡。换言之，生产价格虽然可以构成市场价格据以涨落的重心，但并不是所谓长期均衡价格。在马克思那里，除了地租理论以外，利润率下降规律和由此带来的危机趋势是可佐证这一观点的另一证据。然而，在马克思主义经济学中，一直有一种观点主张生产价格不仅是市场价格据以涨落的重心，而且是"长期均衡价格"，一个最近的例子是美国学者莫斯里，他在其新著中提出，生产价格作为"长期均衡价格"具有下述特点：除非劳动生产率或工资发生变化，否则生产价格作为市场价格围绕其波动的中心将不会有任何改变。见 F. Moseley, *Money and Totality：A Macro-Monetary Interpretation of Marx's Logic in Capital and the End of the "Transformation Problem"* (Leiden, Netherlands：Brill, 2016)。

是可以并存的。令人遗憾的是，在围绕两种市场价值理论的争论中，包括鲁宾在内的许多人都忽略了马克思地租理论的重要意义。

3 市场价值的决定与资本积累基本矛盾

3.1 一个基于再生产图式的分析框架

在资本主义生产方式中，生产是以交换价值为目的的，劳动也因之以社会合目的性为依归。社会必要劳动概念是与劳动的社会合目的性联系在一起的。卢森堡曾就私人劳动与其社会合目的性的关系写道：

> （个别生产者）是否实际完成了社会必要的劳动，唯一办法就是看他的产品是否有人购买。因此，不管你的劳动是多么辛勤，多么顺利，其产品并不一定都预先具有从社会观点上来看的价值和社会合目的性。只有能够交换的东西才有价值；而什么人都不愿交换的东西，虽然做得很好，还是无价值，还是一种被浪费的劳动。①

劳动的这种社会合目的性植根于劳动作为目的论活动的一般规定中。在《资本论》里，马克思从两个层面规定了劳动一般：一方面，劳动是在社会与自然之间开展的物质变换；另一方面，在观念中进行的目的论设定在劳动中起着先导的作用。② 在《关于社会存在的本体论》中，卢卡奇对劳动中的目的论设定及其实现做了更为细致的分析。他指出，劳动

---

① 卢森堡：《国民经济学入门》，彭尘舜译，三联书店，1962，第184页。

② 针对后面一点，马克思说："最蹩脚的建筑师从一开始就比最灵巧的蜜蜂高明的地方，是他在用蜂蜡建筑蜂房以前，已经在自己的头脑中把它建成了。劳动过程结束时得到的结果，在这个过程开始时就已经在劳动者的表象中存在着，即已经观念地存在着。他不仅使自然物发生形式变化，同时他还在自然物中实现自己的目的，这个目的是他所知道的，是作为规律决定着他的活动的方式和方法的，他必须使他的意志服从这个目的。"参见马克思、恩格斯《马克思恩格斯全集》第23卷，人民出版社，1972，第202页。

过程可视为由以下两个环节构成，第一个环节是设定目的，第二个环节是确定手段；一个成功的劳动过程，必须扬弃目的和手段之间的异质性，促成"设定的目的"和"设定的因果性"之间的"同质化"，即"造成某种自身同质的东西：劳动过程以及最终的劳动产物"。卢卡奇写道：

> 人们不应忽略这样一个朴素的事实，即设定的目的能否实现，这仅仅取决于在确定手段时究竟在多大程度上把自然的因果性转变成了——本体论意义上的——设定的因果性。目的的设定产生于社会的人的需要；然而为了使它成为一种真正的目的设定，对于手段的确定，即对于自然的认识，必须达到一定的与这些手段相适应的水平；如果这些手段尚未获得，那么目的的设定就仅仅是一项乌托邦工程，一种梦想。①

卢卡奇在此谈到的手段和目的之间的矛盾关系，有助于我们理解经济生活中的不确定性。一般而言，可以将不确定性界定为人类经济活动中的手段和目的、条件和结果之间的联系的不确定性。在上面这段引文中，造成不确定性的原因仅仅涉及对自然规律的认知水平，而与其他社会因素无关。这一类型的不确定性有时被称作技术的不确定性，以别于另一类型的不确定性——市场不确定性。②

市场不确定性是随着商品交换和劳动的社会合目的性的发展而发展的。在资本主义生产方式中，市场不确定性的影响通常远甚于技术不确定性。③ 在市场不确定性发挥作用的场合，个别目的论设定所发动并赖以实现的那些因果关系，不再像简单劳动过程那样仅仅来自自然界；由于

---

① 卢卡奇：《关于社会存在的本体论》下卷，白锡堃、张西平、李秋零等译，白锡堃校，重庆出版社，1993，第 16、19 页。

② 演化经济学家弗里曼等人使用了这两个术语，见弗里曼、苏特《工业创新经济学》，华宏勋等译，柳卸林校，北京大学出版社，2004，第 309 页。

③ 原文为"市场的不确定性经常地远远大于技术的不确定性"。参见弗里曼、苏特《工业创新经济学》，华宏勋等译，柳卸林校，北京大学出版社，2004，第 317 页。

生产以交换价值为目的的，通过交换在商品生产者背后编织起复杂的社会联系，这些社会联系以盲目的客观规律的形式作用于商品生产者。马克思在谈论这类因果规律时有时也称之为"自然规律"，借以强调其客观性，并指出"自然规律是根本不能取消的""可能改变的只是它的表现方式"。① 隶属于社会存在的这类因果规律，归根结底是由资本主义生产当事人的目的论活动发动的，是这些个别目的论活动的社会综合。在目的论设定和由此发动的因果规律之间存在的这种辩证联系，使卢卡奇得出如下结论：社会存在以及作为其物质基础的经济领域的特征，是"以观念的形式引起的人的活动与由此产生的物质经济规律两者的辩证的整体性、相关性和不可分割性"②。

在《资本论》第二卷，马克思利用再生产图式，具体而深入地分析了资本主义社会存在中的上述整体性。在再生产图式中，个别目的论活动表现为个别资本的流通，无数个别资本流通的社会综合则造成了社会总资本再生产及其年产品的实现规律，后者作为具有因果性质的规律制约了个别资本主义生产当事人的活动，并从本体论意义上界定了社会必要劳动的含义——所谓"社会必要"，指的是以社会年产品的实现条件为中介，在事后得到证实的劳动的社会合目的性。

根据曼德尔的概括，再生产图式具有以下特点。第一，它把无数分散进行的生产过程综合为社会生产，从而以高度简化的方式在理论上再现了社会与自然之间的物质变换。曼德尔说：

（马克思的两部类图式）是与人类生产一般的基本性质相适应

---

① 马克思写道："这种按一定比例分配社会劳动的必要性，决不可能被社会生产的一定形式所取消，而可能改变的只是它的表现方式，这是不言而喻的。自然规律是根本不能取消的。"见马克思1868年7月11日致库格曼的信，载《马克思恩格斯选集》第4卷，人民出版社，1995，第580页。

② 卢卡奇：《关于社会存在的本体论》下卷，白锡堃，张西平、李秋零等译，白锡堃校，重庆出版社，1993，第372、373页。

的——不单单是与人类生产一般在资本主义生产方式下的特殊表现相适应。如果不建立与自然界的物质变换，人类便不能生存。而如果不使用工具，人类便不可能实现那种物质变换。因此，人类的物质生产总是至少要由工具和生存资料构成。马克思再生产图式的两大部类无非是人类生产一般划分的特殊的资本主义形式。①

第二，再生产图式同时也是一个市场模型，它概括了社会年产品的供给和需求之间的关系：

> 《资本论》第二卷有一个副标题：《资本的流通过程》，而第一卷的副标题是：《资本的直接生产过程》。初看起来，区别是明显的。第一卷集中论述工厂、劳动场所的问题。它说明资本主义制度下商品生产既当作物质生产过程又当作价值增殖过程（即剩余价值生产过程）的性质。与此相对照，第二卷则集中论述市场问题。它不是说明价值和剩余价值是怎样生产出来的，而是说明它们是怎样实现的。②

利用再生产图式，我们有可能从总体上分析资本主义生产及其流通之间的矛盾，这种矛盾的性质是前文谈论过的：它是个别目的论活动与这些活动的社会综合所发动的因果规律之间的矛盾。但理论上的分歧也恰好在此产生了。一种理解认为，再生产图式表达了资本主义再生产顺利进行所应遵循的均衡条件，因此不宜用来分析资本积累过程中的矛盾，伊藤诚就清晰地表达了这种观点：

> 再生产图式的功能不在于揭示资本主义的内在矛盾，而在于表

---

① 孟德尔：《〈资本论〉新英译本导言》，仇启华、杜章智译，中央党校出版社，1991，第92~93页。

② 孟德尔：《〈资本论〉新英译本导言》，仇启华、杜章智译，中央党校出版社，1991，第77页。

明，只要满足了适用于各种不同社会的再生产的基本物质条件，资本主义生产能够持续地存在下去。①

曼德尔则表达了与之相反的观点：

　　滥用（再生产）图式的最自相矛盾的一种形式就是应用它们来证明，"只要"保持各部类间正确的"比例"（"平衡条件"），资本主义就能和谐地、无限地增长。持有这种糊涂观念的作者们忽视了马克思所作的根本假定：资本主义生产方式的结构本身及其运动规律包含着这些"平衡条件"不可避免的破坏；对于不平衡和不平衡增长的常态来说，"平衡"和"和谐的增长"只是一种罕见的例外（或长期的平均数）……在资本主义制度下，**价值决定的动态性和消费者支出的不确定性**两者都使人们不可能在两大部类间保持如此确切的比例，以至可以达到和谐的增长。②

除了应在"消费者支出"前面加上"投资支出"外，笔者赞同这段话的所有观点。曼德尔的论述指向再生产图式的第三个特点：再生产图式不仅表达了再生产的均衡条件，而且是分析各种矛盾和由此带来的非均衡的理论工具。在马克思主义经济学史上，首先提出这一问题的是卢森堡。不过，在卢森堡那里，问题是以矛盾的形式提出来的：一方面，她体认到，马克思经济学的分析重心，是《资本论》第三卷所考察的那些矛盾，特别是剩余价值生产和剩余价值实现之间的矛盾；另一方面，她又错误地对再生产图式采取了批判的立场，在她看来，《资本论》第二卷提出的再生产图式无法用于分析这些矛盾，并和第三卷的论述相抵

---

① M. Itoh, *The Basic Theory of Capitalism* (London：Macmillan, 1988)，p. 183.
② 孟德尔：《〈资本论〉新英译本导言》，仇启华、杜章智译，中央党校出版社，1991，第94页（重点标识是原有的）。

触。① 在笔者看来，卢森堡是在不正确的理论形式上发现了马克思没有来得及完成的任务——应该利用再生产图式分析资本积累过程中的矛盾，并据以分析价值决定的动态性和不确定性。②

与卢森堡互为对立面的是鲁宾。在卢森堡看来，马克思经济学的分析重心是资本积累内生的非均衡趋势，鲁宾则强调均衡概念的意义以及劳动价值论作为一种均衡理论的重要性。在鲁宾看来，长期而稳定的供求均衡，是以社会生产各部门间的再生产均衡为前提的；鲁宾还批评新古典经济学仅仅分析——而且是在错误的形式上分析了——供求均衡，忽略了再生产均衡。③ 这些见解单独来看无疑是有价值的，但问题是，鲁宾从来没有思考过纠缠着卢森堡的那些问题，在鲁宾看来，马克思经济学的分析重心，不是资本积累过程中的矛盾，而是社会生产的平衡规律，这样一来，他就不可能意识到以再生产图式为工具，在资本积累基本矛盾的基础上阐释市场价值第二种概念的必要性。从思想史的角度看，鲁宾错失了利用卢森堡的观点发展马克思市场价值理论的机会。

初看起来，再生产图式是由价值总量之间的均衡条件构筑起来的，这很容易诱导人把价值的决定过程看作均衡条件的形成过程。然而，通过对再生产图式的一个拓展会发现，均衡只是资本主义经济的特例，其常态是动态的非均衡。

根据再生产图式，两大部类在扩大再生产前提下的总量均衡条件为：

$$C_1 + V_1 + S_1 = C_1 + C_2 + S_{1c} + S_{2c}$$

$$C_2 + V_2 + S_2 = V_1 + V_2 + S_{1k} + S_{2k} + S_{1v} + S_{2v}$$

---

① 卢森堡：《资本积累论》，彭尘舜、吴纪先译，三联书店，1959，第 262、269 页。

② 曼德尔也指出：马克思没有解决再生产的所有问题，"他没有时间去研究这样一个难题，在把那些有名的资本的'运动规律'（特别是第三卷中论述的规律）都包括进来的情况下，如何使扩大再生产达到暂时的均衡"。参见孟德尔《〈资本论〉新英译本导言》，仇启华、杜章智译，中央党校出版社，1991，第 76 页。

③ 见 I. I. Rubin, *Essays on Marx's Theory of Value*（Detroit：Black and Red，1972），pp. 213f.

其中，C、V、S 分别代表不变资本、可变资本、剩余价值；S_k 代表资本家的消费，可假定 S_k 在积累过程中一直保持不变；S_c 和 S_v 分别代表追加不变资本和追加可变资本。在这两个等式的基础上，可以写出一个新的定义式①，以其表征资本积累的基本矛盾——剩余价值生产和剩余价值实现之间的矛盾：

$$\alpha S_1^t + \alpha S_2^t = S_{1c}^{t+1} + S_{2c}^{t+1} + S_{1v}^{t+1} + S_{2v}^{t+1} \qquad (1-4)$$

式中，左侧是两大部类各自生产的、未用于资本家消费的那部分剩余价值，亦可看作两大部类资本家的意愿储蓄，α 为意愿积累率（这里假设两部类的意愿积累率相等）；右侧代表那些影响剩余价值实现的需求项目，这些需求项目恰好等于两部类资本家的实际积累。上标 t 和 $t+1$ 将等式两侧区分为两个不同的再生产时期。现在，让我们引证马克思就资本积累基本矛盾所做的著名论述，并与公式（1-4）相对照：

> 直接剥削的条件和实现这种剥削的条件，不是一回事。二者不仅在时间和空间上是分开的，而且在概念上也是分开的。前者只受社会生产力的限制，后者受不同生产部门的比例和社会消费力的限制。但是社会消费力既不是取决于绝对的生产力，也不是取决于绝对的消费力，而是取决于以对抗性的分配关系为基础的消费力；这种分配关系，使社会上大多数人的消费缩小到只能在相当狭小的界限内变动的最低限度。这个消费力还受到追求积累的欲望的限制，受到扩大资本和扩大剩余价值生产规模的欲望的限制。②

在这段引文里，马克思列举了三项决定剩余价值实现条件的因素，

---

① 日本学者置盐信雄较早提出了这个定义式，并对其做了正确的阐发。见 N. Okishio, "On Marx's Reproduction Scheme," *Kobe University Economic Review* 1988, 34: 7. 与本章采用的记号不同，置盐用 $1-\alpha$ 代表资本家阶级的意愿储蓄率，α 是资本家消费与全部剩余价值的比率。

② 马克思、恩格斯：《马克思恩格斯全集》第 25 卷，人民出版社，1974，第 272~273 页。

其中不仅包括各个生产部门间的比例和群众的消费力，还涉及资本家的积累欲望。在这三项因素中，资本家积累的欲望是具决定性的因素，因为由此决定的积累会以其规模和方向重塑生产部门间的比例，并透过某种乘数效应改变群众的消费力。积累的这种作用在公式（1－4）中得到了直观的体现：公式的右侧，即决定剩余价值实现的因素，恰恰可归结为两部类资本家阶级的实际积累。在《资本论》第一卷，马克思曾提出，剩余价值是资本积累的源泉；公式（1－4）则揭示了与之互补的另一重关系：两部类资本家阶级的实际积累是资本家阶级的剩余价值或利润的实现条件。因此，公式（1－4）也表明，后凯恩斯主义经济学家卡莱茨基最先倡导的观点——资本家阶级的利润取决于他们自己的投资，而不是相反——实际上蕴含于再生产图式之中。①

再生产图式所表征的均衡条件，代表了资本主义生产当事人的个别目的论活动赖以实现的社会条件。这些条件的确立远非资本主义经济的常态，因为资本家阶级的积累欲望和实际积累都是经常变动而不确定的，这种不确定性的后果体现为下面的不等式：

$$\alpha S_1^t + \alpha S_2^t > (<) S_{1c}^{t+1} + S_{2c}^{t+1} + S_{1v}^{t+1} + S_{2v}^{t+1} \qquad (1-5)$$

资本产品的价值决定在时间上的动态性，通过这些符号的上标清楚地显示出来。价值规律（鲁宾眼中的资本主义生产方式的平衡规律）不仅涉及劳动量在不同部门的共时性分布，而且涉及劳动量在历史时间中，即在再生产前后时期的动态分布。从不等式（1－5）中可以看到，前一个再生产时期的产品价值，是通过后一个时期的实际积累来实现的；资本家阶级的实际积累水平提供了前一时期资本产品的对等价值，并决定了后者的实现程度。

可以借助公式（1－4）回答前文提出的重要问题：何以需求的变动

---

① 卡莱茨基的观点可参阅 M. Kalecki, "Determinants of Profit," in *Selected Essays on the Dynamics of the Capitalist Economy* (Cambridge：Cambridge University Press, 1980)。

具有和产品价格无关的自主性。从宏观角度来看，需求的变动归根结底取决于资本家阶级的积累，尽管产品价格因素在一定程度上影响积累，但对积累直接产生影响的是预期利润率。在本章第 3.3 小节，通过对明斯基观点的讨论还会看到，资本家的预期主要是借助资本资产市场的价格波动而形成的，普通产出市场的价格对于积累只有相对次要的影响。在经济衰退时期，由于实际积累增速放慢，一部分剩余产品面临实现困难，这一点解释了马克思所说的，即使价格下降，需求也不会增加。反之，当积累欲望增强，实际积累增速加快时，即使价格上升，需求也不会减少。

3.2　非均衡与市场价值的决定：理论及数理分析

这一小节将运用简单的数理分析，进一步考察资本积累基本矛盾所引致的非均衡对市场价值决定造成的影响。假定存在一个两部门经济。令生产第 i 种（$i = 1, 2$）产品所需劳动量（包括物化劳动和活劳动）为 t_i，这一劳动量带来的产出为 q_i，在生产中形成的单位内含价值为 λ_i，在市场上实现的单位价值为 λ_i^*。在再生产均衡的前提下，两个部门总产出在市场上实现的价值总量，必然等于在生产中形成的内含价值总量，即有：

$$\sum_{i=1}^{2} \lambda_i^* q_i = \sum_{i=1}^{2} \lambda_i q_i = \sum_{i=1}^{2} t_i \qquad (1-6)$$

接下来要讨论，单位产品的实现价值 λ^* 是如何决定的。这里引入一个由冯金华教授发展的关于产品实现价值决定的模型，后文简称之为冯金华实现价值方程或冯金华方程。[①] 从定义来看，单位产品的实现价值（λ_i^*）应当等于用单位产品交换到的货币的价值（以劳动量衡量），换言

---

① 冯金华：《价值的形成和实现：一个新的解释》，《学习与探索》2015 年第 5 期；冯金华：《价值决定、价值转形和联合生产》，社会科学文献出版社，2014。

之，即等于产品的交易价格与单位货币价值（用 m^* 表示）的乘积。若用 p_i 表示第 i 种产品的价格，则可写出如下交易方程：

$$\lambda_i^* = p_i m^* \tag{1-7}$$

将公式（1-7）代入公式（1-6），可解出产品的单位实现价值 λ_i^*，即得到冯金华实现价值方程：

$$\lambda_i^* = \frac{p_i}{\sum\limits_{i=1}^{2} p_i q_i} \sum\limits_{i=1}^{2} t_i \tag{1-8}$$

该式意味着，单位产品的实现价值是全社会在生产中耗费的总劳动量按照一个比率分布而形成的，这个比率等于单位产品价格与全社会总产出价格的比率。若在公式（1-8）两边乘以产出 q_i，冯金华实现价值方程还可写为：

$$\lambda_i^* q_i = \frac{p_i q_i}{\sum\limits_{i=1}^{2} p_i q_i} \sum\limits_{i=1}^{2} t_i \tag{1-9}$$

冯金华实现价值方程在最初提出时并没有考虑非均衡的情况。在非均衡条件下，用于生产全部产品而投入的劳动量未必都能转化为市场价值，这意味着将有可能出现以下不等式：

$$\sum\limits_{i=1}^{2} \lambda_i^* q_i < \sum\limits_{i=1}^{2} t_i = \sum\limits_{i=1}^{2} \lambda_i q_i$$

或

$$\sum\limits_{i=1}^{2} \lambda_i^* q_i = \phi \sum\limits_{i=1}^{2} t_i \tag{1-10}$$

其中 ϕ 为度量非均衡时价值量偏离的系数，且 $0 < \phi \leqslant 1$。这样一来，若将公式（1-7）代入公式（1-10），便有：

$$\lambda_i^* = \frac{\phi p_i}{\sum\limits_{i=1}^{2} p_i q_i} \sum\limits_{i=1}^{2} t_i$$

另据公式（1-9），有：

$$\lambda_i^* q_i = W_i^* = \frac{\phi p_i q_i}{\sum\limits_{i=1}^{2} p_i q_i} \sum\limits_{i=1}^{2} t_i \qquad (1-11)$$

其中，W_i^* 代表非均衡条件下第 i 个部门产出的实现价值总量。从社会总资本再生产角度看，$\sum\limits_{i=1}^{2} t_i$ 造成的年产品价值的构成为 $\sum\limits_{i=1}^{2}(C_i + V_i + S_i)$；由前述两大部类的总量平衡条件可知，这一年产品的实现（其实物和价值补偿）取决于由以下项目所代表的有效需求：$\sum\limits_{i=1}^{2}(C_i + V_i + S_{ik} + S_{ic} + S_{iv})$。据此可写出：

$$\lambda_i^* q_i = W_i^* = \frac{p_i q_i}{\sum\limits_{i=1}^{2} p_i q_i} \sum\limits_{i=1}^{2}(C_i + V_i + S_{ik} + S_{ic} + S_{iv})$$

其中，$\sum\limits_{i=1}^{2}(C_i + V_i + S_{ik} + S_{ic} + S_{iv})$ 决定了社会年产品价值的实现程度，

易言之，$\phi = \dfrac{\sum\limits_{i=1}^{2}(C_i + V_i + S_{ik} + S_{ic} + S_{iv})}{\sum\limits_{i=1}^{2} t_i}$。

λ_i^* 作为单位产品的实现价值尽管在数量上可能等于市场价值，但在概念上与后者并不一致。如果假设消费品部门存在三种技术水平各异的企业，依其生产率高低，三种企业单位产品的个别价值就可分别表示为 $\lambda_2^{\min}$、λ_2^{mid}、$\lambda_2^{\max}$，并有 $\lambda_2^{\min} < \lambda_2^{\mathrm{mid}} < \lambda_2^{\max}$。依照罗斯多尔斯基所代表的观点，这三种个别价值在不同的供求形势下分别充当起调节作用的市场价值。这样一来，在考察单位实现价值 λ^* 与市场价值的关系时，就可区分如下三种情况：

第一，单位实现价值恰好等于和平均技术水平相对应的单位个别价值，从而有 $\lambda^* = \lambda^{mid}$，这种情形事实上意味着均衡的存在；

第二，单位实现价值等于和较高技术水平相对应的个别价值，即有 $\lambda^* = \lambda^{min}$，此时部门内存在非均衡；

第三，单位实现价值等于和较低技术水平相对应的个别价值，即有 $\lambda^* = \lambda^{max}$，此时部门内也存在非均衡。

第一种情形对应于鲁宾支持的观点，即市场价值是与再生产均衡相对应的概念，由部门平均技术条件所决定的单位产品个别价值与市场价值必然相等。第二种和第三种情形对应于罗斯多尔斯基所代表的观点，即市场价值可能与非均衡相对应，在供给大于需求时，生产率较高企业的个别价值可以成为起调节作用的市场价值，且此时需求并不因市场价格的下降而增长；在供给小于需求时，生产率较低企业的个别价值成为起调节作用的市场价值，且需求并不因市场价格的提高而下降。

鲁宾和罗斯多尔斯基所代表的观点虽然不同，但在他们那里，市场价值都等于某种既有的个别价值，从而与现有的技术水平相对应。罗斯多尔斯基没有进一步考虑如下情形：市场价格进一步偏离起调节作用的最优或最劣生产条件，从而使得通过市场价格而得到的单位产品实现价值 λ^* 不再等于最好或最坏条件下的个别价值，而是持续地小于 λ^{min} 或大于 λ^{max}。这类极端情形在理论上有什么意义呢？

当市场价格由最好或最坏条件下的生产条件（即 λ^{min} 或 λ^{max}）调节时，该部门存在两个进一步变化的方向：或者回归由某种平均生产条件所决定的个别价值，或者进一步发散，持续地小于 λ^{min} 或大于 λ^{max}。假设需求的变动具有和价格无关的某种自主性，为第二种情形的发生创造了条件。在后面这种情形下，协调可以采取如下形式：通过竞争发现一种新的生产条件和新的个别价值，并与实现价值（λ^*）相平衡。例如，当通过市场价格实现的 λ^* 持续小于 λ^{min}，且需求也不因此扩大时，该部门可能通过技术创新，造就一种新的生产技术条件，使其产品的个别价值

降低到与 λ^* 相等，从而成为新的起调节作用的市场价值；或者反过来，当借助市场价格而实现的 λ^* 持续大于 λ^{max}，且需求并不因此减少时，一些具有较劣技术条件的企业可能加入该部门，其个别价值成为起调节作用的市场价值。[1] 不过，即便通过上述协调过程发现了新的市场价值，也不意味着该部门一定会重建再生产均衡（以部门总产出的个别价值总额和市场价值总额相等来衡量）。[2]

市场价值的第一种理论始终假定，市场价格只能围绕既有的市场价值这一引力中心而调整，而不存在前文指出的市场价值追随价格而调整的情况。第一种理论的这种假定，是以《资本论》第一卷开篇的观点为依据的。在那里马克思假设，第一，价格只是价值的货币表现，在此基础上，马克思在生产率变动和这种被严格限定的价格概念之间建立了直接联系，即在长期内，后者必将伴随生产率提高而下降；第二，在讨论货币作为价值尺度的功能时，马克思又补充了一个观点：这种直接价格可以围绕价值而波动，但其长期趋势（或统计意义上的平均数）是向既有价值水平收敛。[3]

马克思的这些假设，对于在理想条件下分析资本主义经济的长期运

---

[1] 马克思提到过这种可能性，他说：在市场价格降低时，"可能导致这样的结果：由于某种发明缩短了必要劳动时间，市场价值本身降低了，因而与市场价格平衡"。反之，当市场价格上升时，将"引起市场价值本身的提高，因为所需要的一部分产品在这个期间内必须在较坏的条件下生产出来"。参见马克思、恩格斯《马克思恩格斯全集》第25卷，人民出版社，1974，第213页。

[2] 鲁宾认为，市场价值的第二种理论否定了价值作为价格波动的重心的意义，同时也混淆了价值与价格。参见 I. I. Rubin, *Essays on Marx's Theory of Value* (Detroit: Black and Red, 1972), pp. 198 – 199。这一批评是片面的，依照笔者的阐述，第一，价值作为价格波动的重心，应可容纳上述反向调整机制，即发现新的市场价值以适应市场价格和实现价值，而不是单纯地调整价格以适应既定的市场价值；第二，透过区分单位产品实现价值（对应于市场价格）和市场价值，市场价值的第二种理论完全可以避免对价值和价格的混淆。

[3] "价格偏离价值量的可能性，已经包含在价格形式本身中。但这并不是这种形式的缺点，相反地，却使这种形式成为这样一种生产方式的适当形式，在这种生产方式下，规则只能作为没有规则性的盲目起作用的平均数规律来为自己开辟道路。"参见马克思、恩格斯《马克思恩格斯全集》第23卷，人民出版社，1972，第120页。

动规律，或者用他的话来说，在"它们的合乎规律的、符合它们的概念的形态上来进行考察"，是完全必要的。但与此同时，这些假设也让马克思付出了代价，使他难以在分析中纳入以部门的兴衰更迭为特征的经济结构变迁。假设价格最终向第一种意义的市场价值收敛，意味着假设部门再生产处于正常或均衡状态。在这种状态下，那些生产条件起调节作用的企业享有正常利润，其他企业以此为参照，或者通过部门内竞争取得超额利润，或者承担一部分亏损。总体来看，部门产出的个别价值总和与实现价值总和大致相当，换言之，相关部门在整个经济中的相对地位没有根本的变化。而在我们指出的那种极端非均衡情形中，由于市场价格不再对应于部门内任何一种既有的生产条件，因而也不存在起调节作用的市场价值，部门内竞争此时已在相当程度上失去了意义，占主导地位的是部门间竞争。在整个部门内，要么所有企业同时亏损，要么所有企业取得超额利润。这种过渡情形的出现，意味着相关部门在整个经济中的相对重要性正在发生根本的改变，这种改变恰好定义了经济的结构性变迁。在部门出现普遍亏损时，重大产品创新将成为竞争的重要手段，这种创新有可能开辟一个崭新的部门；反之，在部门内所有企业都能获得超额利润时，该部门要么是一个正在成长的新部门，要么便是出现了非同寻常的需求条件，诱使其大举扩张。假定市场价值可以追随市场价格进行调整，恰好为分析这种结构性变迁提供了可能。因此，市场价值的第二种理论和第一种理论的区别还在于，前者有助于扩大马克思主义经济学的解释范围，使之不仅能在给定部门的基础上解释资本主义经济的运动规律，而且能用于解释演化经济学所注重的经济的结构性变迁。

现在让我们转来再看公式（1-4）。它所表达的资本积累基本矛盾左右了个别当事人的目的论行为，这类行为即积累的结构可以借用利润率的定义式 $r = \dfrac{S}{C+V}$ 来表征。在这个定义式中，一方面，分母 $C+V$ 不仅代表了预付资本的数量，而且通过资本有机构成刻画了生产的技术条件，在此双重意义上，可将分母视为目的论设定中所确定的手段；另一方面，分子即剩余价值则代表了行为的目的。在此比率中，无论分子及分母的数量，还是分母与分子间的相互联系，都渗透了不确定性。先来看分子，由公式（1-4）可看到，利润率定义里的分子即剩余价值的实现，在宏观上是由整个资本家阶级的积累所决定的，由于资本家阶级的投资意愿可能不足以保证公式（1-4）的成立，这就造成了利润实现的不确定性。用卡莱茨基的话说，资本家可以决定其支出的规模，但不能决定取得利润的多寡，就是指的这种不确定性。进而言之，在利润率的定义中，不仅分子即利润的实现受到不确定性的影响，分母自身也包含着不确定性。在《资本论》第二卷，马克思曾谈到，由于技术变革等因素的影响，固定资本价值面临经常性的贬值，这一现象被马克思称作资本循环中的价值革命。伴随这种价值革命，分母即预付资本的价值以及资本的价值构成也是不确定的。这样一来，在资本主义生产当事人的目的论行为中，目的及其手段都受到不确定性的左右，目的和手段之间的相互联系就更其如此了。[①]

总之，在何为生产的物量数据这个问题上，我们也看到了卢卡奇所谈到的那种联系：一方面，生产的技术条件是个别资本家的目的论活动据以进行的手段；另一方面，成功的目的论活动要求实现手段和目的的同质化，并根据社会合目的性对手段加以选择和调整。在部门内起调节作用的标准技术条件是一个相对的概念，只有置于目的论活动的结构中、相对于社会合目的性结果才能确定下来。这种标准技术条件和市场价值之间的关系，要比斯蒂德曼乃至鲁宾所理解的更为复杂，其中不仅包含生产的技术条件调节市场价值这一重关系，还包含恰好相反的另一重关

---

① 参看孟捷《历史唯物论与马克思主义经济学》（社会科学文献出版社，2016，第130页）一书的第4章就此问题所做的论述。

系，即通过市场价值的形成来选择生产的标准技术条件。这种反向关系在罗斯多尔斯基那里就已经在一定意义上存在了，沿用前文的记号，当个别价值 λ^{min} 或 λ^{max} 调节该部门的市场价格时，它们也就成为市场价值；而一旦 λ^{min} 或 λ^{max} 成为部门的市场价值，它们所代表的生产条件就同时确立为部门内起调节作用的标准技术条件。在我们讨论的实现价值（λ^{*}）与个别价值（λ^{min} 或 λ^{max}）极度偏离的情形中，上述反向关系变得更为明显。两者的极度偏离意味着市场价值以及部门内起调节作用的技术条件此时根本不存在，或言之，部门内既有的技术条件对于市场价格的变动完全不起任何调节作用。当出现这种偏离时，公式（1-4）所代表的社会选择机制将推动部门间竞争和经济-技术的结构变迁，最终发现或造就一个新的起调节作用的标准技术条件，重建个别价值与市场价值的联系。

可以通过一个数例进一步说明本小节讨论的观点。为简便起见，假定一个生产小麦和钢铁的两部门经济，其投入和产出的技术关系如表1-4所示。

表1-4　小麦和钢铁部门的投入产出条件

部门	小麦	钢	活劳动	产出
小麦	0	1/4	1	1
钢铁	0	1/2	1	1

令钢和小麦的单位价值分别为 λ_s 和 λ_w，根据表1-4给出的生产条件，两部门的单位价值生产方程如下：

$$\lambda_s = \frac{1}{2}\lambda_s + 1$$

$$\lambda_w = \frac{1}{4}\lambda_s + 1 \tag{1-12}$$

解此方程组，得 $\lambda_s = 2$、$\lambda_w = 3/2$。要注意的是，在构造这个方程组

时，丝毫没有涉及总量平衡条件。可以假设，此时两个部门的产量均为
10000 单位，剩余价值率为 100％，则两部门产品的价值构成如表 1－5
所示。

表 1－5　小麦和钢铁部门的产品价值构成

部门	C	V	S	W
小麦	5000	5000	5000	15000
钢铁	10000	5000	5000	20000

由表 1－5 可知，全社会总劳动量为 35000 单位，故可写出以下总量
平衡条件：

$$10000\lambda_s + 10000\lambda_w = 35000$$

即社会总产品的市场价值总量等于投入生产的总劳动量。由于在再
生产均衡的前提下，有 $\lambda^* = \lambda$，故而市场价值总量与实现价值总量也相
等，即有 $10000\lambda_s^* + 10000\lambda_w^* = 35000$。表面上看，上述总量平衡条件对
于单位市场价值的决定似乎不起作用，后者单纯依靠表 1－4 中的投入产
出技术条件即可得出（这正是新李嘉图主义的见解），但这其实是假象，
如果引入非均衡，便可立即发现总量均衡条件对于市场价值和标准技术
条件的决定所起的重要作用。

假设因再生产失衡，投入生产的全部劳动量只能实现 4/7；同时假设
此时产量仍可出清，但存在价格调整。在这些前提下可以写出：

$$10000\lambda_s^* + 10000\lambda_w^* = 20000 \tag{1－13}$$

此时若仍假设 $\lambda^* = \lambda$，并将公式（1－13）和公式（1－12）联立，
则方程组不存在有经济意义的解。在理论上，这意味着，此时不存在起
调节作用的市场价值。然而，在没有市场价值的情况下，仍然存在市场
价格。假设此时两种产品市场价格的相对比例为 3：2，即 $p_w = \dfrac{3}{2} p_s$，根

据冯金华实现价值方程，可写出：

$$\lambda_w^* = \frac{p_w}{10000p_w + 10000p_s} \times 20000$$

$$\lambda_s^* = \frac{p_s}{10000p_w + 10000p_s} \times 20000$$

$$10000\lambda_w^* + 10000\lambda_s^* = 20000$$

$$p_w = \frac{3}{2}p_s$$

据此解得 $\lambda_s^* = 0.8$、$\lambda_w^* = 1.2$。若假设两个部门此时有新的更为先进的企业加入，且这些先进企业的个别价值（分别为 λ_s^{min} 和 λ_w^{min}）恰好为 $\lambda_s^{min} = 0.8$、$\lambda_w^{min} = 1.2$，则先进企业的个别价值此时就成为部门内起调节作用的市场价值，其生产的技术条件也相应地成为部门内新的标准技术条件。

表 1-6 描述了加入两个部门的新企业的个别生产条件（此时亦为标准的技术条件）。

表 1-6 小麦和钢铁部门新进入企业的投入产出条件

部门	小麦	钢	活劳动	产出
小麦	0	1/4	1	1
钢铁	0	3/8	1/2	1

根据这一组条件可构造一组价值生产方程（其中 λ_s' 和 λ_w' 分别为先进企业的个别价值，此时亦为市场价值）：

$$\lambda_w' = \frac{1}{4}\lambda_s' + 1$$

$$\lambda_s' = \frac{3}{8}\lambda_s' + \frac{1}{2}$$

解此方程组，求出 $\lambda_s' = 0.8$、$\lambda_w' = 1.2$。这意味着，通过一种反向调整，两部门重新找到了新的市场价值和标准的技术条件。

在部门内起调节作用的技术条件的确立，是通过个别价值、市场价值、实现价值的对立统一关系而实现的，这种相互关系大致包含以下要点。

第一，在均衡前提下，中等技术条件所生产的单位产品的个别价值，与其市场价值或实现价值是相等的。就整个部门而言，全部产出的个别价值之和，与全部产出的市场价值或实现价值之和也是相等的。在此情形下，个别生产率最高的企业可以获得超额利润，但整个部门没有超额利润。

第二，当单位产品的市场价值由生产率较高或较低企业的个别价值所代表时，单位产品市场价值与生产率较高或较低企业的个别价值和实现价值也是相等的，但就整个部门而言，其总产出的市场价值（亦为实现价值），却不再等于总产出的个别价值之和，前者要么小于后者（当市场价值由生产率最低企业的个别价值调节时），要么大于后者（当市场价值由生产率最高企业的个别价值调节时）。这种偏离定义了再生产非均衡的存在。

第三，如果非均衡进一步发展，单位产品实现价值偏离部门内一切既有的个别价值，对市场价格起调节作用的市场价值也将不复存在，因而也不存在与之对应的、起调节作用的技术条件。在一个竞争性部门中，此时必然会出现进一步的调整，以发现或造就新的技术条件，重建单位产品的个别价值与市场价值的联系。这种重建虽然是一种演化经济学意义上的"协调"过程，但其结果并非一定带来相关部门的再生产均衡。

可以借助冯金华实现价值方程，对第二点和第三点做一补充说明。在冯金华实现价值方程中，除非假定价格是直接价格，即价格恰好与单位产品的内含平均价值成比例（这是《资本论》第一卷采用的假定），否则单位产品的实现价值不等于其内含平均价值。为此可在公式（1-11）的基础上写出任一部门单位产品实现价值（λ_i^*）与其内含平均价值

（λ_i^a，见前文定义）的关系式：

$$\lambda_i^* = \frac{\phi p_i}{\sum\limits_{i=1}^{2} p_i q_i} \sum\limits_{i=1}^{2} t_i = \varphi_i \lambda_i^a \qquad (1-14)$$

φ 是度量两者偏离程度的系数。由公式（1-14）可以看出，φ 此时也度量了因非均衡造成的实现价值与内含平均价值的偏离。当价格为直接价格时，因此时处于均衡条件下，故 ϕ 和 φ 都等于 1。由于单位产品的市场价值可以在 $[\lambda^{min}, \lambda^{max}]$ 这一区间内变动，任一部门单位产品的实现价值只要满足公式（1-15）所刻画的条件，就可视为市场价值。

$$\lambda_i^{min} \leqslant \lambda_i^* \leqslant \lambda_i^{max} \qquad (1-15)$$

将公式（1-14）的第二个等式代入公式（1-15），可得 φ 的变动范围为：

$$\frac{\lambda_i^{min}}{\lambda_i^a} \leqslant \varphi \leqslant \frac{\lambda_i^{max}}{\lambda_i^a}$$

这意味着，当因非均衡产生的 φ 的变动处于这一范围内时，需求的变化直接影响部门内市场价值的决定；一旦超出该范围，需求的变化就只调节价格和价值的偏离，而不再影响市场价值本身。但在后面这种情况下，竞争会带来进一步的调整，以造就或发现新的市场价值和标准的技术条件。

需要强调的是，在前述第一和第二种情形中，单位产品的市场价值必须联系总产出的市场价值来决定，易言之，部门总产出的市场价值是单位产品市场价值得以决定的前提。[1] 初看起来，这个原则和《资本论》的叙述方法似乎是矛盾的，因为马克思的叙述是从单个商品的价值决定

---

[1]　在第三种情形中，总产出的实现价值同样也是新的单位产品市场价值和相对应的标准技术条件得以确立的前提。

出发的，进而又以单位商品的价值乘以总产出，得到总产出的价值。但是，这种表面的矛盾只不过反映了《资本论》的叙述方法和研究方法的区别。从过程的内在联系来看，正如马克思在《资本论》第三卷里所指出的："不仅在每个商品上只使用必要的劳动时间，而且在社会总劳动时间中，也只把必要的比例量使用在不同类的商品上。"从这个观点看，单位商品的个别价值只是市场价值形成的必要而非充分的前提，市场价值的最终决定，是在部门总产出乃至公式（1－4）所表达的宏观层面实现的。

　　然而，正是在这个问题上，市场价值的两种理论存在着尖锐的对立。依照鲁宾支持的第一种理论，单位商品的市场价值取决部门内的平均技术条件。在其他条件不变时，单位商品市场价值（即均衡价格）决定了该部门商品的总销量。由于在均衡条件下部门的总销量等于总产出，单位商品价值与总产出的乘积便是该部门在生产中所耗费的总劳动量或总价值。鲁宾认为，在此有三个起调节作用的变量，即均衡价格（市场价值）、与均衡价格相适应的均衡产量，以及分配于该部门的均衡总劳动量，三者分别构成了在经验中经常波动的市场价格、产量和总劳动量的引力中心。而按照市场价值的第二种理论，首先被决定的是该部门商品的总销量（或销量乘以价格）及其市场价值总量，单位商品的市场价值等于市场价值总量除以总销量。如果说在第一种理论中，社会认可的、分布于该部门的总劳动量是由乘法得来的（即以单位价值乘以可实现产出），在第二种理论中，这一总劳动量则是预先得到的前提，然后再用除法，即以社会承认的总劳动量或市场价值总量除以可实现产量，得到单位商品的市场价值。①

---

① 此处的"乘法"和"除法"一说来自马克思："他（引者注：指个别资本家）是先确定单个商品的价格，然后用乘法决定总产品的价格，可是本来的过程是除法的过程，而且乘法只是作为第二步即以这种除法为前提才是正确的。"参见马克思、恩格斯《马克思恩格斯全集》第25卷，人民出版社，1974，第257页。

冯金华通过改写公式（1-8），表达了马克思提出的"除法"观，即有：

$$\lambda_i^* = \frac{p_i}{\sum\limits_{i=1}^{2} p_i q_i} \sum\limits_{i=1}^{2} t_i = \frac{1}{q_i} \frac{p_i q_i}{\sum\limits_{i=1}^{2} p_i q_i} \sum\limits_{i=1}^{2} t_i = \frac{W_i}{q_i} \qquad (1-16)$$

其中，$W_i = \dfrac{p_i q_i}{\sum\limits_{i=1}^{2} p_i q_i} \sum\limits_{i=1}^{2} t_i$。在非均衡条件下，$W_i$转化为$W_i^*$，即转化为公式（1-11）。由公式（1-16）可以看出，市场价值决定中的"除法"意味着，首先被决定的是W_i或W^*，即部门产出的市场价值总量，然后再决定单位产品的市场价值λ_i^*，以及与之对应的生产技术条件。[①]

值得指出的是，公式（1-11）中的比率$\dfrac{\phi p_i q_i}{\sum\limits_{i=1}^{2} p_i q_i}$决定了特定部门在社会总劳动量的"事后"分布中所占据的比重，因而可直接用于度量该部门在整个经济中的相对地位的变化。在此意义上，公式（1-11）也可视为从劳动价值论的角度分析前文谈及的经济结构变迁的概念工具。

3.3　价值决定中的主观因素

公式（1-4）的深刻含义在于，它揭示了社会年产出的市场价值是由资本家阶级的实际积累所决定的。由于实际积累取决于马克思所说的积累的欲望，而后者在很大程度上等于资本家对未来利润的主观预期，这就意味着主观性在市场价值的决定中扮演了重要作用。

对第二种市场价值概念的讨论，必然涉及主观性和经济价值的关系

---

① 冯金华：《价值决定、价值转形和联合生产》，社会科学文献出版社，2014，第93页。

问题。为便于讨论这一问题，不妨先从价值概念的一般含义着手。这里所称的一般含义，指的是价值概念在人类生活各个领域（如伦理、宗教、艺术、政治等）通行的含义。在社会存在的上述各个领域，价值都是主体选择、设定和评价的结果。最早发展起来的经济价值概念，如使用价值和交换价值，也符合这一特点。例如，在率先分析经济价值的古代思想家亚里士多德那里，经济价值指的是财物对人的有用性，这种有用性既包括使用价值，也包括交换价值。亚里士多德以鞋为例，指出鞋子的有用性一方面是穿着，另一方面是用于交换其他物品。[①] 经济价值向一种客观性范畴的转变，是在商品经济发展的过程中，尤其是资本主义生产方式崛起之后出现的。随着资本主义生产方式的发展，一方面，使用价值开始脱离单纯作为简单劳动过程的评价尺度，以及作为相对于生产者本人的有用性这种狭隘的形式，日益发展成为社会有用性或马克思所谓社会使用价值；另一方面，交换价值在货币、最终在资本上取得的独立性的发展，使其成为支配商品形态变化和决定商品相对价格运动的纯粹客观性范畴。经济价值的设定和实现从此依赖于由复杂的因果关系构成的社会整体，并因之具有不确定性这一特点。卢卡奇曾就这种不确定性写道：

> 从一定的阶段开始，这个整体就不再是进行设定和作出可选抉择的诸多单个经济主体所能盲目把握的了，所以，主体就不再能象进行简单的、创造使用价值的劳动那样，按照价值进行抉择。须知，在大多数情况，人们几乎不能正确地把握他们自己的决定所产生的结果。那么，他们的价值设定怎么能够造成经济价值呢？但价值本身毕竟是客观地存在着的，而且正是它的这种客观性，也在规定着诸多个别的目的论的、根据使用价值进行的设定——尽管这种规定

---

① 参见亚里士多德《政治学》，吴寿彭译，商务印书馆，1965，第25页。和亚里士多德大约同时代的中国古代思想家墨子，也有类似的思想。

在客观上没有相应的肯定性，在主观上没有相应的理解。①

在古典经济学家，尤其是马克思那里，诸如价值、运动中的价值（资本是运动中的价值）、市场价值乃至价值规律等一系列适用于资本主义生产方式的经济价值概念，都具有古代思想家所不曾体认到的客观性，当事人如果不遵守这种客观性，就会受到类似于重力这样的自然规律的惩罚。然而，承认经济价值的客观性最终也助长了下述认识，即劳动价值论似乎是一种纯粹强调价值的客观性的理论，主观选择和主观评价在价值的形成中不起任何作用。这种认识自然是错误的。在《资本论》里，正如马克思一再提出的，价值形成是以劳动过程的合目的性为前提的；所谓劳动两重性，是形成价值的抽象劳动和合目的的具体劳动的两重性，这意味着，如果没有劳动的合目的性这一前提，具体劳动就不会转化为抽象劳动，不会形成价值。②

需要强调的是，马克思不仅结合个别劳动过程阐明了经济价值所包含的主观性维度，而且结合社会生产，利用再生产图式说明了这一点。让我们再回到公式（1-4），该式展现出一种集体目的论行为（即资本家阶级的积累活动）的结构：等式左边的各项构成了集体行为的客观条件，即可用于投资和消费的物质对象，等式右边则是资本家阶级用于积累的支出（追加投资支出和追加消费支出），后者作为有效需求认可并实现了前一期产出的市场价值及其中包含的利润。在这个等式中，左边的各项即一部分剩余产品的价值，是在新的积累活动中被选择、评价，进而得到实现的。主观因素，即资本家阶级的积累欲望，在此成为实现他们自己的剩余产品及其利润的必要环节。因此，市场价值这一概念，事实上

---

① 卢卡奇：《关于社会存在的本体论》下卷，白锡堃、张西平、李秋零等译，白锡堃校，重庆出版社，1993，第86~87页。

② 在《资本论》里，马克思很少单独使用"具体劳动"一词，总是采用"具体有用劳动"的提法，这一点常常受到忽视。对经济价值问题的分析，还可参见孟捷《马克思主义经济学的创造性转化》，经济科学出版社，2001，第33页以下。

构成了经济价值的客观维度（生产中耗费的活劳动和物化劳动）与主观维度（对劳动的合目的性的社会评价）的合题。然而，在经济理论中，市场价值的这两个维度却常被认为是对立的：一方面，那些坚持只从客观维度理解价值的观点，被称作生产费用论或客观价值论；另一方面，片面地从主观评价和主观选择的维度理解价值的观点，则构成了主观价值论或效用价值论。这两种立场都是错误的。在《资本论》里，马克思超越了这两种立场，并在市场价值概念中达成了价值规定的客观维度和主观维度的辩证统一：一方面，在生产中耗费的物化劳动和活劳动是市场价值形成的基础；另一方面，代表主观因素的有效需求构成了市场价值形成的必要条件。

我们还可借助后凯恩斯主义经济学家明斯基的观点，进一步阐明在市场价值的决定中，主观因素和有效需求所发挥的作用。根据上文的分析，在再生产图式中，资本家阶级的积累所代表的有效需求，是市场价值形成的必要条件。那么资本家阶级的积累欲望是由哪些因素决定的呢？已实现利润率是其决定因素之一，但是，已实现利润率是一客观事实，如果只承认这一因素对积累的推动作用，则积累的欲望就是被机械地决定的，主观评价、预期和选择的意义将大打折扣。根据明斯基所阐发的观点，积累的欲望还取决于他所谓的资本资产（Capital Asset）价格的变化。根据他的理论，资本品或投资品存在两种价格，即作为普通产出的价格和作为资本资产的价格，他将前者称为供给价格，后者称为需求价格。当需求价格高于供给价格时，就会刺激积累；当需求价格低于供给价格时，就会妨碍积累。① 明斯基的需求价格在相当大程度上受到资本市场的心理预期因素的主宰。需求价格相对于供给价格的变化，以及由此带来的投资需求或积累的波动，是这些心理因素得以影响市场价值形成

---

① H. Minsky, *Stabilizing an Unstable Economy* (New Haven and London: Yale University Press, 1986).

的中介。我们可以通过图1-1直观地理解资本资产价格的形成和投资品市场价值的确定之间的关系。

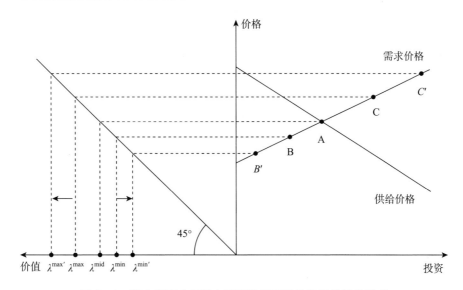

图1-1　资本资产市场的主观预期与商品的市场价值的形成

图1-1中纵坐标的右侧代表了资本资产市场，左侧代表了普通产出市场。在资本资产市场，分别有向上倾斜的需求价格曲线和向下倾斜的供给价格曲线。当某一资本品部门的需求价格位于 A、B、C 时，在左侧图上分别有三种个别价值 λ^{mid}、λ^{min}、λ^{max} 与其对应，这三种个别价值也就是罗斯多尔斯基意义上的三种可能的市场价值，其中 λ^{mid} 相当于鲁宾意义上的处于均衡位置的市场价值。当需求价格位于图中的 B' 和 C' 时，在左侧图上不存在与之对应的个别价值，这意味着，此时不存在对市场价格起调节作用的市场价值和标准的技术条件。以 C' 点为例，在这种情况下，资本资产市场对于资本品价值的估价，造成其实现价值高于最劣条件下的个别价值，如果此时有新企业进入，并以其个别价值 $\lambda^{max'}$ 调节市场价格，则 $\lambda^{max'}$ 就成为新的市场价值，其生产条件也成为起调节作用的标准技术条件。再以 B' 点为例，此时对投资品价值的估价，造成其实现价值低于最优条件下的个别价值，这将诱导该部门出现技术进步，以新

出现的个别价值 $\lambda^{min'}$ 作为新的市场价值。

在图 1 - 1 里，市场价格向着作为引力中心的市场价值（λ^{mid}、λ^{min}、λ^{max}）的收敛，以及在出现过度偏离的市场价格（以及通过这一价格取得的实现价值）时通过某种调节机制而发现新的市场价值，构成了一个动态过程的两个方面。一些传统理解由于片面注重前一方面，忽略了后一方面，从而有意无意地将劳动价值论变成了静态均衡理论，淡化了马克思经济学和新古典经济学的界限。

4　作为一种演化理论的劳动价值论

在此尾论里，我们要提出两个具有结论性的意见，其一针对的是斯拉法主义者斯蒂德曼，其二针对的是演化经济学家霍奇逊。

部门内给定的生产技术条件与商品价值量之间的关系，并不像斯蒂德曼所理解的那样，是一种单向的、决定论的关系。究竟哪一种技术条件成为起调节作用的技术条件，是不能脱离市场价值的形成而预先决定的。在马克思经济学中，市场价值的概念是与资本主义经济固有的非均衡和不确定性联系在一起的。这里所说的不确定性，首先是指资本主义生产的手段和目的、条件和结果之间的联系的不确定性。生产的技术条件是价值增殖这一目的的手段或前提，但问题在于，资本主义生产当事人不仅事先无法确知价值增殖的程度，而且不能预先了解什么是为社会认可的、在部门内起调节作用的标准技术条件。在其进一步的发展中，这种不确定性又体现为供给和需求、剩余价值生产和剩余价值实现的相互联系的不确定性。马克思经济学不仅解释了这种不确定性产生的根源，而且试图通过价值范畴来把握这种不确定性。由于价值概念（以及用价值概念规定的资本概念）是这种不确定性在理论上的反映，其本身就具有如下特点：商品的价值量是无法依据物质消耗系数而预先测算的。这当然不是说价值永远不能以某种方式得到测度（价值量具有某种"事后的"可观测效应）①，而只是强调不能单凭生产中的物质消耗系数来推算商品的价值。因此，在马克思经济学中，劳动价值论既是分析资本主义经济运动规律的理论工具，同时还反映了人类认知的某种限度，这就像量子世界中的不确定性会反映在海森堡的"测不准原理"上一样。捷克哲学家泽勒尼在谈及马克思主义认识论时曾指出："在对人类理性的界限的看法上，马克思接近康德甚于接近黑格尔。"②这一论断是十分深刻的。泽勒尼在谈论这一问题时没有片言只字涉及劳动价值论，而在笔者看来，劳动价值论恰恰是支撑他的论断的最有力的论据。在此还可为泽勒尼的论断再补充一点：这种认识论意义的界限，反映了在特定历史条件下人类实践活动的本体论限度。③

英国学者霍奇逊是当代著名演化经济学家，有趣的是，20 世纪 70 年代，他还一度是斯蒂德曼的追随者。在转变为演化经济学家之后，霍奇逊又调转矛头，批判了作为斯蒂德曼理论基础的斯拉法主义。④ 不过，霍奇逊晚年虽然反对斯拉法主义，却一直默认斯蒂德曼站在斯拉法的立场上对马克思劳动价值论所做的批判，并根据这种批判将马克思经济学排斥在演化经济学的谱系之外。在《经济学与演化》一书里，他这样写道：

在马克思经济学中，价值被假定是与既定时刻所具有的最有利

① 这里所谓"事后"，指的是在商品实现之后。"新解释"学派（the New Interpretation）采用以净量值度量的劳动时间的货币表现（MELT），并用其定义货币的价值和劳动力价值，便属于一种事后的测度方法。

② 泽勒尼：《马克思的逻辑》，荣新海、肖振远译，张峰校，中央党校出版社，1986，第 237 页。

③ 在这个问题上，亦可将马克思经济学和新古典经济学加以比较——后者通过"理性选择"概念提倡一种在认识上没有限度的经济学。新古典经济学的僭妄尤其体现于完全竞争市场的一般均衡理论，这个理论等于宣布，人类可以为其经济组织找到一劳永逸的解决办法。在"冷战"结束后，这一理论自然就成为福山所谓"历史终结论"的理论支柱之一。接纳一般均衡意味着赞同人类经济组织的"历史终结论"，这大概是许多新古典微观经济学的信奉者没有料到的。

④ 霍奇逊对斯拉法主义的批判，见 G. M. Hodgson, *Evolution and Institutions：On Evolutionary Economics and the Evolution of Economics*（Cheltenham, U K：Edward Elgar, 1999），pp. 52f，尤见 note 7。霍奇逊早年一度接受了斯拉法主义，并据以批判马克思，见其《资本主义、价值和剥削》（于树生、陈东威译，商务印书馆，1990）一书。

可图的技术相关的。价值量与这种技术所包含的"社会必要"劳动
时间联系在一起。按照这个理论，在经济过程中起着重要作用的多
样性就不见了。而没有这种持久的多样性，自然选择就没有原料。
饶有意味的是，马克思和古典及新古典经济学一样，仅仅关注于单
一技术的产生及其如何获得统治地位。①

这段引文充分暴露了霍奇逊对劳动价值论的误解。与霍奇逊的批评
相反，在马克思那里，价值并不是由最有利可图——即能取得超额利
润——的技术决定的。对市场价值的决定起调节作用的技术条件，并不
会给具备这种技术的企业带来超额利润。更为重要的是，在决定哪一种
技术在部门内起调节作用时，某种与技术因素无关的社会选择过程也扮
演着重要作用。在《资本论》第三卷中讨论农产品市场价值的决定时，
马克思明确表达了这种观点，他写道：

　　产品（也包括土地产品）**市场价值的决定，是一种社会行为**，
虽然这是一种不自觉的、盲目的社会行为。**这种行为必然不是以土
地及其肥力的差别为依据，而是以产品的交换价值为依据**。②

在这里，生产的技术条件（在农业生产中即指土地的肥力）虽然构
成了市场价值形成的必要前提，但绝非其根本的原因；正如马克思所承
认的，即便技术条件没有发生任何变化，市场价值仍会随着供求形势和
交换价值（即实现价值）的变动——其背后是资本积累基本矛盾的作
用——而不断改变。③

---

① G. M. Hodgson, *Economics and Evolution* (University of Michigan Press, 1997), p. 75.
② 马克思、恩格斯：《马克思恩格斯全集》第 25 卷，人民出版社，1974，第 745 页（重点
　标识为笔者添加）。
③ 在马克思讨论的谷物部门里，市场价值的决定是与再生产失衡相伴随的，这一失衡表现
　为"虚假的社会价值"的存在，后者被马克思称为："被看作消费者的社会对土地产品
　支付过多的东西"。参见马克思、恩格斯《马克思恩格斯全集》第 25 卷，人民出版社，
　1974，第 745 页。

值得一提的是，演化经济学家梅特卡夫在讨论经济生活中代表性行为的含义时，曾提出了与马克思的上述论断非常近似的观点，他说[①]：

> （与新古典经济学的理解不同，所谓代表性行为：引者注）是经济过程产生的结果，而不是这个过程的给定前提。

> 所谓代表性取决于各种相关行为的协调方式，即便"现实"行为者的各种个别行为是固定的，所谓代表性也会随着经济过程而改变。

梅特卡夫的这些观点有助于我们在方法论上理解第二种含义的市场价值概念。在一个部门内，某种特定的技术条件或其产品的个别价值转化为标准技术条件或市场价值的过程，就构成了梅特卡夫意义上的代表性行为；这种代表性行为是经济过程选择的结果，而非单纯由部门内既有的技术条件所决定。因此，马克思经济学并非像新古典经济学那样，仅仅关注"单一技术的产生及其如何获得统治地位"，而是要解释特定的技术条件或其产品的个别价值何以在部门内具有代表性（即成为市场价值），以及这种代表性又何以伴随资本积累基本矛盾的发展而改变。换言之，劳动价值论的分析功能在于解释**技术和经济的协同演化**。[②] 在此意义上，劳动价值论绝非如霍奇逊所指摘的那样，有违演化经济学的宗旨，反而应被视为"演化的"价值理论，为理解资本主义经济的演化奠定了坚实的基础。

---

① 见 S. Metcalfe, "Knowledge of Growth and the Growth of Knowledge," *Journal of Evolutionary Economics* 2002, 12 (3): 8. 为便于读者理解这段话，笔者根据作者原意增添了括号中的内文。

② 梅特卡夫曾经提出了一个三阶段模型，用以概括一切经济演化过程的特点。根据这一模型，经济演化或其结构性转变包含下述三个阶段：第一阶段是行为的变异或微观多样性的形成过程；第二阶段是使变异转变为一种经济变迁模式的选择过程；第三阶段则是行为变异再度发生的过程。梅特卡夫同时也将第二阶段称为"协调过程"。笔者曾简略比较了这个模型和马克思相对剩余价值生产理论的近似之处，指出后者以劳动价值论为前提，分析了梅特卡夫所指的"协调过程"。见孟捷《历史唯物论与马克思主义经济学》，社会科学文献出版社，2016，第 222～223 页。

第2章 复杂劳动还原与产品的价值决定：理论和数理分析

　　复杂劳动还原为简单平均劳动（或简单劳动）的问题，是劳动价值论的一个重要组成部分。商品通过交换证明自己的价值性质，不仅需要将具体劳动转化为抽象劳动，而且要将复杂劳动还原为抽象劳动。但是，在马克思的论著中，复杂劳动还原为简单劳动的问题并没有得到足够深入透彻的研究。[①] 这一明显的理论空白客观上为各种批评意见以及不同观点的纷争留下了伏笔。庞巴维克——第一个认真地研究马克思经济学的资产阶级经济学家——就曾抓住并利用这一弱点，将其作为非难劳动价值论的主要依据。现代经济学家萨缪尔森也曾就此问题对马克思提出过批评。[②] 在马克思之后，马克思主义经济学家进行了一些尝试，力图发展和完善复杂劳动还原的理论，其中最主要的代表人物是希法亭，许多有影响的现代马克思主义经济学家都支持他的观点。鲁宾则试图从另一角度发展复杂劳动还原的理论。20 世纪 60 ~ 70 年代，一些学者将希法亭的

---

① 罗斯多尔斯基指出，马克思早在 1851 年对李嘉图的书做摘要时，就意识到复杂劳动还原的问题没有得到解决。他还认为，马克思大概想在“六册计划”的雇佣劳动分册，进一步讨论并解决这一问题。见 R. Rosdolsky, *The Making of Marx's "Capital"* (London: Pluto Press, 1977), p. 516. 罗斯多尔斯基引证了马克思的下面两段话来支持其判断："至于这些区别以怎样的方式拉平，并且一切劳动都化为简单的非熟练劳动，这一点在这里自然还不能加以考察"（见马克思、恩格斯《马克思恩格斯全集》第 46 卷下册，人民出版社，1980，第 376 页）以及"李嘉图已经证明，如果简单劳动和复杂劳动之比是既定的，上述事实并不妨碍用劳动时间计量商品。诚然他没有说明，这种比例是怎样发展和决定的。这属于对工资问题的说明"（见马克思、恩格斯《马克思恩格斯全集》第 26 卷第 3 册，人民出版社，1974，第 179 页）。

② 庞巴维克的批评见 P. Sweezy, ed., *Karl Marx and the Close of His System* (New York: Augustus M. Kelly Publishers, 1966)；萨缪尔森的批评见 P. A. Samuelson, "Understanding the Marxian Notion of Exploitation," *Journal of Economic Literature* 1971, 9 (2): 404 - 405。

理论进一步精细化，建立了数理模型。但自 80 年代以来，也许由于该问题在研究上的难度，国外对复杂劳动还原问题的研究似乎停顿了，新的研究文献极为稀少。[①] 以伊藤诚为代表的一派学者，甚至试图取消复杂劳动还原问题，即否定复杂劳动的存在和这种还原的必要性。[②]

　　本章试图在一个崭新思路的指引下重新考察复杂劳动还原问题。第 1 节批判地考察了过往关于复杂劳动还原的理论，尤其是希法亭的理论，在汲取这些理论的合理要素的同时，重新诠释了教育培训劳动（以及研究开发活动）与产品价值形成过程的关系，分析了复杂劳动还原的条件和机制。在此基础上，本章提出应同时立足于两种社会必要劳动的概念，将希法亭和鲁宾所代表的两种理论传统经过适当的修正综合在一个框架里。基于上述讨论，本章第 3 节提出了一个数理模型，该模型由产品价值生产方程和价值实现方程共同构成。根据这一模型的求解结果，复杂劳动还原系数取决于相关部门劳动时间的货币表现（MELT）与社会平均劳动时间的货币表现之比。此外，本章还进一步探讨了如何在经验中识别复杂劳动还原这一难题，并给出了一个简易的解决办法。

[①] 在国内，20 世纪 80 年代出现了研究复杂劳动还原问题的热潮，但在这些研究中除了个别创新性成果外（如李翀在 1987 年的研究，后文还会介绍），重复研究较多，对国外马克思主义成果的介绍和汲取很不充分，一个例证是，复杂劳动还原理论的主流学派，即希法亭－置盐－罗桑传统，没有得到全面深入的研究和评介。值得一提的是，自 80 年代以来，国内关于劳动生产率和单位时间创造的价值量成正比的理论取得了长足的进展，这一理论虽然以复杂劳动还原为前提，但大体而言，该理论是在复杂劳动还原问题尚未得到彻底解决的前提下发展起来的。在此意义上，本章的研究也可为成正比理论奠定一个更坚实的基础。

[②] "与简单劳动相比……熟练劳动不能看作强度特别高的劳动活动。熟练劳动常常强度较低，也不那么让人厌烦。因为熟练工人为其工作接受过特殊的培训和教育，趋向于在竞争压力相对较小的条件下劳动""我们不必在此追随马克思。从我们的再考察可以得出结论，熟练工人自身和非熟练工人在一单位劳动时间里的劳动一样，体现为相同数量的劳动价值实体，这一点**独立于在市场上赋予熟练工人的劳动力及其产品以相对更高的交换价值**"。见 M. Itoh, *The Basic Theory of Capitalism* (London：Macmillan, 1988), p. 162。否认复杂劳动还原之必要性的主张，还见于 E. Fajourn and M. Machover, *Laws of Chaos：A Probabilistic Approach to Political Economy* (London：Verso, 1983)。

1 复杂劳动还原的理论

1.1 抽象劳动、简单平均劳动和复杂劳动

在马克思的价值理论中，由私人进行的具体有用劳动转化为抽象一般劳动，复杂劳动还原为简单劳动，是同一个过程的两个侧面。马克思曾就此这样写道：

> 为了用商品中包含的劳动量衡量商品，——时间是劳动量的尺度，——商品中包含的不同种类的劳动就必须还原为相同的简单劳动，平均劳动，普通的非熟练劳动……但是，还原为简单的平均劳动，这不是这种劳动（一切商品的价值都还原为这种作为统一体的劳动）的质的唯一规定……构成价值统一体的劳动不只是相同的简单的平均劳动。劳动是表现在一定产品中的私人劳动……私人劳动应该直接表现为它的对立面，即社会劳动；这种转化了的劳动，作为私人劳动的直接对立面，是抽象的一般劳动。①

在这里，简单劳动和抽象劳动，被当作构成价值实体的劳动的两个并存的规定。但两者的关系是什么？如何定义简单劳动？在 1859 年的《政治经济学批判》里，马克思以如下方式界定了简单劳动和抽象劳动的关系，并给简单劳动做了定义，他说：

> 要按商品所包含的劳动时间来衡量商品的交换价值，就必须把不同的劳动化为无差别的、同样的、简单的劳动，简言之，即化为质上相同因而只有量的差别的劳动……换句话说，表现在交换价值

---

① 马克思、恩格斯：《马克思恩格斯全集》第 26 卷第 3 册，人民出版社，1974，第 145 ~ 146 页。

中的劳动可以叫作人类一般劳动。一般人类劳动这个抽象存在于平均劳动中。这是一定社会中每个平常人所能完成的劳动，是人的筋骨、神经、脑等的一定的生产消耗。这是每个平常人都能学会的而且他必须以某种形式完成的简单劳动。①

依据这段论述，抽象劳动和简单劳动之间微妙的辩证关系可以概括为：抽象劳动这个看似抽象的概念存在于简单劳动之中，而简单劳动是一般人都具有的劳动能力的体现。因此，抽象劳动和简单劳动并不是意义重复的概念。一方面，抽象劳动是和各种具体有用劳动相对而言的；另一方面，把抽象劳动归于简单劳动，又使这个看似完全抽象的理论概念在经验中有了依托。这里要注意的是，简单劳动虽然不同于抽象劳动，但也不属于具体劳动，依照马克思的论述，它只是一个社会中每个平常人都能进行的劳动，因此，和具体劳动相比，简单劳动也是一个抽象，这一抽象是以资本主义社会中劳动者在不同职业间的频繁转换为前提的，在《1857—1858 年经济学手稿》导言里，马克思就曾谈论过这一点。②

正如许多学者指出的，依此定义的简单劳动或平均劳动，并不同于未受过任何教育和培训的非熟练劳动（尽管马克思使用过"简单的非熟练劳动"这一术语，即把简单劳动和非熟练劳动完全等同）。曾有一种误解，以为简单劳动就是这种非熟练劳动。而根据上面的分析，这种看法是不适当的。马克思曾指出，简单劳动不仅包含一定的技能，这个技能水平在不同条件下还是变化的。譬如他说："劳动本身的计量单位是**简单**

---

① 马克思：《政治经济学批判》第一分册，载《马克思恩格斯全集》第 13 卷，人民出版社，1962，第 18～19 页。马克思在这段话里同时使用了"简单劳动""平均劳动"的提法；在其他地方他还使用了"简单平均劳动"的提法。

② "对任何种类劳动的同等看待，适合于这样一种社会形式，在这种社会形式中，个人很容易从一种劳动转到另一种劳动，一定种类的劳动对他们说来是偶然的，因而是无差别的。这里，劳动不仅在范畴上，而且在现实中都成了创造财富一般的手段，它不再是在一种特殊性上同个人结合在一起的规定了。"见马克思、恩格斯《马克思恩格斯全集》第 46 卷上册，人民出版社，1979，第 42 页。

平均劳动，在不同的国家和不同的文化时代它的性质是不同的，但在一定的社会里是一定的。"① 一些日本学者曾深入地分析了这一点，他们写道："所谓社会上平均的普通人所具有的简单劳动力就是得到普通程度发展的、具有某种简单劳动部门中的熟练和技能的，以及具有该部门的平均程度的劳动力。因此，所谓并非特别发展的劳动力决非是指没有受过教育、没有受过训练，或者非熟练的劳动力（关于这一问题曾广泛地被人误解）。这里只是说，不必得到超过社会平均程度以上的特别的发展。"②

图 2-1 可以用来说明简单劳动。图中横轴表示劳动复杂程度，纵轴代表劳动人口数量，图中的曲线表示劳动人口在复杂程度不同的劳动中按某种特征分布。三个对应的阴影区域分别象征性地表示复杂劳动、简单劳动和从未接受任何培训的不熟练劳动。

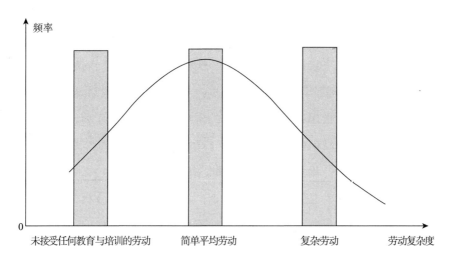

图 2-1 简单劳动和复杂劳动的区别

资料来源：J. Devine, "What is 'Simple Labour'? —A Re-examination of the Value-creating Capacity of Skilled Labour," *Capital and Class* 1989, 39：118。

---

① 马克思：《资本论》第一卷（德文第一版），经济科学出版社，1987，第12页（重点标识为笔者所加）。类似的话还见于《资本论》（德文第四版），《马克思恩格斯全集》第23卷，人民出版社，1972，第58页。

② 佐藤金三郎等编《〈资本论〉百题论争（一）》，刘焱、赵洪、陈家英译，山东人民出版社，1993，第114页。

现在来看复杂劳动的定义。在《资本论》第一卷法文版里，马克思说："我们假定：同纺纱工人的劳动相比，珠宝细工的劳动是高次方的劳动，前者是简单劳动，后者是培养训练较为困难而在同一时间内能创造出较多价值的复杂劳动。"① 这段简要的表述包含两个命题：（1）复杂劳动是经过较为困难的教育和培训的劳动；（2）和简单劳动相比，复杂劳动在相同时间里能创造出更多的价值。② 这两个命题共同构成了复杂劳动的定义。

1.2　马克思的设想及其疑难

那么，复杂劳动所具有的这种更强的创造价值的能力，是从何处而来的呢？马克思在《资本论》中曾做了这样的解释，他说：

> 比社会平均劳动较高级较复杂的劳动，是这样一种劳动力的表现，这种劳动力比普通劳动力需要较高的教育费用，它的生产要花费较多的劳动时间，因此它具有较高的价值。**既然这种劳动力的价值较高，它也就表现为较高级的劳动，也就在同样长的时间内物化为较多的价值。**但是，无论纺纱工人的劳动和珠宝细工的劳动在程度上有多大差别，珠宝细工用来补偿自己的劳动力价值的那一部分劳动，与他用来创造剩余价值的那一部分追加劳动在质上完全没有区别。③

在这段话里，第一，马克思试图在更加高级的劳动力的价值与其价

---

① 马克思：《资本论》第一卷（法文版），中国社会科学出版社，1983，第 186 页。
② 马克思写道："比较复杂的劳动只是自乘的或不如说多倍的简单劳动，因此，少量的复杂劳动等于多量的简单劳动"。见马克思、恩格斯《马克思恩格斯全集》第 23 卷，人民出版社，1972，第 57 页。
③ 马克思、恩格斯：《马克思恩格斯全集》第 23 卷，人民出版社，1972，第 223 页（重点标识为笔者所加）。后面在谈到劳动生产率与商品价值量成正比的争论时，还要求助于这段引文。

值创造能力之间，建立起因果联系；第二，马克思暗示，采用复杂劳动的剩余价值率和采用简单劳动的剩余价值率是一致的。在其他文本里，马克思对第二点暗示曾有更为明确的表述，他说："如果金匠的劳动报酬高于短工的劳动报酬，那末，金匠的剩余劳动所创造的剩余价值，也会按照相同的比例大于短工的剩余劳动所创造的剩余价值。"① 需要注意的是，在这两个观点中，第一个观点是以第二个观点为前提的。因为只有假设复杂劳动的剩余价值率和简单劳动的剩余价值率相等，在复杂劳动力的价值给定的条件下，才能得悉这一劳动力所创造的全部新价值或价值产品的数量。

值得一提的是，马克思在上面这段话里表达的观点在他的著作中并不是孤立的，在《剩余价值理论》里，马克思更明确地概括了处理复杂劳动还原的方法论原则，他写道：复杂劳动与简单劳动的还原比例，"这属于对工资问题的说明，这归根到底就是劳动能力本身的价值的差别，即劳动能力的生产费用（由劳动时间决定）的差别"② 。由这一原则出发可以得出的结论是，第一，复杂劳动和简单劳动的比例，取决于高级劳动力价值和普通劳动力价值的比例；第二，这一比例归根结底取决于劳动力的教育培训费用的差别。第二个结论预示着某种解决问题的方向，但马克思并没有就此展开讨论。

上述结论代表了马克思主义经济学史上解释复杂劳动还原的第一种理论。在马克思之后，伯恩斯坦以及鲁宾笔下的波格丹诺夫，继续提倡马克思的这一理论。但自希法亭以来，这一理论一直为其他学者所批评，批评者提出：第一，劳动力价值的决定和产品价值的决定，并不是同一个过程，把高级劳动力的价值看作这种劳动力的价值创造能力的原因，

---

① 马克思、恩格斯：《马克思恩格斯全集》第 25 卷，人民出版社，1974，第 160 页。
② 马克思、恩格斯：《马克思恩格斯全集》第 26 卷第 3 册，人民出版社，1974，第179 页。

有违剩余价值论的原理①；第二，假定采用两种劳动的剩余价值率相一致，在理论上也是难以接受的。这两点批评最早都出自希法亭，在晚近学者中，森岛通夫进一步强化了第二点批评。②

　　在我们看来，上述批评意见虽然正确，却忽略了理论上非常重要的一点。马克思之所以能在劳动力价值及其价值创造能力之间建立起因果关系，不仅因为他假设两种劳动的剩余价值率一致，还因为在他的剩余价值理论中，劳动力价值是先于价值形成过程而被决定的。马克思的批评者——包括希法亭——默认了后面这个假设的天然合法性，只注重批评前者。在马克思的理论中，劳动力价值先于产品价值形成过程而决定

---

① 参见 R. Hiferding, "Bohm – Bawerk's Criticism of Marx," in P. Sweezy, ed., *Karl Marx and the Closure of His System* (New York：Augstus M. Kelley Publishers, 1966), pp. 141 – 145。但是，与下面提到的法国学者加亚特不同，希法亭在批评这种观点时，曾试图在伯恩斯坦和马克思之间做出区分，认为伯恩斯坦歪曲了马克思，马克思本人并没有这种思想。为了证明自己的理解正确，希法亭特地引证了《资本论》第一卷德文第三版的原文，并对引文做了有利于自己的诠释。但是，正如上引英文著作的编者指出的，在希法亭身处的年代，《资本论》第一卷德文第四版已经出版。希法亭本应援引第四版的原文，而后者恰恰无法被用来证明马克思本人并没有伯恩斯坦所指称的观点。见 R. Hiferding, "Bohm – Bawerk's Criticism of Marx," in P. Sweezy, ed., *Karl Marx and the Closure of His System* (New York：Augstus M. Kelley Publishers, 1966), pp. 143 – 144 的脚注。加亚特也指出，马克思本人的观点和伯恩斯坦是类似的。见加亚特《马克思著作中的简单劳动和复杂劳动》，李其庆译，载赵洪主编《国外〈资本论〉研究》，东北财经大学出版社，1987，第 196 页。

② 参见 Michio Morishima, *Marxian Economics* (Cambridge University Press, 1973), pp. 180 – 181。森岛认为，假定两种剩余价值率相等，是为了维护马克思的下述预言：资本主义社会的趋势是日益分化为资产阶级和无产阶级这两大阶级阵营。森岛的观点是错误的。是否需要假定不同劳动的剩余价值率彼此相等，应该参照所研究的问题而定。在《资本论》里，既有假定不同部门剩余价值率相等的地方，也有假定其不等的地方。例如，在利润率平均化模型中，马克思往往假定剩余价值率在全社会是一致的。这样做只是为了分析具体问题时的便利。此外，剩余价值率也有不等的时候。在《资本论》讨论超额剩余价值的产生时，先进企业和其他企业之间的剩余价值率就会出现差异。这种差异是建立在先进企业所使用的"倍加的简单劳动"即复杂劳动的基础上的。顺便指出，森岛的数理分析在 20 世纪 80 年代对国内复杂劳动还原研究曾有较大影响，这可能和他的文章较早被翻译有关，对森岛模型的介绍可参见朱仲棣《劳动价值论中一个并未得到充分论述的问题》（《财经研究》1989 年第 4 期）。李翀也受到森岛的影响，见其《复杂劳动化简之管见》（《马克思主义研究》1987 年第 3 期）一文。中国学者在 20 世纪似乎普遍忽略了置盐信雄在发展马克思主义数理模型上的贡献。

的假设，带来了如下后果：劳动力价值的决定和产品价值的决定变成了两个各自独立的过程。如果我们放弃这个假定，劳动力价值——至少其中一部分——就有可能在事后，即在价值形成过程完成之后被决定。这样一来，劳动力价值的决定与产品价值的决定，就不必是两个互相分离的过程，而是以某种方式相互联系在一起的。① 如果这种考虑是正确的，我们就有可能把马克思的话颠倒过来，改作如下表述：既然这种劳动力表现为较高级的劳动，**在同样长的时间内物化为较多的价值，这种劳动力的价值也就较高。**②

在这种情况下，即便两种劳动的剩余价值率不一致，也不妨碍从事复杂劳动的高级劳动力能实现更高的劳动力价值。基于上述考虑，我们可以建立以下公式：

$$h = \frac{w_i}{w_a} \geq \frac{v_i}{v_a}$$

这里的 h 表示个别企业（或个别部门）劳动的价值创造能力，或其复杂劳动还原系数；w_a 是简单劳动在单位时间内创造的价值产品；w_i 是复杂劳动在相应时间内创造的价值产品；v_a 和 v_i 则分别是简单劳动和复杂劳动的劳动力价值。这个公式表示，企业的价值创造能力，等于两种劳动的价值产品的比率，并大于或等于两种劳动力价值的比率。两种劳动的价值产品比率有可能大于两种劳动力价值的比率，意味着复杂劳动的剩余价值率有可能更高。需要强调的是，在这个公式里，如果存在着因

---

① 劳动力价值事后决定的问题，还可参见本书第6章的讨论。

② 马克思的观点，即假定高级劳动力具有较高的劳动力价值，进而会创造更多的价值，暗示了这种价值创造是由相对孤立的个人完成的。然而，劳动复杂程度的提高并不是孤立地发生在单个人身上的现象，而是一个社会建构的过程。工人的技能和知识水平伴随技术进步而提高，是在团队合作中形成的，并构成了社会结合劳动的生产力。正如一些当代经济学家指出的，知识和技能往往不能为个人所独占，也不能随个人而带走，即具有公共品的特点（参见青木昌彦《企业的合作博弈理论》，郑江淮等译，中国人民大学出版社，2005，第28~30页）。这些特点意味着，工人是作为集体从事价值创造，并在这种价值创造完成后，证明自身具有高级劳动力性质的。

果关系的话，它也和马克思所假定的因果关系相反。这意味着，不是因为劳动力价值更高，其劳动才具有更强的价值创造能力，而是相反，因为复杂劳动具有更强的价值创造能力，才相应地带来了更高的劳动力价值。

1.3　希法亭的观点

希法亭在批评伯恩斯坦的同时，试图提出另一种理论来解释高级劳动力与其价值创造能力的关系。希法亭的这个理论日后影响到许多人，包括斯威齐、米克、置盐信雄、罗桑等，他们形成了当代马克思主义经济学家中最有势力的一派。置盐和罗桑还通过设立由单位产品价值生产方程、还原系数方程、技能生产方程等构成的方程体系，求解单位产品价值和还原系数，使这一理论更为精细化。[①]

希法亭的理论包括两个重要观点，第一，劳动力的教育和培训构成了一个特殊的生产部门，用于教育和培训的劳动不仅决定劳动力价值，而且影响普通产品的价值决定。第二，过往进行的教育培训劳动会作为简单劳动储藏在熟练工人身上形成其技能，当这一技能得到运用时，这些储藏起来的劳动会转移到产品中去形成价值。借用米克的表述，如果熟练工人"从事生产的时间是 p 小时，在他学习时期，社会和他自己所花费的简单劳动是 t 小时，那末，当他开始工作时，他每小时的劳动就等于 $1 + \dfrac{t}{p}$ 小时的简单劳动。"[②] 由于价值形成过程被解释为两种简单劳动

---

① 见斯威齐《资本主义发展论》，陈观烈等译，商务印书馆，1997，第 61 页；米克《劳动价值学说的研究》，陈彪如译，商务印书馆，1963，第 192 ~ 193 页；N. Okishio， "A Mathematical Note on Marxian Theorems," in Michael Kruger and Peter Flaschel, eds., *Nobuo Okishio Essays on Political Economy* (Frankfurt am Main: Peter Lang, 1993), pp. 28 – 29; B. Rowthorn, *Capitalism*, *Conflict and Inflation* (London: Lawrence and Wishart, 1980)。值得提到的是，鲁宾虽然在复杂劳动还原的问题上提出了自己的看法，但也赞同希法亭的观点，详见后文对鲁宾的评论。

② 米克：《劳动价值学说研究》，陈彪如译，商务印书馆，1963，第 193 页。

的叠加，一部分是熟练工人在当下进行的劳动，另一部分是在过往的教育和培训过程中形成的、作为技能储藏起来的劳动，熟练工人的劳动支出便成为复杂劳动。[①]

在利用熟练工人的复杂劳动进行生产时，剩余价值率将有别于单纯使用简单劳动的情形。在单位时间里，熟练劳动创造的价值等于 $1 + \dfrac{t}{p}$，其中熟练工人在当下进行的简单劳动所创造的价值是 1 个单位，这部分价值适用于一个剩余价值率，另一部分额外价值即 $\dfrac{t}{p}$ 则适用另一个剩余价值率。两个剩余价值率并不必然相等。用一位学者菲利普·哈维的话来说，"若从这个角度看，希法亭在其计算程序里造成的熟练劳动和简单劳动的剩余价值率的差异就容易理解了。按照希法亭的程序，熟练劳动的剩余价值率事实上是以下两种剩余价值率的加权平均，一种是普通简单劳动的剩余价值率，另一种则可看作'嵌入'在被储藏并形成了技能的劳动中的剩余价值率。"如果这种"嵌入"的剩余价值率高于普通的剩余价值率，则熟练劳动的剩余价值率就高于简单劳动的剩余价值率；如果"嵌入"的剩余价值率小于普通的剩余价值率，则熟练劳动的剩余价值率就小于简单劳动的剩余价值率。[②]

希法亭的理论是解决复杂劳动还原问题的有益尝试。这个理论的核心观点之一，即复杂劳动还原的比例取决于劳动力的教育培训费用，事实上来自马克思当初的设想。但是，在具体贯彻这个设想时，希法亭暴露出明显的缺点，首先，希法亭假设，教育培训劳动会作为技能物化在

---

① 参见 R. Hilferding，"Bohm-Bawerk's Criticism of Marx," in P. Sweezy, ed.，*Karl Marx and the Close of His System*（New York：Augustus M. Kelley Publishers，1966），pp. 142 – 146。希法亭认为，为了生产熟练工人的技能，在教育和培训中除了要耗费简单劳动外，也要耗费复杂劳动，但后者归根溯源仍然可还原为简单劳动，因此他提出，为简便起见，作为技能储藏在熟练工人身上的劳动是作为简单劳动转移其价值的。

② Phlip Harvey，"The Value-creating Capacity of Skilled Labor in Marxian Economics," *Review of Radical Political Economics* 1985，17（1–2）：87–88.

熟练工人身上，并在熟练工人从事生产时转移到产品中去，这是与马克思的价值形成理论相抵触的。日本学者伊藤诚就此写道："工人能力中的技能被当作教育劳动的客观产品，技能中的内含劳动被看作和生产资料中的内含劳动一道，都转移到熟练工人的产品中去。这一做法模糊了，甚至有违于马克思对人类劳动力和生产资料在价值增殖过程中的区别。在马克思那里，劳动力价值的实体并没有转移到产品价值中去……而总是新创造的，通过新耗费的劳动时间与剩余价值一道内含于产品之中。相反，生产资料的价值则转移到产品中去……不管希法亭、置盐和罗桑的意图如何，他们在某种形式上模糊了马克思价值理论的基本立场。"①

还可指出的是，希法亭假设技能会物化在劳动者身上的观点，事实上来自斯密。在谈论固定资本的组成时，斯密曾把生产者经学习而获得的技能也列入其中。② 马克思也曾注意到斯密的这个用法，在《1857—1858 年经济学手稿》中，马克思甚至采用了这个说法，他写道：人的能力的发展"可以看作生产固定资本，这种固定资本就是人本身"③。但是，在写作时间更晚的《资本论》第二卷中，在正式评论斯密的固定资本理论时，马克思又批评了斯密的这个观点，他指出："斯密列入固定资本项目内的'获得的有用的才能'，相反地却是流动资本的组成部分，因为它是雇佣工人的'才能'，而且雇佣工人已经把他的劳动连同他的'才能'一起出卖。"④ 在这段话里，马克思只把技能看作劳动能力的组成部分，这意味着，技能是在其应用当中，即作为活劳动的耗费才创造价值的，而不是如机器那样转移价值。

---

① 　M. Itoh, *The Basic Theory of Capitalism*（London：Macmillan, 1988），pp. 155 – 156. 另见 Phlip Harvey, "The Value-creating Capacity of Skilled Labor in Marxian Economics," *Review of Radical Political Economics* 1985, 17（1 – 2）：88 – 89。

② 　斯密：《国民财富的性质和原因的研究》上卷，商务印书馆，1983，第 257 ~ 258 页。

③ 　马克思、恩格斯：《马克思恩格斯全集》第 46 卷下册，人民出版社，1980，第 225 页。

④ 　马克思、恩格斯：《马克思恩格斯全集》第 24 卷，人民出版社，1972，第 231 页。

　　由希法亭的第二个观点出发，还可得出以下结论：熟练劳动力凭借其技能创造的额外价值，恰好等于在教育和培训过程中付出的简单劳动所形成的价值。借用米克的表述，熟练工人每小时创造的额外价值等于 $\dfrac{t}{p}$，这一额外价值的源泉就是培养熟练工人所耗费的简单劳动。菲利普·哈维认为，希法亭的上述观点可能带来如下推论：既然生产高级劳动力的教育培训劳动可以作为简单劳动形成产品的额外价值，生产简单劳动力所付出的劳动（如烹饪、看护等家庭劳动），也可形成产品的额外价值。然而，这一推论和劳动价值论的基本观点明显不符，因为在马克思看来，只有在产品的生产中耗费的劳动，会形成产品的价值；那些用于劳动力再生产的家庭劳动与产品的价值形成无关。哈维据此认为，作为一种归谬法，上述推论可用以证明希法亭的观点是错误的。① 然而，哈维得出这一看法是以他对希法亭的误解为前提的，在希法亭那里，教育培训劳动之所以形成产品的额外价值，是因为这种劳动所生产的高级劳动力有助于导致生产率提高和报酬递增，服务于简单劳动力再生产的普通家庭劳动并不具有这个特点。不过，菲利普·哈维通过这种归谬法的确提出了一个在理论上有待澄清的问题，下一节我们还会回到他所提出的问题上来。

---

① Phlip Harvey, "The Value-creating Capacity of Skilled Labor in Marxian Economics," *Review of Radical Political Economics* 1985, 17 (1-2): 89. 与这一批评相关联，菲利普·哈维还对希法亭提出了如下批评。希法亭假定，熟练劳动力凭借其技能所创造的额外价值，与再生产这种复杂劳动力而付出的简单劳动形成的价值是相等的。菲利普·哈维认为，这意味着，复杂劳动的运用并没起到节约简单劳动的作用。参见 Philip Harvey, "The Value-creating Capacity of Skilled Labor in Marxian Economics," *Review of Radical Political Economics* 1985, 17 (1-2): 90。这个批评并不正确，技术进步能否节约劳动，取决于提高生产率时产出增长的幅度。在采用高级劳动力时，生产率的提高应该达到这样的高度，即单位时间内产出的增长，必须足以使产品的单位价值较先前有所下降，即出现报酬递增，只要满足这个条件，就会出现节约劳动的效果。易言之，采用高级劳动力是否节约劳动，取决于产出的增长率，而非产出所包含的价值的大小。

1.4　对希法亭和鲁宾观点的综合

希法亭理论的另一个弱点，是他忽略了交换（或价值实现）在复杂劳动还原中的作用。从劳动价值论的立场看，一种产品的价值决定并非是在生产过程中一劳永逸地完成的，还取决于产品的实现即交换，由此便带来了第二种社会必要劳动的概念。如果我们从这个角度看问题，复杂劳动还原就是一个既包含生产也包含交换的社会过程，应该联系第二种社会必要劳动概念来加以考虑。在论及复杂劳动还原的社会机制时，马克思曾这样说：

> 各种劳动化为当作它们的计量单位的简单劳动的不同比例，**是在生产者背后由社会过程决定的**，因而在他们看来，似乎是由习惯确定的。[①]

如何理解"生产者背后的社会过程"的含义，固然还可以讨论，但无论怎样解释，这一"社会过程"肯定应该包含将商品作为价值等同，从而将生产不同商品的劳动也彼此等同的交换过程。[②]

在马克思以后，鲁宾有力地申论了这个思想，他提出：

> 复杂劳动向简单劳动的还原，是一个通过交换过程而发生的真实过程，并且归根结底可归结为不同形式的劳动在社会劳动分布过

---

① 马克思、恩格斯：《马克思恩格斯全集》第 23 卷，人民出版社，1972，第 58 页。

② 有的学者仅仅把这里的"社会过程"理解为交换，这也是不准确的。例如，"此处提到的社会过程显然是商品交换的过程"。见 E. Fajourn and M. Machover, *Laws of Chaos: A Probabilistic Approach to Political Economy* (London: Verso, 1983), p. 216. 下述著作里的日本学者也持类似观点，他们写道："复杂劳动向简单劳动的简化，是通过成为复杂劳动的产品的商品和成为简单劳动的产品的商品在交换时作为价值处于相等的关系，在客观上进行的。"见佐藤金三郎等编《〈资本论〉百题论争（一）》，刘焱、赵洪、陈家英译，山东人民出版社，1993，第 114 页。罗斯多尔斯基的理解是更为全面的，他将这一"社会过程"看作"既是在生产本身中，也是在交换中"。见 R. Rosdolsky, *The Making of Marx's "Capital"* (London: Pluto Press, 1977), p. 513.

程中的等同化……下述假定，即复杂劳动还原为简单劳动必须先于交换而事先发生，以便使劳动产品的等同化这一行为得以可能，丢失了马克思价值理论的真正基础。①

鲁宾的观点虽然源自马克思，但在一些学者看来，如果沿着这一路线发展复杂劳动还原的理论，将面临难以克服的困难。这些学者提出，如果假定复杂劳动还原不能脱离交换，那就意味着要在商品相对价格的基础上求解复杂劳动还原系数；但问题是，现实中的市场价格往往是与商品价值相偏离的，马克思并没有为我们指出一种具体的方法，以解决通过这种市场价格计算复杂劳动还原系数的问题。② 应该承认，这个意见是颇有见地的。在后文当中，笔者试图从经验上发展一种方法，以期解决这个难题。

需要指出的是，鲁宾也认同希法亭的下述思想，即教育培训部门是独立的生产部门，该部门的劳动也会参与社会总劳动的分配，并影响产品价值的决定。与希法亭的差别在于，鲁宾强调，复杂劳动还原不能脱离交换而实现。此外，在涉及教育培训劳动如何影响普通产品的价值时，鲁宾也没有强调希法亭的"转移说"，即认为这种劳动作为技能物化在生产者身上，再进一步转移到产品价值中去，而只是认为这种劳动虽然是在过往完成的，但其社会承认是在普通产品生产出来之后，通过交换才最终实现的。不过，鲁宾虽有这些保留，但他本人毕竟没有对希法亭的观点提出任何明确的批判，这就给后人留下了把柄，将其和斯威齐、置

---

① I. I. Rubin, *Essays on Marx's Theory of Value* (Detroit：Black and Red, 1972), pp. 167 – 168. 值得一提的是，伊藤诚在评论马克思的论断"既然这种劳动力的价值较高，它也就表现为较高级的劳动，也就在同样长的时间内物化为较多的价值"时，认为对这句话可以有不同的诠释。其中一种可能的诠释是，把高级劳动力的价值创造能力，归因于市场上的产品交换比率。伊藤诚还特地指出，这种解释在逻辑上与鲁宾的见解是一致的。参见 M. Itoh, *The Basic Theory of Capitalism* (London：Macmillan, 1988), pp. 152 – 153。

② 见 E. Farjoun and M. Machover, *Laws of Chaos：A Probabilistic Approach to Political Economy* (London：Verso, 1983), p. 216。

盐信雄等人一并作为希法亭的后继者来看待。①

　　在笔者看来，一个值得发展的思路是把希法亭和鲁宾的观点做某种结合。而要实现这种结合，根本前提是解决教育培训劳动如何参与产品价值决定的问题。事实上，一旦承认教育培训部门是独立的生产部门，以及教育培训劳动也会参与社会总劳动的分配，问题就已接近于获得解决了。为了说明这一点，不妨借用一个由罗斯多尔斯基在无意中表述的一个例子。罗斯多尔斯基首先构想了一个在计划经济下的情况，然后将其推及资本主义经济，他写道：

　　　　假定一项工程需要100名工人工作10天才能完成，而在这100人当中，必须有10人具备特别地高于平均水平的、专门适于这项工程的学识。为了培训这10名工人，社会必须承担某些支出，假定这些支出需要用200个工作日。那么显然，要使社会的经济计划有坚实的基础，社会也必须将这200个工作日"算计"进去；从而它将不是分配1000个，而是分配1200个工作日去完成这项工程……在细节上做了必要的修正之后，这同样也适用于资本主义生产方式。②

　　在这段论述里，用于教育培训熟练工人的劳动，和熟练工人本身的劳动一样，都是可供社会分配的活劳动的一部分。然而，为了培养出这些熟练工人所付出的劳动，是在这些熟练工人进行劳动之前发生的，因

---

① Phlip Harvey, "The Value – creating Capacity of Skilled Labor in Marxian Economics," *Review of Radical Political Economics* 1985, 17（1 - 2）：84.

② R. Rosdolsky, *The Making of Marx's "Capital"*（London：Pluto Press, 1977）, p. 518. 罗斯多尔斯基这里的观点，受到了《反杜林论》中一段论述的启发，恩格斯在比较资本主义社会和未来社会时谈到，在未来社会，为培养复杂劳动力而付出的成本是社会负担的，因而复杂劳动所创造的"比较大的价值"也应归于社会所有。这样做的后果是使得简单劳动力和复杂劳动力的工资相等。见马克思、恩格斯《马克思恩格斯全集》第20卷，人民出版社，1971，第219页。恩格斯在这里谈到了教育培训劳动所创造的额外"价值"。罗斯多尔斯基在引述这段话时，特地为恩格斯采用的价值一词加了引号，因为价值一词在未来社会具有不同于资本主义社会中的含义。

此，把这两种劳动都算作可供社会支配的活劳动，事实上意味着这两种劳动其实同属一个连续而统一的劳动过程，进而也同属一个连续而统一的价值形成过程。在这个假设里，我们事实上修改了马克思对活劳动的定义，即不限于把活劳动定义为只能在当下进行的劳动力支出，而是把它扩展为与当下进行的劳动力支出相联系，为这种劳动力的培训和教育所付出的一切活劳动。

要指出的是，在希法亭开辟的研究传统中，复杂劳动还原是以教育培训活动为前提的。这一观点忽略了与资本主义企业相关的研究开发活动对复杂劳动还原的重要意义。笔者的上述观点，即过往的教育培训活动和当下的直接劳动同属一个连续的劳动过程，因而都可以创造新价值，对于研究开发活动（马克思称之为"一般科学劳动"）也是适用的。研究开发活动和教育培训活动类似，都有助于导致报酬递增和劳动生产率提高，从而为复杂劳动还原奠定了基础。① 所幸的是，马克思以及后来的马克思主义者（如曼德尔）对于这种研发活动与价值创造间的关系曾有明确而肯定的论述。

在《直接生产过程的结果》里，马克思认为企业研究人员和工程师的劳动是生产性的，即创造价值的；在《剩余价值理论》里，马克思写道：

> 自然，所有以这种或那种方式参加商品生产的人，从真正的工

---

① 当其他条件不变时，单纯依靠增加劳动强度，并不会带来报酬递增和生产率的提高，因而也不会导致复杂劳动还原。在《资本论》第一卷，马克思曾将增加劳动强度和提高劳动生产力相区分，在两者互不包含的前提下考察了劳动强度的增加所带来的影响。他写道："由于产品所费的劳动同以前一样，单个产品的价值也就保持不变。在这种情况下，产品的数量增加了，但它们的价格没有下降。"在这里，劳动强度的增加没有降低产品的单位价值，因而不存在通常所说的报酬递增（平均成本下降），但正如马克思接着指出的，"随着产品数量的增加，它们的价格总额也就增大……可见，如果劳动时数不变，强度较大的工作日就体现为较多的价值产品"。这种变化对于增加剩余价值量乃至剩余价值率会有影响。参见马克思、恩格斯《马克思恩格斯全集》第23卷，人民出版社，1972，第十五章第Ⅱ节，第573页。

人到（有别于资本家的）经理、工程师，都属于生产劳动者的
范围。①

现代马克思主义经济学家曼德尔，曾结合战后出现的第三次技术革
命分析了资本主义公司内 R&D 部门的巨大发展给价值形成和增殖过程带
来的影响。曼德尔认为，R&D 部门在何种程度上创造价值，取决于这一
部门的劳动是否，以及在何种程度上是生产性劳动，他写道②：

　　投资于处在实际生产之前或之后的 R&D 部门里的资本，要视这
些部门里进行的劳动在多大程度上是生产性的——即能带来新商品
的生产——而实现增殖。从资本主义企业的观点来看，任何一种不
能应用的发现或发明，都是生产的杂费或企业的一般费用，而这些
费用是应该降低到最低限度的。

　　与任何其他生产性资本一样，投资于研究领域的资本，是由固
定部分和可变部分组成的。固定资本包括建筑和实验室的设备，可
变资本则包括其所雇用的人员的工资和薪水。这些雇员的劳动只是
在较晚的时候——或再也未能——纳入特定商品的价值这一点，并
不能改变研究和开发部门所进行的劳动的总体劳动的性质。这些劳
动在下述意义上是生产性的，它们对于新的使用价值的生产来说是
必需的，因而对于新的交换价值来说也是必需的。

总之，在生产率提高的前提下，教育培训活动和研究开发活动构成
了复杂劳动还原的必要条件（在下文里，为了讨论和行文的方便起见，
把教育培训劳动和研究开发劳动统称为教育培训劳动）。

---

① 马克思、恩格斯：《马克思恩格斯全集》第 26 卷第 1 册，人民出版社，1972，第 147 页。
② E. Mandel, *Late Capitalism*（London：Verso, 1999），pp. 253 – 254, 255.

2 教育培训劳动与剩余价值率[①]

在希法亭那里，用于教育和培训的活劳动是作为简单劳动参与普通产品的价值形成的。菲利普·哈维提出，依照希法亭的逻辑可以推论，服务于劳动力再生产的其他类型的简单劳动（比如家庭劳动）也应参与产品的价值形成。在哈维看来，这个推论显然不符合马克思的观点，因此，希法亭主张教育培训劳动参与产品的价值形成是错误的。

在笔者看来，希法亭的错误并不在于承认教育培训劳动应参与产品的价值形成，而在于他所提出的教育培训劳动参与价值形成的具体方式。不过，菲利普·哈维将教育培训劳动和家庭劳动置于同等地位来讨论，的确提出了新的问题，即如何看待家庭劳动与产品价值形成的关系，以及在此问题上教育培训劳动与家庭劳动的差别。为了便于讨论，这里假设家庭劳动不承担劳动力的教育培训任务，后者完全是独立的教育培训部门的任务。教育培训劳动的特点在于，它所生产的技能直接构成劳动能力的一部分，因而和劳动力一起进入交换。在此意义上，教育培训劳动是一个迂回生产过程的组成部分，并会加入普通产品的价值形成过程。与此不同，家庭劳动虽然服务于劳动力再生产，但它提供的产品和服务并不进入交换，也正因为如此，在市场上有待配置的社会总劳动中，并不包含家庭劳动，后者也无从加入普通产品的价值形成过程。

如果接受上一节的观点，即把教育培训劳动和生产普通产品的劳动这两个表面看来各自独立的过程，作为隶属于同一个价值形成过程的不同阶段，则可在此前提下探讨一个独立的教育培训部门和其他生产部门的关系。为此可以设想以下两种不同的情形：其一，教育培训部门为资

---

① 本节是对前一节涉及的一个问题的补论，为了不致影响前一节叙述的连贯性，笔者将这个补论独立了出来。对这一节内容不太感兴趣的读者，亦可跳过这一节，直接阅读下一节有关复杂劳动还原建模的讨论。

本所控制，并为其价值增殖即利润的生产服务；其二，该部门没有为资本控制，从而不以利润的生产为目的。在后一种假设的情形下，教育培训成本是由福利国家等机构担负的。当熟练劳动力受雇于资本时，为教育和培训熟练劳动力所耗费的成本（包括物化劳动和活劳动），自然无须得到资本的完全偿付。这样一来，在熟练劳动力的全部教育培训成本和资本家预付的可变资本之间，就可能出现一个差额，这个差额将转化为与资本在直接生产过程里榨取的剩余价值不同的第二种意义的剩余价值。

再来看第一种假设的情形，此时教育培训部门完全为资本所控制。与第二种情形不同，教育培训部门的资本所剥削的对象，并不是直接生产过程里的劳动者，而是想要购买教育培训服务的工薪收入者，因此，不是直接生产过程里生产的剩余价值，而是劳动力价值或工资本身，有可能成为剥削的对象。我们可以沿用大卫·哈维的概念，将这种剥削称作"次级剥削"，以别于直接生产过程里的剥削。①

20 世纪 70 年代以来，一些受马克思主义影响的女性主义者结合家庭劳动率先分析了第二种意义的剩余价值。② 一般而言，只要资本家或资本主义企业在购买劳动力时没有充分支付劳动力再生产的成本，就以无偿的形式支配了一部分服务于劳动力再生产的劳动，其中既有家庭劳动，也有在教育、医疗、养老等部门耗费的劳动。

第二种意义的剩余价值事实上是以劳动力再生产部门（包括教育培训部门）和其他资本主义生产部门之间的不平等交换为前提的。但是，就家庭劳动而言，由于这种劳动并不参与产品价值的形成，以不平等交换为媒介对普通生产部门的剩余价值率所产生的影响，就不同于教育培

---

① 在讨论投资于房地产的金融资本与租购房屋的工薪收入者的关系时，大卫·哈维提出了"次级剥削"的概念，这种剥削的对象不是生产过程里的剩余价值，而是劳动力价值或工资。对哈维观点的介绍，可参见孟捷、龚剑《金融资本与阶级－垄断地租——哈维关于资本主义都市化的制度分析》，《中国社会科学》2014 年第 8 期。

② 参见 J. Gardiner, S. Himmelweit and M. Mackintosh, "Woman's Domestic Labour," in S. Himmelweit, ed., *Inside the Household* (London：Macmillan, 2000), pp. 33 – 34。

训部门所带来的影响。在家庭劳动的场合，由于一部分生存资料是由家庭成员生产的，为再生产劳动力所付出的全部必要劳动量就有可能大于由工资支付的必要劳动量。但问题是，这个差额并不能进入资本主义生产部门并形成后者的剩余价值，资本家所享有的，只是由这个差额的存在所带来的相对较低的工资。换言之，如果将剩余价值率定义为 $e = \dfrac{\text{剩余劳动}}{\text{必要劳动}}$，则家庭部门与普通生产部门之间的不平等交换，就只会通过影响分母来提高剩余价值率。如果不存在这种家庭劳动，资本就必须支付更高的工资给工人，从而通过增加分母降低剩余价值率。而教育培训劳动就不同了，根据我们的假设，教育培训劳动可以参与普通产品部门的价值形成。在工资不能完全覆盖教育培训成本的前提下，资本家将无偿取得第二种意义的剩余价值，换言之，资本家此时可以通过增加上述比率里的分子来提高剩余价值率。

3　部门间复杂劳动的还原

3.1　相关数理分析

根据第 1 节的讨论，一方面，复杂劳动还原以教育培训劳动参与价值形成过程为前提；另一方面，还原系数的确定又是通过交换实现的。如何在一个理论模型中融汇这两个维度，是解决复杂劳动还原问题的难点。在这一节里，我们就试图提出一个新模型来解决这个问题。

我们从置盐信雄 1963 年的模型出发。这是希法亭的理论首次被建模，该模型中包含了希法亭理论的基本要素，可作为进一步讨论的起点。

假设整个经济包括 n 种性质不同的产品和 l 种复杂程度不同的劳动。若第 i（$i = 1, 2, \cdots, n$）种产品的单位价值量为 λ_i，生产 1 单位第 i 种产品消耗的第 j（$j = 1, 2, \cdots, n$）种产品的数量为 a_{ij}，消耗的第 k（$k =$

1，2，…，l）种劳动的数量为 τ_{ik}，并令第 1 种劳动为简单劳动，第 k（$k =$ 2，3，…，l）种劳动与简单劳动的转换系数为 h_k，则有：

$$\lambda_i = \sum_{j=1}^{n} a_{ij}\lambda_j + \sum_{k=1}^{l} \tau_{ik}h_k \qquad i = 1,2,\cdots,n \qquad (2-1)$$

$$h_1 = 1 \qquad\qquad (2-2)$$

再设生产第 k 种复杂劳动所消耗的第 i（$i = 1$，2，…，n）种产品的数量和第 j（$j = 1$，2，…，l）种劳动的数量分别为 H_{ki} 和 T_{kj}，第 k 种熟练劳动者一生的劳动总量为 Λ_k，则有：

$$\Lambda_k h_k = \Lambda_k + \sum_{i=1}^{n} H_{ki}\lambda_i + \sum_{j=1}^{l} T_{kj}h_j \qquad k = 2,3,\cdots,n \qquad (2-3)$$

置盐指出，可联立上述 3 个方程，解出 l 个还原系数和 n 个单位价值量。用每种产品的单位价值量乘以相应的产量则得到每种产品的价值总量——这一总量等于在每种产品生产上消耗的物化劳动量加被"转换"或被"还原"的复杂劳动量。

置盐在希法亭的基础上发展的模型，有两个可以改进的地方。其一，教育培训劳动的确会参与普通产品的价值形成过程，但其参与的方式不是作为储藏起来的劳动转移其价值，而是作为活劳动形成新价值。根据前一节的讨论，教育培训劳动和生产普通产品的劳动是一个连续而统一的价值形成过程的不同阶段。对建模而言，这就意味着，在置盐那里各自独立的技能生产方程和产品生产方程可以合并在一个方程里。

其二，在讨论复杂劳动还原时，应该考虑交换的作用。这意味着，应该在第二种社会必要劳动时间的意义上来讨论产品价值的决定和复杂劳动还原系数的决定。而置盐的方程组所体现的仅仅是第一种社会必要劳动时间的维度。为此，我们把方程（2-1）里的 λ 明确定义为单位产品的内含价值或形成价值（即在生产过程里形成的价值），以与后面即将引入的 λ^*，即单位产品的实现价值区分开来。

在正式提出我们的模型之前，需要先介绍国内学者李翀教授的一项研究。李翀的论文《复杂劳动化简之管见》发表于 1987 年，但在发表后一直没有得到应有的重视。这篇论文有两点重要贡献，第一，提出了一个新的数理模型，该模型试图将复杂劳动还原建立在生产过程和交换过程统一的前提下。具体而言，在李翀的模型里，除了产出价值生产方程外，还有交易方程。在方法论上，这一研究进路和我们的看法是一致的。第二，力图找到一种简便的方法，以便开展复杂劳动还原的经验研究，即利用经验数据识别复杂劳动还原系数。李翀的这一方法建立在利用 MELT 即劳动时间的货币表现这一概念的基础上，尽管他没有正式使用这一概念。需要指出的是，李翀的论文发表时间，只比西方"新解释"学派的出现稍晚几年，他能在当时提出这种研究进路就显得尤为可贵。在某种意义上，李翀的这项研究可以看作本章的直接前驱，但在后面的讨论中，我们也将谈及他的缺点以及他和我们的观点之间的重要区别。

李翀在构建其数理模型时，强调复杂劳动还原必须同时以生产过程和交换过程为基础，这一方法论立场与笔者完全一致。[1] 假设社会生产有两个部门，分别生产投资品和消费品，如此就可以写出两个部门的产出价值生产方程。与此同时，假设两种产品之间的交易比例为 1 单位第一部门的产品交换 ε 单位第二部门的产品，就可写出如下交易方程：$\lambda_1 = \varepsilon \lambda_2$，或 $\dfrac{\lambda_2}{\lambda_1} = \varepsilon$。再假设第一个部门的劳动为简单劳动，可得出如下方程组（其中 h 为第二个部门的复杂劳动还原系数）：

$$\lambda_1 q_1 = \lambda_1 a + t_1$$

$$\lambda_2 q_2 = \lambda_1 b + t_2 h$$

$$\frac{\lambda_2}{\lambda_1} = \varepsilon$$

---

[1]　见李翀《复杂劳动化简之管见》，《马克思主义研究》1987 年第 3 期。李翀这篇论文里的某些数学表述存在错误。下文在介绍其模型时，做了适当简化，并采用了本章习用的代数符号，例如，q 在这里代表单位时间产出，而在李翀那里，只笼统地代表产量。

在这个模型里，a、b 分别为两个部门的生产资料投入系数，t 为活劳动投入。方程组中的已知数为 q、a、b、t、ε，未知数分别为 λ_i（$i=1$，2）、h。在联立方程组的第一个方程里，可以直接解出 λ_1；将这个结果代入第三个方程，可以解出 λ_2；再将 λ_1、λ_2 代入第二个方程，可以解出还原系数 h。上述由三个方程组成的方程组，还可以推广到有多个部门的情形。

李翀的模型具有如下优点：他考虑到复杂劳动还原是由生产和交换这两个环节共同决定的，这一点在模型里体现为，既有价值生产方程，也有交易方程。但是，李翀的模型在贯彻这一方法论时又是不彻底的，这体现在以下三个方面。第一，在求解第一个部门的产品单位价值时，他只依靠价值生产方程，而在求解第二个部门产品的单位价值及其复杂劳动还原系数时，他仅仅依靠了交易方程。与这一点相联系的是，在他的模型里，必须事先假定某个部门的劳动是简单劳动，在此前提下，其他部门的价值转换系数大于 1。这一假定最先是在置盐的模型里引入的。但在我们看来，这样假定是不合理的，因为哪个部门的价值转换系数等于 1，严格来讲只有在整个社会年产品实现之后才能知晓，换言之，单凭价值生产方程并不能预先决定这一点。第二，他所提出的交易方程包含如下缺陷，这个方程只表达了商品的交换价值，且不考虑货币，纯粹是物物交换；更重要的是，在这个交易方程里看不到劳动价值论的以下重要观点：商品交换是劳动在社会内部的物质变换，通过交换过程，全社会总劳动在不同部门间最终实现了某种按比例的分布。第三，也是最重要的，李翀没有在建模之前充分地讨论和厘定复杂劳动还原的理论，忽略了希法亭所开创的重视教育培训部门的作用这一研究传统。这样一来，在他采用的方程里，就没有引入教育培训活动和技能生产的因素。

上述讨论意味着，首先，在求解每个部门的复杂劳动还原系数时，必须同时考虑价值生产方程和反映交换的价值实现方程，这一点应成为设计新模型时遵循的准则。在下文中，我们将引入一个新的实现价值方程，并将其与价值生产方程一起构成一个新的模型。这个实现价值方程是冯金华教授在研究第二种意义的社会必要劳动时发展出来的，在这个方程（可简称为冯金华方程）里，某个部门单位产品的实现价值（不同于单位产品的内含价值或形成价值，并与第二种社会必要劳动相对应）将等于社会生产各部门为其产出所支出的全部劳动量乘以一个系数，该系数恰好等于该部门产品的单位价格与社会总产出价格的比例。

其次，为了构建新的模型，必须重新设计价值生产方程，以便在其中纳入教育培训活动。我们的做法是将置盐模型里的两个独立方程——价值生产方程和技能生产方程——以某种方式并作一个方程，同时还假定：（1）在产品生产和教育培训中不使用不变资本；（2）每个部门只运用一种具有特定复杂程度的具体有用劳动。这样一来，就可写出如下在形式上极为精简的方程：

$$\lambda_i q_i = t_i = t_{i1} + t_{i2} = t_{i1} h_i = h_i \qquad (2-4)$$

其中，λ_i 是不包含物化劳动的单位产品内含价值（因而与置盐或李翀方程里的 λ_i 不同）；q_i 是在单位时间（譬如 1 个工作日或 1 小时）内生产的第 i（$i=1,2,\cdots,n$）种产品的产出。要注意的是，依照前述假定，方程里的 $\lambda_i q_i$ 即单位时间产出的价值指的是部门净产出的价值，即排除了不变资本价值转移和折旧的那部分产出的价值。此外，t_i 为生产 q_i 而付出的活劳动所形成的价值，它包括两个部分，下标为 1 的部分（t_{i1}）代表在直接生产过程里投入的活劳动（单位时间）作为简单劳动形成的价值，下标为 2 的部分（t_{i2}）是过往教育培训劳动作为简单劳动形成的价值。① 由于 t_{i1} 对应于生产 q_i 的直接劳动时间（单位时间），从定义来看，$t_{i1}=1$。② 当 $t_{i2}>0$ 时，存在复杂劳动还原。这里的 h_i 是部门产出的

---

① 为简便起见，以下抽象了研发活动，只以教育培训活动代表给劳动的主观条件带来变化的所有因素。

② 公式（2-4）参照了米克的数学表述，即在单位时间里复杂劳动形成的价值等于 $1+\dfrac{t}{p}$。

价值转换系数，存在复杂劳动还原时，该系数大于 1，即为复杂劳动还原系数。

现在引入冯金华提出的实现价值方程。[1] 假定第 i（$i = 1$，2，…，n）种产品在市场上实现的单位价值量为 λ_i^*，该部门单位时间产出的实现价值量为 $\lambda_i^* q_i$。全社会各部门单位时间产出所实现的价值总量，便等于这些产出的内含价值总量，并等于每个部门在单位时间里生产产品所投入的劳动总量[2]，即有：

$$\sum_{i=1}^{n} \lambda_i^* q_i = \sum_{i=1}^{n} \lambda_i q_i = \sum_{i=1}^{n} t_i \qquad (2-5)$$

下面来讨论单位产品实现价值的决定。单位产品的实现价值（λ_i^*）应当等于用该单位产品交换到的全部货币的价值，即等于产品的市场价格与单位货币价值（后者用 λ_g^* 表示，这意味着第 g 个部门是生产货币的部门）的乘积。若用 p_i 表示第 i 种产品的市场价格，便有：

$$\lambda_i^* = p_i \lambda_g^* \qquad (2-6)$$

需要指出的是，这个交易方程并不同于 $\lambda_i = p_i \lambda_g^*$，后者可以看作马克思在《资本论》第一卷提出的假设，即商品的价格与其价值成比例。公式（2-6）作为对任意商品的交易结果的表达，与具体的价格形态无关，也就是说，该式中的价格 p_i 既可以是"直接价格"（即与价值成比例的价格），也可以是生产价格等其他价格形式。仅当 p_i 为"直接价格"时，才有 $\lambda_i = \lambda_i^*$。

将公式（2-6）代入公式（2-5），可以解出产品的单位实现价值

---

[1]　冯金华：《社会总劳动的分配和价值量的决定》，《经济评论》2013 年第 6 期。该文和其他相关文章均载于冯金华《价值决定、价值转形和联合生产》，社会科学文献出版社，2014。

[2]　这里的劳动总量除了在当下支出的活劳动外，还包含生产熟练劳动力的教育培训劳动和研发劳动。

λ_i^*，即冯金华提出的单位产品实现价值方程：

$$\lambda_i^* = \frac{p_i}{\sum\limits_{i=1}^{n} p_i q_i} \sum_{i=1}^{n} t_i$$

若在该方程两边乘以单位时间产出 q_i，则有：

$$\lambda_i^* q_i = \frac{p_i q_i}{\sum\limits_{i=1}^{n} p_i q_i} \sum_{i=1}^{n} t_i \qquad (2-7)$$

在公式（2-7）中，右边的第一个分式项是每个部门产品在单位时间里的名义产出和各部门单位时间名义产出之和的比率，它可以看作第 i 种产品所占据的市场份额。按照这个式子，单位时间产出的实现价值实际上是整个经济在单位时间里投入的全部劳动量按照一个比率分布的结果，这个比率就等于前述该部门产品的市场份额。

在得出以上实现价值方程后，就可以构造一个将生产和交换都包括在内的完整的模型。对这一模型的讨论将分两个步骤进行，首先讨论一种理想的均衡情形，此时单位产品的内含价值（由价值生产方程决定）与单位产品的实现价值（由实现价值方程决定）恰好相等，即 $\lambda = \lambda^*$。在此假定下，由上述两种方程构成的联立方程组可以求出唯一解，即得出各部门的复杂劳动还原系数。在这一工作完成后，将讨论经济处于非均衡时的情况，这意味着将放弃单位产品的内含价值与单位产品的实现价值恰好相等这个假定，转而讨论两者不相等时，复杂劳动还原系数如何被决定。

先来看均衡时的情况。将价值生产方程和冯金华方程联立，可以写出以下方程组：

$$\lambda_i q_i = t_i = t_{i1} + t_{i2} = t_{i1} h_i = h_i$$

$$\lambda_i = \frac{p_i}{\sum\limits_{i=1}^{n} p_i q_i} \sum_{i=1}^{n} t_i$$

其中只有 λ 是未知数，且 λ 既代表单位产品的内含价值，也代表单位产品的实现价值（$\lambda = \lambda^*$）。通过每个部门的产品实现价值方程，可以求出其单位产品实现价值，将它代入价值生产方程，就可得出各部门的复杂劳动还原系数，即有：

$$h_i = \frac{p_i q_i}{\sum_{i=1}^{n} p_i q_i} \sum_{i=1}^{n} t_i = \frac{p_i q_i}{\dfrac{\sum_{i=1}^{n} p_i q_i}{\sum_{i=1}^{n} t_i}} \qquad (2-8)$$

值得注意的是，在这个等式里，复杂劳动还原系数等于两个 MELT（劳动时间的货币表现）的比率。这个比率的分母，是社会净产出价格和社会为这些产出而投入的全部活劳动时间的比率，也即社会平均的劳动时间的货币表现；分子则是某个部门单位时间净产出的价格与单位时间（可看作 t_{i1}）的比率，即该部门单位时间劳动的货币表现。MELT 这一概念的长处在于，它同时考虑了价值生产和价值实现，并将活劳动（作为分母）视为货币表示的增加值（作为分子）的源泉。在通过联立方程求出的 h_i 这个等式中，还包含了这样的含义，即社会平均的 MELT（等式里的分母）代表了简单劳动所创造的货币增加值。这样一来，社会平均的 MELT 就成为一个尺度，用它和不同部门的 MELT 相比较就能判断相关各部门的劳动复杂程度。这个重要的结论将为我们在经验中识别复杂劳动还原奠定理论的基础（参见后文的进一步讨论）。

接下来要处理的是当单位产品的内含价值与实现价值不等时，复杂劳动还原系数如何被决定。这两者不相等囊括了经济处于非均衡的各种情况。在此条件下，第二种社会必要劳动时间的概念具有重要意义，因为此时在直接生产过程中投入的劳动量将在多大程度上转化为价值，取决于产品价值的实现程度。让我们假设此时 $\lambda_i \phi_i = \lambda_i^*$，$\phi_i$ 为价值实现系数，因 $\lambda_i^* = \dfrac{p_i}{\sum_{i=1}^{n} p_i q_i} \sum_{i=1}^{n} t_i$，可得：

$$h_i = \lambda_i q_i = \frac{1}{\phi_i} \frac{p_i q_i}{\sum\limits_{i=1}^{n} p_i q_i} \sum\limits_{i=1}^{n} t_i$$

在这里，h_i 除了取决于两种劳动时间的货币表现的比率以外，还受到价值偏离系数 ϕ_i 的影响，后者度量了非均衡前提下一些导致偏离的不确定因素。由于 ϕ_i 的存在，h_i 并不是最终实现的复杂劳动还原系数，而只代表潜在的或尚未实现的复杂劳动还原系数。若用 h_i^* 表示某部门在交换中最终实现的复杂劳动还原系数，参照以上讨论可写出：

$$h_i^* = \lambda_i^* q_i = \frac{p_i q_i}{\sum\limits_{i=1}^{n} p_i q_i} \sum\limits_{i=1}^{n} t_i \qquad (2-9)$$

从而有 $h_i \phi_i = h_i^*$。从第二种含义社会必要劳动的概念来看，前述方程（2-7）在事后的意义上决定了方程（2-4），即决定了在生产中投入的劳动量在多大程度上转化为价值，以及最终实现的复杂劳动还原系数的大小。基于此考虑，我们可以区分以下几种情形来讨论 h_i 和 h_i^* 的关系。

第一，如果 $\lambda_i^* q_i = \lambda_i q_i$，或 $\phi_i = 1$，则在单位时间里投入的全部劳动（即 $t_{i1} + t_{i2}$）恰好得到了实现。复杂劳动还原系数此时为其最大值，即有 $h_i^* = h_i$。这个结果对应于上文论述的当经济处于均衡的情况。

第二，如果 $\phi_i < 1$，从而 $\lambda_i^* q_i < \lambda_i q_i$，但其差额即 $\lambda_i q_i - \lambda_i^* q_i < t_{i2}$，则 t_{i1} 得到全部实现，t_{i2} 只实现了一部分。此时复杂劳动还原系数小于其潜在的最大值，即有 $h_i^* < h_i$。

第三，如果 $\lambda_i q_i - \lambda_i^* q_i = t_{i2}$，则 t_{i2} 完全没有得到实现，此时不存在复杂劳动还原。复杂劳动还原系数 $h_i^* = 1$，是其最小值。

需要指出的是，我们在此没有将 $\phi_i > 1$，或 $\lambda_i^* q_i > \lambda_i q_i$ 的情形纳入讨论。这是因为，在这种情况下，存在着来自其他部门的价值转移，而这种价值转移未必是与生产率提高相伴随的复杂劳动还原的结果。

公式（2-4）还可以如下方式改写，假设 v 是单位时间产出的价值中包含的劳动力价值，它可以拆解为两部分，一个部分是与教育和培训无关的劳动力价值即 v_1，另一个部分是与教育和培训相对应的劳动力价值即 v_2，相应的，e_1 是与 v_1 对应的剩余价值率，e_2 是与 v_2 对应的剩余价值率，可以写出：

$$\lambda_i q_i = t_i = t_{i1} + t_{i2} = v_1(1 + e_1) + v_2(1 + e_2)$$

$$= (v_1 + v_2) + (v_1 e_1 + v_2 e_2)$$

$$= (v_1 + v_2)\left(1 + \frac{v_1}{v_1 + v_2}e_1 + \frac{v_2}{v_1 + v_2}e_2\right)$$

在单位时间产出的生产中，最终的剩余价值率是 e_1 和 e_2 这两种剩余价值率的加权平均。需要指出的是，由于单位时间产出的实现价值最终决定了 t_{i2} 的实现程度，也就决定了 e_2 和经过平均后的总剩余价值率的实际数值。易言之，无论是劳动力价值还是剩余价值率，都不是脱离交换事先给定的，而是结合第二种含义的社会必要劳动时间确定的。

3.2　MELT 与部门间复杂劳动还原的经验研究

再来看与非均衡假设相对应的公式（2 – 9）：

$$h_i^* = \lambda_i^* q_i = \frac{p_i q_i}{\sum\limits_{i=1}^{n} p_i q_i}\sum_{i=1}^{n} t_i = \frac{p_i q_i}{\dfrac{\sum\limits_{i=1}^{n} p_i q_i}{\sum\limits_{i=1}^{n} t_i}}$$

其中 h_i^* 是某一部门最终实现的复杂劳动还原系数。和先前讨论的公式（2 – 8）一样，该式最后一个等式右边的比率，也是两个 MELT 即两种劳动时间的货币表现之比。和公式（2 – 8）不同的是，公式（2 – 9）中的 p_i 和 q_i 是与非均衡对应的最终得到实现的产出和价格，而不一定是潜在最大产出和最高价格。但尽管如此，从该式也同样看到，实际的复杂劳动还原系数要以两种 MELT 之比为条件。如果这两个比率一致，就不存在复杂劳动还原；只有两个比率之比大于 1，才可能存在复杂劳动还原。因此，两个 MELT 的这种差别，是造成相关部门复杂劳动还原的必要条件。

以净量值界定的 MELT 为开展复杂劳动还原的经验研究，即利用经验数据来确定是否在相关部门发生复杂劳动还原，提供了可能性。值得一提的是，李翀教授在其 1987 年的论文里提出了一个与之近似的思路。他认为，要从事这种经验研究，即利用经验数据确定不同部门的复杂劳动系数，可以采取如下步骤：第一，以不变价格计算相关部门的净增加值（即从增加值中排除折旧），即得到与活劳动相对应的新创造的增加值；第二，求得相关部门当年的生产性工人的总劳动量，然后得到净产值和总劳动力之比。他举例说："美国制造业 1977 年新增加的价值是 5850 亿美元，生产工人 1370 万，每人每周工作时间 40.3 小时。这样，制造业**每人每小时新创造的价值**是 20.3 美元。假如按照同样的方法得到采矿业同年每人每小时新创造的价值是 10.15 美元，就可以认为若以采矿劳动为标准，制造劳动的化简乘数是 2。"①

此处提到的"每人每小时新创造的价值"，就是现在已被广泛使用的"劳动时间的货币表现"（MELT）这一概念。② 认识到劳动时间的货币表现可作为复杂劳动还原的经验研究赖以开展的依据，是李翀教授的独立贡献。但李翀的失误在于，他不是将某一部门的 MELT 与社会平均的

---

① 李翀：《复杂劳动化简之管见》，《马克思主义研究》1987 年第 3 期，第 312 页（重点标识为笔者添加）。

② "新解释"（the New Interpretation）学派形成于 20 世纪 80 年代初，该学派将劳动时间的货币表现界定为净产出价值和活劳动的比率，而非总产出价值和包含物化劳动的总劳动的比率。在这一点上，李翀的定义和"新解释"是一致的。但"新解释"并未提出以 MELT 为依据开展复杂劳动还原的经验研究，在他们那里，最初提出这一概念主要是想解决价值转形问题，参见 D. A. Foley, "The Value of Money, the Value of Labor Power, and the Marxian Transformation Problem," *Review of Radical Political Economics* 1982, 14 (2); G. Dumenil, "Beyond the Transformation Riddle: A Labor Theory of Value," *Science and Society* 1983 - 1984, 47 (4)。

MELT 相比较，来得出复杂劳动还原的必要条件，而是把某一部门（如制造业）和任意选取的另一部门（如采矿业）相比较，这就使问题变得不可解决了，因为在现实中无法先验地判定，哪个部门的劳动是简单劳动，并以其作为比较的基准。

需要指出的是，h_i 或 h_i^* 大于 1 仅仅代表了识别相关部门是否存在复杂劳动还原的必要条件，它们还不是充分必要条件。这是因为，个别部门的 MELT 之所以大于全社会平均的 MELT，可能源于一些与复杂劳动还原和劳动生产率提高无关的因素。供求因素的变化、市场势力的大小、资本有机构成的改变等，都可能是部门 MELT 变动的原因。从公式（2－9）就可以直观地看到，当其他条件不变时，最后一个等式右边的分子中 p_i 的增长——可以将其看作供求关系或市场势力等因素的代表——可以导致部门 MELT 的改变以及 h^* 的提高。在这种情况下，h^* 并不完全代表复杂劳动还原系数，而是反映更多影响因素的价值转换系数。从 MELT 的定义来看，h^* 的变化原因可分解为两项因子来考察，其中一项因子反映价格的变化，另一项因子反映实际劳动生产率的变化，只有后者才和复杂劳动还原有关。在采用计量经济学手段的经验研究中，可以根据各因子的变化，分别确定它们对 MELT 变化的贡献率，并以此确定复杂劳动还原对 h^* 的影响程度。如果在一个时期里，实际生产率的增长主导了 h^* 的改变，复杂劳动还原就可能成为解释这一改变的主要因素。

4　部门内复杂劳动的还原

以上就复杂劳动还原建立的模型，涉及的是不同部门之间复杂劳动的还原，换言之，是在马克思提及的珠宝细工和纺纱工的比较中进行的还原。通常对复杂劳动还原的研究，主要是针对这种情况进行的。另外，在部门内不同企业的竞争中，个别先进企业伴随其生产率提高，也会带来复杂劳动还原的情况。这两种复杂劳动还原虽然有所不同，但前一节设立的模型经过适当的修改后，也可适用于后一种还原。

假设一种初始情况，即在一个部门内的不同企业都具有相同的生产率水平，从而这些企业的单位时间产出相等，其价值也相等，且单位产品的价值也相等。即对这些企业而言，有：

$$\lambda_1 q_1 = \lambda_2 q_2 = \cdots = \lambda_n q_n = t = 1 \qquad (2-10)$$

以及

$$\sum_{j=1}^{n} t_j = n$$

其中，λ_j（$j = 1, 2, \cdots, n$）是单位产品的内含价值，q_j 是单位时间产出；t_j 是为生产 q_j 而投入的单位时间。此外，和先前一样，假设在生产中不使用不变资本。

现在假设企业 c 率先进行技术创新，提高了生产率，从而有：

$$\lambda_c' q_c' = t_{c1} + t_{c2} = t_{c1} h_c = h_c \qquad (2-11)$$

其中，λ_c'、q_c' 分别是企业 c 创新后的单位产品个别价值和单位时间产出；$\lambda_c' < \lambda_c$、$q_c' > q_c$，且 $\lambda_c' q_c' > \lambda_c q_c$。这里假设存在复杂劳动还原的原因是使用了经过更多教育和培训的劳动力，t_{c2} 为劳动力在教育和培训上花费的时间；t_{c1} 为生产 q_c' 的直接劳动时间，依据定义它等于 1；h_c（$h_c > 1$）代表复杂劳动还原系数。

在马克思的部门内企业竞争的模型里，从事技术变革的企业 c 的单位产品个别价值将低于或至少等于单位产品的社会价值。如果假定其单位产品个别价值等于单位产品社会价值，即 $\lambda_c' = \lambda_i$，则参照公式（2-11）有：

$$\frac{\lambda_c' q_c'}{\lambda_j q_j} = \frac{\lambda_j q_c'}{\lambda_j q_j} = \frac{q_c'}{q_j} = h_c \qquad (2-12)$$

其中，$\lambda_j q_j$ 代表创新企业之外的其他任一企业的单位时间产出价值，根据定义，$\lambda_j q_j$ 等于 1。公式（2 – 12）意味着，创新企业 c 的复杂劳动还原系数 h_c，取决于该企业的生产率和其他企业的生产率的比率。由于这个结果是在假设 $\lambda_c^{'} = \lambda_j$ 的条件下得出来的，而一般而言，技术变革应该导致 $\lambda_c^{'} < \lambda_i$，因此，公式（2 – 12）所表达的结果，实际上指出了 h_c 可能有的最大值，即有 $1 \leqslant h_c \leqslant \dfrac{q_c^{'}}{q_j}$。

由于单位形成价值的最终实现取决于其实现价值，参照此前的讨论，可以得到：

$$\lambda_c^{*} q_c^{'} = \frac{p_c^{*} q_c^{'}}{\sum\limits_{j=1}^{n} p_j q_j} \sum\limits_{j=1}^{n} t_j$$

以及

$$h_c^{*} = \lambda_c^{*} q_c^{'}$$

其中，λ_c^{*} 为企业 c 最终实现的单位产品价值，p_c^{*} 是与之对应的产品实现价格；p_j 和 q_j 代表包括创新企业在内的所有企业的产品实现价格和单位时间产出；h_c^{*} 为最终实现的复杂劳动还原系数。

对企业 c 而言，单位时间产出中潜在包含的超额利润等于 $\lambda_c^{'} q_c^{'} - \lambda_c q_c =$ $h_c - 1$。企业 c 最终实现的超额利润则等于 $\lambda_c^{*} q_c^{*} - \lambda_c q_c = h_c^{*} - 1$。当 $h_c = h_c^{*}$ 时，最终实现的超额利润达到最大。当 $1 < h_c^{*} < h_c$ 时，最终实现的超额利润小于其潜在的最大值。若 $h_c^{*} = 1$ 时，该企业没有超额利润。

5　尾论

正如马克思所说，复杂劳动还原"是在生产者背后由社会过程决定的"；至于这一"社会过程"的具体内涵，马克思主义者却一直从不同的角度在解读。以希法亭为代表的分析传统侧重于从价值生产过程的角度来分析这一"社会过程";鲁宾则指出了价值实现环节在其中的重要性。迄今为止,这些从不同角度进行的解读还是各自独立的,并没有形成一个统一的分析框架。本章试图在综合两种社会必要劳动时间概念的基础上,将希法亭和鲁宾各自所代表的观点纳入一个统一的模型。这一模型的具体特点如下。第一,对教育培训劳动和普通产品的生产之间的关系做了新的诠释,明确提出二者是一个统一的劳动过程的前后相继的两个阶段,并在此基础上解决了教育培训劳动如何参与形成产品价值的难题。第二,通过同时引入价值生产方程和实现价值方程,解决了复杂劳动还原系数的决定问题。第三,根据本章的模型,熟练劳动力价值的决定在某种程度上具有事后特征,即要以产品价值的决定为前提,在此前提下,论证了复杂劳动的剩余价值率和简单劳动的剩余价值率的差异得以产生的原因。第四,本章还力图发展一个简便的方法,以解决在经验中如何识别相关部门是否存在复杂劳动还原的问题。复杂劳动还原问题的解决不仅为劳动价值论研究填补了一个漏洞,同时还为一系列其他理论的研究开辟了道路。譬如,它将有助于发展马克思主义的竞争理论,并可用于解释部门乃至社会净产出价值量伴随生产率提高而实现的增长,这对于发展马克思主义的内生增长理论具有重要的意义。

第3章 技术创新与超额利润的来源：
基于劳动价值论的各种解释

超额利润是资本主义发展动态中的重要现象。马克思分析了超额利润在技术创新的基础上产生的过程，以及超额利润对于一种新的技术－经济范式战胜旧的范式的重要意义。① 超额利润范畴不仅对于理解自由竞争的资本主义是重要的，对于当代垄断资本主义也同样如此。现代马克思主义经济学家曼德尔就曾指出："对技术创新和相应的超额利润的持续的、制度性的渴求，成了晚近资本主义企业，特别是晚近资本主义大公司的典型特征。"②

尽管超额利润概念对于解释资本主义发展的动态具有重要意义，马克思主义经济学内部在解释超额利润来源的问题上，却一直存在着观点

---

① 关于后一方面，马克思写道："只要机器生产在一个工业部门内靠牺牲旧有的手工业或工场手工业来扩展，它就一定取得成功，就象用针发枪装备的军队在对付弓箭手的军队时一定取得成功一样。机器刚刚为自己夺取活动范围的这个初创时期，由于借助机器生产出异常高的利润而具有决定性的重要意义。这些利润本身不仅形成加速积累的源泉，而且把不断新生的并正在寻找新的投资场所的很大一部分社会追加资本吸引到有利的生产领域。"参见马克思、恩格斯《马克思恩格斯全集》第 23 卷，人民出版社，1972，第493 页。笔者在此借用了演化经济学的技术－经济范式概念来刻画马克思所说的工场手工业和机器生产的区别。对技术－经济范式概念的相关讨论，可参见佩蕾丝《技术革命与金融资本》，田方萌等译，孟捷校，中国人民大学出版社，2007。

② E. Mandel, *Late Capitalism* (London：Verso, 1999), pp. 224-225. 在《资本论》中，一般而言总是假定劳动力是按照劳动力价值的水平出卖的，因此，对超额利润的讨论也要以此为前提，而事实上，当然存在着通过把工资压低到劳动力价值以下所获得的超额利润。马克思曾就这种形式的超额利润写道："一个资本家或一定生产部门的资本，在对他直接雇用的工人的剥削上特别关心的只是：或者通过例外的过度劳动，或者通过把工资降低到平均工资以下的办法，或者通过所使用的劳动的额外生产率，可以获得一种额外利润，即超出平均利润的利润。"参见马克思、恩格斯《马克思恩格斯全集》第 25 卷，人民出版社，1974，第 220 页。需要强调的是，本章的讨论不涉及在这种情况下产生的超额利润。

上的分歧。造成这些分歧的原因是：第一，马克思本人有两种超额利润源泉的理论，第一种理论认为，超额利润来源于企业自身的劳动"作为自乘的简单劳动"的物化；第二种理论则认为，企业的超额利润来自部门内或部门外的价值转移。如何协调这两种理论的关系，仍有待于进一步讨论。第二，解释超额利润的来源必然会涉及国内学者有关劳动生产率与单位时间创造的价值量成正比的理论，这一理论最早可溯源到 20 世纪 60 年代，近年来又有了长足的发展。① 如何看待这一颇具争议的理论，也是需要深入研究的问题。

这一章的论述由两条并行的线索交织而成，第一条线索追溯了从《资本论》的手稿到《资本论》的理论演化过程，第二条线索则试图结合学术界的相关见解，尝试构建一个较全面的关于超额利润来源的理论。

1　超额利润的来源：马克思的第一种理论

在《1861—1863 年经济学手稿》里，马克思详细地厘定了相对剩余价值生产的理论，并提出了解释超额利润来源的第一种理论：

> 商品价值取决于它所包含的社会必要劳动时间。在使用新的机器时，如果大量生产还继续以旧的生产资料为基础，**资本家就可以把商品低于它的社会价值出售，**虽然他是把商品高于它的个别价值出售，即高于他在新生产过程条件下制造商品所必需的劳动时间出售。

依照马克思的看法，资本家能这样做是因为："劳动在这里获得了与同一部门的平均劳动不同的特殊生产力，它已成为比平均劳动高的劳动；例如，这种劳动的一个劳动小时等于平均劳动的 5/4 劳动小时，是自乘

---

① 对这一理论的发展史的简要介绍，可参见本书第 4 章。

的简单劳动。"

而与此同时，工资率可能并未改变，"资本家仍按平均劳动付给工资……资本家对于自己的工人的劳动是按平均劳动付酬的，但是按它的实际情况，即按较高的劳动出售的，而一定数量的这种劳动等于较多的平均劳动"。"因此，根据假定，为了生产同一价值，工人只需要从事比平均工人较少的时间的劳动就够了。所以，实际上，他花费比平均工人较少的劳动时间，就生产了自己的工资，或再生产他的劳动力所必需的生活资料的等价物。这样一来，他就把较多的劳动小时作为剩余劳动给了资本家；只有这种相对剩余劳动，才使资本家在出售商品时得到高于它的价值的价格余额。"

此外，即便工资率有所增加，资本家也能得到超额剩余价值，因为，"工资并非按照这种劳动超过平均劳动的同一比例增加，因而剩余劳动时间总是相对增加"。①

在这个解释中，难点不在于理解为什么资本家可以把商品低于它的社会价值出售，而在于为什么资本家把商品**高于其个别价值**出售，即高于他在新工艺下制造商品所必需的劳动时间出售。下面试举例来说明。

假定原先 1 小时平均劳动生产 12 件商品，现在，在率先采用了新技术的企业，1 小时劳动生产 24 件商品，即劳动生产率提高了 1 倍。但请注意，对于采用新技术的企业而言，它的 1 小时劳动已经不是简单劳动，而是自乘的简单劳动；马克思在这里假定，其 1 小时劳动现在相当于 5/4 小时即 1.25 小时的简单劳动。此外，对于不变资本，可以做如下的处理：要么假定在生产率提高后，转移到单位商品中的不变资本价值没有发生变化；要么——为更方便起见——假定不变资本为零，这样，单位商品的价值就等于活劳动物化形成的新价值。根据这些假定，可以得到表 3 - 1。

①　上述引文来自马克思、恩格斯《马克思恩格斯全集》第 47 卷，人民出版社，1979，第 361 ~ 362 页（重点标识为笔者所加）。

表 3 - 1　马克思关于超额利润来源的第一种理论

	(1) 单位商品的 个别价值	(2) 单位商品的 实际价值	(3) 单位商品的 社会价值	(4) = (2) - (1) 单位商品中的超额 剩余价值或超额利润
率先采用了新 技术的企业	$\dfrac{1}{24}$	$\dfrac{1.25}{24}$	$\dfrac{1}{12}$	$\dfrac{0.25}{24}$
其他企业	$\dfrac{1}{12}$	$\dfrac{1}{12}$	$\dfrac{1}{12}$	0

说明：一方面，根据表中的数字，采用新技术以后的商品单位价值 $= \dfrac{1.25}{24}$，小于采用新技术之前的单位价值（$= \dfrac{1}{12}$），也就是说，劳动生产率的提高与商品单位价值量的变动成反比。另一方面，采用新技术后单位时间的全部产出的价值量 = 1.25，大于此前全部商品的价值量（= 1），这便是后文所谈的"成正比"。

从表 3 - 1 第（2）列看出，依照马克思的假定，存在着一个既不同于社会价值，也不同于个别价值的新概念，笔者将其命名为单位商品的**"实际价值"**。且单位商品的个别价值 < 实际价值 < 社会价值，即 $\dfrac{1}{24} < \dfrac{1.25}{24} < \dfrac{1}{12}$，也就是马克思所说的：**资本家可以把商品低于它的社会价值出售，虽然他是把商品高于它的个别价值出售，即高于他在新生产过程条件下制造商品所必需的劳动时间出售。**如果采用新技术的先进企业每小时工资率不变，则其全部剩余价值将相对增加 0.25 小时，也就是其全部商品的超额剩余价值或超额利润。这个超额利润等于该企业全部商品的实际价值与其个别价值的差额。

可以采用代数的形式描述这种超额利润。假定 w_i^* 为某先进企业单位时间产出的实际价值，l_i 是该企业在单位时间里投入的劳动量，它构成了单位时间产出的个别价值，则两者的关系可以用价值转换系数（h_i）来描述[①]：

---

① 相关数学表达参阅林岗《关于社会必要劳动时间以及劳动生产率与商品价值量的关系的若干理论问题》，《教学与研究》2005 年第 7 期；白暴力《财富、劳动与价值》，中国经济出版社，2003，第 4 章第 2 节和第 3 节。

$$h_i = \frac{w_i^*}{l_i} \qquad (3-1)$$

由于 $h_i > 1$，这不仅可以使该企业的个别劳动耗费全部得到补偿，而且会给它带来一个由实际价值与个别价值之间的正数差构成的超额收益：

$$R_i = l_i (h_i - 1) > 0 \qquad (3-2)$$

公式（3 - 2）中的 R_i 表示单位时间产出所实现的超额收益。按照表 3 - 1 中的数字，这里的 $l_i = 1$，$h_i = 1.25$，$R_i = 0.25$。

在上述理论的基础上，马克思批驳了下述观点[1]：

> 似乎是，对资本家说来，剩余价值来源于出售——对其他商品所有者的欺骗，来源于把商品的价格哄抬得高于它的价值，而不是来源于缩短必要劳动时间和延长剩余劳动时间。但是，这不过是一种假象。

> 只有这种相对剩余劳动，才使资本家在出售商品时得到高于它的价值的价格余额。资本家只有出售时，才能实现这种剩余劳动时间，或者说，实现这种剩余价值；但是，这种剩余价值并不是来源于出售，而是来源于缩短必要劳动时间，因而相对增加剩余劳动时间。

从这里也可以看出，马克思在批评这种错误观点的同时，也排除了接纳第二种理论，即把超额利润的来源归于其他部门的价值转移的可能性。

可是，一旦接受马克思的上述见解，还需回答一个问题：为什么在使用机器后，劳动成为自乘的简单劳动或复杂劳动呢？笔者将在下一节讨论这个问题。

---

① 马克思、恩格斯：《马克思恩格斯全集》第 47 卷，人民出版社，1979，第 361、362 页。

2 由第一种理论派生的问题

马克思认为，在技术变革后，劳动转化成为"自乘的简单劳动"或复杂劳动（complex labor）。初看起来，马克思在此是自相矛盾的。因为《资本论》在论述分工和机器大生产时，曾经深刻地分析了采用机器和围绕机器的分工所带来的使劳动失去内容、工人的技能被替代和技能退化等现象。但是，这些现象只是技术变革所造成的后果之一，技术变革在消灭既有类型的复杂劳动的同时，往往还会创造出新类型的复杂劳动。深受马克思影响的美国学者拉佐尼克在探讨这个问题时就指出了这种双重后果："不管劳动的技术分工的等级制结构如何，技术变革既可以增加技能（skill augmenting），也可以替代技能（skill displacing）。"①

关于劳动在使用机器后成为复杂劳动的原因，可以提出下述几种解释，这些解释程度不等地可以在马克思那里找到依据。第一种解释是把复杂劳动规定为"浓缩了劳动时间的"劳动，也就是劳动密度增加了的劳动，譬如马克思说："使用机器就可以增加绝对劳动时间，从而增加绝对剩余价值。这是通过所谓**浓缩劳动时间**的办法来实现的，这时，每一分一秒都充满了更多的劳动；劳动强度提高了。由于采用机器，不仅劳动生产率（从而劳动质量）提高了，而且在一定时间内消耗的劳动量也增加了。时间的间隙由于所谓劳动紧凑而缩小了。因此，一个劳动小时所提供的劳动量，可能等于完全不使用机器或使用不那么完善的机器的平均劳动条件下的6/4个劳动小时的劳动量。"②

首先要问的是，增加劳动的"密度"是否符合劳动生产率的定义。在

---

① W. Lazonick, *Competitive Advantage on the Shop Floor* (Cambridge, Massachusetts: Harvard University Press, 1990), p. 5.

② 马克思、恩格斯：《马克思恩格斯全集》第47卷，人民出版社，1979，第378页（重点标识是原有的）。

界定劳动生产率的时候，一般是以劳动时间既定为前提的。乍一看来，第一种解释似乎有违劳动生产率的定义，因为"在一定时间内消耗的劳动量也增加了"，也就是说，劳动时间既定的前提被取消了。但事实上，在使用机器时增加劳动强度，与提高劳动生产率并不一定相违背，这是因为，增加劳动强度的条件是使用了新机器，这使得产出量比劳动量增长得更快。

在这里，绝对剩余价值生产和相对剩余价值生产是联系在一起的。随着新机器的使用和生产方式的变革，劳动强度也相应地增加，与此同时，劳动力价值并没有成比例地增长。然而，劳动"密度"的增长并不是无止境的。如果技术进步和劳动生产率提高每一次都以劳动的紧凑和浓缩为前提，没有多久便会达到难以逾越的生理和心理界限。法国"调节学派"的创始人阿格列塔，曾结合福特主义劳动过程对这里的问题进行了分析。他指出："在整个 20 世纪 60 年代，尤其是在机械化程度最高的部门，人的能力遭到毁灭的这种现代形式的综合征成倍地增长。存在着大规模的旷工现象，并且旷工的人数极不规则，以至于无法进行准确的预测；由于神经系统日积月累的耗竭，暂时丧失工作能力的现象在增长；装配线上事故在增加；次品比例在增加，以及相应的用于质量控制的时间在增加。"①

第二种可能的解释是把此处的复杂劳动理解为经过培训的劳动（Qualified Labor 或 Educational Labor）或熟练劳动（Skilled Labor）。在《资本论》里有这样一段话：

> 比社会平均劳动较高级较复杂的劳动，是这样一种劳动力的表现，这种劳动力比普通劳动力需要较高的教育费用，它的生产要花费较多的劳动时间，因此它具有较高的价值。既然这种劳动力的价值较高，它也就表现为较高级的劳动，也就在同样长的时间内物化为较多的价

---

① M. Aglietta, *A Theory of Capitalist Regulation*: *US Experience* (London: Verso, 1979), pp. 120 – 121.

值。但是，无论纺纱工人的劳动和珠宝细工的劳动在程度上有多大差别，珠宝细工用来补偿自己的劳动力价值的那一部分劳动，与他用来创造剩余价值的那一部分追加劳动在质上完全没有区别。①

在关于复杂劳动还原的那一章里，笔者概括了对这段话里某些观点的一些批评意见。不过，撇开这些意见不谈，马克思在此指出了如下重要一点：较高级、较复杂的劳动在同样长的时间内有可能物化为较多的价值。应予强调指出的是，与片面提高劳动的强度和密度的情形不同，在存在复杂劳动还原的场合，车间工人和资本家有可能分享价值创造的好处，因为劳动力价值和剩余价值在这种情况下可以按相同方向增长。这也有助于解释资本主义企业为什么会有动力培训和教育工人、提升工人的资质和技能水平，而非仅仅把消灭技能、使劳动失去内容作为控制劳动过程、增加剩余价值的手段（详见本书第6章的讨论）。

下面再来看看第三种解释，这种解释的特点是扩大形成价值的劳动的外延，即除了直接生产活动以外，还把管理活动以及与企业技术进步相关的研发（R&D）活动考虑在内。这个观点和第二种解释既有一致性，又在下面一点上成为第二种解释的补充：在第二种解释里马克思所提到的高级劳动力，指的还只是直接生产过程中使用的劳动力，而这里则扩展到直接生产过程以外的R&D部门的"科学劳动"。

马克思曾经提出了与"直接劳动"不同的"一般科学劳动"的概念，并预见到了直接劳动的重要性下降、"一般科学劳动"的重要性增加的趋势。他说："劳动时间——单纯的劳动量——在怎样的程度上被资本确立为唯一的决定要素，直接劳动及其数量作为生产即创造使用价值的决定原则就在怎样的程度上失去作用；而且，如果说直接劳动在量的方面降到微不足道的比例，那么它在质的方面，虽然也是不可缺少的，但一方

---

① 马克思、恩格斯：《马克思恩格斯全集》第23卷，人民出版社，1972，第223页。后面在谈到劳动生产率与商品价值量成正比的争论时，还要求助于这段引文。

面同**一般科学劳动**相比，同自然科学在工艺上的应用相比，另一方面同产生于总生产中的社会组织的、并表现为社会劳动的自然赐予（虽然是历史的产物）的一般生产力相比，却变成一种从属的要素。"①

马克思虽然在这里使用了"一般科学劳动"一词，但对什么是这种科学劳动，并没有给出明确的界定。为了便于讨论，我们把马克思所说"一般科学劳动"看作企业进行的 R&D 活动。曼德尔曾在讨论第三次技术革命时，分析了资本主义公司内部 R&D 部门的巨大发展给价值增殖过程带来的影响。② 他认为，所谓 R&D 部门应限定为对于产品的生产和消费所必需的领域，那些仅仅与销售成本（如广告方面的研究）以及与资本主义经济的特殊社会条件相关的领域则不应包括在内。③

企业的 R&D 活动在资本主义发展之初并没有独立化为一个单独的部门，譬如，在 18 世纪产业革命中，一些重要的技术创新就是直接由工匠发明的。随着资本主义生产方式的发展，以及科学在生产中的越来越多的应用，上述情况有了改变。马克思曾极其深刻地指出在资本主义发展过程中出现的以下趋势：

> 生产过程成了科学的应用，而科学反过来成了生产过程的因素即所谓职能。每一项发现都成了新的发明或生产方法的新的改进的基础。只有资本主义生产方式才第一次使自然科学为直接的生产过程服务，同时，生产的发展反过来又为从理论上征服自然提供了手段。科学获得的使命是：成为生产财富的手段，成为致富的手段……资本不创造科学，但是它为了生产过程的需要，利用科学，占有科学。这样一来，科学作为应用于生产的科学同时就和直接劳

---

① 马克思、恩格斯：《马克思恩格斯全集》第 46 卷下册，人民出版社，1980，第 212 页（重点标识为笔者所加）。

② E. Mandel, *Late Capitalism* (London: Verso, 1999), Ch. 8: "The Acceleration of Technological Innovation".

③ E. Mandel, *Late Capitalism* (London: Verso, 1999), p. 253, note 18.

动相分离，而在以前的生产阶段上，范围有限的知识和经验是同劳动本身直接联系在一起的，并没有发展成为同劳动相分离的独立的力量……由于自然科学被资本用做致富手段，从而科学本身也成为那些发展科学的人的致富手段，所以，搞科学的人为了探索科学的实际应用而互相竞争。另一方面，发明成了一种特殊的职业。①

在 19 世纪末的技术革命中，R&D 开始成为资本主义企业内部劳动分工的一个分支。最早的工业研究实验室，即在资本主义公司内部进行 R&D 活动的职能部门，是于 19 世纪 70 ~ 80 年代在德国的化学工业部门出现的。② 自那时以来，特别是在第二次世界大战后的晚近资本主义时代，工业研究实验室的数量、企业的 R&D 开支、工程师和技术人员的数量等都有了巨大的增长。③ 曼德尔在谈到这个问题时正确地写道："把研究和开发作为一个特殊的事业在资本主义的基础上有系统地组织起来——换句话说，自动地投资于 R&D（既投资于固定资本，也投资于雇佣劳动），只是在晚近资本主义中才充分地实现。"而马克思的上述光辉预见，也"是在较晚时才充分实现的，即在第二次技术革命开始后，特别是伴随着自 20 世纪 40 年代以来的第三次技术革命，技术和科学上的发现和发明加速了"。④

---

① 马克思、恩格斯：《马克思恩格斯全集》第 47 卷，人民出版社，1979，第 570 ~ 572 页。

② 巴萨拉：《技术发展简史》，周光发译，复旦大学出版社，2000，第 136 页。另见布雷弗曼《劳动与垄断资本》，方生等译，商务印书馆，1978，第 141、145 ~ 146 页。

③ 关于这方面的情况，可参见弗里曼、苏特《工业创新经济学》，华宏勋等译，柳卸林校，北京大学出版社，2004，第 6 ~ 19 页。

④ E. Mandel, *Late Capitalism* (London：Verso, 1999), p. 249. 关于研究和开发活动在企业内的日益专业化，弗里曼等写道："研究开发功能的专业化使得有些人用'研究革命'这个词来描述 20 世纪工业领域出现的情况。在这个时期，工业化国家的大多数公司都设立起自己专职的专业研究开发部门。直到 20 世纪 60 年代末，研究和开发在很多国家都在快速地发展，但是在 70 和 80 年代，发展稍有放缓，尤其是在美国和英国。到了 90 年代，放缓的情况更为普遍，有的甚至于有所衰退，而亚洲国家除外，那里的迅速增长仍在持续。"参见弗里曼和苏特《工业创新经济学》，华宏勋等译，柳卸林校，北京大学出版社，2004，第 12 ~ 13 页。

企业 R&D 支出的增长和激烈的竞争有关，它已成为企业生存和成长的必要费用。《工业创新经济学》的作者弗里曼和苏特这样写道：

> （企业的）管理部门实际上往往把它们的研究开发预算建立在一个销售收入的百分率上。这份保险费，在工业界的不同行业中是不一样的，是由技术上竞争的激烈程度决定的；但在同一个行业的许多企业中，开支数额则往往是相当一致的。虽然管理部门不能准确地计算出任何个别项目或一部分研究开发的回报，不过它们从经验和从观察竞争对手，已经懂得这个"常规水平"的研究开发经费将有可能帮助它们生存和成长。[①]

由于上述这些变化，投资于 R&D 对于资本的价值增殖过程的影响，和马克思的时代相比就变得更加令人瞩目了。在开发出来的新商品的价值中，有很大一部分是由 R&D 部门创造的。R&D 部门如何创造价值，取决于这一部门的劳动是不是，以及在何种程度上是生产性劳动，曼德尔就此写道：

> 投资于处在实际生产之前或之后的 R&D 部门里的资本，要视这些部门里进行的劳动在多大程度上是生产性的——即能带来新商品的生产——而实现增殖。从资本主义企业的观点来看，任何一种不能应用的发现或发明，都是生产的杂费或企业的一般费用，而这些费用是应该降低到最低限度的。

> 与任何其他生产性资本一样，投资于研究领域的资本，是由固定部分和可变部分组成的。固定资本包括建筑和实验室的设备，可变资本则包括其所雇用的人员的工资和薪水。这些雇员的劳动只是

①　弗里曼、苏特：《工业创新经济学》，华宏勋等译，柳卸林校，北京大学出版社，2004，第 331 页。

在较晚的时候——或再也未能——纳入特定商品的价值这一点，并不能改变研究和开发部门所进行的劳动的**总体劳动**的性质。这些劳动在下述意义上是生产性的，它们对于新的使用价值的生产来说是必需的，因而对于新的交换价值来说也是必需的。①

为了论证这些观点，曼德尔还进一步引证了马克思的意见，马克思明确地认为企业研究人员和工程师的劳动是生产性的，在《直接生产过程的结果》里，马克思把技术人员包含在生产性劳动范围内；在《剩余价值理论》里，马克思写道："自然，所有以这种或那种方式参加商品生产的人，从真正的工人到（有别于资本家的）经理、工程师，都属于生产劳动者的范围。"②因此，R&D 部门在上述意义上直接参与创造价值。

如果大企业通过对技术进步的垄断阻碍了超额利润的普遍化，这些超额利润就将进一步转化为技术租金。曼德尔就此写道："技术租金作为超额利润，产生于对技术进步的垄断，即产生于那些降低商品成本价格的发现和发明，但由于垄断资本本身的结构：进入困难、最低投资规模、对专利的控制、卡特尔协议等，这些发现和发明（至少在中期）不能在既有的部门中普遍化，并为所有竞争者采用。"③

3　关于所谓"成正比"

上一节涉及的三种解释，都是以企业劳动生产率的增长为前提的。在劳动生产率的增长和商品价值量的变化之间存在着复杂的关系。在这一节里，笔者想就所谓"成正比"问题做一讨论。④

---

① E. Mandel, *Late Capitalism* (London：Verso, 1999), pp. 253 – 254, 255.

② E. Mandel, *Late Capitalism* (London：Verso, 1999), p. 255. 马克思的引文见马克思、恩格斯《马克思恩格斯全集》第 26 卷第 1 册，人民出版社，1972，第 147 页。

③ E. Mandel, *Late Capitalism* (London：Verso, 1999), p. 192.

④ 在本书第 4 章，我们还将结合其发展史对成正比理论做进一步的讨论。

在《资本论》开篇不久讨论劳动生产率与商品单位价值量之间的关系时，马克思提出了两者成反比运动的规律。成反比规律的成立，有赖于下述假设：

> 生产力的变化本身丝毫也不会影响表现为价值的劳动……不管生产力发生了什么变化，同一劳动在同样的时间内提供的价值量总是相同的。[①]

近年来，国内一些学者在坚持活劳动创造价值的前提下着力指出，这个假设在分析技术变革时是不适用的，因为技术变革和劳动生产率的提高，往往意味着劳动的复杂程度在技术变革前后发生了变化；如果承认这一变化，劳动生产率与单位时间创造的价值量就可能互成正比而变化。[②]

成正比理论的发展迄今已有半个世纪的历史，在笔者看来，这个理论或许是中国学者在劳动价值论研究中唯一完全原创的理论。但是，在以往的研究中，有一些人为因素妨碍了这一理论的研究和传播，这体现在，第一，一些成正比论者没有足够清晰地界定其理论的前提和相关术语的含义，从而为相互理解平添了困难。以术语的运用为例，在相关文献中，我们常常见到劳动生产率与商品价值量成正比这样的提法。应该指出，这种表述是非常不严格的，因为其中的商品价值量既可以解释为单位商品价值量，也可以解释为单位时间产出的价值量。如果采纳前一含义，则成正比就是错误的，因为它和马克思指出的成反比规律直接相矛盾；在笔者看来，所谓成正比只有在采纳后一含义时才是正确的。第二，某些学者为了论证成正比，放弃了活劳动创造价值的观点，提出物

[①]　马克思、恩格斯：《马克思恩格斯全集》第 23 卷，人民出版社，1972，第 59 ~ 60 页。

[②]　严格来讲，这里的"成正比"指的是正相关，但因"成正比"这个术语在相关讨论中一直沿用了下来，笔者在本书中也采用了这个术语。

化劳动也创造价值，从而使争论进一步复杂化。① 如果撇开物化劳动创造价值的观点不谈，在笔者看来，以活劳动创造新价值为前提的成正比理论至少包含以下四个层次的观点，应该分别加以论述。

第一，成正比理论认为，在花费同样多的以钟表计量的劳动时间的条件下，由于一个部门内所有企业的每一单位商品都只能按一个统一的社会价值出售，劳动生产率较高的企业的较大产量表现为一个较大的价值额，而劳动生产率较低的企业的较低产量表现为一个较小的价值额，因而商品价值与劳动生产率成正比。

上文在提及第二种解释的时候，已经讨论了这个观点。对于使用了经过培训的高级劳动力的企业来说，由于工人的复杂劳动在相同的时间里物化为更多的价值，也就会在相同的剩余劳动时间里物化为更多的剩余价值，这部分更多的剩余价值构成为该企业的超额利润，尽管在这种情况下，该企业的剩余价值率与使用简单劳动的企业相比可能并无区别。

林岗教授在分析这个观点时也指出："在不同商品生产者的个别劳动生产率决定他们各自的个别劳动时间能够转换为多大的社会价值的意义上，这些论证，以及由此得出的'商品价值与劳动生产率成正比'的结论，应当说是正确的。"在此认识的基础上，林岗还提出，成正比规律可以表述为："劳动生产率和价值转换系数成正比"。这里的"价值转换系数"，指的是个别生产者的个别劳动时间与社会平均劳动时间之比。个别企业的劳动生产率越高，价值转换系数就越大。此外，林岗指出，从劳动生产率和价值转换系数成正比还可以得出：个别企业生产单位商品实际耗费的劳动时间与部门平均劳动耗费之间的差额（超额利润），同这个

---

① 这方面的文献有谷书堂《新劳动价值论一元论——与苏星同志商榷》，《中国社会科学》1993 年第 6 期；钱伯海《社会劳动价值论》，载《钱伯海文集》第二卷，中国经济出版社，2002。

企业的个别劳动生产率成正比。①

第二，成正比理论还认为，假定该部门劳动生产率普遍得到提高，同时假定和形成价值的社会必要劳动相比，该部门的劳动成为复杂程度更高的劳动，则该部门在单位时间生产的全部产出的价值量（和剩余价值量）也可能增长。请注意，后一个假设意味着，当该部门劳动的复杂程度因技术变革而提高时，多数其他部门还未发生类似的变化，因此形成价值的社会必要劳动的"基准"仍然未变。此外，第二个观点还需假定，在生产率变化后，社会对该部门商品的需求量也能有相应的增长。

在前述第一个观点里，复杂劳动和简单劳动的换算关系，涉及的是一个部门内生产相同使用价值的劳动。与此不同的是，在第二个观点里，要就不同部门、不同类型的劳动来分析复杂劳动和简单劳动的关系。在马克思提到的纺纱工人和珠宝细工的例子里，由于珠宝细工的劳动和纺纱工人的劳动相比是复杂劳动，珠宝细工的劳动在同样多的时间里，会物化为更多的价值（以及剩余价值）。要注意的是，由于这里假定珠宝行业内不存在生产率差异，因此也就不存在个别珠宝企业相对于本部门其他企业的超额利润，但珠宝业和纺纱业相比，所有企业无一例外地能在同样多的劳动时间里形成更多的剩余价值。这种剩余价值在概念上不属于相对剩余价值，因为它不是劳动力价值降低的结果，并且也不能惠及社会生产各部门。笔者认为，不妨把这种剩余价值看作介于个别企业的超额剩余价值和全体资本家都得到的相对剩余价值之间的一个独立的范畴。② 这种新

---

① 林岗：《关于社会必要劳动时间以及劳动生产率与商品价值量的关系的若干理论问题》，《教学与研究》2005 年第 7 期。

② 曼德尔写道："超额利润的重要源泉现在是在'技术租金'或企业间和工业部门间的生产率差异中发现的。"见 E. Mandel, *Late Capitalism* (London：Verso, 1999), p. 223。这表明，曼德尔也认识到，整个行业也可以获得某种超额利润。但他认为在部门之间存在生产率差异，这一表述是不准确的。不同部门之间并不像部门内那样可以直接比较彼此的生产率，例如，把单位时间内生产的钢材量和纺纱量相比，是没有意义的。可以比较的，事实上是不同部门的劳动时间的社会表现（MELT），亦即人均产值，这一指标并非无条件地等于生产率。

形式的剩余价值尤为适用于解释通过产品创新和新部门的开辟而获得的那种超额利润，这些新产品的生产往往是与大量 R&D 投入相联系的，生产这些新产品的劳动的复杂程度也往往高于既有的其他部门的劳动。①

不幸的是，对成正比论的批评，主要是由第二个观点引发的。一些批评者认为，这个观点与马克思的下述论断相龃龉："不管生产力发生了什么变化，**同一劳动**在同样的时间内提供的价值量总是相同的。"（粗体为笔者所加）但问题是，能否正确地理解这句话的含义，取决于如何解读句中的"同一劳动"一词，这里的"同一劳动"既可以指生产同种使用价值的劳动，也可以指劳动的复杂程度不受技术变革的影响，仍然和先前的劳动在复杂性上保持同一。笔者认为，应该考虑到第二层含义，这样一来，"同一劳动"就成了一种限定，它意味着，马克思在此假设，生产力的发展并没有改变劳动本身的复杂程度。而在这个假定下，上面这句话就不能被用来批评成正比的观点。

第三，类似的，"成正比"的观点还可以扩展到国民劳动生产率的层次。马克思的以下论述也应该从这个角度来理解：

> 强度较大的国民劳动比强度较小的国民劳动，会在同一时间内生产出更多的价值……生产效率较高的国民劳动在世界市场上也被算作强度较大的劳动。②

这个观点有助于解释，中国要出口 8 亿件衬衣才能换回一架 A380 空中客车客机。此外，成正比论者有时用这个观点来解释，为什么美国在生产中投入的劳动力数量远远小于中国，国民生产总值却高于中国。③ 这

---

① 另外，通过新产品而获得的超额利润还与新产品刚问世时的"结构性稀缺"相关，后文将介绍和分析与此相关的第二种超额利润来源的理论。

② 马克思、恩格斯：《马克思恩格斯全集》第 23 卷，人民出版社，1972，第 614 页。

③ 例如，程恩富等就明确了这一企图，见马艳、程恩富《马克思"商品价值量与劳动生产率变动规律"新探——对劳动价值论的一种发展》，《财经研究》2002 年第 9 期，第25 页。

样解释虽非全然错误，但肯定是不充分的，并且由于把抽象的理论问题和经验现象无中介地联系起来，在批评者面前暴露了弱点。譬如，卫兴华教授就提出：国民生产总值（或国内生产总值）是按不变价格或现行价格来统计的，这些价格未必能直接反映价值量及其变化。但他进一步认为，国民生产总值（或国内生产总值）实际上是使用价值量及其增长率的指标①，从而完全排斥从价值论的角度来解释这个问题，则不免失之片面。对此程恩富教授等不无道理地指出："以不变价格计算的国民生产总值在剔除了币值变动因素和非价值表现的价格之后，从一个较长的时期来观察，其基础仍是价值。"②

第四，虽然成正比观点实质上是正确的，但表达这一观点的某些版本存在理论上的缺陷。譬如，程恩富教授等曾对成正比观点做了如下概括，他们提出，企业的技术变革和劳动生产率的变化，在分析上可以归因于劳动的客观条件的变化（如在劳动的复杂程度不变的条件下采用机器）和劳动自身的性质或复杂程度的改变，这两个方面的变化及其所带来的影响应该分开来考察，由此可以提出劳动生产率和商品价值量变动的如下规律：（1）如果劳动生产率的变化源自劳动的客观条件的改善，则劳动生产率的变化与商品单位价值量的变化成反比；（2）如果劳动生产率的变化源自劳动自身性质的变化，则劳动生产率的变化与商品价值量成正比；（3）如果劳动生产率的变化是由劳动的主观和客观条件共同变化引起的，则劳动生产率和价值量变化方向的关系不确定，既可能出现成正比的变化，也可能出现成反比的变化。③

---

① 参见卫兴华《再论深化对劳动和劳动价值论的认识》（原载于《宏观经济研究》2001年第3期），载《卫兴华经济学文集》第一卷，经济科学出版社，2002，第675~676页。

② 马艳、程恩富：《马克思"商品价值量与劳动生产率变动规律"新探——对劳动价值论的一种发展》，《财经研究》2002年第9期，第26页。

③ 马艳、程恩富：《马克思"商品价值量与劳动生产率变动规律"新探——对劳动价值论的一种发展》，《财经研究》2002年第9期，第29、33~34页。

按照这里的概括，成正比和成反比被分别归于不同的原因，成了两个互不相干的规律。而在笔者看来，成正比和成反比应该被理解为由同样一些原因带来的双重结果。与上述命题（1）相反，马克思曾明确指出，劳动的客观条件的变化，如使用的原材料和固定资本的大量增加，可能带来单位时间产出价值量的增长。譬如，马克思写道①：

> 劳动把它所消费的生产资料的价值转移到产品上去。另一方面，一定量的劳动所推动的生产资料的价值和数量是同劳动的生产效率的提高成比例地增加的。因此，虽然同量的劳动始终只是给自己的产品增加同量的新价值，但是，随着劳动生产率的提高，同时由劳动转移到产品上的旧资本的价值仍会增加。

> 例如，一个英国的纺纱工人和一个中国的纺纱工人以同样的强度劳动同样多的小时，那末在一周当中他们会创造出相等的价值。但是，尽管有这种相等，使用一架强有力的自动机劳动的英国人一周的产品的价值和只使用一架手摇纺车的中国人一周的产品的价值，仍有大得惊人的差别。在同一个时间内，中国人纺一磅棉花，英国人可以纺好几百磅。一个几百倍大的旧价值总额使英国人的产品的价值膨胀了。

这里以原材料或不变流动资本的使用量增加为例，马克思还就固定资本使用量的增长指出：

> 另一方面，劳动生产力提高的特征正好是：不变资本的固定部分大大增加，因而其中由于损耗而转移到商品中的价值部分也大大增加。一种新的生产方法要证明自己实际上提高了生产率，就必须

---

① 马克思、恩格斯：《马克思恩格斯全集》第 23 卷，人民出版社，1972，第 665 页。

使固定资本由于损耗而转移到**单个商品**中的追加价值部分小于因活劳动的减少而节约下来的价值部分，总之，它必须减少商品的价值。[①]

在这里，马克思提到了劳动的客观条件的转变所带来的双重趋势：一方面，这一转变带来了单位时间产出及其价值量的增长；另一方面，单位商品价值量也必须减少。前一趋势是成正比，后一趋势是成反比。

下面来看看与命题（2）相反的情况。当劳动的主观条件变化时，除了会出现成正比之外，还会出现成反比。试以表 3 - 1 中的数字为例，这个例子假设，在生产率变化前后，单位商品中由生产资料转移过来的价值不变，也就是说劳动的客观条件没有变化。在生产率提高前，全部产出的价值为 1 小时，提高后增加为 1.25 小时，这是所谓的成正比。从单位价值来看，生产率变化前为 1/12，生产率变化后减少为 1.25/24，这便是成反比。可见，成正比和成反比是由同一些原因带来的两个具有互补性的规律，把它们归于不同的原因，甚至把它们对立起来，都是不妥当的。

虽然劳动的客观条件和主观条件的变化都会带来成正比和成反比的结果，但两者存在以下重要区别：单纯由劳动客观条件的转变所造成的单位时间产出价值量的增长，并不会伴随以剩余价值或超额利润的增长，这和劳动主观条件的变化所带来的结果不同。基于这一考虑，我们可以区分以下两个意义不同的成正比命题：

（1）劳动生产率和单位时间总产出的价值量成正比；

（2）劳动生产率和单位时间创造的新价值即净产出价值成正比。

第一个命题在劳动的主观条件或客观条件发生变化的情况下都是成立的，但第二个命题则只存在于劳动的主观条件发生改变时。在出现第

[①]　马克思、恩格斯：《马克思恩格斯全集》第 25 卷，人民出版社，1974，第 290 页（重点标识为笔者所加）。

二个命题所表示的结果时，相关企业（或其他层级的经济单位）的剩余价值或超额利润总量就有可能增长。这一点也有助于解释企业何以有动力在技术变革中致力于改变劳动的主观条件。

4　两种不同理论的无意识邂逅

在《资本论》第一卷，马克思以一种有别于《1861—1863 年经济学手稿》的方式再次论述了超额剩余价值理论。让我们通过下面这个例证看看马克思是如何进行论述的。

假设一个 12 小时工作日生产出来的新价值的货币表现为 6 元。又假定在 12 小时内，在社会平均的生产条件下，可生产 12 件商品，每 1 单位商品中所包含的由生产资料价值转移来的部分是 0.5 元，这样每件商品价值的货币表现是 1 元（$=0.5C+0.5V$）。再假定有一个率先进行创新的企业，把劳动生产率提高了一倍，在 12 小时内不是生产 12 件商品，而是生产 24 件。假定这时每件商品中转移来的旧价值依旧不变，还是 0.5 元，但 12 小时活劳动形成的新价值的货币表现 6 元，现在分摊到 24 件商品中，每件商品中的新价值的货币表现就不是 0.5 元，而是 0.25 元。这样，创新企业的商品的个别价值就只表现为 0.75 元（$=0.5C+0.25V$）。这个别价值与市场价值（1 元）之间的差额为 0.25 元，就是单位商品中所能实现的超额剩余价值（或超额利润）的最大值。

但是，马克思旋即又指出"一个十二小时工作日现在表现为 24 件商品，而不是过去的 12 件商品。因此要卖掉一个工作日的产品，他就需要有加倍的销路或大一倍的市场。在其他条件相同的情况下，他的商品只有降低价格，才能获得较大的市场。因此资本家要高于商品的个别价值但又低于它的社会价值来出售商品"[1]。倘若此时资本家是按 0.9 元出售

---

[1]　马克思、恩格斯：《马克思恩格斯全集》第 23 卷，人民出版社，1972，第 353 页。

商品，则单位商品的超额利润等于 0.15 元（见表 3 – 2）。

表 3 – 2　马克思关于超额利润来源的第二种理论

单位：元

	(1) 单位商品的个别 价值的货币表现	(2) 单位商品定价	(3) 单位商品的社会 价值的货币表现	(4) = (2) – (1) 单位商品所实现的 超额利润
先进企业	$0.75 = 0.5C + 0.25V$	0.9		0.15
其他企业	$1 = 0.5C + 0.5V$	1	1	0

在这里，一个微妙的差别是，马克思没有如《1861—1863 年经济学手稿》那样，从该企业的劳动已经转化为复杂劳动这个预设的前提出发，来解释产品的销售价格的形成，而是单纯从争夺市场份额的角度来解释产品的定价。这样一来，理论本身就在无形中发生了变化，因为在这种情形下超额剩余价值大可不必来自该企业本身剩余劳动的物化，还可以来自通过特殊的定价策略在市场上所支配的价值。

有趣的是，马克思本人此时尚未意识到自己的理论立场已经悄然转变，他还力图沿用旧的语言来解释新的内容。从文本上看，他是从商品的定价出发，计算出创新企业的一个 12 小时工作日的货币表现，再指出这一货币表现大于同类社会平均劳动的货币表现，以便绕回到《1861—1863 年经济学手稿》里提出来的第一种理论。但是，这种"逆运算"所包含的理论含义，和《1861—1863 年经济学手稿》里的观点是截然不同的。让我们再通过上面的数字例子来了解这一点。

按照假定，那个率先实施创新的企业，单位商品的定价是 0.9 元，其全部产出的价格则为 0.9 元/件 × 24 件 = 21.6 元，这其中有 12 元只是再现的生产资料的价值，因此剩下的 9.6 元是该企业一个 12 小时工作日的货币表现。这个货币表现（ $= \dfrac{9.6}{12}$ ）比社会平均劳动的货币表现要多，因为一个 12 小时的社会平均劳动只表现为 6 元（ $= \dfrac{6}{12}$ ）。结果，率先实施创新的企业 1 小时的个别劳动，此时相当于 1.6 小时的社会平均劳动。

把这个"逆运算"与《1861—1863 年经济学手稿》里的论述相比较，可以看出，被当作结果的东西在《1861—1863 年经济学手稿》里是作为前提出现的。然而，马克思自己对此竟浑然不觉，在这番计算后，他像在《1861—1863 年经济学手稿》里一样总结说："生产力特别高的劳动起了自乘的劳动的作用，或者说，在同样的时间内，它所创造的价值比同种社会平均劳动要多。"[1]然而，就此处的语境而言，其中的"创造"一词若改为"支配"，在逻辑上才能自圆其说。而这种矛盾，其实并不难为敏锐的读者所察觉。[2]

总之，在《资本论》第一卷，马克思事实上已经提出了另一种关于超额利润来源的理论。按照这个新理论的逻辑，实施创新的个别企业所得到的超额剩余价值（或超额利润），来自其他企业生产的剩余价值的转移，而非该企业自身的剩余劳动的物化。表 3-3 所示的例子解释了剩余价值在部门内转移的情况。

表 3-3　超额剩余价值来自部门内剩余价值的转移

	（1） 产出	（2） 单位商品的 个别价值	$(3) = \sum [(1) \times (2)] \div \sum (1)$ 单位商品的社会价值	$(4) = [(3) - (2)] \times (1)$ 剩余价值的转移
生产条件最差的企业	100	10	7.5	-250
生产条件中等的企业	100	8	7.5	-50
生产条件最好的企业	200	6	7.5	300

---

[1]　参见马克思、恩格斯《马克思恩格斯全集》第 23 卷，人民出版社，1972，第 354 页。

[2]　譬如，程恩富教授等就指出，《资本论》第一卷在这里存在着逻辑上的矛盾。见马艳、程恩富《马克思"商品价值量与劳动生产率变动规律"新探——对劳动价值论的一种发展》，《财经研究》2002 年第 9 期，第 31 页。

在表 3 – 3 中，生产条件最好的企业能够获得超额剩余价值，其单位商品所实现的超额剩余价值为 1.5，全部超额剩余价值为 300。在这个例子中，我们事实上假定该部门处于供求均衡的状态，单位商品的社会价值根据加权平均法得出。

由于 400 件商品在 7.5 这个价值的水平上全部售出，该部门通过市场所支配的价值量（7.5 × 400 = 3000），恰等于全部产出内含的价值量 $\{\sum[(1) \times (2)] = 3000\}$。这样一来，我们就可以认为，全部产出内含的这 3000 劳动小时的价值为社会所承认，并在该部门内实现了再分配。如果这个解释正确的话，个别企业超额利润的来源就是本部门其他企业生产的剩余价值的转移，而不必来自其他部门。[1] 值得一提的是，曼德尔也赞同这一解释，他指出："马克思阐述道，低于劳动生产率的平均水平而运作的企业，所得到的少于平均利润，而这与它们浪费了社会劳动这个事实是相适应的。当马克思这样表述的时候，他的意思是，这些企业的工人所生产的价值或剩余价值的一部分，在市场上被那些劳动生产率更高的企业占有了。"[2]

5　马克思对第二种理论的正式表达

根据《资本论》第三卷的级差地租理论，构成级差地租的那部分超额利润来自土地产品的市场生产价格与个别生产价格的差额。可通过马克思举过的一个数字例子来说明这一点。

假定有四级土地 A、B、C、D。再假定小麦 1 夸特的价格为 3 镑或 60

---

[1]　伊藤诚在评论《资本论》第一卷的超额利润理论时，提出了这一点。见 M. Itoh, *Value and Crisis*（London：Pluto Press, 1980），pp. 89, 91。

[2]　E. Mandel, *Late Capitalism*（London：Verso, 1999），p. 101. 已故的孟氧教授也持有类似的见解，并做了进一步的发挥，在孟氧看来，甚至用于生产废品的劳动，也不会在经济意义上被浪费，而是被别的企业占有。因此，社会劳动实际上是"守恒的"。见孟氧《经济学社会场论》，中国人民大学出版社，1999，第 164、234 页。

先令。因为这里地租还只是级差地租，所以这个每夸特 60 先令的价格，对最坏土地来说，就等于生产费用，也就是等于资本加上平均利润。

假定 A 是这种最坏土地。它由 50 先令的支出生产了 1 夸特 = 60 先令；因此利润是 10 先令，或利润率为 20%。

假定 B 由等额的支出生产了 2 夸特 = 120 先令。这就提供了 70 先令的利润，或者说，60 先令的超额利润。

假定 C 由等额的支出生产了 3 夸特 = 180 先令；总利润 = 130 先令，超额利润 = 120 先令。

假定 D 由等额的支出生产了 4 夸特 = 240 先令，超额利润就是 180 先令。

这样，就有了表 3 - 4 中的数据。马克思指出，在表 3 - 4 中，总产量 10 夸特会卖到 600 先令，因为市场价格是由 A 的生产价格决定的，每夸特等于 60 先令。但实际的生产价格是：A 土地的 1 夸特 = 60 先令；B 土地的 2 夸特 = 60 先令，则 1 夸特 = 30 先令；C 土地的 3 夸特 = 60 先令，则 1 夸特 = 20 先令；D 土地的 4 夸特 = 60 先令，则 1 夸特 = 15 先令；全部 10 夸特 = 240 先令，平均 1 夸特 = 24 先令。

表 3 - 4　级差地租和"虚假的社会价值"

土地等级	产　量		预付资本（先令）	利润		地租	
	夸特	先令		夸特	先令	夸特	先令
A	1	60	50	$\frac{1}{6}$	10		
B	2	120	50	$1\frac{1}{6}$	70	1	60
C	3	180	50	$2\frac{1}{6}$	130	2	120
D	4	240	50	$3\frac{1}{6}$	190	3	180
合　计	10	600				6	360

资料来源：《资本论》第 3 卷，载《马克思恩格斯全集》第 25 卷，人民出版社，1974，第 743 页。

10 夸特的实际生产价格是 240 先令，但它们要按 600 先令的价格出售，贵了 150%。马克思把形成超额利润的那部分价值称作"虚假的社会价值"，因为它不是农业部门自身的剩余劳动物化的结果。关于土地产品市场价值的确定和"虚假的社会价值"，马克思留下了一段十分重要的评论：

> 这是由在资本主义生产方式基础上通过竞争而实现的市场价值所决定的；这种决定产生了一个**虚假的社会价值**。这种情况是由**市场价值规律造成的**。土地产品也受这个规律支配。产品（也包括土地产品）市场价值的决定，是一种社会行为，虽然这是一种不自觉的、盲目的社会行为。这种行为必然不是以土地及其肥力的差别为依据，而是以产品的交换价值为依据……被看作消费者的社会对土地产品支付过多的东西，对社会劳动时间在农业生产上的实现来说原来是负数的东西，现在竟然对社会上的一部分人即土地所有者来说成为正数了。①

这些论述表明，马克思明确地提出了与《资本论》第一卷不同的超额利润的理论。关于这两种理论的差别，日本学者伊藤诚写道："我们必须澄清两种超额利润的不同的历史意义和功能，前一种是在《资本论》第一卷里提出，并作为超额剩余价值而考察的，其作用是作为改进生产方法的刺激，并带来了全社会的相对剩余价值的生产。正如宇野所提出的，它可能包含着改进和更新生产方法的社会必要劳动成本，这一成本或多或少为所有社会形式所共有，而且肯定为社会主义社会所具有。相反，转化为级差地租的超额利润则不具有这种在提高生产率方面的积极作用，这种超额利润在其他社会形式中也不具有共同的基础。在此意义

---

① 马克思、恩格斯：《马克思恩格斯全集》第 25 卷，人民出版社，1974，第 744～745 页（重点标识为笔者所加）。

上，级差地租在社会主义制度下可以直接被消灭，体现在农产品上的总劳动将直接根据实际劳动小时的多少来估算。马克思所谓'虚假的社会价值'一语是与这种观点相关的。"①

《资本论》第三卷的超额利润理论虽然是在地租篇提出来的，但并不限于解释地租。曼德尔就认为："马克思的级差地租理论实际上是更一般的超额利润理论的一种特殊情况。"②在《晚近资本主义》和《资本主义发展的长波》等著作中，曼德尔还进一步把这一理论用于分析现代资本主义经济中的"技术租金"现象，他指出："超额利润的重要源泉现在是在'技术租金'中发现的。对技术创新和相应的超额利润的持续的、制度性的渴求，成了晚近资本主义企业，特别是晚近资本主义大公司的典型特征。"③

曼德尔指出，"技术租金"的产生，可以和转化为级差地租的超额利润进行类比，因为这两者都以市场的"结构性稀缺"（Structural Scarcity）为条件，而结构性稀缺指的是对某种新产品的需求长期超过了供给。新产品的市场价格是由生产率最低的企业决定的，在此基础上整个行业都能获得超额利润，如果这一局面持续一段时间，超额利润就有了技术租金的性质。随着技术革命的扩散，至少在技术革命发生的核心国度或地区，新产品的"结构性稀缺"将逐步消失，行业的垄断性会遭到削弱，

---

① 参见 M. Itoh, *Value and Crisis* (London: Pluto Press, 1980), pp. 91 – 92; M. Itoh, *Basic Theory of Capitalism* (London: Macmillan, 1988), p. 145.

② 孟德尔：《〈资本论〉新英译本导言》，仇启华、杜章智译，中央党校出版社，1991，第189页。不过，曼德尔偶尔也犯过令人惊讶的错误，譬如，在下面一段话中，他似乎完全忘记了马克思的级差地租理论，只提出绝对价值理论："某一特定商品的市场价值是由劳动生产率最低的企业的生产价格决定的——这是因为需求在长期内超过了供给——此时该部门的大多数企业将获得超额利润，即高于平均利润的部分。这一超额利润是从哪里来的？在马克思专门考察这个问题的唯一地方，即在地租理论中，他说：这一超额利润来自农业部门的较低的资本有机构成，在这里，超额利润是在生产领域里形成的，并且土地的私有制使得这一超额利润不能进入总剩余价值的再分配。"见 E. Mandel, *Late Capitalism* (London: Verso, 1999), p. 98。

③ E. Mandel, *Late Capitalism* (London: Verso, 1999), pp. 224 – 225.

那些生产率低的企业将不再决定产品的市场价格，全部门的超额利润就趋于下降。此时，虽然一些生产率高的企业仍能获得超额利润，但这一超额利润的实现是以牺牲生产率较低的企业为代价的，整个行业的利润量将不再增加。① 除非已经成熟的新部门在不发达国家或地区的边缘市场上找回"结构性稀缺"的条件，技术租金将不复存在。

　　根据曼德尔的意见，"技术租金"的普遍出现是与技术革命和产品创新联系在一起的，它提高了一般利润率的水平，刺激了扩张性长波的产生，但它的下降和消失，也造成了扩张性长波向停滞长波的转折。他写道："启动一场技术革命、创立新工业部门的那些特殊条件，为那些领先企业带来了巨大的技术租金（超额利润）；这些特殊条件当技术革命开始普遍化时就逐渐消失了。在资本主义历史上，从扩张性长波向停滞长波的转折，一般而言，同时也是新技术的革命性引入向其普遍被采用的转折。技术租金变得稀薄了。典型的'新'产品的价格由于巨大的产出的影响和向竞争的回归而开始下降。"②

　　除了曼德尔谈到的与新产品联系在一起的"技术租金"以外，晚近资本主义中另一个突出的现象是，知识产权（Intellectual Property Rights）成为一种新的商品形式和垄断超额利润的新来源。美国马克思主义经济学家佩雷曼分析了这个现象。他指出，第一，对待知识产权的态度在历史上是变化的，在危机和衰退时期，知识产权被看作对付危机、抵制利润率下降的重要手段：

　　　　在十九世纪晚期，主张自由放任的经济学家强烈地反对加强知识产权保护，把这看作垄断对自由市场圣地的侵犯。只是在该世纪末，当经济滑入一种危机模式之后，大多数经济学家变得宽容了，

---

① E. Mandel, *Late Capitalism* (London：Verso, 1999), p. 67.

② E. Mandel, *Long Waves of Capitalist Development*, 2nd edn. (London：Verso, 1995), p. 66.

突然认可知识产权保护作为避免在他们眼前展开的经济灾难的一种途径……并不奇怪，在美国，加强知识产权保护的第二次高潮开始于二十世纪六十年代后期，当时滞涨开始吞噬经济，出现了早期的贸易逆差。①

第二，在知识产权的基础上形成的垄断超额利润具有租金的性质，对此佩雷曼写道："现有知识产权的所有者并没有提供物质产品，甚至也没有提供服务，但仍然能因为其'产品'被使用而要求支付。由于知识产权是一种垄断，其所有者没有感到直接的竞争，只有近似产品的竞争。此外，在知识产权的市场上，生产成本或多或少是无关紧要的，因为和市场价格相比其再生产成本是微不足道的。"因此，"对知识产权所有者的支付更像是榨取租金，而不是购买商品。"②

还应指出的是，马克思关于超额利润来源的两种理论虽然不同，但具有互补性。这体现在，两种理论往往可以共同解释同一种现象，通过产品创新和新部门的确立所获得的超额利润，既可以有本企业、本部门剩余劳动的物化，也可以包含来自其他部门的价值的转移。在表 3 - 1 中的例子里，如果率先采用新技术的企业以高于"实际价值"的价格来销售产品，也能得到通过价值转移而形成的超额利润。

---

① M. Perelman, "Intellectual Property Rights and the Commodity Form," *Review of Radical Political Economics* 2003, 35 (3): 307. 类似的，演化经济学家纳尔逊也提到这一点："在二十世纪七十年代和八十年代的美国，就对待专利的态度而言，一般意识形态发生了广泛的变化，从二十世纪三十年代和战后初期的普遍敌意，转变为一种信念，即专利对于刺激发明和创新几乎一直是必需的。但事实上，几项经验研究提供的证据表明，在许多行业，专利作为对 R&D 的刺激相对来说并不重要。" 见 Richard R. Nelson, "The Market Economy, and the Scientific Commons," *Research Policy* 2004, 33 (3): 468。

② M. Perelman, "Intellectual Property Rights and the Commodity Form," *Review of Radical Political Economics* 2003, 35 (3): 304 - 305. 关于知识的再生产成本，佩雷曼引用了马克思的话："再生产科学所必要的劳动时间，同最初生产科学所需要的劳动时间是无法相比的，例如学生在一小时内就能学会二项式定理"。参见马克思、恩格斯《马克思恩格斯全集》第 26 卷第 1 册，人民出版社，1972，第 377 页。

6　由第二种理论派生的问题：超额利润的来源与两种市场价值理论

在《资本论》里，特别是在第三卷第十章，马克思为我们留下了至少两种市场价值理论。马克思的两种超额利润理论和这两种市场价值理论是分别对应的。市场价值的第一种理论可以称作"由生产的标准技术条件决定的市场价值理论"，或市场价值的"技术平均"理论，按照这个理论，商品的供求条件的变化对市场价值的确定没有重大的影响，只是造成市场价格围绕市场价值这个中心而波动。市场价值的第二种理论则可以称作"由供求条件决定的市场价值理论"。按照这个理论，商品的供给和需求条件的变化，对市场价值的确定有直接的影响。

鲁宾曾这样概括两种市场价值理论的区别："社会必要劳动的'经济学'概念在于……商品的价值不仅取决于生产率（它表现为在给定的平均技术条件下生产一种商品所必需的劳动量），而且取决于社会需要或需求。这个概念的反对者（即那些认为社会必要劳动时间由'技术'决定的人）则反对道，需求的变化，如果没有伴随着生产率和生产技术的变化，只能带来市场价格对市场价值的暂时的偏离，而不会给平均价格带来长期的永久的变化，也就是说，不会带来价值本身的变化。"①

在本书第 1 章，笔者较深入地讨论了第二种市场价值理论在马克思经济学中的重要性。在这里，笔者只限于强调，在以上两种市场价值理论的基础上，可以产生两种不同的关于超额利润来源的解释。按照市场价值的"技术平均"理论，个别生产条件较好的企业所获得的超额利润，只能来源于本部门所榨取的剩余价值；而按照第二种市场价值理论，超额利润可以来源于其他部门的价值转移。马克思在级差地租理论里谈到

---

① I. I. Rubin, *Essays on Marx's Theory of Value*（Detroit：Black and Red，1972），p. 185.

的"虚假的社会价值"，应该看作第二种市场价值理论的应用。对于这个问题，日本学者伊藤诚曾做了如下论述：

> 使得所有工业部门利润率平均化的相同的资本主义竞争，总会在具有不同生产条件的资本之间带来利润率的差别。由于利润率比一般利润率更高而形成的超额利润，属于那些资本，这些资本和那些对市场生产价格起调节作用的资本相比，生产条件更优……然而，只要生产条件（诸如技术方法或生产规模）的差异在性质上是可由资本转移和模仿的，由这种差异所产生的超额利润就具有过渡的性质，在时间历程中随生随灭……与市场价值的"技术平均"理论的情形相反，我们不必把个别生产条件较好的资本所获得的超额利润的主要来源，局限于在同一工业部门所榨取的剩余劳动。这样的超额利润甚至在其生产条件劣于标准生产条件的资本不存在的情形下，在逻辑上也是可设想的；在这种情形下，不存在同一部门内价值实体的反向转移。这一类型的超额利润还可以是在其他工业部门榨取的剩余劳动的转移，就像一部分平均利润的实体一样。①

以市场价值的第二种理论为基础的超额利润理论，适用于通过产品的"结构性稀缺"而攫取的超额利润（包括垄断利润）。虽然通过技术创新而获取的超额利润在概念上并不一定就是垄断利润，但在利润来源的问题上，和垄断利润一样，都可以用市场价值的第二种理论来解释。马克思就垄断利润的来源所说的下面这段话，也适用于其他通过价值转移而形成的超额利润：

---

① M. Itoh, *The Basic Theory of Capitalism* (London：Macmillan, 1988), pp. 234 – 235. 最后一句提到，在其他工业部门榨取的剩余劳动，还可以构成一部分平均利润的实体。这在马克思的利润率平均化模型中是明显的。利润率之所以平均化，正是因为个别利润率高的部门将一部分剩余价值转移到利润率低的部门。因此，市场价值的第二种理论，和利润率平均化理论也是一致的。

某些商品的垄断价格，不过是把其他商品生产者的一部分利润，转移到具有垄断价格的商品上。剩余价值在不同生产部门之间的分配，会间接受到局部的干扰，但这种干扰不会改变这个剩余价值本身的界限。如果这种具有垄断价格的商品进入工人的必要的消费，那末，在工人照旧得到他的劳动力的价值的情况下，这种商品就会提高工资，并从而减少剩余价值。[①]

鲁宾不满于在市场价值的第二种理论的基础上解释超额利润，他语带讥讽地指出，这种观点是假设，剩余价值可以像液体一样，从一个部门流到另一个部门。[②] 鲁宾没有看到的是，这里的价值转移是以价值形式为媒介而展开的社会过程，在这个过程中，社会产品内含的价值实体借助于价值形式（如生产价格或垄断价格）的作用，在企业、部门和阶级之间进行了再分配。日本马克思主义经济学的宇野学派（其代表人物是伊藤诚），在对"转形问题"的研究中曾涉及这里的问题，值得在此做个介绍。

伊藤诚写道："在我看来，我们必须考察价值概念的三个方面的关系，以便解决令人困惑的转形问题。(1) 由给定的生产的社会和技术条件所决定的价值实体，或内含于各种商品中的劳动量；它决定了：(2) 作为价值形式的生产价格。但仅仅考察这一关系是不够的。我们还必须考察：(3) 借助于生产价格，每个阶级或每个产业部门占有了多少作为已得到的价值实体（the acquired substance of value）的劳动量。生产价格作为一种价值形式不仅是由以生产的物质条件为基础的价值实体所决定的，而

---

① 马克思、恩格斯：《马克思恩格斯全集》第 25 卷，人民出版社，1974，第 973 页。关于这个问题还可参见高峰《发达资本主义经济中的垄断与竞争》，南开大学出版社，1996，第 276 ~ 277 页。

② I. I. Rubin, *Essays on Marx's Theory of Value* (Detroit: Black and Red, 1972), pp. 238 – 239.

且在价值实体即劳动的配置中起着中介的作用。"①

　　伊藤诚所强调的价值概念的这三个方面，分别对应于资本价值运动的三个阶段，即生产，实现，以及补偿已耗费的投入以便进行再生产。由于商品以生产价格出售，并用货币进一步购买再生产所需的投入，结果在社会生产的每个部门都可能出现下述不一致的情况，即作为产出的商品的价值量（以内含劳动衡量）和为再生产而购买的那些商品的价值量（以可支配劳动量衡量），是不相等的。也就是说，由于生产价格的中介，社会劳动在不同的部门实现了再配置，一些部门本来耗费了较少的劳动量，却在市场上支配了较多的劳动，另一些部门则相反。然而，这一点并不妨碍所有部门的产出的价值总量与所有部门为再生产而购买的投入的价值总量是相等的。在这里，价格形式不再是被动地表现商品的价值，相反，价值形式（这里是生产价格）是在各个部门和各个阶级之间重新分配价值实体即社会劳动的杠杆。

　　伊藤诚的这一观点也可用冯金华的实现价值方程（见第1章）来说明。在冯金华实现价值方程中，某一部门产出的实现价值总量，是全社会总劳动量按照一个比率分布的结果，该比率恰好等于该部门产出的价格与全社会总产出价格之比。在该部门实现价值总量恰好等于部门内投入生产的劳动量的前提下（如表3-3的情况），部门实现价值总量将按照单位商品的社会价值在部门内分布，其结果是价值量在部门内企业之间相互转移。

7　尾论

　　马克思关于两种超额利润来源的观点分别以两种价值规律为前提，第一种价值规律是在《资本论》第一卷提出的，也是通常理解的价值规

---

① M. Itoh, *The Basic Theory of Capitalism*（London：Macmillan，1988），pp. 220–221.

律；第二种价值规律是在《资本论》第三卷提出来的，马克思称之为"市场价值规律"①。

关于第一种价值规律的含义，希法亭曾有如下深刻的阐述，他写道："马克思不是把价值理论看作确定价格的手段，而是把它看作发现资本主义社会的运动规律的工具……**价值规律**向我们揭示的是，归根结底，生产力的发展控制了价格的运动，我们有可能把握这些变化的规律；并且，由于所有的经济现象都通过价格的变化而使自己表现出来，进而就可能达到对所有经济现象的理解。"②

然而，人们一般有所忽略的是，第一种价值规律在其提出时预设了如下前提。第一，这一规律服从于一种长期时间框架。劳动生产率对商品价格运动的影响，是在长期内体现出来的。在此基础上，马克思进一步分析了诸如相对剩余价值生产、产业后备军、利润率下降等规律，这些规律都是贯穿资本主义生产方式始终的长期规律。第二，在提出第一种价值规律时，马克思假定价格只是商品价值的货币表现，从而抽象了其他因素（如需求）对价格变动的影响。③ 这样做的好处是，便于在理想的状态下分析资本主义生产方式的长期运动规律，但在辩证叙述达到更为具体的阶段时，这一抽象就应该及时舍弃，以便转而考察那些在相对较短的时间框架内起作用的其他因素。

---

① 马克思、恩格斯：《马克思恩格斯全集》第 25 卷，人民出版社，1974，第 744 – 745 页。

② 见 R. Hiferding，"Bohm – Bawerk's Criticism of Marx，"in P. Sweezy, ed., *Karl Marx and the Closure of His System*（New York：Augstus M. Kelley Publishers，1966），pp. 139 – 140（重点标识为笔者所加）。类似的，布哈林也说："在马克思那里，价值是两种社会现象之间、劳动生产率与价格之间社会联系的表现。"参见布哈林《食利者政治经济学》，郭连成译，商务印书馆，2002，第 62 ~ 63 页。在希法亭之前，德国经济学家桑巴特也在近似的意义上阐释了价值概念的意义，恩格斯在为《资本论》第三卷撰写的增补中认为，桑巴特的理解大体上是正确的。见马克思、恩格斯《马克思恩格斯全集》第 25 卷，人民出版社，1974，第 1010 ~ 1011 页。

③ 《资本论》第一卷所规定的"价格"（作为商品价值的货币表现）是个纯理论范畴，并不是指经验中的价格。马克思在《资本论》第三卷还使用了"市场价格"这样的概念，这个概念考虑了需求的影响，更接近于经验表象。

　　资本主义发展的现实动态，是在不同时间框架内起作用的、各种不同层次的运动规律的综合。第一种价值规律虽然构成了理解资本主义长期运动规律的基础，但并不适用于分析某些中短期的结构性变化。借用演化经济学家梅特卡夫的话，这些结构性变化是经济增长的条件，他写道："在产品、生产方法、企业、产业、地区及整个经济的相对重要性上，如果没有持续的变化，增长就无从发生，结构上的这些变化是增长过程的一种结果。"① 依照第二种超额利润来源的理论，一种商品或一个行业的相对重要性，在理论上表现为该行业（或该地区、该企业等）通过市场所支配的、从外部转移来的价值量的大小。② 在《资本论》第三卷，马克思特地将这种价值转移的机制称作"市场价值规律"，以区别于第一种价值规律。这两种价值规律在理论上是互补的，一方面，只要我们把眼光投向较为长期的时间框架，第一种价值规律便像无处不在的重力那样起着作用。商品的价格水平以及通过价值转移而形成的超额利润，不可能在长期内免于劳动生产率提高的影响。③ 另一方面，在较短的时间框架内，市场价值规律将有助于分析需求因素所造成的那些结构性变化。马克思关于超额利润来源的第二种理论并不排斥第一种理论，相反，它要以第一种理论为基础，只有把这两种理论结合起来，才能较完整地解释资本主义发展的动态现象。

---

① 梅特卡夫（S. Metcalfe）：《个体群思维的演化方法与增长和发展问题》，载于多普菲主编《演化经济学：纲领与范围》，贾根良等译，高等教育出版社，2004，第 133 页。

② 在本书第 1 章里，我们提出冯金华实现价值方程可用于测度这种经济的结构性变化。

③ 参见曼德尔在其 *Late Capitalism*（London：Verso，1999）第 17 章中的相关分析。

第4章 劳动生产率与单位时间 创造的价值量成正比的 理论：一个简史

劳动生产率和单位时间创造的价值量成正比的理论（简称成正比理论）①，在国内已有了半个世纪的发展史，其间几代学人为这个理论的形成和发展做出了贡献。根据笔者掌握的材料，在国内有过四次关于成正比问题的讨论。第一次讨论发生于 20 世纪 60 年代，代表人物是孙连成，他的文章发表后，迅即引发了吴宣恭的争鸣。② 第二次讨论发生在 20 世纪 80 年代，当时涉足这一问题的，有叶航、李慧中等人；稍后，李翀、何干强等又从各自不同的角度丰富和发展了成正比理论。③ 2001～2002 年，国内学术界围绕劳动价值论展开了一次大讨论，再度涉及成正比问题。这一时期由谷书堂引发的关于价值总量之谜的论争，是最为引人注目的现象。④ 2010 年以后，又出现了围绕成正比理论的第四次讨论，其标

---

① 该理论在其发展过程中，经常被研究者冠以成正比之名。从数学意义上看，这一提法是不太严格的，但因约定俗成的缘故，本书也采纳了成正比这一表达，并将该理论简称为成正比理论。

② 孙连成：《略论劳动生产率与商品价值量的关系》，《中国经济问题》1963 年第 11 期；吴宣恭：《个别企业劳动生产率与商品价值量的关系》，《中国经济问题》1964 年第 9 期。

③ 叶航：《试论价值的测量和精神生产对价值量的影响》，《中国社会科学（未定稿）》1980 年第 33 期；李慧中：《也谈价值的测量——与叶航同志商榷》，《中国社会科学（未定稿）》1981 年第 23 期；何干强：《论有用劳动是价值创造的前提》，《南京师范大学学报》（社科版）1986 年第 2 期。

④ 马艳、程恩富：《马克思"商品价值量与劳动生产率变动规律"新探——对劳动价值论的一种发展》，《财经研究》2002 年第 9 期；陈征：《再论科学劳动》，《当代经济研究》2001 年第 10 期；陈征：《发展劳动价值论的关键所在》，《当代经济研究》2002 年第 11 期。

志性事件是 2010 年 12 月在上海财经大学政治经济学系召开的成正比理论讨论会。这次会议的组织者还向与会学者分发了成正比理论历史文献的一个汇编稿，一个学派的轮廓就此变得更为清晰了。

在这一章里，笔者尝试对成正比理论的形成和发展过程做一简略的梳理，对其基本观点稍加阐释，以方便读者对该理论的了解。

1　成正比理论的源起：个别企业层面的成正比

1963 年，孙连成在《中国经济问题》发表了《略论劳动生产率与商品价值量的关系》一文。他提出，在考察个别企业劳动生产率的提高对商品价值量的影响时，要区分劳动的主观条件（劳动强度、熟练程度）和客观条件（先进的技术装备等）的变化所带来的不同影响，并提出了以下命题：（1）由劳动的主观条件变化造成的劳动生产率提高，在同一时间里创造出更多的价值，或者更多的产出表现为更大的价值量；（2）由劳动的客观条件变化带来的劳动生产率提高，只影响单位价值量，不影响商品价值总量。①

孙连成的论文问世不久，吴宣恭就发表了商榷文章。正如吴宣恭指出的，上述命题（2）忽略了产品依照个别价值出售和依照社会价值出售所带来的区别。如果先进企业按照其个别价值出售产品，其全部产出的总价值的确不会变化；但是，如果先进企业按照部门内的社会价值出售产品，全部产出的总价值将随产出的增长而增长。也就是说，劳动生产率的提高无论是因为主观因素还是因为客观因素的变化，都能提高总产

---

① 应予指出的是，孙连成的第（2）个命题是不准确的，他事实上想说的是，劳动的客观条件变化所引起的生产率提高，不影响单位时间产出中的新价值总量，这是因为生产中使用的活劳动时间没有变化。但是，包含不变资本转移价值在内的商品价值总量，此时的确可能发生变化。这是因为，随着新机器的使用，单位时间内被加工的原材料数量在增加，转移到产品中去的价值也会增长。

出的价值量。①

吴宣恭的这些批评意见无疑是正确的。但他进而宣称，在考察劳动生产率和商品价值量变化的关系时，区分劳动的主观条件和劳动的客观条件是没有意义的，则未免失之片面。对于成正比理论的发展而言，上述区分事实上具有关键意义。时隔 40 年后，马艳和程恩富在其发表于 2002 年的文章中重新进行了类似区分，推动了成正比理论的进一步发展。

如果个别先进企业使其产品按照社会价值出售，其产出总价值将增加，并因此获得额外价值。吴宣恭认为，这一额外价值是由该企业创造的，而不是像孙连成所主张的那样，是由本部门其他企业转移来的。不过，吴宣恭虽然主张额外价值是由本企业自身的劳动创造的，对于本企业如何创造了额外价值，却没有给出充分的论证，只留有以下论述："劳动生产率较高的企业，在同等的劳动时间内生产出更多的产品，因而，比之一般的企业创造了更多的价值。这类企业按照价值出卖它们所生产的产品，便得到较大量的收入。在流通过程中，价值并没有发生变化。因此，这类企业得到的额外价值，是由企业自己创造而在流通中实现的。它们绝不是在流通过程中从劳动生产率较低的企业转移过来的。所以，企业能够得到额外价值，首先是价值决定的问题。"②

与上述观点相关联的是，吴宣恭进而提出了一个在考察超额剩余价值来源时应予遵循的方法论原则——"在分析个别企业劳动生产率的高低对企业多得或少得到一部分价值有何影响时，应把价格背离价值的现象抽象掉。"③ 在《资本论》第一卷，马克思假设商品是按照其价值出

①　吴宣恭：《个别企业劳动生产率与商品价值量的关系》，《中国经济问题》1964 年第 9 期，转引自吴宣恭《吴宣恭文集：产权、价值、分配》，经济科学出版社，2010。除了吴宣恭指出的这一点外，孙连成还忽略了，随着新机器的使用，单位时间内被加工的原材料数量会增加，转移到产品中去的价值量以及商品价值总量也会因此而增加。

②　吴宣恭：《个别企业劳动生产率与商品价值量的关系》，《中国经济问题》1964 年第 9 期，转引自吴宣恭《吴宣恭文集：产权、价值、分配》，经济科学出版社，2010，第 218 ~ 219 页。

③　吴宣恭：《吴宣恭文集：产权、价值、分配》，经济科学出版社，2010，第 220 页。

售的，或言之，商品的价格与其价值成比例。根据这个假设，非等量劳动交换或价值转移之类的问题就被暂时抽象掉了。由于这个假设是《资本论》第一卷至第三卷开篇的叙述逻辑的基石，因此也应适用于解释额外价值来源的问题，否则整个《资本论》在逻辑上的一致性就会遭到损害。

笔者认为，在研究超额利润来源时强调上述原则，在方法论上具有重要意义。但问题是，吴宣恭在提出这一原则后认为，商品按其价值出售必然意味着是按其社会价值出售，则是值得商榷的。吴宣恭本来力主先进企业的额外价值来自本企业的劳动，但假定该企业按照社会价值出售其产品，事实上妨碍了他对这一观点的进一步论证，进而造成了理论上的自相矛盾，或言之，他在需要进一步研究的地方止步了。

从文本来看，马克思并没有假设个别先进企业只能按照社会价值来出售其商品。相反，马克思明确指出，由于先进企业在生产率提高时能生产出更多的产品，为了争夺市场，它将按照一个高于个别价值而低于社会价值的水平出售商品。[①] 但问题是，在个别价值和社会价值之间，有无数可能的价格，若在任一价格出售产品，就有可能造成价格与价值不成比例这一结果。换言之，如果要贯彻吴宣恭强调的价格不能背离价值的原则，就需确定一个价格水平，在此水平上，价格与先进企业的产品价值恰好成比例。这个价值不同于先进企业的个别价值，也不同于社会价值，笔者将其命名为实际价值。实际价值小于社会价值，但大于个别价值。在此前提下就可讨论，通过实际价值所取得的那部分额外价值实体，何以来自本企业的劳动。[②]

---

① 马克思：《资本论》第 1 卷，载《马克思恩格斯全集》第 23 卷，人民出版社，1972，第 353 页。

② 笔者曾通过对《资本论》手稿的解读，发掘了这一概念。在第一次提出这一观点时，笔者将其命名为售卖价值，参见孟捷《技术创新与超额利润的来源：基于劳动价值论的各种解释》，《中国社会科学》2005 年第 5 期。

马艳和程恩富，以及笔者自己的研究解释了这个问题。① 这一解释恰恰是以区分劳动的主观、客观条件的变化对于价值创造的不同影响为前提的。孙连成虽然区分了劳动的主观、客观因素对生产率变化的影响，但他并没有把逻辑贯彻到底，以至于要求助于价值转移说来解释额外价值的来源。为了在本企业自身劳动的基础上解释超额剩余价值的来源，马艳和程恩富修改了马克思设定的一些前提条件。马克思曾提出，劳动生产率始终是有用的具体劳动的生产率，和形成价值的劳动无关。他写道："生产力的变化本身丝毫也不会影响表现为价值的劳动……不管生产力发生了什么变化，**同一劳动**在**同样的时间**内提供的价值量总是相同的。"②这段话暗含了两个假设条件。第一个假设是：当生产力变化时，个别企业采用的劳动仍然是"同一劳动"，也就是说，劳动的复杂性没有发生变化。第二个假设是：劳动时间仍然是"同样的时间"，也就是说，当生产力变化时，形成价值的活劳动时间没有变化。在此基础上，马克思提出了以下命题，由于该命题实际上是成正比理论的一个参照系，可以将其视为命题一。

命题一：不论劳动生产率如何变化，一定长度的工作日总是表现为相同的价值产品③。

从理论发展的逻辑来看，命题一是成正比理论的出发点。在给定的假设前提下，命题一当然是正确的。但成正比理论提出，如果改变命题

---

① 马艳、程恩富：《马克思"商品价值量与劳动生产率变动规律"新探——对劳动价值论的一种发展》，《财经研究》2002 年第 9 期；孟捷：《技术创新与超额利润的来源：基于劳动价值论的各种解释》，《中国社会科学》2005 年第 5 期。

② 马克思：《资本论》第 1 卷，载《马克思恩格斯全集》第 23 卷，人民出版社，1972，第 59 ~ 60 页（重点标识为笔者所加）。

③ 参见马克思《资本论》第 1 卷，载《马克思恩格斯全集》第 23 卷，人民出版社，1972，第 568 页。在这个命题的基础上，马克思（以及李嘉图）还提出了"劳动力的价值和剩余价值按照相反的方向变化"的命题，见马克思《资本论》第 1 卷，载《马克思恩格斯全集》第 23 卷，人民出版社，1972，第 568 页。

一的相关假定，就可以得出新的结论。首先，在技术变革的前提下，个别企业中劳动的主观条件或劳动的复杂性将发生变化，先前由非熟练工人从事的简单劳动会变为采纳高级劳动力的复杂劳动，这意味着，"同一劳动"的假设不再成立。其次，如果接纳本书第2章有关复杂劳动还原的解释，过往支出的教育培训劳动也有可能在当下参与产品的价值形成，"同样的时间"这一假设便不成立了。此外，正如何干强指出的，在技术变革导致劳动的客观条件变化时，由于采用了更先进的生产资料，生产中被浪费的无效劳动得到削减，从而增加了工作日中能真正形成价值的有效劳动时间。① 这一观点从另一角度支持了"同样的时间"这一假设不再成立的结论。而且，根据何干强的这种观点，由于生产资料在此起到了有效劳动时间的更优良的吸收器的作用，即便劳动的主观因素或劳动复杂性没有变化，单纯是有效劳动时间的延长，也可能带来成正比的结果，即个别企业劳动生产率与其单位时间创造的价值量成正比。②

基于上述考虑，假设生产中不使用不变资本，个别企业在单位时间如一个工作日 T 内创造的价值 w，就可以看作有效劳动系数和复杂劳动还原系数的乘积，即有 $w = fhT = fh$，其中 T 从定义来看等于1；f 是何干强意义上的有效劳动系数，即在一个工作日内真正形成价值的劳动时间所占的比率；h 是复杂劳动还原系数（$h > 1$）。在以下分析中，可以假设 $f = 1$，即不考虑工作日和有效劳动时间之间的差异，只考虑劳动复杂程度提高时的情况，这样就有：

$$w = Th = h$$

w 在此也可视为单位时间产出的**实际价值**总量。记单位商品的实际价

① 何干强：《论有用劳动是价值创造的前提》，《南京师范大学学报》（社科版）1986年第2期。
② 何干强的这一观点正面解释了采用先进生产资料对于价值创造的积极作用，故而还可用于反对物化劳动创造价值这种错误观点。

值为 λ_r，单位时间产出为 q，有：

$$w = \lambda_r q = h \qquad\qquad (4-1)$$

相应的，记单位商品的个别价值为 λ_a，有 $\lambda_a = \dfrac{1}{q}$ 以及 $\lambda_r = \dfrac{w}{q} = \dfrac{h}{q} = \lambda_a h$。在公式（4-1）中，复杂劳动还原系数（$h$）大于1，这意味着，伴随生产率提高，先进企业单位时间产出的价值高于从前，即出现了成正比。

笔者通过详细考察马克思的文本提出了商品的实际价值概念，它不同于商品的个别价值，也不同于商品的社会价值，而是介于两者之间，并与企业自身的"自乘的简单劳动"相对应的一种价值。它的理论含义是，在这个水平出售产品而取得的额外价值，完全是由该企业自身的劳动——作为倍加或自乘的简单劳动——创造的。一旦价格超出实际价值的水平，就会发生来自企业外的价值转移。①

如果在生产率变化时劳动的主观因素没有变化，易言之，生产率的增长完全归因于采用了新的生产资料，则额外价值将完全来自企业外的价值转移。显然，这是理论上假设的极端情况，但承认这一点也有其意义，因为它和何干强的观点一道，解释了为什么采用先进生产资料有助于资本家取得更多的利润。

提出实际价值这一概念的方法论意义在于，它有助于我们在解释超额剩余价值的来源这个具体问题上坚持马克思在《资本论》开篇所确立的基本假设，即商品的价格与其价值成比例，从而维护了《资本论》叙述逻辑的一致性。需要指出的是，在《资本论》里，马克思并没有足够清晰地阐明构成超额剩余价值的价值实体的来源，而是在价值转移说和本企业劳动创造说之间徘徊，这便为日后的争论埋下了伏笔。马艳和程

---

① 本书讨论复杂劳动还原的第2章，进一步解释了这种实际价值是如何由复杂劳动还原造成的。

恩富在其 2002 年的文章里率先提出，马克思的相关论述在逻辑上存在着矛盾，笔者则通过较详细的文本研究进一步佐证了这一点。[①] 而在此前，学者们只是就各自的理解谁更正确各执一辞，从未怀疑过马克思的文本自身存在着矛盾。

让我们再转来看吴宣恭和孙连成两人的争论。孙连成提出，在考察生产率提高对于价值量变动的影响时，应对促使生产率提高的劳动的主观因素和客观因素加以区分，但问题是，他对这一区分的意义并没有做充分的阐明。和他相反，吴宣恭完全否定做出这一区分的必要性，但吴宣恭把超额剩余价值的来源看作价值决定的问题，并试图坚持马克思的价格和价值成比例的逻辑假设，从而把"矛盾的肥料"留了下来。他们二人的争论开了国内学者研究成正比理论的先河。

根据以上讨论，如果修改前述命题一中暗含的假设，允许劳动的复杂性伴随生产率提高而提高，则个别先进企业在单位时间内就能创造出更多的价值，即可有下述命题。

> 命题二：假设一个部门内的个别企业提高了劳动生产率，其劳动的复杂性也相伴而增加，则该企业在单位自然时间内将创造出更多的价值，或者换一种表达，该企业在单位时间内生产的更多产出将表现为更多的价值量，并且这一价值量中也包含更多的新价值或价值产品。

命题二是在修改了命题一所暗含的假设后确立的，而命题一始终是成正比理论的参照系或出发点。这也意味着，成正比理论的提出并没有违反活劳动创造价值这一劳动价值论的核心思想，并因之与其他类型的成正比理论区别开来。

[①] 孟捷：《技术创新与超额利润的来源：基于劳动价值论的各种解释》，《中国社会科学》2005 年第 5 期。

需要指出的是，马克思事实上一度意识到了命题二的成立。在《资本论》第一卷，笔者找到了如下极为重要的段落：

> 机器生产相对剩余价值，不仅由于它直接地使劳动力贬值，使劳动力再生产所必需的商品便宜，从而间接地使劳动力便宜，而且还由于**它在最初偶而被采用时，会把机器所有主使用的劳动变为高效率的劳动，把机器产品的社会价值提高到它的个别价值以上**，从而使资本家能够用日产品中较小的价值部分来补偿劳动力的日价值。因此，在机器生产还被垄断的这个过渡时期，利润特别高。①

由于这段引文地处偏僻，以往一直被研究者们忽略了。现在看来，马克思在这段话里触及了成正比理论的核心问题。这体现在，马克思指出，在机器最初被采用时，机器所有主使用的劳动会变为高效率的劳动，并因此**将机器产品的社会价值提高到它的个别价值以上**。这里的社会价值一词和通常的定义不同，显然指的是笔者所命名的实际价值。这是因为，如果采用通常的定义，马克思就应该将这段表述修改为——**将机器产品的个别价值降低到社会价值以下**，而不是将社会价值提高到其个别价值之上。遗憾的是，这段如此重要的表述长期以来似乎从未得到应有的注意，在成正比理论的文献中也鲜有引证。

一旦确立了命题二，则还有一个问题需要解决。命题二的前提是，劳动的复杂程度伴随生产率的提高而增加。虽然复杂劳动向简单劳动的还原最终是在交换中被确认的，但劳动复杂性的提高毕竟还应在生产过程中找到一个基础。在这里，困难就出现了。贯穿《资本论》第一卷的一个核心思想认为，资本主义生产方式变革的主导趋势是，通过以机器

① 马克思：《资本论》第 1 卷，载《马克思恩格斯全集》第 23 卷，人民出版社，1972，第 445～446 页（重点标识为笔者所加）。

为基础的分工消灭工人的技能，使劳动退化为简单劳动。美国学者布雷弗曼结合 20 世纪资本主义劳动过程的特点重申了马克思的上述观点，把去技能化、概念和执行的分离作为垄断资本主义劳动过程发展的主导趋势。[①] 成正比自然不能建立在这一理论的基础上。许多学者都强调，在当代资本主义条件下，总体工人的劳动在科技含量和复杂程度上一直在提高。[②] 笔者在其他地方更为深入地讨论了这里的问题，对自布雷弗曼以来国外学者有关资本主义劳动过程的争论进行了细致的考察。经过漫长的争论，一些马克思主义者认识到，去技能化并非资本主义劳动过程的唯一发展趋势，从长期看，至少一部分工人阶级的技能是不断增长的。在此基础上，笔者还进一步论述了工人分享剩余的经济条件。在传统剩余价值论的架构中，劳动与资本在价值创造和分配上只存在零和关系，用马克思的话来说，劳动力价值和剩余价值按照相反方向而变化。笔者则试图在成正比理论的基础上，论证劳动与资本在价值创造和分配中可能存在的正和关系。产生这种正和关系的经济条件，就个别企业来说，恰好就是命题二。

饶有意味的是，《资本论》第一卷曾对这种正和关系有某种暗示，马克思说：

> 如果劳动时数不变，强度较大的工作日就体现为较多的价值产品……强度较大的工作日的价值产品随着它的强度同社会的正常强度的偏离程度而变化。因此，同一个工作日不再象以前那样表现为一个不变的价值产品，而是表现为一个可变的价值产品……如果一

①　布雷弗曼：《劳动与垄断资本》，方生、朱基俊等译，张伯健校，商务印书馆，1978。

②　叶航：《试论价值的测量和精神生产对价值量的影响》，《中国社会科学（未定稿）》1980 年第 33 期；陈征：《再论科学劳动》，《当代经济研究》2001 年第 10 期；陈征：《发展劳动价值论的关键所在》，《当代经济研究》2002 年第 11 期；马艳、程恩富：《马克思"商品价值量与劳动生产率变动规律"新探——对劳动价值论的一种发展》，《财经研究》2002 年第 9 期。

个工作日的价值产品发生变化，例如从 6 先令增加到 8 先令，那末这个价值产品的两个部分，即**劳动力的价格**和剩余价值可以同时按照相同的或不同的程度增加。①

这段引文的关键是最后一句，即当一个工作日的价值产品增加时，其内部的两个部分（劳动力价格——而非劳动力价值——和剩余价值）可以同向变化。初看上去，马克思此处的观点和笔者的主张（即劳动和资本在价值创造上可能存在正和关系）并无不同，但细究起来则不然。在上段引文之后的论述里，马克思旋即谈到，由于劳动强度的增加，"劳动力价值"也增加了，这是因为，劳动在过度支出时造成的加速消耗使劳动力再生产变得更为困难了。② 这样一来，就出现了以下情况：伴随劳动力价值因过度消耗而增加，劳动力价格虽有所提高，却落在了已经提高的劳动力价值的后面，导致劳动力价格低于劳动力价值。工人的被剥削程度事实上加深了，劳资双方并没有达成正和关系。从成正比理论的角度看，马克思在这里充其量只是暗示了劳资双方存在正和关系的可能性，要真正明确地提出这一观点，就需要改变讨论的条件，将劳动复杂程度的改变作为生产率提高的前提引入进来。

2　成正比与成反比

经过"文革"时期漫长的沉寂，成正比理论在 20 世纪 80 年代被重新提了出来。1980 年，叶航发表了一篇论文，涉及成正比和成反比的关

---

① 马克思：《资本论》第 1 卷，载《马克思恩格斯全集》第 23 卷，人民出版社，1972，第 573 页。要注意的是，马克思在此刻意使用了劳动力价格——而非劳动力价值——概念。

② 要提请读者注意的是，马克思的这些论述来自《资本论》第一卷第十五章第 II 节，这一节的标题为"工作日和劳动生产力不变，劳动强度可变"。这一标题意味着，马克思把增加劳动强度和提高劳动生产力完全区分开来，两种情形互不包含。

系。李慧中则在相隔一年发表的论文里和叶航展开了商榷。[①] 叶航根据《资本论》第一卷的一段论述提出，成正比与成反比是相矛盾的；在生产率提高，劳动复杂程度增加时，生产率与单位商品价值量成反比的规律将不再成立。

马克思是这样说的：

> 劳动强度的提高是以在同一时间内劳动消耗的增加为前提的。因此，一个强度较大的工作日比一个时数相同但强度较小的工作日体现为更多的产品。诚然，在劳动生产力提高时，同一个工作日也会提供较多的产品。但在后一种情况下，由于［单个］产品所费劳动比以前少，单个产品的价值也就下降；而**在前一种情况下，由于［单个］产品所费的劳动同以前一样，单个产品的价值也就保持不变。在这种情况下，产品的数量增加了，但它们的价格没有下降。随着产品数量的增加，它们的价格总额也就增大**，但在生产力提高的情况下，同一价值总额不过表现在增大的产品总量上。可见，如果劳动时数不变，强度较大的工作日就体现为较多的价值产品，因而，在货币的价值不变的情况下，也就体现为较多的货币。[②]

在谈到劳动强度的提高时，马克思显然假设了一种规模报酬不变的情况，即在同一时间内劳动消耗的增加与产品数量的增加成比例，以致每增加一个产品必须消耗相同数量的劳动，其结果是单位产品价值和价格不变。叶航认为，可以把这里的劳动强度替换成劳动复杂程度，这样一来，结论就是，在存在成正比的同时，并没有出现单位产品价值下降

---

① 叶航：《试论价值的测量和精神生产对价值量的影响》，《中国社会科学（未定稿）》1980 年第 33 期，尤见第 8 页；李慧中：《也谈价值的测量——与叶航同志商榷》，《中国社会科学（未定稿）》1981 年第 23 期。

② 马克思：《资本论》第 1 卷，载《马克思恩格斯全集》第 23 卷，人民出版社，1972，第572~573 页（重点标识以及方括号里的内容系笔者为便于读者理解所加）。

的情况。

但要注意的是，马克思在上段引文乃至在整个第一卷第十五章中，明确地把劳动强度的提高和劳动生产率提高区分了开来，或者说，使两者互不包含。因此，由马克思的上述引文并不能直接推论，在劳动生产率提高时，单位产品价值也保持不变。事实上，在劳动生产率提高时，将出现报酬递增的情况，也就是说，增加单位时间投入会导致产量更快的增长。在此情形下，如果生产率增长伴随着劳动复杂程度的提高，只要复杂劳动还原系数 h 小于劳动生产率（单位时间产出 q）的增长，就可以带来成反比规律，即劳动生产率提高与单位商品的实际价值成反比。[①]对此可有如下证明。

记个别企业以实际价值计量的单位时间产出价值为 $\lambda_r q$，并假设生产中不使用不变资本，可写出两个不同时期的单位时间产出的价值（以下标 t 和 $t+1$ 代表不同时期）：

$$w_t = \lambda_{r,t} q_t = 1 \tag{4-2}$$

$$w_{t+1} = \lambda_{r,t+1} q_{t+1} = h \tag{4-3}$$

用公式（4-3）除以公式（4-2），可得：$\dfrac{\lambda_{r,t+1}}{\lambda_{r,t}}\dfrac{q_{t+1}}{q_t} = h$，经整理有：

$\dfrac{\lambda_{r,t+1}}{\lambda_{r,t}} = \dfrac{h}{\dfrac{q_{t+1}}{q_t}}$。不需要进一步的整理即可看出，该式意味着，在劳动生产率

提高的前提下（即 $q_t < q_{t+1}$），当复杂劳动还原系数（h）小于劳动生产率的增长时（这意味着报酬递增），单位产品的实际价值将下降（即 $\lambda_{r,t} > \lambda_{r,t+1}$）。[②]

---

① 成反比在马克思那里有以下两重含义：其一，先进企业的个别劳动生产率与其单位产品的个别价值成反比；其二，部门平均劳动生产率与单位产品的社会价值成反比。笔者增添了先进企业的劳动生产率与其单位产品的实际价值量成反比的观点。

② 对成正比和成反比关系的数理分析，可参见张衔《劳动生产率与商品价值量关系的思考》，《教学与研究》2011 年第 7 期。

笔者在其他论著中也曾探讨过成正比和成反比这两个规律的关系，并与马艳和程恩富就此问题展开过商榷。① 在马克思那里，成反比实质上是资本主义企业技术创新的必由路径。如果技术创新和生产率提高的结果不是促成单位价值下降，创新就不会发生，即便发生也会带来企业创新战略的失败。这一失败是因庞大的固定成本无法足够快地分摊到足够多的产出上而造成的，而这又和企业协调自身内部分工的组织能力密切相关。② 只有依靠技术创新带来的成反比结果，企业才可能在竞争中生存。马克思曾经对成反比规律的意义做过如下总结③：

> 资本主义生产方式的趋势和结果就在于：不断提高劳动生产率，从而不断增加被同一追加劳动转化为产品的生产资料的数量，也可以说，不断把新加劳动分配在更多的产品量上，从而降低单个商品的价格，或者使商品价格普遍变便宜。

> 一般来说，劳动生产率等于用最低限度的劳动取得最大限度的产品，从而使商品尽可能变便宜。在资本主义生产方式中，这一点成了不以个别资本家的愿望为转移的规律。

和成正比相比，成反比是较为一般的规律，而成正比的成立则要求更为特殊的条件。成正比和成反比之间的这种互为特殊和一般的关系，意味着成反比必然是成正比的前提或基础。为此，关于成正比和成反比的关系，可以提出命题三。

---

① 孟捷：《技术创新与超额利润的来源：基于劳动价值论的各种解释》，《中国社会科学》2005 年第 5 期。

② 对此问题的讨论可参见 W. Lazonick, *Competitive Advantage on the Shop Floor* (Cambridge, Massachusetts: Harvard University Press, 1990), pp. 121, 282 - 283。拉佐尼克指出，在涉及企业的技术创新和扩散时，马克思没有考虑创新型企业的高固定成本战略可能因其组织能力的不足而失败。

③ 马克思：《直接生产过程的结果》，载《马克思恩格斯全集》第 49 卷，人民出版社，1982，第 16、98 页。

命题三：伴随个别企业劳动生产率的提高，单位时间创造更多价值量的成正比规律（见命题二）不仅与成反比规律共存，而且是以后者为前提的。

3　成正比规律向其他层面的推广

成正比规律还可发生于部门的层次，这一点早在孙连成的论文里就提出来了，他说："主观因素和客观因素所影响劳动生产率的高低与商品的价值量关系的上述原理，同样也适用于不同的生产部门之间。也就是说，由人们主观因素所影响劳动生产率提高的生产部门，在相同的时间内，较其他部门创造更多的价值和剩余生产物价值。"[1] 这个观点可重新表述为命题四。[2]

命题四：假定某个部门劳动生产率普遍得到提高，同时假定与形成价值的社会必要劳动相比，该部门的劳动成为复杂程度更高的劳动，则该部门在单位时间内将创造出更多的价值，或者在单位时间生产出来的更多产出将表现为更大的价值量，并且这一价值量中也包含更多的新价值或价值产品。

类似的，成正比还可推广到国民经济的层次，即有命题五。[3]

---

[1]　孙连成：《略论劳动生产率与商品价值量的关系》，《中国经济问题》1963 年第 11 期，第 32 页。

[2]　下述文献进一步讨论了该命题：马艳、程恩富《马克思"商品价值量与劳动生产率变动规律"新探——对劳动价值论的一种发展》，《财经研究》2002 年第 9 期；孟捷《技术创新与超额利润的来源：基于劳动价值论的各种解释》，《中国社会科学》2005 年第 5 期。

[3]　下述文献讨论了该命题：陈永志、杨继国《价值总量之谜试解》，《经济学家》2003 年第 6 期；孟捷《技术创新与超额利润的来源：基于劳动价值论的各种解释》，《中国社会科学》2005 年第 5 期；张忠任《劳动生产率与价值量关系的微观法则和宏观特征》，《政治经济学评论》2011 年第 2 期。

命题五：假定某国外向型部门的劳动生产率较世界市场的一般水平更高，且与世界市场的平均劳动相比，该国的劳动成为复杂程度更高的劳动，则该部门在单位时间内将创造出更多的价值，或者在单位时间生产出来的更多产出将表现为更大的价值量，并且这一价值量中也包含更多的新价值或价值产品。

命题五对应于马克思在《资本论》第一卷提出的下述思想：

强度较大的国民劳动比强度较小的国民劳动，会在同一时间内生产出更多的价值……只要生产效率较高的国家没有因竞争而被迫把它们的商品的**出售价格**降低到和商品的**价值**相等的程度，生产效率较高的国民劳动在世界市场上也被算作强度较大的劳动。①

由于表述上不够清晰，马克思的这些观点常常引起不同的理解。譬如，在"把它们的商品的**出售价格**降低到和商品的**价值**相等的程度"这句话中，价值一词的含义究竟是什么？如果一国可以把销售价格提高到价值以上，如何还能主张更多的价值是生产出来的而非通过交换转移而来的呢？

借助成正比理论，上述这些问题可以得到如下自洽的解释。第一，《资本论》第一卷提出来的商品按照价值出售的假定也应适用于这里谈论的问题，易言之，在解释这些问题时无须诉诸价值的转移。第二，上述引文里的价值应理解为个别价值，而出售价格则可理解为与笔者所定义的实际价值成比例的价格。在世界市场的竞争中，也存在着个别价值＜实际价值＜社会价值的情况。当商品按照实际价值出售时，国民劳动就被算作形成更多价值的劳动。而当价格下降到个别价值的水平，这一情形就会消失。最后，能够生产更多价值的国民劳动，在此应理解为使用

---

① 马克思：《资本论》第1卷，载《马克思恩格斯全集》第23卷，人民出版社，1972，第614页（重点标识为笔者所加）。

了更多知识和技能的复杂劳动，而不是因为更多的生理耗费而形成的强度更大的劳动。

成正比之所以发生在部门或国民经济的层面，是因为先进部门或先进国家的平均劳动复杂程度伴随技术变革发生了变化，单位劳动时间形成了更多的价值。这也意味着，成正比产生的前提，是当先进部门或国家发生技术变革时，由大多数其他部门或国家参与确定的社会必要劳动的"基准"仍未改变。因此，把成正比推广到这两个层次，是有条件的。正如在个别企业的场合，成正比的出现和额外价值的产生，是因为社会必要劳动时间没有变化，在部门乃至国民经济的层次也大抵类似。在这些情况下，成正比赖以存在的价值关系是不同商品之间互相比较的共时性关系，而不是历时性关系。成正比自身虽然也包含历时性的维度，即要对同一经济单位在不同时期创造的价值量进行纵向比较，但这种比较是以当下形成的价值关系（即社会必要劳动时间）为前提的。

从 20 世纪 80 年代开始，一些学者提出了如下问题：在劳动生产率普遍提高后，整个经济的净产出价值总量是否有可能增长。在关于成正比的讨论中，这个问题堪称最具争议性。为便于讨论，将这一命题概括为命题六。

> 命题六：假设一个封闭经济，或者像《资本论》那样，假设全球只有一个资本主义国家，在活劳动投入量给定不变时，整个经济在单位时间内创造的净产出价值量亦可伴随生产率提高而增长。

在 20 世纪 80 年代，李翀就曾探讨过这个问题。[①] 在 2001～2002 年围绕劳动价值论的大讨论中，谷书堂相继发表了两篇论文，继而引发了当

---

① 李翀：《价值和价格论》，中山大学出版社，1989，第 7 章。在书中（第 232 页），李翀写道："在现代的经济增长中，由于劳动量相对于产品量不断减少，价值总量与使用价值总量［是否］必然向相反方向运动呢？显然，现代的经济增长并不存在这样的规律。"（方括号内的文字为笔者所加）

时对这一问题的热烈争论。不过，在谷书堂那里，问题还不是直接以命题六的形式出现的，而是体现在如下"矛盾"中：一方面，根据不变价格度量的国民收入反映的是生产率提高，在此意义上，国民收入是体现使用价值量增长的指标；另一方面，传统政治经济学理论又将国民收入一贯理解为体现价值量的指标，这两个看待国民收入的角度似乎是相互矛盾的。这种矛盾体现在，在当年活劳动投入量变化不大的情况下，国民收入却可以实现相当显著的增长。[①]

以谷书堂为代表的一些学者试图从马克思价值形成理论出发解释一国 GDP 的规模和变动。这一研究进路的缺陷是，它忽略了 GDP 核算不仅与价值形成有关，还取决于那些与价值转移相关联的因素。一方面，包含金融部门在内的非生产性部门的增加值，是 GDP 核算的重要构成因素；另一方面，国际不平等交换、一国在全球价值链的地位等因素也会影响这一核算。关于劳动价值论与国民收入之间的相互关系的研究，首先应该在较为抽象的理论层面，即在舍象了价值转移等问题的前提下来进行。

与谷书堂等人所代表的研究进路不同，李翀和张忠任试图在纯理论层面研究这一问题（即命题六）。李翀提出，与技术进步相伴随的复杂劳动还原，会提高一国总产品的价值量。在一篇发表于 2011 年的论文里，张忠任进　步探讨了类似观点。[②] 但是，李翀和张忠任的研究是以复杂劳动还原问题还没有得到彻底解决为前提的，因而各自都存在相应的缺陷。在发表于 2017 年的一篇文章中，笔者进一步研究了这一问题。由于笔者此时已经和冯金华一起构建了一个新的解释复杂劳动还原的理论，因而有可能对命题六做出更为细致的论证。[③]

[①]　谷书堂：《求解价值总量之谜》，《中华工商时报》2001 年 10 月 11 日；谷书堂：《求解价值总量之谜：两条思路的比较》，《南开经济研究》2002 年第 1 期。

[②]　张忠任：《劳动生产率与价值量关系的微观法则和宏观特征》，《政治经济学评论》2011 年第 2 期。

[③]　孟捷：《复杂劳动还原与马克思主义内生增长理论》，《世界经济》2017 年第 5 期。见本书第 5 章。

4　作为成正比理论之"硬核"的五个命题

近年来，对成正比理论感兴趣的学者开始有所增加。不过，对该理论持肯定态度的学者并非在所有问题上都能保持一致。有的学者名义上赞同成正比理论，但在某些问题上又有违反该理论基本原则的嫌疑。成正比理论若要进一步发展，客观上就需要有一组核心命题，学者们虽然可在其他问题上开展争论，但在对这些核心命题的理解上则需达成一致，否则其观点便不能认为是隶属于成正比理论的观点。借用科学哲学的术语，这一组核心命题构成了成正比理论的"硬核"。综合本章的论述，笔者认为，可以把以下五个命题作为成正比理论的"硬核"来看待：第一，在商品按其价值出售的前提下，解释生产率提高给个别企业带来的额外价值的来源，并把这一来源归于单位时间创造的更多价值量（前述命题二）；第二，成正比规律和马克思所说的成反比规律并不矛盾，前者是以后者为前提的（前述命题三）；第三，成正比规律不仅存在于个别企业的层面，还可在一定条件下推广到个别部门和个别国家的层面（前述命题四和命题五）；第四，在一个封闭经济中，给定活劳动投入量不变，社会净产出价值总量亦可伴随生产率提高而增长（前述命题六）。作为成正比理论的"硬核"，这五个命题勾勒了一个学派的基本特征。

第5章 复杂劳动还原与马克思主义内生增长理论

1 问题的提出

有关劳动生产率和单位时间创造的价值量正相关或"成正比"的理论，在国内已有数十年发展的历史。[①] 在讨论成正比的文献中，不时能看到将 GDP 和成正比相联系，在后者的基础上解释不同国家（如中国和美国）GDP 规模及其差异的做法。这类尝试从劳动价值论出发，不仅将 GDP 看作表现价值的指标，而且力图严格地基于价值创造来解释 GDP 的形成及规模。从方法来看，这类尝试有其合理之处。GDP 的确可以表现劳动价值，其大小也在相当程度上与价值创造相关，以国外一度流行的"新解释"学派（the New Interpretation）为例，其代表人物弗里就曾将 GDP 看作当年活劳动投入的货币表现。[②] 如果秉持这种看法，当两国一年投入的活劳动量存在差别时，若货币价值不变，其 GDP 的大小也应如实地反映这种差别。然而，在将这种推论运用于经验分析时却碰到了困难。和美国相比，中国每年投入的活劳动量要大得多，而 GDP 却远逊于美国。在理论推论和现象之间的这种矛盾，暴露了上述看法的弱点。

[①] 对成正比理论的一个综述，可参见孟捷《劳动生产率与单位时间创造的价值量成正比的理论：一个简史》，《经济学动态》2011 第 6 期。

[②] 根据弗里的例子，20 世纪 80 年代初，美国国民收入（增加值）的总量大约为 3 万亿美元，生产性工人的劳动时间为 2000 亿小时，在此条件下，生产性工人一小时劳动的货币表现等于 15 美元，见 D. A. Foley, *Understanding Capital* (Cambridge, Mass.: Harvard University Press, 1986), p. 14。

问题的症结在于，GDP 并不只是表现价值的指标，按不变价格计算的 GDP 同时也是反映使用价值量的增长，从而反映生产率水平的指标。可以通过一个等式来理解这一点。假设一个封闭的处于再生产均衡的经济，此时一年投入的活劳动全部形成新价值，在此假定下，全部用于生产的活劳动将等于年净产出价值（这里的净产出指的是扣除了中间产品消耗和折旧的那部分产出），同时再假设该经济生产的是单一产品（即同一产品既是投资品也是消费品，譬如谷物），由此可以写出：

$$年净产出 \times 不变价格 = GDP - 折旧 = （年净产出价值 \times 劳动生产率）\times 不变价格$$

若在该式两边同时约去不变价格，则有[①]：

$$年净产出 = 年净产出价值 \times 劳动生产率$$

这个公式代表了以劳动价值论为基础的生产函数。由于我们假定了再生产均衡，因而当年投入的活劳动全部形成净产出的价值，这也意味着，上述公式里的劳动生产率就是具体劳动的生产率。[②] 由该式可知，GDP 的规模和变动同时受到价值创造与生产率提高这两个维度的影响。为此，可以分别假设在两个因素之一给定时，另一个因素的变化给 GDP 带来的影响。首先，假设生产率发生变化，而净产出价值量不变，此时 GDP 的增长所表现的是始终不变的价值量。其次，假设在生产率给定时，净产出价值量增加，此时 GDP 的增长所表现的是扩大的价值量。我们将

---

① 何祚庥院士提出了一个类似的公式，他将其表达为：单位劳动时间产生的使用价值量 = 单位时间产生的价值量 × 生产率。与本章不同的是，他在公式里采用的是总量值（即包含生产资料消耗的总产出及其价值），而非净量值；相应的，根据他的定义，生产率并非单纯的劳动生产率，而是同时考虑资本投入和活劳动投入的全要素生产率（参见何祚庥《必须将"科技 × 劳动"创造使用价值的思想引入新劳动价值论的探索和研究》，《政治经济学评论》2014 年第 1 期，第 76 页）。不过，何祚庥虽然提出了上述公式，但他只考虑到生产率对于产出增长的促进作用，忽视了在活劳动投入量不变时，产出价值量也可能伴随生产率提高而增长，从而成为影响产出或国民收入变化的动因之一。

② 在引入多产品或取消均衡假定时，这里的生产率就成为劳动时间的货币表现，在以不变价格计算净产出时，劳动时间的货币表现可以看作劳动生产率的代理指标，参见本章第 5 节的讨论。

前者称作促进经济增长的生产率效应，将后者称作促进经济增长的价值效应。①

重要的是，在成正比理论的研究中，相关学者还提出了第三种可能性，即在当年投入的活劳动量不变时，劳动生产率和净产出价值量同时变化，这意味着，上述两种效应同时发挥作用，而且这种作用是在当年投入的活劳动量不变时实现的。在这种情况下，就出现了成正比理论中最重要的规律：劳动生产率与单位时间创造的社会净产出价值量成正比。毫无疑问，这种意义的成正比关系必须依赖某些特殊的前提条件，而此前试图考察这种关系的学者要么忽略了这些条件，要么没有对这些条件做出有足够说服力的论证。② 在笔者看来，承认社会净产出价值量在特定条件下可能出现增长，为建立一种马克思主义内生增长理论开辟了可能的前景。与此不同的是，传统马克思主义增长理论是以这种净产出价值不变为前提的。

2　复杂劳动还原的理论问题

以下各节试图对劳动生产率和社会净产出价值量成正比的成立条件做进一步的讨论，为此必须重申上一节已经提到的几个研究假设：第一，假设存在一个封闭的资本主义经济，或者像马克思那样，假定整个贸易

---

① 需要指出的是，以上结论是针对一个封闭经济而得出的，同时也未考虑诸如金融等非生产性部门的扩张对 GDP 的影响。在现实中，除了价值创造和生产率因素以外，下述与价值转移相关联的因素，诸如一国金融部门的大小、在全球价值链中的地位、市场势力和国际垄断价格、不平等交换等，也会对一国 GDP 的规模和变动带来影响。

② 相关文献可参见李翀《价值和价格论》，中山大学出版社，1989，第 7 章；谷书堂《求解价值总量之谜》，《中华工商时报》2001 年 10 月 11 日；谷书堂《求解价值总量之谜：两条思路的比较》，《南开经济研究》2002 年第 1 期；马艳、程恩富《马克思"商品价值量与劳动生产率变动规律"新探——对劳动价值论的一种发展》，《财经研究》2002 年第 10 期；张忠任《劳动生产率与价值量关系的微观法则与宏观特征》，《政治经济学评论》2011 年第 2 期。

世界是一个国家①；第二，假设生产中不使用不变资本，且当年投入生产的活劳动量是给定不变的；第三，假设整个经济存在再生产均衡，从而当年投入的活劳动量全部形成新价值。此外，后文在涉及具体模型时，还会适时补充一些新的假定。

在讨论成正比规律时，可以区分两种不同类型的成正比：其一是生产率和单位时间形成的总产出价值量（$C+V+S$）成正比；其二是生产率和单位时间创造的新价值或净产出价值量（$V+S$）成正比（此处的 C、V、S 分别代表不变资本、可变资本和剩余价值）。这两种成正比可以出现于不同层别的经济单位，即企业、部门乃至整个经济。在第一种成正比中，通常由于使用了更为先进的固定资本，在单位时间内加工了更多的原材料，在此条件下，总产出价值量因在单位时间内实现了更多价值转移而增长。在以下讨论中，我们撇开这种意义的成正比不谈，只考察第二种类型的成正比，即在生产率变化的同时，出现了复杂劳动还原，从而造成净产出价值量的增长。

出现复杂劳动还原，前提是在直接生产过程或在包含了研究和开发的广义生产过程中使用了经过教育和培训的高级劳动力。依照笔者的观点，教育培训劳动（以及用于研究开发的劳动）和直接生产过程里的活劳动一样，都会形成产品的新价值。

关于教育和培训对劳动力生产的意义，马克思曾有如下论述：

> 要改变一般的人的本性，使它获得一定劳动部门的技能和技巧，成为发达的和专门的劳动力，就要有一定的教育或训练，而这就得花费或多或少的商品等价物。劳动力的教育费随着劳动力性质的复杂程度而不同。因此，这种教育费——对于普通劳动力来说是微乎

---

① 在《资本论》里马克思提出："我们在这里必须把整个贸易世界看作一个国家，并且假定资本主义生产已经到处确立并占据了一切产业部门。"参见马克思、恩格斯《马克思恩格斯全集》第 23 卷，人民出版社，1972，第 637 页注释 21a。

其微的——包括在生产劳动力所耗费的价值总和中。①

马克思这里提到的"生产劳动力所耗费的价值总和",含义似乎仅指在教育和培训中耗费的产品和劳务的价值总和,而不包括教育和培训本身所需的各种活动。教育者和被教育者所付出的活动,对于劳动力生产也是必需的,它们是否属于生产性活动,是否参与价值创造呢?根据希法亭的观点,这类教育培训劳动会形成高级劳动力的技能,并像固定资本的价值那样,在产品的生产过程中转移到产品价值中去。希法亭的这一假设虽然极具启发,但正如其他学者指出的,它破坏了只有活劳动创造价值这一劳动价值论的核心观点。② 如果放弃希法亭的解释,另一种可行的解释便是假设教育培训活动也是生产性活动,而且它和利用熟练劳动力进行生产的劳动一起,构成了统一的劳动过程的前后相继的阶段。在此意义上,教育培训劳动和生产普通产品的劳动一样,也参与创造产品的价值。

然而,马克思似乎反对选择这样的解释。在《剩余价值理论》中,他曾谈到"学校教师的服务"和"医生的服务",它们是"使劳动能力具有专门性,或者仅仅使劳动能力保持下去"所必需的,但是"'教育'费在工人群众的生产费用中是微不足道的。在任何情况下,医生的服务都属于生产上的非生产费用。可以把它算入劳动能力的修理费。""因此,很明显,医生和教师的劳动不直接创造用来支付他们报酬的基金,尽管他们的劳动加入一般说来是创造一切价值的那个基金的生产费用,即加入劳动能力的生产费用。"③

---

① 马克思、恩格斯:《马克思恩格斯全集》第23卷,人民出版社,1972,第195页。

② M. Itoh, *The Basic Theory of Capitalism* (London: Macmillan, 1988), pp. 155 – 156; Phlip Harvey, "The Value – creating Capacity of Skilled Labor in Marxian Economics", *Review of Radical Political Economics* 1985, 17 (1 – 2): 88 – 89.

③ 马克思、恩格斯:《马克思恩格斯全集》第26卷第1册,人民出版社,1972,第159 ~ 160页。

在笔者看来，马克思的观点只在下述意义上是成立的，即这种教育培训活动的结果是维持平均水平的劳动能力，后者的支出是简单劳动。一旦教育培训活动超出这一平均水平，即造就了有别于大多数劳动力的高级劳动力，并相应地带来了更高的生产率，问题就截然不同了。在这种情况下，有理由认为，教育培训劳动变成了生产性活动，能够直接参与创造产品的价值。需要指出的是，在发达资本主义社会，这种高级劳动力自 19 世纪晚期始便在整个经济中占据越来越重要的地位，其数量也较以往大大增加，以至于在工人阶级中出现了恩格斯所谓"脑力劳动无产阶级"，即接受过大学教育的雇佣工人。①

上述结论对于资本主义企业内的研究开发活动（马克思称之为"一般科学劳动"）在某种范围内也是适用的。在分析上，可将研究开发活动分为两类，即造成生产率提高的研究开发活动和造成新产品的研究开发活动。就第一类研发活动而言，其目的是发明出可用于本企业的新的生产资料，初看起来，这种发明属于劳动的客观条件的改变，不同于作为复杂劳动还原前提的劳动主观条件的变化，因而容易诱导人得出结论，以为这种发明与复杂劳动还原无关。但问题是，企业研发出来的新生产资料，并不是作为商品来销售，而是在企业内部使用的，在这种情况下，用于研发的活劳动就不会物化在新生产资料中形成新价值，而是和这种新生产资料内含的转移价值一起，加入当下的劳动过程，并和当下支出的活劳动一同形成新价值。在这一点上，第一类研发活动和教育培训活动完全一样。就第二类研发活动而言，当新产品刚刚出现、尚未被竞争者模仿时，由于缺乏企业间的竞争和生产率的相互比较，先进企业的研发活动尚不具备还原为简单劳动的条件，反而是企业取得具有租金性质的垄断利润的根据。只有当其他企业的竞争出现后，才会依据不同企业

---

①　见恩格斯《致国际社会主义者大学生代表大会》，载《马克思恩格斯全集》第 22 卷，人民出版社，1965，第 487 页。

间生产相同产品的生产率差异，造成复杂劳动还原。

值得注意的是，马克思以及后来的马克思主义者（如曼德尔）对于研发活动与产品价值创造的关系曾有明确肯定的论述。在《直接生产过程的结果》里，马克思认为企业研究人员和工程师的劳动是生产性的，即创造价值的；在《剩余价值理论》里，马克思写道："自然，所有以这种或那种方式参加商品生产的人，从真正的工人到（有别于资本家的）经理、工程师，都属于生产劳动者的范围。"①

现代马克思主义经济学家曼德尔，曾结合战后出现的第三次技术革命分析了资本主义公司 R&D 部门的巨大发展给价值形成和增殖过程带来的影响。曼德尔认为，R&D 部门在何种程度上创造价值，取决于这一部门的劳动是不是，以及在何种程度上是生产性劳动，他写道②：

> 投资于处在实际生产之前或之后的 R&D 部门里的资本，要视这些部门里进行的劳动在多大程度上是生产性的——即能带来新商品的生产——而实现增殖。从资本主义企业的观点来看，任何一种不能应用的发现或发明，都是生产的杂费或企业的一般费用，而这些费用是应该降低到最低限度的。

> 与任何其他生产性资本一样，投资于研究领域的资本，是由固定部分和可变部分组成的。固定资本包括建筑和实验室的设备，可变资本则包括其所雇用的人员的工资和薪水。这些雇员的劳动只是在较晚的时候——或再也未能——纳入特定商品的价值这一点，并不能改变研究和开发部门所进行的劳动的总体劳动的性质。这些劳动在下述意义上是生产性的，它们对于新的使用价值的生产来说是必需的，因而对于新的交换价值来说也是必需的。

---

① 马克思、恩格斯：《马克思恩格斯全集》第 26 卷第 1 册，人民出版社，1972，第 147 页。
② E. Mandel, *Late Capitalism* (London: Verso, 1999), pp. 253 – 254, 255.

总之，因其促进了技术创新，教育培训活动和某些研究开发活动构成了直接生产过程里的活劳动作为复杂劳动还原的前提（在本章下文里，为了行文的方便起见，我们将把教育培训劳动和研发部门的劳动统称为教育培训劳动）。

3 复杂劳动还原和净产出价值量的增长：三个思想试验

这一节要讨论的是，在何种前提下，复杂劳动还原会造成部门净产出价值量的增长。正是部门净产出价值量的这种增长使得社会净产出价值量的增长变为可能。为此我们要构筑几个相互关联的思想试验，以逐步深化讨论。

先看第一个思想试验。这个思想试验的特点是，假设所有部门乃至所有企业使用的劳动力都具有完全一致的技能水平，并在此前提下，研究生产率提高和净产出价值量变动的关系。

具体假设如下。首先，假定在 t 再生产年度，所有部门的劳动力均未接受过任何教育和培训；而在 $t+1$ 年度，所有部门乃至所有企业的劳动力均接受过譬如小学水平的完全相等的教育和培训，并在一种新的技术条件下从事劳动。换言之，在全社会各部门，出现了步调完全一致的技术进步和劳动者素质的同等提高。其次，依照前文的假定，在每个再生产年度，年产品都在当年得到价值和实物补偿，该假定意味着，两个不同年度的产品之间不发生交换，或者，在任一种产品市场上不存在两个不同年度生产的产品。

这些假定为我们构造了一个理想的试验环境。在这里，有待研究的关键问题是：$t+1$ 年度的劳动与 t 年度相比，是否应算作复杂劳动。显然，如果算作复杂劳动，就会造成社会净产出价值量的增长，如果不算作复杂劳动，社会净产出价值量就将维持不变。

　　李翀和张忠任教授分别在其著作里各自独立地探讨了生产率提高和社会净产出价值量的关系。他们认为，只要生产率发生变化，$t+1$ 年度支出的活劳动就会比 t 年度的活劳动创造更多的社会净产出价值。[①] 在他们那里，生产率变化是社会净产出价值量增长的唯一条件，而在笔者看来，除非在生产率提高的同时引入复杂劳动还原（参见后文引入的第三个思想试验），否则无法直接得出他们的结论。

　　从概念来看，简单平均劳动是在商品价值关系中形成的，这种价值关系以不同商品在同一价值空间里的交换为前提，是一种共时性关系。如果 $t+1$ 年度的劳动力普遍接受过小学程度的教育和培训，则通过各自间商品的交换，这种具有较高素质的劳动力所从事的劳动，就成为在该年度形成价值的简单劳动。在这一点上，它和 t 年度的没有接受过任何培训的劳动并无区别，后者也构成当年的简单劳动。在此前提下，假设其他条件不变，若比较 t 和 $t+1$ 两个年度的社会净产出价值，必然会有两者相等的结论，而不会因为 $t+1$ 年度的劳动力素质较高，其净产出价值量也就较大。换言之，劳动生产率与社会净产出价值量成正比的规律此时并不能成立。

　　在理解上述模型及其结论时，有必要区分几类意义不同的比较关系。第一类比较是通过交换活动进行的、造成商品价值关系的共时性比较，

---

① 见李翀《价值和价格论》，中山大学出版社，1989，第 7 章；张忠任《劳动生产率与价值量关系的微观法则与宏观特征》，《政治经济学评论》2011 年第 2 期。以张忠任为例，他写道："即便今年所投入的劳动时间总量与去年相同，如果社会劳动生产率提高了一倍，那么今年的商品价值总量若是按照去年的价值来计算也应该增加一倍。当然，按照今年的价值来计算，在量上则与去年相比并没有变化。需要强调的很重要的一点是：如果今年所投入的劳动时间总量与去年相同，今年的商品价值总量按照今年的价值标准来计算，去年的商品价值总量按照去年的价值标准来表示，那么，今年和去年的商品价值总量在数值上是相同的。"（见张忠任《劳动生产率与价值量关系的微观法则与宏观特征》，《政治经济学评论》2011 年第 2 期，第 76~77 页）张忠任在此表达的观点，和李翀早在 20 世纪 80 年代提出的观点完全一致（见李翀《价值和价格论》，中山大学出版社，1989，第 7 章，第 233 页）。李翀和张忠任没有说明的是，为什么或在什么条件下，"今年的商品价值总量……按照去年的价值来计算"。他们在刚刚提出问题时就止步了。在后文引入的第三个思想试验里，笔者讨论了这些条件。

这种比较的功能是将各种私人劳动化约为社会劳动，因而是一个客观的社会过程。第二类比较属于历时性比较，它又包括两种类型，其一是资本主义生产当事人在资本循环中对其资本的价值进行跨期比较。在《资本论》第二卷考察资本作为一种运动时，马克思分析了这一种比较。这种比较虽然是个别资本主义当事人在其主观意识中进行的，但它直接决定了资本积累的动机，具有本体论意义上的客观性。另一种历时性比较则是对不同年度社会净产出的价值量进行比较，这种比较恰好是本章研究的对象。但和前两种比较不同，这一种比较与经济当事人的活动无关，是观察者（经济学家）从科学研究的角度进行的比较。以古典经济学家斯密为例，他在《国富论》里曾以购得劳动为尺度，比较国民财富量的跨期变化。这是从劳动价值论的角度对产出价值量进行跨期比较的早期尝试。

在构造上述思想试验时，还可考虑如下可能性：既然在 $t+1$ 年度，各部门劳动者都接受过同等的教育和培训，劳动力价值就有可能普遍增长。由此而来的推论是，一旦劳动力价值普遍增长，在剩余价值率不变时，社会净产出价值量也会相应增长。然而，在第一个思想试验里，我们已经排除了以教育培训活动为前提的复杂劳动还原，在这种情况下，当年投入生产的活劳动量——从而全部净产出价值量——就是固定不变的。在社会净产出价值维持不变的前提下，劳动力价值的普遍增长只能导致剩余价值或利润总量的下降。这个结果与一个以利润为生产目的的资本主义经济是不相吻合的，因而不太可能成为现实，至少不可能变得持久。换言之，以上讨论可以作为反证，说明在一个资本主义经济中，并不可能出现各部门步调一致的技术进步和劳动者素质的同等提高。

现在引入第二个思想试验，这个思想试验将纳入复杂劳动还原这一因素。假设在社会生产各部门中，普遍存在两类企业，一类生产率较先进，另一类较落后。这样一来，在一个代表性部门中，单位产品的价值决定过程如表 5 - 1 所示。

表 5 - 1 部门内产品的价值决定

	（1） 单位商品的个别价值	（2） 单位商品的实际价值	（3） 单位商品的社会价值
先进企业	$\lambda_1 = \dfrac{1}{q_1}$	$\lambda_1^* = \dfrac{h_1}{q_1}$	$\lambda = \dfrac{1}{q_2}$
其他企业	$\lambda_2 = \dfrac{1}{q_2}$		$\lambda = \dfrac{1}{q_2}$

表 5 - 2 部门内产品的价值决定（续）

	（1） 单位商品的个别价值	（2） 单位商品的实际价值	（3） 单位商品的社会价值
先进企业	$\lambda_1 = \dfrac{1}{q_1}$	$\lambda_1^* = \dfrac{h_1}{q_1}$	$\lambda = \dfrac{h_1 + 1}{q_1 + q_2}$
其他企业	$\lambda_2 = \dfrac{1}{q_2}$		$\lambda = \dfrac{h_1 + 1}{q_1 + q_2}$

表 5 - 1 和表 5 - 2 均假定，在生产中不使用不变资本；q_1 和 q_2 分别为两类企业的单位时间产出（单位时间可以是 1 小时，也可以是 1 个工作日，甚至是 1 年），因而同时也代表两类企业的劳动生产率，且 $q_1 > q_2$；h_1 是先进企业的复杂劳动还原系数（$1 < h_1 < \dfrac{q_1}{q_2}$）。这两张表的区别在于社会价值的形成方法不同。一种方法是假设社会价值等于落后企业的个别价值（见表 5 - 1）；另一种方法是按照加权平均法，假定社会价值等于 $\dfrac{h_1 + 1}{q_1 + q_2}$（见表 5 - 2）。[①] 和马克思使用过的概念不同的是，在两个表中都出现了一个新的概念——单位产品的**实际价值**，为此需要特别说明。

实际价值的概念，是笔者自己提出来的。厘定这个概念的目的，是解释一个部门内的先进企业如何可能凭借其销售价格，一方面取得超额

---

① 第二种方法也是《资本论》第一卷论述超额剩余价值时采用的方法。但这样一来，就不存在落后企业的价值转移到先进企业，在后者的净产品价值中只有当下活劳动形成的价值和教育培训劳动形成的价值（参见后文的分析）。

剩余价值（或超额利润），另一方面又不违背《资本论》第一卷假设的商品价格与其价值成比例这个在叙述逻辑中必须遵守的基本原则。在《资本论》第一卷论及部门内竞争和超额剩余价值形成的场合，马克思只限于假定，先进企业可以按照低于个别价值但高于社会价值的水平出售产品，从而获得超额剩余价值。但问题是，在高于社会价值、低于个别价值的区间内，存在着近乎无限的价格，其中大多数价格都必然偏离由社会必要劳动量决定的产品的价值。在这种情形下，坚持价格与价值成比例的原则，就变得十分困难了；换言之，《资本论》开篇为其叙述逻辑厘定的这一基本原则，在具体理论的阐述中并没有得到严格的遵守，《资本论》第一卷叙述逻辑的一贯性也因之遭到破坏。《资本论》第一卷中这一明显的矛盾曾为研究者们一再指出过，但对于如何解决这一问题，没有达成普遍的共识。笔者以为，要最终解决这一问题，必须引入一个全新的概念，这便是此处界定的单位产品的实际价值。

如表 5 - 1 和表 5 - 2 所示，我们将先进企业的实际价值界定为 $\lambda_1^* = \dfrac{h_1}{q_1}$，即等于先进企业的复杂劳动还原系数与其单位时间产量之比。借助于实际价值这个概念，我们可以把先进企业取得的超额剩余价值解释为该企业自身的价值创造的结果，而不必借助于价值转移。

在表 5 - 1 和表 5 - 2 中存在如下关系：个别价值＜实际价值＜社会价值。举个数字例子，如果 q_1 和 q_2 分别为 24 和 12，$h_1 = 1.52$，且社会价值依照第一种方法来确定（即等于落后企业的个别价值），则个别价值、实际价值和社会价值分别为 $\dfrac{1}{24}$、$\dfrac{1.52}{24}$、$\dfrac{1}{12}$，从而有 $\dfrac{1}{24} < \dfrac{1.52}{24} < \dfrac{1}{12}$。如果社会价值依照第二种方法来确定，则社会价值为 $\dfrac{2.52}{36}$（ = 0.07），从而有 $\dfrac{1}{24} < \dfrac{1.52}{24} < \dfrac{2.52}{36} < \dfrac{1}{12}$。

先进企业如果按照实际价值出售产品，其单位产品实现的超额剩余价值将等于实际价值和个别价值的差额，这一差额来自先进企业自身的复杂劳动还原。在上述数字例子中，该差额等于$\frac{1.52-1}{24}=\frac{0.52}{24}$。先进企业如果按照社会价值出售产品，其单位产品实现的超额剩余价值将等于社会价值和个别价值的差额，这一总差额包括两个部分，一部分为社会价值和实际价值的差额，它的形成源泉是落后企业的价值转移；另一部分为实际价值和个别价值的差额，它的形成源泉是本企业的复杂劳动还原。以第二个数字例子来说，总的差额等于$\frac{2.52}{36}-\frac{1}{24}=\frac{2.04}{72}$，其中社会价值和实际价值的差额为$\frac{2.52}{36}-\frac{1.52}{24}=\frac{0.48}{72}$；实际价值和个别价值的差额为$\frac{1.52}{24}-\frac{1}{24}=\frac{0.52}{24}$。

在这个思想试验中，伴随先进企业生产率的提高，企业净产出价值量也在增长（以数值而论，从 1 增加到 1.52）。就整个部门而言，以表 5 - 2 为例，虽然落后企业的产品按社会价值出售会丧失一部分价值，但这部分价值转移到了先进企业。与此同时，先进企业还享有因复杂劳动还原而带来的更多的新创造价值，这样一来，整个部门的净产出价值也可实现增长。

需要提醒读者的是，部门净产出价值的增长是以该部门不同企业生产率的结构性差异为前提的。设若落后企业提高了个别生产率，并达到先进企业的水平，先进企业就无法再按照高于个别价值的水平出售其产品，其产品的额外价值就会消失。在这种情况下，部门净产出价值的增长也将陷入停滞。因此，除非上述生产率的结构性差异在一个动态过程中永久化，即总是会有某些先进企业的生产率要高于大多数落后企业，否则就不会带来部门净产出价值量的持续增长。

可以将表 5 - 2 所示改用代数来说明。① 令某一部门由两个企业构成，

---

① 亦可参见本章附录。

其一为先进企业，其二为落后企业；该部门单位时间创造的净产出价值为 w，其他代数符号的意义同表 5-2；并假设单位产品的社会价值按照加权平均的方法构成，可以写出：

$$w = (\lambda_1 + \Delta\lambda^* + \Delta\lambda_1)q_1 + (\lambda_2 - \Delta\lambda_2)q_2 \qquad (5-1)$$

$$\lambda_1 + \Delta\lambda^* = \lambda_1^* \qquad (5-2)$$

$$\lambda_1 + \Delta\lambda^* + \Delta\lambda_1 = \lambda \qquad (5-3)$$

$$\lambda_2 - \Delta\lambda_2 = \lambda \qquad (5-4)$$

公式（5-2）定义了先进企业的实际价值和个别价值的关系，$\Delta\lambda^*$ 代表了实际价值和个别价值的差额；公式（5-3）定义了先进企业的实际价值和社会价值的关系，其中 $\Delta\lambda_1$ 代表了两者的差额；公式（5-4）定义了落后企业的个别价值和社会价值的关系，$\Delta\lambda_2$ 代表了个别价值和社会价值的差额。

在社会价值的形成中存在下述约束条件：从落后企业转移出去的价值必然等于先进企业从市场得到的价值，即有 $\Delta\lambda_1 q_1 = \Delta\lambda_2 q_2$。这样一来，公式（5-1）就可重写为：

$$w = (\lambda_1 + \Delta\lambda^*)q_1 + \lambda_2 q_2 = (\lambda_1 q_1 + \Delta\lambda^* q_1) + \lambda_2 q_2 = h_1 + 1 \qquad (5-5)$$

公式（5-5）的 h_1（$h_1 > 1$）为先进企业的价值转换系数[①]，$h_1 - 1$（$= \Delta\lambda^* q_1$）度量了先进企业以及整个部门净产出价值的增量部分。

以代表性部门为例得出的这一结论，自然也适用于整个经济，即当部门内存在生产率的结构性差异时，社会净产出价值将实现增长；而且，这种生产率的结构性差异越大，部门以及社会净产出价值增长也越显著。

---

① 由于这里采用的是社会价值形成的第二种方法，即以落后企业的个别价值作为社会价值，在先进企业的额外价值中，包含了价值转移的部分。在这种情况下，h_1 不全然代表复杂劳动还原，因而不是严格意义上的复杂劳动还原系数，而应作为价值转换系数。只有当采用第一种社会价值形成方法，即以实际价值作为社会价值时，才会排除价值转移，h_1 才可作为严格意义上的复杂劳动还原系数。

我们还可换一种方式来构造第二个思想试验。与前述假设每个部门存在两类企业不同，现在假设在经济中存在三类部门，第一类部门中使用的劳动力接受过大学教育，其劳动具有复杂劳动性质；第二类部门的劳动力接受过高中教育，其劳动具有简单劳动的性质；第三类部门的劳动力接受过初中教育，其劳动具有边际劳动的性质。

在第一类部门，由于其劳动具有复杂劳动的性质，参与形成新价值的就不仅有当年投入的活劳动，还有在以往年份的教育和培训中所投入的劳动。当复杂劳动力的使用为该部门带来生产率提高时，其单位时间创造的净产出价值也将提高，即出现成正比。

在第二类部门，由于其劳动属于简单劳动，单位时间创造的净产出价值必然和以往一样多，不会发生变化。

在第三类部门，劳动力所接受的教育和培训程度低于简单劳动力，在这种情况下，活劳动不能完全形成价值，因而其净产出价值要小于实际投入的劳动量。

第三类部门面临的这种局面，和第一类部门恰好形成反差。在第三类部门，净产出价值量小于当年投入的活劳动量，而在第一类部门，净产出价值量大于当年投入的活劳动量。根据我们的假定，所有部门的产品都可得到实现，这相当于假定，全社会为此投入的活劳动将悉数获得承认。但是，这种承认是以第三类部门向第一类部门的价值转移为前提的。与此同时，在这种价值转移之外，第一类部门的高级劳动力过往所经历的教育培训活动还将追加形成该部门的净产出价值，这将导致全社会净产出价值量的增长，其增量部分恰好等于教育培训劳动时间所形成的价值量。

在和冯金华教授的讨论中，笔者受到很大启发，根据他的建议，我们还可引入第三个思想试验。这个思想试验的特点，是放弃我们此前提出的假定：不同再生产年度的产品彼此间不相交换，或者不能同时并存于一个市场。这样一来，在 $t+1$ 年度，每个部门的市场上就可能有两个批次的产品, 首先是本年度生产的产品, 其次是在 t 年度生产但在 $t+1$ 年度加入交易的产品。和 t 年度相比, 在 $t+1$ 年度, 生产率实现了提高, 且这一提高是以教育培训活动或研发活动为基础的。

表 5 - 3 概括了在上述条件下单位产品社会价值的确定。如果社会价值的形成采取加权平均法, 就需要添加如下假设: 两种批次的产品在部门净产出中所占据的相对比重, 应保证社会价值大于 $t+1$ 年度产品的实际价值。添加这个假设的必要性在于, 如果 $t+1$ 年度的产出所占比重较大, 该部门产品的社会价值就可能依照 $t+1$ 年度的标准来计算, 这样就不会造成复杂劳动还原。

表 5 - 3　在包含不同年度产品的部门中单位产品的价值决定

	（1） 个别价值	（2） 实际价值	（3） 社会价值
$t+1$ 年的产品	$\dfrac{1}{q_{t+1}}$	$\dfrac{h_{t+1}}{q_{t+1}}$	$\dfrac{h_{t+1}+1}{q_t+q_{t+1}}$
t 年的产品	$\dfrac{1}{q_t}$		$\dfrac{h_{t+1}+1}{q_t+q_{t+1}}$

表 5 - 3 仍然假定在生产中不使用不变资本; q_{t+1} 和 q_t 分别为各年度单位时间产出, 亦即各自的生产率, 且 $q_{t+1} > q_t$; h_{t+1} 是 $t+1$ 年度单位劳动时间的价值转换系数。假设部门内产品的社会价值按照加权平均法形成, 即等于 $\dfrac{1+h_{t+1}}{q_t+q_{t+1}}$。表 5 - 3 中存在如下关系: $\dfrac{1}{q_{t+1}} < \dfrac{h_{t+1}}{q_{t+1}} < \dfrac{1+h_{t+1}}{q_t+q_{t+1}} < \dfrac{1}{q_t}$。

在这个思想试验中, 由于 t 年度的产出进入 $t+1$ 年度的交易, 且 t 年度的生产率落后于 $t+1$ 年度, 就为 $t+1$ 年度的教育培训劳动参与产品价值的形成创造了条件。依据我们在讨论表 5 - 1 时假定的数字例子, 在 $t+1$ 年度, 每支出 1 单位活劳动, 会伴随有 0.52 单位的教育培训劳动参与价值形成, 因此复杂劳动还原系数等于 1.52。

要指出的是, 这里可以区分出如下两个概念: 一个是在 $t+1$ 年度生产和实现的部门净产出价值，另一个是在 $t+1$ 年度参加交易并得到实现的部门净产出价值。这两个概念显然是不同的，后者大于前者。成正比的规律既适合于前者，即生产率提高与 $t+1$ 年度生产的部门净产出价值成正比；也适合于后者，即生产率提高与 $t+1$ 年度实现的净产出价值成正比。在后一情形下，于 $t+1$ 年度实现的净产出价值包括了 t 年生产的净产出价值。

第三个思想试验在部门水平得出的上述结论，还可推广至整个经济。这意味着，和第二个思想试验类似，部门净产出价值的增长，将造成全社会净产出价值量的增长。在本章第 5 节里，我们将进一步考察这一问题。

不过，需要提醒读者的是，和先前针对第二个思想试验所做的论断类似，社会净产出价值的增长是以不同部门（或企业）生产率的结构性差异为前提的，这种结构性差异来自少数部门（或企业）的复杂劳动还原。全社会净产出价值的增长若要长久地持续下去，须以这种结构性差异的再生产为前提。一旦这种差异消失，社会净产出价值的增长就会陷于停滞。① 按照本章采用的术语，通过提高净产出价值以促进经济增长的效应，可称作复杂劳动还原促进经济增长的价值效应。当这种效应因技术进步的扩散而消失时，则只剩下促进增长的生产率效应还在起作用。

---

① 造成社会净产出价值量增长的复杂劳动还原，是以流行的简单劳动为基准而进行的。如果使用高级劳动力的技术在部门及整个经济中普及开来，简单劳动的标准自然也会提高。在这种情况下，除非以教育培训劳动为基础的新的技术创新再度出现，否则复杂劳动还原就会消失。有的学者据此片面地认为，社会净产出价值量永远不可能增长，如武建奇写道："能不能以复杂劳动是'倍加的'简单劳动而得出随着技术进步、劳动复杂程度的提高，全社会创造的价值总量越来越多呢？显然不能。因为，简单劳动和复杂劳动的概念是相对的，其内容随着社会进步和技术提高而变化。过去的复杂劳动今天也许是简单劳动，今天的复杂劳动又会成为明天的简单劳动。社会平均的劳动复杂程度不断提高是个趋势，但在这个过程，用以决定'单位价值'的劳动复杂程度也在水涨船高，社会价值总量不会因此而增加。"见武建奇《生产率、经济增长和价值总量的关系》，《中国经济问题》2005 年第 6 期，第 27 页。

4　复杂劳动、人力资本和利润率下降

在复杂劳动还原的基础上能否形成人力资本？马克思主义经济学在何种前提下可以接纳人力资本的概念？这些一直是学界在思考但未达成共识的问题。

在研究这些问题前，让我们先回到公式（5-3），该式界定了部门内先进企业的实际价值和社会价值的关系，即：

$$\lambda_1 + (\Delta\lambda^* + \Delta\lambda_1) = \lambda$$

从中可以看到，先进企业通过单位商品实现的额外价值，等于 $\Delta\lambda^*$ + $\Delta\lambda_1$。在额外价值的这两项构成中，前一项 $\Delta\lambda^*$ 是由复杂劳动还原带来的，而后一项 $\Delta\lambda_1$ 代表来自其他企业的价值转移。如果从单位产品价值构成的角度考虑改写公式（5-3），并令 $\Delta\lambda^* = l_{e+r}$、$\Delta\lambda_1 = \sigma_{e+r}$，则有：

$$\lambda = (v_1 + s_1) + l_{e+r} + \sigma_{e+r} \tag{5-6}$$

其中，$v_1 + s_1 = \lambda_1$，l_{e+r} 是因复杂劳动还原而形成的额外价值，σ_{e+r} 是由转移来的价值形成的额外价值。现在的问题是，对资本家而言，在公式（5-6）里，哪一项是由他预付并在价值创造中得到补偿的等价物呢？首先可以确定的一项是 v_1，这是个别价值的一部分，它由资本家预付，并在价值创造中得到补偿；至于 σ_{e+r}，因为它是转移来的价值，显然不涉及任何预付资本；最后剩下的是 l_{e+r}，这一项需要另做讨论。

依照笔者的见解，l_{e+r} 是由过往支出的教育培训劳动形成的价值，在这一价值额中，是否存在预付资本价值的等价物，取决于教育培训部门的社会性质，即该部门是由资本家控制的，还是由非资本主义机构如家庭或福利国家主导的。如果是前一种情况，l_{e+r} 自然与预付资本价值相关（我们的假定排除了不变资本，因而此处只涉及预付可变资本）。在此基

础上，可以写出：

$$l_{e+r} = v_{e+r} + \pi_{e+r}$$

其中，v_{e+r}是资本家为培养熟练劳动而预付的可变资本，π_{e+r}是超出预付可变资本的那部分额外价值。如果教育和培训过程为家庭或福利国家主导，则v_{e+r}等于0。这样一来，公式（5 - 6）就可改写为：

$$\lambda = (v_1 + v_{e+r}) + s_1 + \pi_{e+r} + \sigma_{e+r} \qquad (5-7)$$

针对公式（5 - 7），首先可考虑如下极端假设：预付资本（$v_1 + v_{e+r}$）以外的额外价值，即$s_1 + \pi_{e+r} + \sigma_{e+r}$，全部归资本家占有，其中$\pi_{e+r} + \sigma_{e+r}$属于超额剩余价值。

但这一假设显然是有缺陷的，对于熟练或高级劳动力来说，如果不能从π_{e+r}当中分享一部分价值，往往难以指望他们贡献其全部知识或技能。基于这一考虑，如果资本和劳动可以分享复杂劳动还原所产生的新价值，π_{e+r}就可分解为两个部分，即有$\pi_{e+r} = \pi_{e+r}^l + \pi_{e+r}^k$，其中$\pi_{e+r}^l$是归于高级劳动力的额外价值，$\pi_{e+r}^k$归于资本家。此外，在公式（5 - 7）中，甚至假设σ_{e+r}完全为资本家独占也是不尽合理的。只要σ_{e+r}能持久地存在，它就和π_{e+r}一样构成了先进企业的技术租金，这一租金同样可由高级劳动力分享。如果上述意见可以接受，公式（5 - 7）就变成为：

$$\lambda = (v_1 + v_{e+r}) + (\pi_{e+r}^l + \sigma_{e+r}^l) + (s_1 + \pi_{e+r}^k + \sigma_{e+r}^k) \qquad (5-8)$$

在该式右边的三项中，第一项为预付可变资本（同时也是高级劳动力取得的通常意义的工资），第二项为高级劳动力取得的额外价值，第三项为资本家取得的额外价值。对高级劳动力而言，其收入现在包含两项，一项是与预付可变资本对应的普通意义上的工资，另一项是与额外价值对应的新收入，由于这部分新收入来自企业在提高生产率的基础上取得的技术租金，因而也就具有租金（或准租）的性质。

收入的这两种类型会给劳动力本身的社会性质带来影响。在笔者看来，工资收入是和普通劳动力所有者的身份相对应的；而租金则与人力资本所有者的身份相对应。在马克思主义经济学中，人力资本概念一直是被批判的对象，因为新古典经济学家发明的这个概念，是以费雪的资本概念为前提的，与马克思的资本概念——作为支配他人劳动的生产关系——不相吻合。在费雪那里，资本概念有两重含义，一是作为可蓄积的财富存量，并与作为流量的收入相对应；二是将来收入的资本化。① 马克思批判过在第二种意义的基础上形成的劳动力资本的概念，他指出："工资被看成是利息，因而劳动力被看成是提供这种利息的资本……资本主义思想方法的错乱在这里达到了顶点，资本的增殖不是用劳动力的被剥削来说明，相反，劳动力的生产性质却用劳动力本身是这样一种神秘的东西即生息资本来说明。"②

将工资一律作为人力资本的收入固然是错误的，但这一点并不排除下述可能性，即以技能和知识为依据所取得的类似于准租的收入，实际上是对一部分他人劳动的支配。参照上文的讨论，高级劳动力取得的额外价值有两个构成：其一是从企业之外转移来的价值，占有这部分价值同样属于对他人劳动的支配，只不过这种支配是以交换为媒介实现的；其二来自教育培训劳动（或研发劳动），这类劳动虽然包含着高级劳动力自身的劳动，但同时也包含了在教育和培训过程（以及研发过程）中由其他许多人共同完成的社会劳动，高级劳动力代替他们无偿地占有了这些社会劳动，就和资本无偿地占有这类劳动时一

---

① 费雪提到："明显的事实是，任何收入或一切收入都可以资本化，包括人本身所产生出来的收入，从而求得一个人基于资本化的经济价值。"见费雪《利息理论》，陈彪如译，商务印书馆，2013，第30页。从马克思主义角度对费雪的批判性评论，可参见米列伊科夫斯基等《现代资产阶级政治经济学批判》，杨德明、厉以平等译，商务印书馆，1985，第441~442页。

② 马克思：《资本论》第3卷，载《马克思恩格斯全集》第25卷，人民出版社，1974，第528页。

样。准此，在马克思主义经济学的范畴体系中引入人力资本概念就是可以成立的。[①]

要指出的是，公式（5-8）所涉及的虽然是部门内的个别先进企业，但类似公式也可推广到部门乃至整个经济的层面。在部门净产出价值出现增长时，其增量部分也包括相当于（$v_{e+r} + \pi_{e+r} + \sigma_{e+r}$）的部分，即由教育培训劳动带来的劳动力价值、人力资本租金以及资本取得的额外剩余价值。然而，在涉及全社会单位时间净产出价值的增长时，等式（5-8）就不可再直接援用，而须做出相应的修改。我们以大写符号代表经济总量，可以写出：

$$W = V + S + L_{e+r} = V + S + V_{e+r} + \Pi_{e+r}^l + \Pi_{e+r}^k \qquad (5-9)$$

式中的 W 代表全社会净产出价值，V 代表预付可变资本（包含为教育培训劳动预付的可变资本），S 代表直接生产过程里的活劳动所创造的剩余价值，L_{e+r} 代表教育培训活动创造的全部新价值，V_{e+r} 代表为教育培训活动预付的可变资本，Π_{e+r} 代表教育培训劳动（或研发活动）所创造的、扣除了为教育培训而预付的可变资本的那部分额外价值。Π_{e+r} 又分为两项，分别是归于高级劳动力的人力资本租金（Π_{e+r}^l）和归于资本的超额利润（Π_{e+r}^k）。须强调的是，在公式（5-9）中，不存在对应于公式（5-8）中 σ_{e+r} 的那一项，这是因为，在整个经济的层面，不同部门和企业间的转移价值必然相互抵销。

公式（5-9）的意义在于，可以利用它分析和利润率下降有关的问

[①] 一本由苏联经济学家撰写的著作认为："与生产资料所有制不同，掌握技艺与剥削他人的雇佣劳动没有关系。这里不存在控制和服从的关系，因此，把人的能力说成是资本的见解，歪曲了资本主义生产方式的内在本质。"（见米列伊科夫斯基等《现代资产阶级政治经济学批判》，杨德明、厉以平等译，商务印书馆，1985，第441页）这一论点有两个可质疑之处，第一，在生产过程中，凭借才能成为支薪经理的管理者，的确可以通过控制和服从的关系支配他人劳动；第二，掌握知识和技能的高级劳动力，还可以流通为媒介支配他人劳动，在这一点上人力资本和商业资本、货币资本乃至高利贷资本具有共性。

题。马艳教授在 2009 年发表的一篇论文里，试图分析这个问题。虽然笔者大体同意马艳在分析时所采用的主要理论依据，即假定技术进步伴随着劳动的主观条件或劳动者素质的变化，却不能完全同意她的分析步骤和结论。① 为了便于讨论，可将公式（5－9）改写为包含不变资本的总量值形式，即有：

$$W = C + V + S + C_{e+r} + L_{e+r}$$
$$= （C + V + C_{e+r} + V_{e+r}） + \Pi^l_{e+r} + （S + \Pi^k_{e+r}）$$
$$(5－10)$$

在公式（5－10）最后一个等式右边，第一个括号里的各项表示由资本家预付的所有成本，C_{e+r} 是资本家为教育培训活动预付的不变资本；第二个括号里的两项则是资本家取得的普通利润和超额利润。依循马克思的定义，一般利润率就可写为：

$$r = \frac{S + \Pi^k_{e+r}}{C + V + C_{e+r} + V_{e+r}}$$
$$(5－11)$$

从公式（5－11）可以看出，这里出现了两个新的影响利润率的因素，即分子里的 Π^k_{e+r} 和分母里的 $C_{e+r} + V_{e+r}$。研究这个等式，可以得到下述两点结论。

第一，如果教育培训活动不为资本家所控制，而由家庭和福利国家

---

① 参见马艳《马克思主义资本有机构成理论创新与实证分析》，《学术月刊》2009 年第 5 期。马艳在分析中（第 71 页）提出：存在着"可变资本价值含量与可变资本技术含量的不一致性"，"即由于科技进步使得可变资本所购买的活劳动相对上一期技术含量发生变化了，但购买劳动力的可变资本价值量相对于上一期却没有发生变化"。她所采用的术语和表达在意义上是含糊的，不容易为读者充分理解。她想要表达的事实上是：资本家预付的可变资本并不能成为劳动力所创造的价值的适当的指示器；在技术进步条件下，高级劳动力在单位时间内创造的价值将高于前一时期的劳动力所创造的价值。马艳断言这一规律会降低资本的平均有机构成，但她似乎没能成功地证明这一点。她所谈论的有机构成，事实上是死劳动和活劳动在产出中所占的比例，即日本学者置盐信雄等人采用过的"产品的有机构成"概念，而不是马克思在定义利润率时使用的资本的有机构成。在下文里将看到，利润率下降规律的确可能因上述趋势而得到某种程度的抵销，但这种抵销效应不是以资本有机构成的提高为中介而实现的。

承担，$C_{e+r} + V_{e+r}$ 就趋于零，换言之，这会从分母一侧提高利润率。

第二，如果教育培训活动为资本家所控制，利润率的变动就取决于 Π^k_{e+r} 和 $C_{e+r} + V_{e+r}$ 的大小。在 $C_{e+r} + V_{e+r}$ 给定时，Π^k_{e+r} 的规模是资本家和高级劳动力对 Π_{e+r} 进行分配的结果，因此事实上取决于双方的谈判力量。在这种情况下，利润率的变化就具有不确定性。

5　以劳动价值论为基础的内生增长理论

对复杂劳动还原和社会净产出价值量的关系的探讨，为发展一种以劳动价值论为基础的内生增长理论提供了可能性。让我们回到第三节的第一个思想试验，在那里，通过假设部门内所有企业都采用相同的技术，排除了发生复杂劳动还原的可能性；同时我们还假定，生产中使用的不变资本等于零。在这些条件下可以写出：

$$w_i = \lambda_i q_i = t_i \qquad\qquad (5-12)$$

其中，w 为单位时间部门净产出价值量，t 是该部门在单位时间内支出的活劳动。依照我们的假定，所有企业的劳动都是简单劳动，故而 $w_i = t_i = 1$。如果假设全社会存在 n 个部门，全社会单位时间净产出的价值总量就可写为：

$$W = \sum_{i=1}^{n} w_i = \sum_{i=1}^{n} \lambda_i q_i = \sum_{i=1}^{n} t_i = n \qquad\qquad (5-13)$$

现在假设第 j 个部门是创新部门，该部门因采用经过教育和培训的高级劳动力，提高了生产率，为复杂劳动还原创造了条件。在此情形下，根据前文总结的理论，该部门单位时间净产出价值可写为：

$$w_j = \lambda_j q_j = t_j = t_{j1} + t_{j2} = 1 + t_{j2} \qquad\qquad (5-14)$$

其中 t_{j1} 和 t_{j2} 分别代表在单位时间内投入的活劳动以及与单位时间产

出相对应的教育培训劳动，且 $t_{j2} > 0$。① 由公式（5-14）可知，单位产品价值 λ_j 的下降和部门生产率 q_j 的增长是一对互补的现象，且后者的增长必须快于前者的下降，而生产率的这种较快的增长又与教育培训劳动 t_{j2} 的增长互为前提。

现在将发生复杂劳动还原的创新部门与其他部门的净产出价值一起加总。根据假定，此时只存在唯一一个发生复杂劳动还原的部门，据此可以得出下式：

$$W = \sum_{i=1}^{n} w_i = \sum_{i=1}^{n} \lambda_i q_i = \sum_{i=1}^{n} t_i = n + t_{j2} \tag{5-15}$$

将公式（5-15）和公式（5-13）相比，社会净产出价值量实现了增长，其增幅为 t_{j2}。公式（5-15）意味着，根据前文第 3 节的假定，个别部门在采用复杂劳动和人力资本的基础上实现技术进步，是社会净产出价值量增长的前提条件；而且，只要出现一个带来复杂劳动还原的创新部门，社会净产出价值量即可实现增长。

在公式（5-13）至公式（5-15）中，各变量的量纲都是劳动时间，若将这些变量乘以劳动时间的货币表现（$MELT$），就可将其转换为价格量纲。令价格为 p，劳动时间的货币表现可定义为 $MELT = \dfrac{\sum\limits_{i=1}^{n} p_i q_i}{\sum\limits_{i=1}^{n} t_i}$，使其同时乘以公式（5-15）中最后一个等式两边的各项，便有：

$$\sum_{i=1}^{n} p_i q_i = (n + t_{j2}) \frac{\sum\limits_{i=1}^{n} p_i q_i}{\sum\limits_{i=1}^{n} t_i} = \sum_{i=1}^{n} w_i \times MELT \tag{5-16}$$

---

① 假设劳动力所接受的教育培训劳动时间总量为 T，劳动力一生的工作时间为 p，此处的 t_{j2} 就等于 $\dfrac{T}{p}$。

公式（5-16）中，$\sum_{i=1}^{n} p_i q_i$ 相当于国民收入核算里的国内净产品（即 GDP 减去折旧），为此可有：

$$国内净产品 = GDP - 折旧 = 国内净产品价值 \times MELT \tag{5-17}$$

从 $MELT$ 的定义可看出，在以不变价格进行国民收入增长核算时，由于 p 不变，$\dfrac{\sum_{i=1}^{n} q_i}{\sum_{i=1}^{n} t_i}$ 服从报酬递增[①]，$MELT$ 是增加的。这意味着，在经济增长过程中，$MELT$ 可作为反映生产率提高和报酬递增的指标。[②] 如此一来，公式（5-16）和公式（5-17）便具有如下特点：国内净产品的增长一方面反映了使用价值量（即劳动生产率）的增长，另一方面反映了国内净产品（或社会净产出）价值量的增长；两者分别对应于促进增长的两种效应，即生产率效应和价值效应，这两种效应代表着技术进步推动经济增长的两条途径。

在公式（5-16）和公式（5-17）中，国内净产品、$MELT$、当年投入的活劳动量都有可获取的数据或近似数据，利用这些数据，就可以估计 t_{j2} 即社会净产出价值的增量，这一增量度量了与生产率提高相伴随的

[①] 依照定义，在第 j 个部门成为创新部门后，有 $\sum_{i=1}^{n} t_i = n + t_{j2}$，其中创新部门单位时间的劳动投入为 $1 + t_{j2}$。由于创新部门的复杂劳动还原同时造成报酬递增，该部门在创新后的生产率得以提高，即 $\dfrac{q_{j2}^{t+1}}{1 + t_{j2}} > q_{j2}^{t}$，此处以 q 的上标区分创新前后两个时期。在此前提下，可有 $\dfrac{\sum_{i=1}^{n} q_i^{t+1}}{n + t_{j2}} > \dfrac{\sum_{i=1}^{n} q_i^{t}}{n}$。

[②] 公式（5-16）和公式（5-17）里的 $MELT$ 可以分解为两项，即劳动时间的价值表现和价值的货币表现。其中劳动时间的价值表现度量了劳动时间向价值转化的程度，这种转化受到以下因素的影响：第一，生产过程里的剥削；第二，流通领域的价值实现，后者反映了社会总资本再生产的内在矛盾即非均衡因素的影响。价值的货币表现则受到通货膨胀、货币流通速度等来自货币金融体制方面的因素的影响。在以不变价格度量净产出时，上述各种因素的影响倾向于被忽略或淡化。

促进增长的价值效应。

6　尾论

对生产率提高和社会净产出价值量变动成正比的探讨，最终导向一种马克思主义内生增长理论。自 20 世纪 80 年代以来，新古典内生增长理论取得了长足发展，这一理论虽因倚重其特有的生产函数和一般均衡分析框架而有着内在的缺陷，但它探讨的某些问题，亦能在马克思经济学中找到渊源。譬如，马克思曾谈到，伴随资本主义的发展，技术发明活动成为资本主义分工体系中的特殊部门。[①] 不过，令人遗憾的是，当代马克思主义经济学并没有足够深入地反思和探究马克思主义和新古典内生增长理论之间的关系，以服务于构建属于自己的内生增长理论。马克思主义内生增长理论以劳动价值论为基础，这是它和新古典内生增长理论的主要区别之一，本章开篇提出的以劳动价值论为前提的生产函数就反映了这种区别。对这两种增长理论开展更为细致和全面的比较，是值得未来进一步探索的重要课题。

在我们的模型中，人力资本的运用和由此带来的复杂劳动还原虽然能带来经济增长的价值效应，但这种效应是以部门（及企业）之间生产率的结构性差异为前提的，换言之，在一个封闭经济中，复杂劳动还原并不是遍及所有经济单位的普遍现象。这一见解在方法论上具有重要意义，因为它有助于理解一个在表面上看似矛盾的现象：一方面，复杂劳动还原只是中观或微观层面的局部性现象；另一方面，这一局部现象在整个经济的增长中却会得到反映。依照我们的观点，在不同部门（及企业）之间，生产率会因复杂劳动还原而产生结构性差异，一方面，生产

---

① 参见马克思、恩格斯《马克思恩格斯全集》第 47 卷，人民出版社，1979，第 570 ~ 572 页。

率的这种结构性差异越大，促进经济增长的价值效应就越显著；另一方面，随着生产率提高的扩散，生产率的结构性差异趋于削弱，促进经济增长的价值效应也就濒于消失。这一观点可用于解释与技术革命和技术－经济范式生命周期相对应的经济增长速度的转换。[①] 一方面，在一场迅猛开展的技术革命生命周期的早期，促进增长的价值效应也最为显著，这一效应和生产率效应结合在一起，造成了速度较快的经济增长。另一方面，在技术革命生命周期的晚期，伴随这种价值效应的相对衰落，经济增长也更有可能回落。在笔者看来，这些结论从马克思主义经济学的角度解释了熊彼特及演化经济学的假设——中观（及微观）层面的技术变革和由此带来的生产率结构性差异，是推动宏观经济增长的根本动力之一。

附录 证明[②]

假定一个代表性部门的总就业量（即投入生产的活劳动量）为 L，且其数量不变；同时不考虑不变资本。采用新技术时，以单位时间净产出计算的劳动生产率更高，记为 $q_2 > q_1$。采用新技术的劳动力数量（记为 L_2）所占比重记为 α，采用旧技术的劳动力数量为 L_1，于是有：

$$L_2 = \alpha L$$
$$L_1 = (1 - \alpha) L \tag{1}$$

令 h 为先进企业的复杂劳动还原系数（$h \geqslant 1$），先进企业的净产出价值总量为 hL_2。但复杂劳动是相对简单劳动而言的，如果新技术在整个经济中扩散（$\alpha \to 1$），复杂劳动还原也将不复存在，即有 $h \to 1$。

---

① 技术革命、技术－经济范式及其生命周期，是新熊彼特派经济学使用的概念，见佩蕾丝《技术革命和金融资本》，田方萌等译，孟捷校，中国人民大学出版社，2007。

② 骆桢撰写了此附录，特致谢忱。

在下式中，假设单位商品的社会价值根据加权平均的原则来决定，其中 Q 是与总就业量对应的部门总产量。

$$\lambda = \frac{L_1 + hL_2}{Q} = \frac{L_1 + hL_2}{q_1L_1 + q_2L_2} = \frac{(1-\alpha)L + h\alpha L}{q_1(1-\alpha)L + q_2\alpha L} = \frac{(1-\alpha) + h\alpha}{q_1(1-\alpha) + q_2\alpha} \quad (2)$$

在新技术尚未出现时，$\alpha = 0$，$h = 1$，故有 $\lambda = \dfrac{1}{q_1}$；在新技术完全扩散时，$\alpha = 1$，$h = 1$，故有 $\lambda = \dfrac{1}{q_2}$。

如果企业在采纳新技术后单位产品的实际价值增加，则在市场竞争中将招致失败。因此，采用新技术时，先进企业单位产品的实际价值必然低于旧技术下的社会价值，即有：

$$\frac{1}{q_1} > \frac{h}{q_2} \quad (3)$$

命题一：以复杂劳动还原为前提的技术创新会带来部门净产出价值量的增长。

根据定义，部门净产出价值量为：

$$W = L_1 + hL_2 = L[(1-\alpha) + h\alpha] = L[1 + (h-1)\alpha] \quad (4)$$

由于 $h \geqslant 1$，$0 \leqslant \alpha \leqslant 1$，所以 $W \geqslant L$，且当 $h \neq 1$，$W > L$，由此，命题一得证。

命题二：采用新技术的先进企业不仅因为复杂劳动还原创造更多价值，而且占有一部分从落后企业转移来的价值。

根据公式（2），采用新技术的企业所实现的全部价值量为：

$$\lambda q_2 L_2 = q_2 L_2 \frac{(1-\alpha) + h\alpha}{q_1(1-\alpha) + q_2\alpha} = L_2 \frac{(1-\alpha) + h\alpha}{\dfrac{q_1}{q_2}(1-\alpha) + \alpha} \quad (5)$$

因为 $q_2 > q_1$、$0 \leqslant \alpha \leqslant 1$ 且 $h \geqslant 1$，所以 $\dfrac{q_1}{q_2}(1-\alpha) + \alpha \leqslant (1-\alpha) + h\alpha$，

即 $\dfrac{(1-\alpha) + h\alpha}{\dfrac{q_1}{q_2}(1-\alpha) + \alpha} \geqslant 1$。当且仅当技术完全扩散（$\alpha = 1$、$h = 1$）时该式取

等号。

采用新技术的企业所实现的价值超过本部门当前支出的劳动量的部分为：

$$\lambda q_2 L_2 - L_2 = L_2 \left[\frac{(1-\alpha) + h\alpha}{\dfrac{q_1}{q_2}(1-\alpha) + \alpha} - 1 \right] \tag{6}$$

其中因复杂劳动还原得到的额外价值为

$$(h-1)L_2 \tag{7}$$

从企业以外转移而来的价值为：

$$\lambda q_2 L_2 - L_2 - (h-1)L_2 \tag{8}$$

不过，只有这部分价值确定非负，才能证明存在转移的价值。将公式（6）代入公式（8），得到：

$$\lambda q_2 L_2 - L_2 - (h-1)L_2 = L_2(1-\alpha)\frac{1 - h\dfrac{q_1}{q_2}}{\dfrac{q_1}{q_2}(1-\alpha) + \alpha} \tag{9}$$

若公式（9）大于等于 0，至少要求 $1 - h\dfrac{q_1}{q_2} \geqslant 0$。而这恰恰就是公式（3）——新技术下单位商品"实际价值"下降的条件。因此命题二得证。

第6章 劳动与资本在价值创造中的正和关系研究

1 问题的提出

二战结束后的黄金年代，资本和劳工在生产率提高的前提下分享企业剩余，一度成为发达资本主义经济的普遍现象。[①] 这一现象向政治经济学提出了新的课题，借用美国学者拉佐尼克的话来说：

> 要弄明白资本主义的成功发展，关键不是明白资本家怎样从工人身上获取剩余价值，而是要明白工人的劳动和技能怎样和资本家的资本投资结合在一起，为资本家和工人双方创造足够的价值，让劳资双方都获益。[②]

然而，依照传统剩余价值论，资本和劳动之间并不具有存在这种正和关系的可能性。在《雇佣劳动与资本》这部早期作品里，马克思就已详细论述了工资和利润之间互为反比的零和关系，这种关系意味着，要想提高剩余价值，就必须降低劳动力价值或工资。[③] 要想在这种零和关系之外，证明在一定条件下还可能存在劳动与资本之间在价值创造和分配

[①] 此处的剩余是以企业销售收入减去直接劳动成本之外各项成本的余额，也就是马克思所定义的新价值。在一个资本主义经济中，工人分享剩余意味着劳资之间在价值创造和分配上的正和关系，亦即工资收入（包括工人作为人力资本所有者取得的租金）将和利润成正比而增长。

[②] 拉佐尼克：《车间的竞争优势》，徐华等译，中国人民大学出版社，2007，第77页。

[③] 马克思：《雇佣劳动与资本》中文第2版，载《马克思恩格斯选集》第1卷，人民出版社，1995，第353~355页。

上的正和关系，在马克思的文本中并不能找到现成的论据。

　　有趣的是，马克思本人曾在某种程度上暗示了工人分享剩余的可能性。在《1861—1863 年经济学手稿》里，马克思细致地考察了资本家使用和发明机器的八点动因。① 在其中标为第六点的地方，马克思对 1834 年出版的一本题为《论工会》的书做了征引，征引的内容如下②：

　　　　工人果敢地要求享有因采用机器而使自己的劳动生产率提高的一部分果实。

　　　　工联为了要保持工资，企图分享改良机器而获得的利润……他们因为工作日缩短而要求更高的工资……换句话说，他们企图建立产业改良税。

　　　　这样一来，工资就完全改变了本身的性质，它或是吞没利润，或是变为利润税。

　　马克思做了上述摘录，却未附加任何个人的评论，既没有对这段话发表肯定的意见，也没有发表否定的意见。不过，由于他把工人的这种要求和其他导致资本家进行技术变革的动机并列在一起，似乎意味着他曾考虑过下述观点：劳动与资本的合作以及彼此分享利润，促进了企业的技术创新。

　　晚年恩格斯明确谈到了英国工人和资本家之间在价值分配上的妥协关系，他指出：在 19 世纪末，"工人十分安然地同他们（引者注：指英国资产者）共享英国的殖民地垄断权和英国在世界市场上的垄断权"③。这是经典作家就工人和资本家之间存在正和关系所做的重要论断。但是，这里谈论的正和关

---

① 马克思：《1861—1863 年经济学手稿》，载《马克思恩格斯全集》第 47 卷，人民出版社，1979，第 372～392 页。

② 马克思：《1861—1863 年经济学手稿》，载《马克思恩格斯全集》第 47 卷，人民出版社，1979，第 387 页。

③ 恩格斯：《恩格斯致考尔·考茨基的信（1882 年 9 月 12 日）》，载《马克思恩格斯全集》第 35 卷，人民出版社，1971，第 353 页。

系是基于殖民地垄断或市场势力而实现的，不是本章的分析对象。本章探讨的正和关系指的是以生产率提高和复杂劳动还原为前提的正和关系。

一些现代马克思主义者意识到劳动和资本之间的正和关系的存在，并各自从不同的角度进行了分析。美国学者、马克思主义社会学家布若威便是一个例子，他在20世纪70年代就提出，企业内的生产关系不能仅仅还原为强制性的剥削关系，还须建立劳动和资本之间的共识（Consent，或译同意），这种共识与劳资双方在价值创造和分配上的正和关系是相互联系的。布若威的局限在于，这种正和关系在他那里只存在于使用价值层面，价值层面则仍为零和关系所主宰，用他的话来说："尽管在交换价值层面，资本和劳动的关系可能是零和关系，但在使用价值层面，资本和劳动的关系是非零和的关系……因此，即便工资的'价值'——亦即用于再生产劳动力的社会必要劳动时间量——下降，工资可支配的商品却能因生产率的提高而增长。"① 这里提到的实际工资可伴随技术进步而增长的观点，来自《资本论》第一卷。马克思在那里指出，相对剩余价值率的提升可以和实际工资的增长携手并进，条件是后者的增长不能超过劳动生产率的增长。② 布若威援用马克思的这些观点，用意在于将这种使用价值意义上的共赢作为劳动和资本之间展开合作的物质基础，用他的话说："工人不是在交换价值层面，而是在以其工资所能购买的实际商品的层面，来理解其利益并在现实世界中行动的。通过实施妥协以及和发达资本主义经济相联系的生活水平的提高等，资本和劳动的利益得到了具体的协调。"③ 布若威的这些观点表明，他虽然力图分析劳资之间的

---

① M. Buroway, "Toward a Marxist Theory of the Labor Process Theory: Braverman and Beyond," *Politics and Society* 1978, 8 (3 – 4): 256.

② 马克思：《资本论》第1卷，载《马克思恩格斯全集》第23卷，人民出版社，1972，第571页。虽然在相对剩余价值生产中，实际工资可以伴随生产率的提高而增长，但仅凭这一点不能直接推论，工人也分享到了一部分剩余价值。也就是说，从使用价值层面的正和关系并不能直接过渡到价值层面的正和关系。

③ M. Buroway, "Toward a Marxist Theory of the Labor Process Theory: Braverman and Beyond," *Politics and Society* 1978, 8 (3 – 4): 256.

正和关系，但并没有完全突破传统剩余价值论的视野及其分析框架。

　　另一位美国学者、"分析马克思主义"的代表普莱沃茨基，也在 20 世纪 80 年代研究了发达资本主义经济中工人阶级与资本家阶级之间具有正和性质的妥协关系。他将这种关系定义为：在某种制度安排下，工人有理由确信，未来工资将作为当前利润的函数而增长。[1] 但是，普莱沃茨基没有考察劳动在价值创造过程中的作用，这样一来，待分配收入的增长过程及其原因就被"拜物教化"了；工资增长的经济条件没有从价值创造过程的角度得到解释。

　　工人分享剩余的问题还吸引了非马克思主义经济学家的注意，他们在人力资本理论的基础上对此问题开展了某种程度的分析。例如，威廉姆森提出，公司雇员可因其专用性人力资本投资而取得准租；青木昌彦则力图在一个合作博弈的框架里解释工人和股东如何分享组织租。[2] 不过，这些理论并没有深

---

[1]　采用他的符号，可以写出 $\Delta W(t) = rP(t)$，以表示工资的增长，其中 $\Delta W(t)$ 表示在时间 t 和 $t+1$ 之间工资的增幅，$P(t)$ 是利润，参数 r（$r>0$）是当前利润中根据劳资协议需立即用于工资增长的比例，同时也是对工人阶级的斗争性的度量。另外，可写出 $\Delta P(t) = (s/c - r) P(t)$，以代表利润的增长。$c$ 为该经济中的资本产出比率；s 为资本家的储蓄率，该比率表示资本家"代表"工人进行投资；s/c 则表示单位利润所带来的产出增长。当 $r < s/c$ 时，工资将以指数化方式随利润的增长而增长。见 A. Przeworski and M. Wallerstein, "The Structure of Class Conflict in Democratic Capitalist Societies," *American Political Science Review* 1982, 76 (2)。

[2]　威廉姆森：《资本主义经济制度》，段毅才、王伟译，商务印书馆，2002；青木昌彦：《企业的合作博弈理论》，郑江淮等译，中国人民大学出版社，2005。一些较晚近的学者，如金格勒斯、布莱尔等人，一方面承继了威廉姆森和青木昌彦的观点，另一方面更为重视人力资本以及雇员和企业的关系在公司治理中的重要性，并且更为强调合约的不完全性。与企业是一束合约这样的新古典定义不同，他们认为，企业可界定为各种专用性投资的结合；作为人力资本的技能和知识，被认为作用不亚于资金所起的作用；公司治理的首要目标是维护企业的集体性，而非股东的利益；剩余索取权不再被认为专属于股东，而应由各种从事专用性投资的利益相关者分享。见 L. Zingales, "In Search of New Foundations," *Journal of Finance* 2000, 55 (4); L. Zingales, "Corporate Governance," in Peter Newman, ed., *The New Palgrave Dictionary of Economics and the Law* (London: Stockton Press, 1998); R. G. Rajan and L. Zingales, "Power in a Theory of the Firm," *Quarterly Journal of Economics* 1998, 113 (2): 387–432; M. M. Blair, "Institutionalists, Neoclassicals, and Team Production," *British Journal of Industrial Relations* 2005, 43 (4); M. M. Blair and L. A. Stott, "A Team Production Theory of Corporate Law," *Virginia Law Review* 1999, 85 (2)。

入地考察企业的价值创造过程，而只限于确认，公司治理中那些影响剩余分割的条件也会通过某些渠道影响剩余的生产。这样一来，这类研究就具有奥苏丽文和拉佐尼克（又译拉让尼克）所指出的如下缺点，即作为公司治理理论，它们研究的主要是剩余的索取，而不是剩余本身的创造。[①]

要对剩余的创造这一问题展开分析，需要有一种适当的价值理论。缺乏这样一种价值理论，也是上述公司治理理论难以就此问题开展分析的原因之一。需要指出的是，本书第 2 章至第 4 章有关复杂劳动还原和成正比的理论，为解释资本和劳动在价值创造中的正和关系提供了重要的分析工具。依照本书的观点，在教育和培训过程中支出的劳动参与产品的价值形成，即形成净产出价值的一部分，并成为工人和资本家之间构建正和关系的前提。

然而，在本书第 2 章和第 5 章，根据假设，教育和培训过程是独立于普通产品的生产，即在专门的教育培训部门或家庭部门完成的。在本章中，我们还要分析一种特殊类型的教育培训活动，这种教育培训活动是和生产本身相结合的，即所谓干中学。通过干中学，车间工人积累了暗默知识，使其劳动最终转化为复杂劳动，并由此提高了生产率。与在独立的教育培训部门经过的培训不同，在干中学里，接收训练的是车间蓝领工人，而在前一种情形下，熟练劳动力往往是那些更为高级的白领工人。在第 5 章里，我们曾提出，这些白领工人可以成为人力资本的所有者，并在复杂劳动还原的前提下取得准租。至于车间蓝领工人是否可能在生产中通过干中学取得技能，并通过复杂劳动还原取得一部分剩余或租金，还没有成为笔者分析的对象。这一章我们就要着手解决这一问题，简而言之，即将复杂劳动还原的理论推广到干中学，使之可用于分析车

---

① 见奥苏丽文《创新企业与公司治理》，载拉让尼克、奥苏丽文《公司治理与产业发展》，黄一义译，人民邮电出版社，2005。以青木昌彦为例，他虽想在一个合作博弈的框架里解释工人和股东如何分享组织租，但其模型又假设，双方的谈判是在生产之前进行的，在谈判均衡出现之前，不会发生任何生产活动。见青木昌彦《企业的合作博弈理论》，郑江淮等译，中国人民大学出版社，2005，第 77 ~ 78 页。

间蓝领工人在价值创造和分配中参与构造正和关系的条件。

将复杂劳动还原和干中学相联系，其前提是证明干中学及其技能的培养，并不违背资本主义劳动过程的发展趋势。为此，我们必将涉及自 20 世纪 70 年代以来成为主流的以美国马克思主义者布雷弗曼为代表的资本主义劳动过程理论。依照布雷弗曼的理论，资本主义劳动过程的发展趋势，是所谓去技能化以及概念和执行的分离，这一趋势意味着消灭一切车间里的知识，使工人彻底沦为机器和半自动化流水线的附庸。布雷弗曼的这种观点，在很大程度上是对马克思理论的发展。80 年代以来，一些马克思主义者从当时刚刚引入经济学的暗默知识论出发，检讨了这一理论，指出了其局限。这些讨论为我们在复杂劳动还原的前提下理解干中学与价值形成的关系，提供了可能性。所谓暗默知识论最初是作为一种新型认识论由英国科学家迈克尔·波兰尼提出来的，并对当代社会科学产生了广泛而深远的影响。20 世纪 80 年代，演化经济学家将暗默知识论引入了经济学，其后该理论又被引入了马克思主义经济学。这样一来，本章的讨论就要遵循以下顺序：从暗默知识论出发，再引入资本主义劳动过程的理论，最后才是对正题的分析——如何在复杂劳动还原和成正比理论的基础上解释劳动和资本在价值创造中的正和关系形成的条件。

2　暗默知识论与资本主义劳动过程理论

波兰尼的暗默知识论，简单来讲，可以归纳为两点。第一，他提出了两类知识的分野。他说："人类知识有两种：诸如书面文字、图表或者数学公式所展示出来的，通常被人们描述为知识的东西仅是其中之一而已；另一些未被精确化的则是另一种形式的人类知识，比如我们在实施某种行动之时怀有的关于行动对象之知识。"① 前者是符码化的知识

---

① 波兰尼：《科学、信仰与社会》，王靖华译，南京大学出版社，2004，第 110～101 页。

（Codified Knowledge），后者为暗默知识（Tacit Knowledge，又译为默会知识）。第二，波兰尼的暗默知识论不限于指出暗默知识的存在，在波兰尼看来，暗默知识本质上还是一种理解力，是一种领会、把握和重组经验，以期达到在理智上对其进行控制的能力。在他看来，心灵的默会能力在人类认识的各个层次上都起着主导性的、决定性的作用，暗默知识相对于明言知识具有理论上的优先性。

波兰尼的暗默知识论颠覆了自笛卡尔以来的西方理性主义认识论传统。在笛卡尔那里，事物被清楚而明白地理解，被当作认识论上真理的标准。这种理性主义，深刻地影响了传统经济学对知识的理解，进而影响了理论本身的建构。①

最初将暗默知识的概念引入经济学的，是一些新古典传统以外的经济学家，如哈耶克和彭罗斯。② 20 世纪 80 年代以降，随着演化经济学的兴起，波兰尼的暗默知识论在经济学，尤其是在企业理论中得到了越来越广泛而深入的运用。美国学者纳尔逊和温特是这方面的重要代表。在一篇发表于 1980 年的论文里，纳尔逊基于暗默知识论的立场批评了新古典微观经济学的一系列基本假设。譬如，知识被假设为摆在货架上的、贴着价格标签的普通商品；技术进步被假设为一种企业内的专业化活动，只要在研发上加大投入，就能保证知识被生产出来；等等。在批评这些观念的同时，纳尔逊还提出了关于"组织知识"的思想。他这样写道③：

---

① "每一种经济理论都依赖于知识的认识论图景""传统经济学派依赖于理性主义，把它作为知识的认知进路"。见 B. Ancori, A. Bureth and P. Cohendet, "The Economics of Knowledge: The Debate about Codification and Tacit Knowledge," *Industrial and Corporate Change* 2000, 9 (2): 259 – 260。

② 哈耶克：《个人主义与经济秩序》，邓正来译，三联书店，2003；彭罗斯：《企业成长理论》，赵晓译，上海人民出版社，2007。

③ Richard R. Nelson, "Production Sets, Technological Knowledge, and R&D: Fragile and Over-worked Constructs for Analysis of Productivity Growth?" *The American Economic Review* 1980, 70 (2) (Papers and Proceedings of the Ninety – Second Annual Meeting of the American Economic Association, May 1980), p. 67.

研究和开发局限于发现那些能够较容易被复制的技术……但（这种知识生产的模式——引者注）忽略了人的技能和必须采用该技术的组织结构。因此，每一个组织都必须以某种无法模仿的方式，主要依赖自己而学习。

如果技术的重要因素包括特定的人的专业技能，或者人群中的互动及合作的个性化模式，那就不能轻易地下推论，一个在别处得到的实验将怎样发挥作用。

因其发表于 40 年代的若干论文，哈耶克（先于波兰尼）常常被看作暗默知识论的前驱。但是，他和现代演化经济学家之间存在着如下认识上的差别。在他眼中，唯有市场或价格体系才能为暗默知识的共享和运用提供可能；至于企业以及其他各类形式的组织在这方面的作用，则未予任何考虑。也即是说，哈耶克完全没有组织知识的概念。

演化的（或基于能力的）企业理论发展了关于组织知识的思想。组织知识虽然不能简单地还原为个人所有的知识，或者个人所有知识的加总，但它总是以个人的暗默知识为出发点的。日本学者野中郁次郎等人把暗默知识区分为两个维度：一个是包括技能在内的技术维度，另一个是包括心智模型在内的认知维度。在他们提出的 SECI 模型里，组织知识的创造是通过暗默知识和符码化知识的互动和相互转换而实现的。这种知识转换包括以下四种模式：共同化、表出化、联结化和内在化。[①] 从调动和运用暗默知识的角度看，这里最重要的是共同化和表出化。共同化指的是，通过个体之间的互动实现暗默知识的共享。表出化指的是，通过类比、隐喻等手段把暗默知识变成显性知识。这些观点，为我们从知识生产的角度理解企业的价值创造过程提供了重要的借鉴。

---

① 野中郁次郎、竹内弘高：《创造知识的企业》，李萌、高飞译，知识产权出版社，2006。

在 20 世纪 80 年代关于资本主义劳动过程的争论中，暗默知识论被引入了马克思主义文献。此后，围绕着精益生产以及发达资本主义经济中工人技能的变化趋势，与暗默知识有关的问题又一再成为争论的焦点。下面先就马克思和布雷弗曼有关资本主义劳动过程的理论做一简单的回顾。

从马克思到布雷弗曼的资本主义劳动过程理论坚持了下述核心观点：资本家只有通过监督和强制，才能从劳动力中榨取到足够的劳动，以实现资本价值的增殖。在资本主义手工工场中，达到这一目标的主要手段是企业内的细密分工。正如马克思所强调的，虽然这种分工有助于把劳动改变为简单劳动，但此时资本家还不得不依赖于熟练工人的技能，还不能实现工人从形式隶属到实质隶属的转变。换句话说，工人还能通过自己所有的有关生产过程的知识，对资本家控制劳动的企图予以有效的抵制。机器大工业的建立则根本地改变了这一局面。机器体系的运用为科学大规模地运用于生产过程创造了条件。此时，资本家有可能从根本上摆脱并摧毁工人所拥有的熟练技能，使复杂劳动退化为不需要教育和培训的简单劳动。从这时候起，先前在生产中起着关键作用的暗默知识就变得不再那么重要了。下面两段征引，是笔者从马克思的著作中挑选出来的、关于这个问题颇具代表性的论述：

> 很能说明问题的是，各种特殊的手艺直到十八世纪还称为 mysteries〔秘诀〕，只有经验丰富的内行才能洞悉其中的奥妙。这层帷幕在人们面前掩盖起他们自己的社会生产过程，使各种自然形成的分门别类的生产部门彼此成为哑谜，甚至对每个部门的内行都成为哑谜。大工业撕碎了这层帷幕。大工业的原则是，首先不管人的手怎样，把每一个生产过程本身分解成各个构成要素，从而创立了工艺学这门完全现代的科学。社会生产过程的五光十色的、似无联系的和已经固定化的形态，分解成为自然科学的自觉按计划的和为取得

预期有用效果而系统分类的应用。①

　　科学对于劳动来说，表现为异己的、敌对的和统治的权力，而科学的应用一方面表现为传统经验、观察和通过实验方法得到的职业秘方的集中，另一方面表现为把它们发展为科学（用以分析生产过程）；科学的这种应用，即自然科学在物质生产过程中的应用，同样是建立在这一过程的智力同个别工人的知识、经验和技能相分离的基础上的……科学在生产过程中的上述应用和在这一过程中压制任何智力的发展，这两者是一致的。当然，在这种情况下会造就一小批具有较高熟练程度的工人，但是，他们的人数决不能同"被剥夺了知识的"大量工人相比。②

马克思的这些论述表达出如下思想：随着科学应用于资本主义生产过程，物质生产过程的智力与工人的知识、经验和技能相分离，工人的暗默知识在生产过程中的作用将变得无足轻重。若从思想史上追根溯源，这种观点大概可以上溯到英国哲学家培根。培根曾在理论科学、应用科学和技术，以及财富的生产之间建立了一个线性模型，主张只有纯理论科学的发展才能推动技术进步以及财富的生产。③ 这种观点的潜在推论，是只承认作为科学之结果的技术，彻底否定了技术作为科学发展源泉的重要性。在笔者看来，培根的这一模型也影响到马克思。而在 20 世纪，则有英国著名科学家、马克思主义者贝尔纳继承和发展了这种"理性主义"工业生产的图景。贝尔纳认为，"随着科学和工业一起进步，工业中的科学成分的比重会逐渐增加，而工业中的传统成分的比重会逐渐减

---

① 马克思：《资本论》第 1 卷，载《马克思恩格斯全集》第 23 卷，人民出版社，1972，第 533 页。

② 马克思：《1861—1863 年经济学手稿》，载《马克思恩格斯全集》第 47 卷，人民出版社，1979，第 571～572 页。

③ 基莱：《科学研究的经济定律》，王耀德译，河北科学技术出版社，2002，第 9 页。

少"，最终形成"一个彻底科学化的工业"。①不幸的是，这种观念并不符合现代工业发展的现实。譬如，美国学者诺布尔就曾以机床自动化的历史为对象，深入分析了高度发达的资本主义工业对暗默知识的依赖。他指出，数值控制方法的发展，"深刻地揭示出金属加工业中管理者对工人的暗默知识和技能的依赖程度。在缺乏人工干预，生产完全依赖于计算机控制的形式方法的情况下，结果是'一场混乱'"②。

在《资本论》里，马克思预言了崛起于 19 世纪末 20 世纪初的泰勒主义科学管理思想。泰勒的思想包含以下要素：以实验方法研究劳动过程；尽可能地搜集劳动过程中的知识，并将其集中在管理者手里；使劳动的概念与执行相分离，消灭工人的技能等。马克思深刻地预见了这些趋势，只不过在他所处的时代，资本家自发的管理实践还缺乏全面性和系统性，还没有上升为一套自觉的意识形态。

哈里·布雷弗曼继承和发展了马克思的思想，将其运用于分析泰勒主义和福特主义劳动过程。正如一些批评者指出的，布雷弗曼的研究在方法论上具有以下特点。第一，研究对象局限于资本主义劳动过程的客观转变，忽略了工人的主体性在劳动过程中的作用。第二，一如马克思，仅仅考察了资本与劳动的利益冲突，完全没有考虑双方之间在一定条件下可能出现的合作。在此基础上，他才能把去技能化（Deskilling）以及概念和执行的分离宣布为资本主义劳动过程的本质特征。③

饶有意味的是，从布雷弗曼的分析中我们可看到，马克思主义和泰勒主义虽然互认对方为敌手，却在有关暗默知识的问题上持有相似的看法。譬如，两者都假设，暗默知识可以一劳永逸地从车间转移出去，集

① 贝尔纳：《科学的社会功能》，陈体芳译，张今校，商务印书馆，1986，第 196 页。
② 诺布尔：《生产力》，李风华译，中国人民大学出版社，2007，第 264 页。
③ 布若威：《制造同意》，李荣荣译，商务印书馆，2008 年；T. Manwaring and S. Wood, "The Ghost in the Labour Process," in D. Knights, H. Willmott, D. Collinson, eds., *Job Redesign: Critical Perspectives on the Labour Process* (Gower Publishing Company Ltd., 1985)。

中在管理者手里；两者都相信，科学在生产中的运用是和直接生产者相对立的，概念和执行注定要相分离；两者都认为，自上而下的命令或强制是企业内唯一可能的知识生产的协调方式等。关于两者间的相似性，演化经济学家霍奇逊曾留有以下深刻的评论："这种重要观点，即关于在一个合作的组织中知识的共享及其作用，很显然地可与 F·W·泰罗的《科学管理》（1911）、以及 H·布雷弗曼《劳动和垄断资本》（1974）一书中的马克思主义分析相抗衡，后二者都持有一个站不住脚的看法，即工人已经成为'机器的附属物'。这些理论家强调'概念和执行的分离'，也就是说，管理者负责设想和发出指令，操作则由工人来执行。该观点被纳尔逊含蓄地否定了，他指出企业是一个'社会系统'，不是一台'机器'。"[1]

　　美国马克思主义者布若威对布雷弗曼的理论提出了一个批评。布若威指出，把去技能化、概念和执行的分离作为资本主义劳动过程的本质特征，预设了资本和劳动之间的根本对立。这种对立体现为自上而下的命令或强制，也体现为资本与劳动之间在经济上的零和关系——资本家之所得必为工人之所失。布若威认为，资本主义企业内的劳动组织，不可能完全依靠强制来协调，还须取得工人的同意（Consent）。在这里，他借鉴了葛兰西的国家理论并将其运用于分析资本主义劳动过程。按照葛兰西的观点，资产阶级在政治上无法单纯依靠强制或专政来维持统治，还要想方设法获得人民的同意。布若威提出，这一点在方法论上也适用于资本主义劳动过程。他写道："马克思关于劳动过程的分析大体上都是基于劳力付出是由强迫来决定的这样的假设……换句话说，马克思在他的劳动过程理论中没有为同意的组织留出空间，而同意的组织对诱发劳动者在将劳动力转化为劳动的过程中具有合作意愿是必需的……强迫必须有同意的组织来补充。"[2]

---

① 霍奇逊：《演化与制度》，任荣华等译，中国人民大学出版社，2007，第 171 页。
② 布若威：《制造同意》，李荣荣译，商务印书馆，2008，第 47 页。

　　布若威回顾了马克思的剩余价值生产理论，指出资本主义生产方式固有的拜物教性质虽然掩饰了剩余价值的源泉，却对同意的达成起到了关键作用。如果剩余劳动的存在像在封建经济中那样是透明的，便需要超经济的力量介入生产。正因为剩余价值的来源是被掩饰的，资本家才有可能通过把劳动过程改造为一场超额生产的游戏，并在此过程中获取工人的同意与合作。用他的话来说："资本主义劳动过程的确定本质是同时掩饰和赢得剩余价值……劳动过程应当从强制和同意的特定结合方面来理解，这一结合能诱发追求利润当中的合作。"①

　　布若威关于"强制和同意的特定结合"的提法，为资本主义企业制度多样性的分析开辟了道路。但是，他对达成同意或共识的物质前提（或价值创造基础）的分析却失之贫弱。在他那里，同意主要是靠收买和意识形态上的欺骗而实现的。在这个问题上，他受到了曼瓦宁与伍德的批评。

　　曼瓦宁和伍德的贡献可以概括如下。第一，他们在暗默知识论的基础上批评了布雷弗曼的主要观点，指出去技能化的手段并不能根除工人的暗默知识，"即便非熟练工人也需要某些知识以从事工作；泰勒制提出的概念和执行的绝对分离是不可能的，泰勒制无法成功地将工人还原为机器人"②。

---

① 布若威：《制造同意》，李荣荣译，商务印书馆，2008，第 50 页。

② T. Manwaring and S. Wood，"The Ghost in the Labour Process，" in D. Knights，H. Willmott，D. Collinson，eds.，*Job Redesign*：*Critical Perspectives on the Labour Process*（Gower Publishing Company Ltd.，1985），p.171。曼瓦宁和伍德确认了三类暗默技能：（1）在执行常规性任务时，工人可通过经验获取的技能；（2）职业的诀窍；（3）由于劳动过程具有集体性，工人必须发展的与他人合作的技能。参见 T. Manwaring and S. Wood，"The Ghost in the Labour Process，" in D. Knights，H. Willmott，D. Collinson，eds.，*Job Redesign*：*Critical Perspectives on the Labour Process*（Gower Publishing Company Ltd.，1985），pp. 172 - 173。关于暗默知识存在于现代企业的原因，还可参见 J. Senker，"*Tacit Knowledge and Models of Innovation*，" *Industrial and Corporate Change* 1995，4（2）。在依照泰勒主义原则构想的生产方法和实际的生产方法之间，往往存在着重大的差距。下述文献曾经在一般意义上把类似差距概括为"实际发生的实践"（Actual Practice）与"被遵奉的实践"（Espoused Practice）之间的区别，这种区别构成了暗默知识产生的源泉。见 J. S. Brown and P. Duguid，"Knowledge and Organization：A Social – Practice Perspective，" *Organization Science* 2001，12（2）。

第二，针对布若威的观点，他们指出暗默知识的存在是达成同意的基础。在暗默知识面前，去技能化的手段只能起到有限的作用，资本家不得不谋求工人的同意与合作，调动和利用工人的暗默知识以提高生产率。也正是在运用暗默知识的基础上，工人体验并确立了自己的内在于劳动过程中的主体性。用他们的话说："暗默技能这一概念的重要性在于，它指出了劳动过程内主体性的作用以及一个主动的劳动力队伍的重大意义，并揭示出管理者并不是全知全能的。"①

20世纪80年代以来涌现的对精益生产（Lean Production）乃至后福特主义的大量研究，为资本主义劳动过程理论增添了新的内容。就精益生产而言，尽管也有学者主张，这种生产方式中的同行压力有助于推行泰勒主义实验，促进了技能的符码化和均质化，但从笔者掌握的文献看，多数学者还是认为，与终身雇佣制等制度结合在一起的精益生产，对于提高工人的技能起到了积极的作用。② 拉佐尼克等据此还提出，由于日本企业主动地投资于工人的技能，在那些依赖车间技能的产业（如消费电子业、汽车业等），日本企业具有相对于美国企业的明显优势。美国企业的优势仅在于那些价值增加值主要来自研发、设计和营销的产业。③ 那么，精益生产通过哪些途径提升了工人技能呢？在相关文献中大致可以

---

① T. Manwaring and S. Wood, "The Ghost in the Labour Process," in D. Knights, H. Willmott, D. Collinson, eds., *Job Redesign: Critical Perspectives on the Labour Process* (Gower Publishing Company Ltd., 1985), p. 191.

② 自20世纪80年代以来，美欧企业开始模仿精益生产。但这种模仿是有选择的，在学习及时化制度、团队生产、质量小组的同时，这些企业（甚至包括日本在发展中国家投资新建的企业）并未向其核心员工提供就业安全。这种模式被有的学者命名为"lean and mean"，见 B. Harrison, *Lean and Mean* (Guilford Press, 1997)。在这种模式下，工人往往不愿在缺乏就业安全的情况下主动展开合作。一个例子是，在三菱公司80年代设于泰国的工厂里，因为工人的退职率太高，质量小组被迫废止。到了90年代后期，面对"lean and mean"模式的局限，美国和欧洲的生产者又开始向传统的精益生产模式靠拢，见 Beverly J. Silver, *Forces of Labor: Workers' Movements and Globalization Since 1870* (Cambridge: Cambridge Unversity Press, 2003), pp. 67-72。

③ 拉让尼克、奥苏丽文：《公司治理与产业发展》，黄一义译，人民邮电出版社，2005，第77页。

见到如下观点。①

第一，精益生产采取了团队生产的方法，一个团队的工人需要从事生产线上不同种类的工作，而且，生产中的一些辅助性工作，如机器的简单维修、预订原材料、打扫、看守等也都由一线工人接管了。这种尽可能减少非生产性工人的管理方法，是"精益"的本义之一。为此，工人被要求具备多重技能，从事多重任务和多种操作。马克思所说的局部工人在此终结了。

第二，精益生产的特点是追求持续不断的技术改良（Kaizen）。工人承担着提高质量的任务，需要在生产线上进行现场诊断和恰当处理。承担这些任务是以工人的多重技能为前提的。此外，实现持续改良这一目标的手段还包括把工厂和办公室变成实验室，将车间工人的劳动与研发人员和工程师的劳动相结合。这样一来，体力劳动和脑力劳动的差别就大大降低了。

第三，精益生产要利用高度复杂的技术体系，当几种复杂的技术体系结合在一起的时候，其结果就是超级复杂性系统。在此条件下，连工程师也无法预见在生产中可能发生的所有结果。倘若工人具备高水平的技能，处事灵活而尽责，将有助于应对生产中的各种突发事态。

第四，精益生产采纳了新的劳动组织和协调制度，青木昌彦曾将这种制度概括为"半水平的运营协调"，这指的是以看板管理为代表的企业内各生产单元之间的自主协调。青木昌彦就此写道："要注意的是，日本企业中半水平的运营协调方式……须依赖于每个职能单位解决问题的能力。这种注重在现场解决问题的方式旨在有效地利用现场的信息，这些信息对于解决问题而言，可能含蓄而微妙，并且不可规划，但是有着经济价值的。对信息的这种利用之所以可能，靠的是培养工人的工作经验、

---

①　以下段落参考了托尼·斯密对相关观点所做的概括，见 T. Smith, *Technology and Capital in the Age of Lean Production* （Albany：State University of New York Press，2000），pp. 42 – 43。

在工人中间分享知识，以及在日常运营层面的超越不同权限的沟通。"①

20世纪80年代以来，美国学者阿德勒一直主张，发达资本主义经济中工人技能存在着普遍上升的趋势。2007年，美国《组织研究》杂志发表了他的一篇论文，同时也刊发了其他学者的商榷文章。阿德勒指出，技能升级可以从两个维度来度量，即技能的复杂性和技能的自主性。他认为，在布雷弗曼那里，对技能的定义过于强调了技能的自主性；布雷弗曼甚至以浪漫主义怀旧的方式把现代车间里的技能和中世纪的手工工艺画了等号，这样一来，就容易得出技能下降的结论。而阿德勒认为，在发达资本主义经济中，伴随着生产的社会化，技能的自主性虽趋于下降，其复杂性却在增长。在理论上，阿德勒主张将这些变化看作生产力日益社会化这一资本主义发展规律在主体身上的体现，即一方面，随着生产力的社会化，工人日益成为相互依赖的结合工人；另一方面，工人更多地吸收和运用了社会所积累的科学和技术知识，从而导致技能复杂性的提高。在此阿德勒实际上暗含了这样的观点：技能的提高根源于工人掌握和运用了更多的符码化知识。②

在同一期杂志中，汤普逊评论了阿德勒的观点。不过，除了指出阿德勒用来证明技能升级的实证资料存在缺陷以外，汤普逊并没有否定技能上升的可能性。他认为，阿德勒把技能的两个维度即自主性和复杂性截然两分是不恰当的，工人自主地发挥其判断力，是运用知识和技能的关键。汤普逊勾画了另一种趋势：资本一直在重构劳动关系，以拓宽技能的组成范围，而非一般地使技能深化；在许多部门，一方面，存在着由技术性技能向社会性技能（态度、性格倾向和表现）的转变；另一方

---

① M. Aoki, "A New Paradigm of Work Organization and Co‑ordination? – Lessons from Japanese Experience," in S. A. Marglin and J. B. Schor, eds., *The Golden Age of Capitalism* (Oxford: Clarendon Press, 1990), p. 292.

② P. S. Adler, "The Future of Critical Management Studies: A Paleo‑Marxist Critique of Labour Process Theory," *Organization Studies* 2007, 28 (9).

面，还存在着以动员暗默知识为基础的技能素质的强化。在汤普逊看来，为了论证技能升级的趋势，阿德勒片面地强调了通过汲取和运用符码化知识以提高技能的重要性，淡化了暗默知识的意义。①

阿德勒对待暗默知识的态度，似乎更清晰地体现在他对野中模型的一篇评论当中。在那里他提出，与其像曼瓦宁和伍德那样通过引入暗默知识以批评布雷弗曼的去技能化命题，不如直接诉诸技能提升的长期趋势。② 但是，阿德勒没有把暗默知识纳入他对技能升级的论证当中，而这一点本来可以成为重要的论据。在笔者看来，阿德勒和汤普逊之间其实是互补的；暗默知识和符码化知识一道，都有可能成为推动技能升级的因素。

强调暗默知识的重要性，自然不能完全否定去技能化的存在。不过，经过几十年的长期争论，在许多学者看来，去技能化并非如布雷弗曼所理解的那样，是资本主义劳动过程唯一的、普适的发展趋势。③ 值得一提的是，类似结论不仅出现在劳动过程研究的文献当中，而且为一些当代著名马克思主义理论家所采纳。戈登和布伦纳就是两个突出的代表。在1996 年问世的著作《富有和吝啬》中，戈登就这样写道："总体而言，'认知的'素质（即要求推理能力和特定工作岗位上的专门知识）以及'互动的'能力（尤其是协调和管理他人的能力），在过往至少三十年间都稳定地表现出增长。"④

① P. Tompson, "Adler's Theory of the Capitalist Labour Process: A Pale (o) Imitation", *Organization Studies* 2007, 28 (9): 1364 – 1365.

② P. S. Adler, "The Dynamic Relationship between Tacit and Codified Knowledge: Comment on Nonaka," in J. Allouche and G. Pogorel, eds., *Technology Management and Corporate Strategies: A Tricontinental Perspective* (Amsterdam: North – Holland, 1995), pp. 110 – 124.

③ T. Smith, *Technology and Capital in the Age of Lean Production* (Albany: State University of New York Press, 2000), pp. 48 – 49; T. Manwaring and S. Wood, "The Ghost in the Labour Process," in D. Knights, H. Willmott, D. Collinson, eds., *Job Redesign: Critical Perspectives on the Labour Process* (Gower Publishing Company Ltd., 1985), p. 192.

④ D. M. Gordon, *Fat and Mean* (New York: The Free Press, 1996), p. 183.

布伦纳在与格里克合著的一篇批判法国调节学派的长文中也指出，调节学派——与布雷弗曼类似——"（1）错误地将技术进步还原为资本对工人的车间知识、控制力和能量的占有；（2）把技术进步的首要源泉错误地归于主要是在生产中争夺阶级权力的斗争；（3）事实上把资本家实施的技术变革归于一种片面而普遍的去技能化趋势，从而贬低了通常与技术变革相伴而来的对新技能的需要。其结果是，调节学派严重忽视了在劳动过程之外的技术进步和科学认识水平提高的核心作用，忽视了在竞争压力下引进效率更高（增加单位投入的产出）的技术的普遍（若非连续的）趋势，并且没有充分体认到由技术变革还会产生出再技能化这样一种反趋势，后者源自资本家采纳更有利可图的技术的渴望，这些技术和技能的内容事实上未必有何关联"①。

2010 年，资本主义劳动过程理论的代表人物之一汤普逊，在英国《资本与阶级》杂志上撰文，概括性地评论了资本主义劳动过程理论的研究现状以及该理论和政治经济学之间的联系。他指出，由资本积累的逻辑并不能得出去技能化的必然性，资本积累的逻辑所产生的必然性是削减劳动的成本，而这只在特定的条件下才会导致去技能化。而在其他一些情况下，会产生反趋势。在他看来，资本主义劳动过程的核心是劳动力的性质及其转变。随着劳动的环境和内容的变化，雇主必须寻找对劳动力的更为集约的使用（A More Intensive Utilization），或者劳动在质上的集约化（A Qualitative Intensification of Labour）。这包括利用工人的暗默知识和技能，以及动员诸如情感的和美学的劳动这些新的源泉。②

既然实现去技能化有着不可逾越的障碍，分享和利用暗默知识便成

---

① R. Brenner and M. Glick, "The Regulation Approach: Theory and History," *New Left Review* 1991 (188): 115.

② P. Thompson, "The Capitalist Labour Process: Concepts and Connections," *Capital and Class* 2010, 34 (1): 10.

为车间价值创造的核心问题之一。在日本学者野中等人的理论中，成员之间彼此分享个人的暗默知识是组织知识创造的基础。但是，工人毕竟不可能在一种胁迫性关系下调动和贡献其暗默知识。正如美国学者赖特和布若威指出的，由于工人之间在生产过程中的相互依赖和技能复杂性的提高，资本家难以通过监督和威胁这一压迫性策略实现劳动力向劳动的转化，而越来越要依靠"领导权策略"（Hegemonic Strategy）以获取工人的同意。① 资本家所推行的领导权策略也包括了承认工人在利用暗默知识的基础上分享剩余的权利。

以上讨论为下一节的纯理论分析奠定了一个基础。在下一节的分析中，我们将把资本主义劳动过程的上述变化趋势，与在劳动价值论的基础上发展出来的新观点做一个结合。这样一来，我们就支持了下述论断：资本主义劳动过程的研究应该和劳动价值论乃至资本主义社会的一般运动规律更充分地联系在一起。②

3　干中学与复杂劳动还原

在马克思那里，关于技术变革与劳动的复杂程度之间的关系，事实上并存着两种不同的观点。第一种观点认为资本主义技术变革带来了去技能化的趋势，对此上一节已做了深入讨论。但是，马克思同时还有第二种观点，它包含在《资本论》第一卷有关超额剩余价值来源的论述中，在那里马克思提出了如下命题：

---

① E. O. Wright and M. Burawoy, "Coercion and Consent in Contested Exchange," in E. O. Wright, *Interrogating Inequality* (London and New York：Verso, 1994), pp. 81 – 85.

② 下述学者提出了这一论断，见 D. Spencer, "Braverman and the Contribution of Labour Process Analysis to a Critique of Capitalist Production：25 Years on," *Work*, *Employment and Society* 2000, 14（2）：223 – 243。而汤普逊则对这种结合的可能性持明显怀疑的态度，见 P. Thompson, "The Capitalist Labour Process：Concepts and Connections," *Capital and Class* 2010, 34（1）：11 – 12。

生产力特别高的劳动起了自乘的劳动的作用，或者说，在同样的时间内，它所创造的价值比同种社会平均劳动要多。[①]

生产力特别高的劳动之所以是"自乘的劳动"或复杂劳动，有两个原因。第一，这种生产力特别高的劳动是经过教育和培训的劳动，经过干中学而形成的熟练劳动也属于这一类情况。第二，这种生产力特别高的劳动属于马克思谈到的"一般科学劳动"，即资本主义企业自身开展的或与之紧密联系的研究与开发活动。在本书第2章和第5章，我们曾经就干中学以外的教育培训劳动和研发劳动与价值形成的关系做过讨论，这些讨论为本章的研究奠定了基础。这里唯一需要再做些补充讨论的是，干中学这一特殊类型的教育培训活动。

从定义来看，干中学指的是生产过程和学习培训活动的结合。一些研究技术创新的学者认为，干中学是"劳动者和管理组织在生产中的适应学习过程"，并将这一学习过程称作"动态规模经济"带来的"学习曲线效应"。产品合格率伴随产出增长而提高——或者产品合格率是产量的函数——是这种效应的重要体现。[②]

由此出发，我们可以在分析上将包含干中学的劳动过程划分为两个部分，其·一是有效劳动，其二是无效劳动或无用劳动。前者在当下直接形成价值，后者因造成废品或不合格产品而不能在当下形成价值。马克思曾经提出，在技术进步过程中，无用劳动部分会逐渐减少。他写道："从社会的角度来看，劳动生产率还随同劳动的节约而增长。这种节约不仅包括生产资料的节约，而且还包括一切无用劳动

---

① 马克思：《资本论》第1卷，载《马克思恩格斯全集》第23卷，人民出版社，1972，第354页。

② 参见弗里曼、苏特《工业创新经济学》，华宏勋等译，柳卸林校，北京大学出版社，2004，第238页，两位作者主要结合半导体工业的例子，论述了与动态规模经济相联系的学习曲线效应对于现代工业的重要意义。

的免除。"① 然而，从与规模经济相联系的学习曲线来看，这些无用劳动的存在并不都是消极的，马克思所谈到的现象还可以如下方式来解读：这些无用劳动支出在长期内事实上起到了教育和培训的作用，因为正是通过这些被浪费的劳动，生产者从中汲取了教训，培养了经验和技能，从而增加了有效劳动时间，提高了产品合格率和生产率。换言之，无用劳动的减少（或相应的有用劳动的增加），可以用来度量干中学的技术进步效应。

如果这一讨论可以成立，本书第 2 章提出的复杂劳动还原理论及其基本方程（2 - 4），就可运用于干中学的场合，即有：

$$w_i = \lambda_i q_i = t_i = t_{i1} + t_{i2} = t_{i1} h_i = h_i \qquad (6-1)$$

其中，w_i 是个别经济单位（此处假定为个别企业）单位时间产出的价值（根据我们的假定，其中不包含物化劳动形成的价值）；λ_i 是单位产品的价值；q_i 是在单位时间（譬如一个工作日或一小时）生产的第 i（$i = 1, 2, \cdots, n$）种产品的数量；t_i 为生产 q_i 而付出的活劳动，它包括两个部分：下标为 1 的部分（t_{i1}）代表已有的有效劳动部分，下标为 2 的部分（t_{i2}）是新增加的有效劳动部分；h_i 类似于复杂劳动还原系数。如果假设 t_{i1} 等于 1，就可得出公式（6 - 1）的最后一个等式，其中 $h_i > 1$。

可以指出的是，就干中学而言，方程（6 - 1）中的 t_{i2} 在长期存在递减的趋势，这主要是因为，伴随干中学，有效劳动的增加（或无用劳动的减少）将逼近其时间上的极限。

4　成正比理论与正和关系的形成条件

所谓成正比，指的是个别经济单位（企业、部门或国家）的劳动生

---

① 马克思、恩格斯：《马克思恩格斯全集》第 23 卷，人民出版社，1972，第 578～579 页。

产率与其单位时间产出的价值量成正比。成正比的概念是与马克思笔下的"成反比"规律相对而言的。在《资本论》开篇不久，马克思提出了劳动生产率与单位商品的价值量成反比变化的规律（简称"成反比"）。[①] 成反比规律建立在马克思下述观点的基础上：

> 生产力的变化本身丝毫也不会影响表现为价值的劳动……不管生产力发生了什么变化，**同一劳动**在**同样的时间**内提供的价值量总是相同的。[②]

这段话里暗含了两个假设条件：第一个假设是，当生产力变化时，个别企业采用的劳动仍然是"同一劳动"，也就是说，劳动的复杂性没有发生变化；第二个假设是，劳动时间仍然是"同样的时间"，也就是说，一个工作日中能形成价值的有用劳动时间没有发生变化。在此基础上，马克思提出了以下命题，由于该命题实际上是成正比理论的一个参照系，可以将其称为命题一。

> 命题一：不论劳动生产率如何变化，一定长度的工作日总是表现为相同的价值产品。[③]

从理论发展的逻辑来看，命题一构成了劳动生产率与单位时间产出价值量成正比这一理论的出发点。在上述给定的前提下，命题一自然是正确的。但成正比理论认为，一旦改变命题一的假设前提，就有可能得

---

① 这里的劳动生产率首先是指个别先进企业的劳动生产率，在此意义上，成反比是指个别企业劳动生产率与其个别价值成反比。此外，成反比还包括以下含义：部门平均劳动生产率的提高与单位社会价值量成反比。

② 马克思：《资本论》第 1 卷，载《马克思恩格斯全集》第 23 卷，人民出版社，1972，第 59~60 页（重点标识为笔者所加）。

③ 见马克思《资本论》第 1 卷，载《马克思恩格斯全集》第 23 卷，人民出版社，1972，第 568 页。在这个命题的基础上，马克思（以及李嘉图）还提出了"劳动力的价值和剩余价值按照相反的方向变化"的命题。

出新的结论。第一，在技术变革的前提下，劳动的主观条件（即劳动的复杂性）将发生变化，先前的简单劳动会变为复杂劳动。这意味着，"同一劳动"的假设有可能不再成立。第二，由于复杂劳动还原意味着过往教育培训劳动也参与价值的形成，"同样的时间"这个假设也不成立。第三，在干中学条件下，无用劳动的减少、有效劳动的增加，增加了形成价值的时间。基于此，个别企业单位时间内创造出来的价值，就可以由方程（6-1）来表达。

由于 $h_i > 1$，即成正比。可将该式表达的成正比规律概括为如下命题。

> 命题二：假设一个部门个别企业的劳动生产率提高，劳动复杂性也同时提高，在单位自然时间内将创造出更多的价值，或者换一种表达，单位时间生产出来的更多产出将表现为更大的价值量，并且这一价值量中也包含更多的新价值或价值产品。①

命题二可运用于解释企业内劳动力价值与剩余价值的正和关系。在技术变革过程中，随着知识和技能的增进，熟练工人的复杂劳动在相同的时间里将物化为更多的价值，同时也将在相同的剩余劳动时间里物化为更多的剩余价值。与单纯提高劳动强度的情形不同，工人和资本家此时可以分享价值创造的收益，因为劳动力价值和剩余价值可以按相同比例提高。

要注意的是，在马克思那里，劳动力价值被假设为先于价值创造过程而给定的量。这意味着，劳动力价值的决定和劳动力的使用（即创造价值的劳动本身）是两个彼此独立的过程。根据这一假设，在价值形成过程中创造出多少剩余价值就跟工人无关，而完全归于资本家。而在成正比理论中，劳动力价值的决定和劳动力的使用是相互联系的，劳动力

---

①　与生产率提高相伴随的不变固定资本和不变流动资本的更大规模使用，也会导致产出价值量的提高，但严格来讲，这不是成正比理论研究的对象。

的价值事实上被定义为工人从新创造的价值中事后取得的那部分。这一点和"新解释"学派（the New Interpretation）对劳动力价值的定义有着相通之处（后文还将分析这一点）。

在分析价值创造过程之前就把劳动力价值固定下来，同时也是为分析劳动和资本的对抗性关系服务的。正如布若威指出的，马克思完全没有考虑在劳动和资本之间达成某种合作的可能性。相反，通过接纳资本和劳动之间的正和关系，成正比理论为有关资本主义企业制度多样性的解释提供了一个分析基础。

成正比意味着单位时间内可形成更多的价值和剩余价值，这为劳动力价值和剩余价值按同样比率增长提供了条件。假设企业在单位时间生产的新价值为 $w = \lambda q = v + s = th = h$，其中 v 和 s 分别为劳动力价值和剩余价值，t 为单位时间如一个工作日，h 是复杂劳动还原系数，另记 e 为剩余价值率，且 $s = ve$，可以得到：

$$s = \frac{e}{1+e}w = \frac{e}{1+e}h \qquad\qquad (6-2)$$

$$v = \frac{1}{1+e}w = \frac{1}{1+e}h \qquad\qquad (6-3)$$

在剩余价值率不变时，公式（6-3）意味着工人的收入与复杂劳动还原系数（h）成正比增长。同样，在公式（6-2）中，剩余价值也与 h 成正比增长。工人和资本家分享新价值的比率分别为 $\theta = \frac{1}{1+e}$ 和 $1 - \theta = \frac{e}{1+e}$。若剩余价值率提高，工人取得的相对份额仍有可能增加，条件是复杂劳动还原系数（h）的增幅必须超过剩余价值率（e）。否则，剩余价值的增长就将以工人收入的相对减少为代价，从而又回复到马克思所界定的具有零和性质的剥削关系。

值得一提的是，对于上述劳资之间的正和关系，《资本论》中曾有如下暗示：

如果劳动时数不变，强度较大的工作日就体现为较多的价值产品……强度较大的工作日的价值产品随着它的强度同社会的正常强度的偏离程度而变化。因此，同一个工作日不再象以前那样表现为一个不变的价值产品，而是表现为一个可变的价值产品……如果一个工作日的价值产品发生变化，例如从 6 先令增加到 8 先令，那末这个价值产品的两个部分，即**劳动力的价格**和剩余价值可以同时按照相同的或不同的程度增加。①

在理解这段话时，关键是如何看待其中最后一句，即当一个工作日的价值产品增加时，其内部的两个部分可以按相同方向变化。表面看来，马克思此处的论述和我们的观点并无不同，实际则不然。马克思是以劳动强度提高为前提来讨论的，而不像成正比理论是以劳动复杂程度的提高为前提。在这段引文后面，马克思马上又谈到，由于劳动强度（而非劳动复杂程度）在增加②，劳动力价值也在增加，这是因为劳动在过度支出时的加速消耗使再生产劳动力变得更为困难了。这样一来，就出现了以下可能：伴随劳动力价值因过度消耗而增加，劳动力价格虽然有所提高，但事实上反而落在劳动力价值的后面。这意味着，劳资双方在价值创造和分配中没有达成正和关系。剩余价值率还是提高了，工人的被剥削程度加剧了。因此，马克思在这里只能算是暗示了我们主张的观点。

成正比规律不仅发生在个别企业层面，而且可能发生在部门层面，这样就进一步衍生出命题三。

命题三：假定某个部门的劳动生产率普遍得到提高，同时假定

---

① 马克思：《资本论》第 1 卷，载《马克思恩格斯全集》第 23 卷，人民出版社，1972，第 573 页（重点标识为笔者所加）。

② 请注意，这一段论述所属的那一节（第一卷第十五章第 II 节）的标题是"工作日和劳动生产力不变，劳动强度可变"，也就是说马克思把增加劳动强度和提高劳动生产力完全区分开了，双方互不包含。

与形成价值的社会必要劳动相比，该部门的劳动成为复杂性更高的劳动，则该部门在单位自然时间内将创造出更多的价值，或者在单位时间生产出来的更多产出将表现为更大的价值量，并且这一价值量中也包含更多的新价值或价值产品。

当命题三成立时，可在整个部门为劳动与资本的正和关系提供经济条件。要注意的是，由于这里假定在该部门内不存在生产率差异，因此也就不存在个别企业取得的超额剩余价值或超额利润。但和别的部门相比，由于该部门所有企业无一例外地能在同样多的劳动时间里形成更多的价值，也就相应地形成更多的剩余价值。这种剩余价值不属于相对剩余价值的范畴，因为它不是劳动力价值降低的结果，也不能惠及社会生产各部门。笔者认为，可以把这种剩余价值看作介于个别企业所取得的超额剩余价值和全体资本家都能得到的相对剩余价值之间的一个独立的范畴。

类似的，成正比规律还可以扩展到国民经济的层面，即有命题四。

命题四：假定某国外向型部门的劳动生产率较世界市场的一般水平更高，且与世界市场的平均劳动相比，该国的劳动成为复杂性更强的劳动，则该部门在单位自然时间内将创造出更多的价值，或者在单位时间生产出来的更多产出将表现为更大的价值量，并且这一价值量中也包含更多的新价值或价值产品。

命题四对应于马克思的以下论述：

强度较大的国民劳动比强度较小的国民劳动，会在同一时间内生产更多的价值……生产效率较高的国民劳动在世界市场上也被算做强度较大的劳动。①

---

① 马克思：《资本论》第1卷，载《马克思恩格斯全集》第23卷，人民出版社，1972，第614页。

当命题四成立时，可在一国范围内为资本家阶级和工人阶级的正和关系造就经济上的条件。

成正比之所以发生在部门或国民经济的层面，是因为先进部门或先进国家的复杂劳动能形成更多的价值。这一点之所以可能，是因为由大多数其他部门（或国家）参与确定的形成价值的社会必要劳动的"基准"仍然未变。而问题也就由此产生了。在个别企业出现成正比的场合，先进企业和部门内其他企业之间的生产率差异还是可以直接比较的。但是，在不同部门之间，由于各自生产的使用价值是异质的，对劳动生产率进行比较就失去了意义。类似的，当发达国家和欠发达国家生产和交换不同的使用价值时，对各自国家的生产率进行比较也没有任何意义。在个别企业的场合，我们可以简单地假定，通过比较相应的产品量，可把复杂劳动时间还原为某一数量的社会必要劳动时间。但这个方法并不能用来比较和度量不同部门的劳动复杂程度。在马克思主义经济学史上，这个问题早在有关复杂劳动如何还原为简单劳动的争论中就被提出来了。①

马克思常常对不同部门劳动的复杂程度进行比较（譬如，他比较过珠宝细工的劳动和纺纱工的劳动）。但马克思没有明确地回答以下问题：在不同部门之间，由于产品不同而无从比较各自的生产率，什么才是这一比较或还原的基准。或者说，当涉及部门或国民经济层面的成正比时，如何确定形成价值的社会必要劳动时间。

在笔者看来，"新解释"（the New Interpretation）可以为解决上述问题提供借鉴。"新解释"学派提出，在形成价值的活劳动与扣除了中间物质消耗的净产品之间，存在着因果性的联系，即后者是由前者创造的。为此，"新解释"定义了劳动时间的货币表现（MELT），它是某一时期以市场价格度量的价值增加值（产出的价格减去工资以外的成本）与生产中使用的生产性活劳动之比。

---

① 参见 M. Itoh, *The Basic Theory of Capitalism*（London：Macmillan, 1988），pp. 150, 167。

　　MELT 是根据总量关系界定的，因为它是一国经济的净产品与所耗费的全部生产性活劳动的比率。用弗里举过的例子来说，在 20 世纪 80 年代初的美国，价值增加值的总量大约为 3 万亿美元，被雇用的劳动力有 1 亿人左右，如果假设这些人一年里工作 50 周，每周的标准工作时间是 40 小时，再假设这些人全部是在生产性部门被雇用的，那么所耗费的全部劳动时间就为 2000 亿小时。根据这些条件，每小时劳动平均将带来 15 美元的价值增加值，即 MELT = 15（美元/小时）。[①] 在笔者看来，这个经验比率可以用作前述复杂劳动还原的一个近似基准。这个基准比率和个别部门、个别企业的类似比率往往是不相等的。借用一位评论者萨德－费罗的话说：

　　　　（MELT）这个概念告诉我们，为了给以货币度量的产出价值增加 1 美元，必须有多少小时的抽象劳动，但这仅仅关乎总量的层次；相同数量的劳动小时在任一个别部门可能会带来不同数量的以货币度量的价值的增加（这种情形之所以发生，不仅仅是因为工人的不同技能，更为一般的情况是由于预付资本的不同有机构成）。[②]

　　要向读者说明的是，这位评论者是把两种比率的不相等作为"新解释"的缺陷来对待的。这一态度对于"新解释"难免有失公允。不过，我们倒是可以从这段引文中读出正面的意义，因为它把技能因素（从而劳动复杂程度）列为不同部门的 MELT 出现差异的原因之一。

　　伴随着技术进步，从企业到部门等各个层次的 MELT 也将发生变化。可以将这些变化与基准比率的变化加以比较。设若前者在一段时期的增

---

① D. A. Foley, *Understanding Capital*（Harvard University Press, 1986），p. 14.

② Alfredo Saad－Filho, "The Value of Money, the Value of Labour Power and the Net Product: An Appraisal of the 'New Approach' to the Transformation Problem," in A. Freeman, G. Carchedi, eds., *Marx and Non－Equilibrium Economics*（Cheltenham, U K: Edward Elgar, 1996），p. 127.

长率大于基准比率的变化，成正比在相关企业或部门的存在就具备了必要条件。之所以是必要条件，根源于这个方法的特点：在 MELT 的变化中，除了劳动生产率之外，有机构成、供求关系乃至市场势力等都会对其产生影响。那么，怎样才能克服这一困难呢？一个可能的设想是，将特定企业（或部门）MELT 的变化加以分解，一方面分解为生产率的变化，另一方面则分解为价格关系的变化。[①] 如果在特定企业或部门 MELT 的变化主要受到劳动生产率变化的影响，并大体反映了后者的变化，成正比的存在就获得了另一个补充证据。总之，在笔者看来，将成正比理论和"新解释"相结合，或可为前者的经验研究开辟前景。

5　正和关系与劳动力价值的再定义

与传统上把劳动力价值还原为工资品价值不同，"新解释"将劳动力价值定义为工人通过货币工资在全社会抽象劳动总量中所取得的那一部分，即等于全社会货币工资总额乘以货币的价值（它被定义为 MELT 的倒数）。这种方法界定了一个经济中劳动力价值的平均水平，它等于货币工资率乘以货币的价值。不过，除非假设货币工资率到处都相等，否则各个企业每雇用一小时劳动所偿付的劳动力价值是不一致的。利用"新解释"的这种方法，我们可以确定那些高于平均水平的高级劳动力的价值。

正如前文提到的，成正比理论和传统剩余价值论的一个区别在于，后者假设劳动力价值是在价值创造过程之前预先给定的；而前者则把劳

---

① 在 2005 年的一篇论文里，弗里提出，可以把 *MELT* 分解为体现价格变化的指标和劳动生产率，即有：$MELT = \dfrac{PX}{N} = \dfrac{PX}{X} \dfrac{X}{N}$，其中 P 是 GDP 平减指数，X 是与 P 对应的实际增加值，N 是投入生产的劳动时间。见 D. A. Foley，"Marx's Theory of Money in Historical Perspective," in F. Moseley, ed., *Marx's Theory of Money: Modern Appraisal* (New York: Palgrave Macmillan, 2005), p. 39。

动力价值看作工人从新创造的价值中事后取得的那部分。在事后界定劳动力价值这一点上，成正比理论和"新解释"是一致的。根据"新解释"的定义，劳动力价值对应于国民净收入中的工资份额；剩余价值则对应于利润份额。因此，工人和资本家似乎在事后分享了净产品的价值。萨德－费罗看到并反对这一点，用他的话说，"新解释"的定义"似乎助长了下述信念，即净产品在每个生产时期结束时为工人和资本家以某种方式所'分享'。"① 为此，他还引证了马克思的下述论断，以证明上述观点有违马克思的见解。马克思说：

> （劳动力的价值）即工人本身的再生产所需要的劳动时间，是一个已固定的量；这个量是由于工人的劳动能力出卖给资本家而固定下来的。实际上，工人在产品中所占的份额也是由此固定下来的。而不是相反，不是先把他在产品中所占的份额固定下来，然后由这个份额决定他的工资的水平或价值。②

但问题是，在马克思所谈的这两种关系之间，真的存在着二律背反吗。把劳动力价值的数量在价值形成过程之前固定下来，目的是阐明：工人只能得到新价值的一部分，剩下的部分作为剩余价值完全归资本家所有。可是，在分析上要达到这一目的，除了假设劳动力价值预先给定之外，还可以诉诸其他手段。斯威齐在《资本主义发展论》里就曾指出，在马克思经济学中，产业后备军就是这样一种手段，它可以确保工资的份额不至于大到吞噬全部新价值，使剩余价值荡然无存。③ 我们完全可以

---

① Alfredo Saad-Filho, "The Value of Money, the Value of Labour Power and the Net Product: An Appraisal of the 'New Approach' to the Transformation Problem," in A. Freeman, G. Carchedi, eds., *Marx and Non-Equilibrium Economics* (Cheltenham, U K: Edward Elgar, 1996), p.130.

② 马克思、恩格斯：《马克思恩格斯全集》第26卷第3册，人民出版社，1974，第99页（括号内为笔者所加）。

③ 斯威齐：《资本主义发展论》，陈观烈等译，商务印书馆，1997，第103页。

将劳动力价值看作由两个部分构成，其中一部分是在价值形成过程之前给定的，另一部分是事后即在产品实现后得到的。

劳动力价值的上述两种定义，不仅在概念上互有区别，而且在数量上，除非假定商品的价值与其价格成比例，否则也不相等。依照传统定义，单位劳动时间的劳动力价值可写为 $b\lambda$，其中 b 为实际工资率，λ 为单位消费品的价值。依照"新解释"的定义，劳动力价值可表达为 mw，其中 w 为货币工资率，m 为货币的价值。假设两种定义的劳动力价值相等，则有：

$$mw = b\lambda \tag{6-4}$$

整理公式（6-4），可得 $m\dfrac{w}{b} = \lambda$。因为 $\dfrac{w}{b}$（货币工资率和实际工资率之比）等于消费品的价格（p），故有：

$$m\,\frac{w}{b} = mp = \lambda$$

由该式可见，仅当消费品的价值与价格成比例时，两种劳动力价值在数量上才相等。

如何协调劳动力价值的这两个定义的相互关系，在"新解释"内部也有分歧。莫亨倾向于完全否定传统劳动力价值的定义，弗里则采取了调和的态度，在弗里看来："在全面发展的马克思的理论中，一个独立于事后实现的工资份额的劳动力价值概念可能具有真实的作用。"[1] 笔者倾向于接受弗里的观点，即在一个完备的劳动力价值决定的理论中，两个定义都可扮演各自重要的角色。一方面，如弗里所说，在资本主义社会，工人总是为了一笔货币工资，而不是直接为了一篮子商品而展开谈判和

---

[1]　D. A. Foley, "Recent Developments in the Labor Theory of Value," *Review of Radical Political Economics* 2000, 32（1）: 30.

斗争的。① 另一方面，诸如福特主义大众消费品的出现和工人阶级消费准则的确立，肯定也影响了货币工资水平。为此，有必要在上述两种劳动力价值定义的基础上，构建一个更为完备的劳动力价值决定的理论。

6 尾论

成正比理论最初是在解释超额剩余价值来源时提出来的，因而该理论自然构成了相对剩余价值生产理论的一部分。② 不过，伴随成正比理论的进一步发展，这一理论的特殊性也相应地显现出来。根据相对剩余价值生产理论，资本家追逐超额剩余价值的竞争，将推动技术进步在整个经济中的扩散，其结果是剩余价值率提高，从而造成资本家和工人两大阶级在价值层面的零和关系。在这个理论中，相对剩余价值率的提高，是由技术进步推动的整个过程在最终结束后达到的结果；而超额剩余价值的产生，则是与该过程相伴随的动态现象。成正比是与后者相联系的。只要存在以技能增进为基础的技术进步，就有可能导致成正比理论所描绘的正和关系。这种正和关系和相对剩余价值生产理论所注重的零和关系具有互补性：一方面，相对剩余价值生产规律造成两大阶级在国民收入中的相对份额发生不利于工人阶级的变化，进而加剧资本积累过程的各种矛盾；另一方面，成正比规律则会在相对有限的范围内造成资本和劳动在价值层面的正和关系，并使之作为一种具有局部意义的抵销因素与相对剩余价值生产规律并存。

从微观角度看，以成正比为前提的价值创造理论，有助于拓展资本

---

① D. A. Foley, "The Value of Money, the Value of Labour Power, and the Marxian Transformation Problem," *Review of Radical Political Economics* 1982, 14（2）: 43.

② 成正比理论的得名可能和马克思的以下表述有关："相对剩余价值与劳动生产力成正比"（见马克思、恩格斯：《马克思恩格斯全集》第23卷，人民出版社，1972，第355页）。在这里，马克思采用了成正比这一提法。尽管后来发展起来的成正比理论与马克思此处所说的成正比不是一个含义，成正比理论这一名称却流行了开来。

主义劳动过程理论（或马克思主义企业理论）的解释范围。传统马克思主义企业理论所关注的是以强制和价值层面的零和博弈为特征的生产关系，而在现实中，随着丰田生产方式和后福特主义所代表的新型生产关系的发展，这一理论的局限性就越发明显地暴露出来了。劳动生产率与单位时间创造的价值量成正比的理论，使马克思主义经济学有可能突破传统剩余价值论的局限，构造一种新的劳动过程或企业理论，以解释诸如丰田生产方式这样的现象。由于丰田生产方式不仅被看作一种特殊的资本主义生产组织，而且是资本主义制度多样性的象征，构造这样一种理论具有不可忽视的重要意义。

第7章 部门内企业的代谢竞争：一个 演化马克思主义的解释

在马克思的理论中，部门内竞争是在"特殊的资本主义生产方式"的基础上展开的。而这种"特殊的资本主义生产方式"，依照马克思的假设，对同属一个部门的不同企业而言是同质的。在本章中，我们试图把演化经济学的视角纳入马克思的理论，提出以组织知识的专有性为中介，不同企业可以采用不同的技术或不同的生产方式来生产属于一个部门的产品。在此基础上，就会形成一个部门内竞争的动态层级结构，它不同于马克思的原有模型所模拟的动态平面结构，更不同于新古典的静态平面结构。相应的，部门内竞争也转化为不同企业之间以各自产品的性价比为前提的市场份额竞争，即所谓代谢竞争。

本章由以下各节组成。第 1 节回顾马克思的理论，指出在马克思的竞争理论里存在着一些未曾明言但起着重要作用的假设，并在演化经济学的基础上，探讨修改这些假设的可能性和必要性。第 2 节讨论部门内竞争的动态层级结构的概念，并将其与新古典的静态平面结构和马克思的动态平面结构相比较。第 3 节分析这种新的层级结构会给价值规律的实现形式带来哪些变化。为此，构建了一个正式的模型，把价值决定的两个规定，即第一种社会必要劳动和第二种社会必要劳动结合起来，以解释性价比互有差异的不同产品的价值是如何被决定的。第 4 节在劳动价值论的视野内，利用逻辑斯蒂模型分析代谢竞争的一些特点，并以不同企业产品的价值转移率来界定企业的竞争优势。第 5 节即最后一节是尾论。

1　组织知识的专有性与部门内竞争

在《资本论》第一卷，马克思以很大篇幅研究了资本主义生产方式从工场手工业到机器大工业的过渡。马克思将立足于机器大工业的资本主义生产方式命名为"特殊的资本主义生产方式"。这里"特殊的"一词还可译为"特有的"或"专有的"。"特殊的资本主义生产方式"不同于以往生产方式的地方，不仅在于使用了机器，而且在于机器本身也是以大工业的方式来生产的。① "特殊的资本主义生产方式"为相对剩余价值生产（即以生产率提高为前提的剩余价值生产）提供了技术基础。

植根于机器大工业的特殊的资本主义生产方式的崛起，改变了知识的性质，以及知识的生产和利用方式。马克思曾以如下生动的笔触描绘了这一变化：

> 很能说明问题的是，各种特殊的手艺直到十八世纪还称为：mys-teries〔秘诀〕，只有经验丰富的内行才能洞悉其中的奥妙。这层帷幕在人们面前掩盖起他们自己的社会生产过程，使各种自然形成的分门别类的生产部门彼此成为哑谜，甚至对每个部门的内行都成为哑谜。大工业撕碎了这层帷幕。大工业的原则是，首先不管人的手怎样，把每一个生产过程本身分解成各个构成要素，从而创立了工艺学这门完全现代的科学。社会生产过程的五光十色的、似无联系的和已经固定化的形态，分解成为自然科学的自觉按计划的和为取得预期有用效果而系统分类的应用。②

---

① 马克思说："大工业必须掌握它特有的生产资料，即机器本身，必须用机器来生产机器。这样，大工业才建立起与自己相适应的技术基础，才得以自立。"见马克思《资本论》第 1 卷，载《马克思恩格斯全集》第 23 卷，人民出版社，1972，第 421～422 页。

② 马克思：《资本论》第 1 卷，载《马克思恩格斯全集》第 23 卷，人民出版社，1972，第 533 页。

马克思的这段论述迄今为止并没有引起足够的注意。对于这段话里明言或潜含的思想和假设，可以概括地将其名为"帷幕撕碎论"。下面我们就试着对这个理论做些分析。

正如美国演化经济学家罗森博格所指出的，马克思在《资本论》中深刻地提出了以下问题：将科学全面而系统地运用于生产过程是以技术在性质上的变化为前提的，这些改变了的技术究竟具有哪些新的特征呢？[①] 马克思指出，在资本主义工场手工业时期，分工作为提高生产力的主要手段被发展到了相当高的程度。但这种分工本质上仍然是以手工劳动为基础的，不能摆脱对人的技能（如力量、速度、准确性等）的严重依赖。这些特点意味着，在资本主义手工工场中，技术具有今日所谓"暗默知识"（Tacit Knowledge）的特点。马克思虽未使用暗默知识这一现代术语，但上述引文里的"帷幕"一词指向了同一含义。由于这类暗默知识的普遍存在，生产过程就像蒙了一道"帷幕"一般难以被理解，更遑论科学地加以分解，从而推动分工进一步发展。导致这一切发生改变的，是机器大工业和以之为基础的特殊的资本主义生产方式的出现。机器大工业的发展改变了生产过程对于人的技能，即各种被"帷幕"遮蔽的暗默知识的严重依赖，甚至干脆消灭了这些技能，使得生产过程得以被科学地分解为一系列独立的可以由机器完成的步骤，为科学在生产过程中的系统而普遍的应用创造了条件。与此同时，技术在马克思眼中也不再是暗默知识，而成为受科学主宰的、作为科学在生产中的运用的新型技术。在马克思以后，类似见解也一直被马克思主义者继承了下来。例如，20 世纪英国科学史学家、马克思主义者贝尔纳就认为："随着科学和工业一起进步，工业中的科学成分的比重会逐渐增加，而工业中的传统成分的比重会逐渐减少。"最终形成"一个彻底科学化的工业"。[②]

---

① 罗森博格：《作为技术研究者的马克思》，骆桢等译，《教学与研究》2009 年第 12 期，第 13～14 页。

② 贝尔纳：《科学的社会功能》，陈体芳译，张今校，商务印书馆，1986，第 196 页。

马克思的"帷幕撕碎论"可以在三种不同的维度上来理解。在上引段落中，"帷幕被撕碎"是着眼于资本在不同部门间的竞争而言的。机器大工业的发展导致各个部门之间的知识帷幕被撕碎，从而消除了横亘在不同部门之间的进入门槛，使资本得以跨越各种部门展开自由竞争。但是，除了这个维度以外，"帷幕撕碎论"在马克思那里还涉及另外两个维度。资本除了在部门间相互竞争以外，还会在同一部门内开展竞争。可以设想，在工业革命之前，同一部门内的不同企业之间也会形成知识的帷幕。在马克思分析部门内竞争的时候，这一意义上的帷幕事实上也被假定撕碎了。最后，"帷幕撕碎论"还涉及资本与劳动这一维度。在资本主义工场手工业当中，由于生产还以手工劳动为基础，关于生产过程的各种知识就在很大程度上掌握在熟练工人手里。易言之，在资本和熟练工人之间，也悬隔着一层知识的帷幕，这层帷幕可用来保护工人自身的利益。在马克思看来，机器大工业的发展把这层帷幕也撕碎了。工人的劳动因为技能为机器所取代而日益沦为简单劳动（即实现了所谓"去技能化"）。顺着这条思路，马克思进一步分析了劳动对资本的实际隶属以及资本积累一般规律等一系列问题。

由此看来，"帷幕撕碎论"在马克思经济学里具有极为重要的意义。它事实上为《资本论》当中的主要理论——包括竞争理论在内——奠定了技术史的基础。不过，这个理论的提出也使马克思付出了代价。从此以后，组织知识的生产及其协调问题就淡出了马克思的视野。对他来说，这些问题似乎无须再做讨论了。工业技术知识作为科学在生产过程中的应用，对于个别资本家而言几乎是唾手可得的，或者至少不存在取得这些知识的根本障碍。

借助演化经济学家的努力，我们今天得以认识到上述"帷幕撕碎论"所包含的片面性。由于暗默知识在工业生产中仍然大量存在，知识的帷幕并没有被一劳永逸地撕碎，对这些知识的组织协调和利用仍然是资本主义生产和竞争所面临的核心约束。在下一节里，将结合上述讨论重新审视马克思的部门内竞争理论。这个理论是在《资本论》第一卷讨论超额剩余价值生产的时候被提出来的，并且构成了马克思的剩余价值生产理论的基础。

2　从部门内竞争的平面结构到部门内竞争的动态层级结构

在讨论超额剩余价值的产生时，马克思在同一个部门内区分了两类企业，即创新型企业和模仿型企业。创新型企业在部门内率先采用新技术，提高了生产率，并在一个低于社会价值的个别价值的基础上，与其他企业争夺市场份额。迫于这种压力，其他企业被迫跟随或模仿这个先进企业，采纳新技术以提高生产率，否则就将面临在竞争中被击垮的危险。在此过程中，创新型企业由于其个别价值低于社会价值，可以实现超额剩余价值或超额利润。但是，随着其他企业也相继采用新技术，该部门的社会价值就会逐步降低到与创新型企业的个别价值相当的新水平，而超额剩余价值也就濒于消失。

重新审视马克思的这个模型，可以发现他忽略了在模型背后暗藏的一些假设。譬如，这个率先创新的企业为什么会出现？它所采纳的新技术来自何处？当其他企业迫于压力开始在技术上模仿创新型企业时，这种模仿何以一定会成功？在现实的市场竞争中，不断会有落后企业遭到淘汰，说明新的技术或新的生产方式并不会自动地扩散到所有企业。技术扩散的这种不确定性也意味着，创新型企业有可能凭借其先发优势击败所有其他企业以取得部门内的垄断，并攫取垄断利润。果如此，竞争就导向了自身的反面。如果不是这样，或如马克思偶尔曾提到的那样，在积累中除了这种趋向垄断的向心力，还存在着起抵销作用的离心力，那就需要分析构成这种离心力的因素究竟是什么。下面就依次来讨论为马克思忽略的相关问题。

在马克思那里，对超额剩余价值或超额利润的追求，被看作个别企业率先进行技术变革的原动力。但问题是，企业追逐这种超额利润的动机是普遍的，在这种情况下，使得创新型企业脱颖而出并与其他企业区分开来的原因，肯定不在于这种人人都有的一般性动机，而毋宁在于企业内部制度层面的差异，这些制度上的因素赋予该企业的行为和动机模式以某种特殊性。令人的遗憾的是，马克思在其模型中显然没有考虑这一层面的问题。尽管和新古典经济学相比，马克思并未使用代表性企业这样错误的假设，并且实际上设定了创新型企业和模仿型企业的差别，但他忽视了企业在内部组织和制度方面的差异，以及由此带来的组织学习能力的差异。这样一来，在马克思的理论中，企业也几乎成了半个"黑箱"。

马克思理论上的这种缺失最早是由美国学者拉佐尼克明确地提出来的。拉佐尼克指出，马克思事实上假定，新技术的产生和扩散与企业内部组织无关（或者换一种表达——伴随新技术的产生和扩散，企业组织似乎也在自动地被模仿或扩散）。这样一来，马克思就没有提出和回答以下问题：为什么特定的企业组织在特定的时间和地点表现出格外突出的创新能力和学习能力。[1] 拉佐尼克的分析为我们反思马克思的竞争理论构成了必要的铺垫。

在上述认识的基础上，我们或可描绘出进一步发展马克思的部门内竞争模型的大致方向。在马克思那里，部门内竞争被还原为同质产品之间的价格竞争。[2] 马克思假设不同企业生产的是"种类相同、质量也接近相同的商品"，这一假设事实上和他抽象了组织知识的专有性是相呼应

---

[1] W. Lazonick, *Business Organization and the Myth of Market Economy* (Cambridge Unversity Press, 2001), p. 121, pp. 282 – 283。另见拉佐尼克《车间的竞争优势》，徐华等译，中国人民大学出版社，2007。

[2] 马克思在《资本论》里曾明确谈到，在考察部门内竞争时，面对的是"生产部门相同、种类相同，质量也接近相同的商品"。参见马克思、恩格斯《马克思恩格斯全集》第25卷，人民出版社，1974，第201页。

的。一旦我们从组织知识的专有性这个角度看问题，上述假设就需要修改。即便在一个部门内，不同企业的产品也可以是差异化的，因为生产这些产品的企业是以各自掌握的不同知识为前提进行生产的。这样一来，部门内竞争实际上天然就具有张伯伦所说的垄断竞争的色彩。演化经济学家乔治斯库－罗根在评价新古典竞争理论时曾提出了类似看法，他指出："在每一个领域，尤其是在经济学领域，竞争首先意味着以与所有其他人稍微不同的方式行事""个体所关心的竞争的最一般形式是产品差异化，包含一点创新，但不包括恶性杀价的行为"。梅特卡夫在评论这一点时也指出，在竞争概念里包含一个悖论，即"只有在企业是异质的事实上添加一个垄断要素，才可能存在积极的竞争"[①]。需要补充的一点是，在部门内自由竞争模型里纳入垄断因素，并不等于否认马克思主义经济学对资本主义自由竞争阶段和垄断阶段的传统划分。事实上，即便在自由竞争阶段，部门内竞争也不是通常想象的那种纯粹意义的价格竞争，而是在产品的使用价值性质具有一定差异的前提下开展的竞争。为了进一步分析这个问题，让我们在马克思的理论和新古典理论之间略做一番比较。

将部门内竞争假设为同质化产品的竞争，在这一点上马克思的理论和新古典完全竞争理论有着相似之处。与马克思不同的是，新古典完全竞争理论采用了代表性企业的假设，企业的异质性被彻底抛诸脑后。在此前提下，市场上也只存在一种价格，任何企业都无力单独改变这种价格。为了便于和马克思的模型相比较，我们可将新古典经济学所设想的这种竞争格局称为"部门内竞争的静态平面结构"。相较而言，马克思虽然也在部门内竞争模型中假设了同质化的产品，但马克思并未依赖代表

---

① N. Georgescu-Roegen, "Chamberlin's New Economics and the Production Unit," in R. Kuenne, ed., *Monopolistic Competition Theory* (New York: Wiley, 1967)。转引自梅特卡夫《演化经济学与创造性毁灭》，冯健译，中国人民大学出版社，2007，第19页。梅特卡夫本人的上引评论则见于该书同页。

性企业这样的假设，而是区分了创新型企业和模仿型企业，这两类企业的产品在竞争中分别对应着两种不同的价格。用演化经济学的术语来说，马克思在其部门内竞争模型中运用的是个体群或种群的概念，而不是代表性企业这样的理想类型式的概念。在马克思的模型中，创新型企业率先提高生产率，引入一个比现行市场价格更低的价格，并据此获得超额利润。这迫使其他企业开始模仿，学习和引进新的技术，并最终导致部门内出现的两种价格重新收敛为一种价格。在收敛实现后，新的创新又会在个别企业内再次出现，并再度引入一种新的价格。但随着其他企业对新技术的模仿，两种价格又会再度收敛，回到一种产品对应一个价格的局面。马克思所描绘的这种竞争格局可以名为"部门内竞争的动态平面结构"。所谓"动态"，意指马克思所分析的是一个基于技术变迁的动态过程。这个特点在新古典完全竞争理论中并不存在，因为后者抽象了技术创新。"平面"一词则想强调，尽管存在技术变迁，每一轮竞争的后果却是价格的收敛和超额利润的消失。换言之，在取得超额利润的能力上，企业之间不存在持久的差异。

现在让我们把组织知识创造的专有性和产品差异性引入分析。假设在部门内存在两种企业，分别生产在使用价值性质上有所区别但又隶属于同一部门的产品。这两种产品具有不同的"性价比"，后者可定义为产品的使用价值与其个别价值的比率。为简便起见，这里的使用价值可定义为产品的功能数。个别价值则一如马克思所定义的，指的是个别企业在特定条件下生产单位产品所耗费的个别劳动时间。如果假设一个部门内存在着两类企业，各自生产互有差异的产品，则性价比的概念就意味着，这两种差异化的产品事实上是在两种不同的技术或不同的生产方式下生产出来的，对应着两种不同的组织知识的生产过程。根据前文的讨论，组织知识由于具有专有性，并不能在竞争中被对手轻易地模仿和学习。在这种情况下，不同产品的性价比作为两种组织知识生产过程的结果，就会持久地形成差异。从劳动价值论的角度看，重要的一点是，与性价比之间的差别相对应的是，在两种产品之间不会形成统一的社会价值和统一的价格，而是在各自的个别价值的基础上形成两个独立的、相互并存的价格。

需要注意的是，两种产品由于在性价比上存在差异，它们也分别吸引着不同的消费者和需求。在这种情况下，两种产品的个别价值和价格比率可能是互不相等的。在我们设想的模型里，一种性价比更高的产品在交换中所实现的市场价值可能大于自身的个别价值，这意味着该产品将能实现一个超额利润。这一现象背后的原理，实际上就类似于使用价值在第二种社会必要劳动时间的决定中所起的调节作用。

在这样一个市场上，由技术进步带来的竞争也同样存在。如果那个处于相对弱势的一方通过提高生产率和改进产品品质，提高其产品的性价比，就会吸引更多的需求转向自己，争夺市场份额的竞争也就随之开始了。在这种情况下，这个企业的价格－个别价值比率也能得到提高，甚至它也能取得超额利润。总之，在这样一个市场上，竞争一般来自两种产品性价比的增长率的差异。我们建议把这种竞争格局命名为"竞争的动态层级结构"。"动态"的含义一如其旧，即表明技术创新所推动的竞争过程仍然存在；"层级"一词则指向部门内竞争的等级制结构——处于不同层级的企业在取得利润的能力上存在着相对持久的差异。

发展这样一个理论的迫切性是毋庸待言的。我们将在下一节提出相关模型，设法兑现上述构想。不过，在结束这一节之前，我们还想就这一理论可能带来的后果再做一番探讨。在所谓动态平面竞争结构中，马克思假定落后企业会通过模仿或学习以改进生产率。但是，由于马克思并没有分析这种模仿必然实现的理由，事实上默认了相反的情形会以同等概率出现，即面对先进企业提高生产率和扩大市场份额的压力，其他企业无力通过模仿来应对，最终在竞争中落败，并被驱离该部门，使得该部门为个别先进企业所垄断。在这种情况下，马克思的动态平面结构理论事实上可以直接用来解释资本主义由自由竞争向垄断的过渡。易言之，动态平面结构理论表明看起来是一个解释竞争的理论，但也可以成为一个解释垄断何以产生的理论。马克思本人事实上也是这样做的。在《资本论》第一卷论述"资本积累"的章节，马克思就提出竞争会直接导致资本的集中和垄断。

相较而言，动态层级结构理论则可以更好地解释竞争的持续存在。在动态层级结构内，当两种产品性价比的增长率发生改变时，竞争就会产生。但由于竞争面临着组织知识生产的约束，动态层级结构内的竞争并不会导致价格的收敛和超额利润的消失，而是带来利润实现能力的相对持久的差异。在这个结构内，除非一方产品的性价比以异乎寻常的速率增长，否则竞争不会轻易地被颠覆而转化为单纯的垄断。

在《资本论》第一卷，马克思曾谈到资本之间的竞争是推动集中和垄断形成的力量。马克思还曾设想过，在一个部门，甚至在一个社会中，资本集中所能达到的极限。就一个部门而言，这意味着将全部资本融合为一个单一资本；就全社会而言，是将社会总资本合并在唯一的资本家公司手中。[1] 但与此同时，马克思又曾指出，资本在概念上指的就是同时存在的许多资本，单个资本与资本的概念是相矛盾的。在《1857—1858年经济学手稿》中，马克思这样说道："资本是而且只能是作为许多资本而存在，因而它的自我规定表现为许多资本彼此间的相互作用。"[2] 这意味着，一旦资本失去与其他的资本的对立，一旦失去竞争，资本主义生产方式也就不复存在了。为此，马克思自己也意识到，用竞争产生垄断这个具有线性特征的规律来描绘资本积累的趋势过于简单化了。在《资本论》第三卷的一个地方，他又补充指出，"如果没有相反的趋势不断与向心力一起又起离心作用，这个过程（指资本集中的无限过程：引者注）

---

[1]　马克思的这些观点，可参见马克思、恩格斯《马克思恩格斯全集》第 23 卷，人民出版社，1972，第 686～687、688 页。
[2]　马克思、恩格斯：《马克思恩格斯全集》第 46 卷上册，人民出版社，1979，第 398 页。

很快就会使资本主义生产崩溃"。① 遗憾的是，马克思在这里仅为我们留下了只言片语，并未明确分析这些离心力到底是由哪些因素构成的。在我们看来，承认部门内竞争的动态层级结构的存在，似乎有助于解决这个理论上的难题。在这种动态层级结构里，竞争和某种相对的垄断总是伴随的，垄断并没有消除以技术创新为前提的竞争，后者作为离心力始终在限制或扭转一个部门迈向绝对垄断的趋势。

部门内竞争的动态层级结构的存在对于部门间竞争也会带来微妙的影响。马克思在讨论资本的部门间竞争的时候，提出了利润率平均化的理论。这个理论事实上是以部门内竞争理论为前提的，而这一点却一直为人们所忽视。在马克思提出的部门内竞争的动态平面结构里，竞争的结果是在部门内形成大致相等的生产率，并在此基础上会形成统一的社会价值，以及一个不包含超额利润的标准利润率。这个标准利润率事实上是各部门资本在竞争中互相比较，并据以在部门间流入或流出的依据。然而，一旦引入部门内竞争的层级结构，这个标准的利润率就不存在了，因为一个部门内此时可能存在着几个高低不同的利润率，其中虽有个别利润率是超额利润率，但它并不会像马克思所设想的，会伴随竞争而濒于消失。在这种情况下，资本势必就会失去在不同部门之间对利润率进行比较的唯一尺度，从而难以做出进入或退出某个行业的判断。资本完全可能留在本部门内，通过提高性价比的竞争来追逐超额利润，而不必转移到别的部门。

进而言之，在讨论部门间竞争的时候，马克思也没有考虑组织知识的生产对这种竞争的约束。依照演化经济学的观点，组织知识的生产并不局限于企业的层面，在部门和区域的层面同样存在着协调个别知识的问题。在此意义上，演化经济学进而发展了部门创新体系、区域创新体

---

① 马克思：《资本论》第3卷，载《马克思恩格斯全集》第25卷，人民出版社，1974，第275页。

系、国民创新体系等隶属于不同层次的概念和理论。由此看来，个别资本倘若无力加入特定行业、特定区域的组织知识的生产，要想在部门间流动也是非常困难的。考虑到以上这些因素，马克思的部门间利润率平均化的模型就完全可能为一个新的模型所取代，在这个新模型里，不同部门的利润率存在持久的差异，不易也不必被平均化。换言之，在部门内存在的那种层级结构，也会在部门间再现出来。

依循上述思路，必然还会提出以下问题：既然在一个描绘竞争的模型里存在着相对的垄断，而垄断又不能阻绝竞争，将资本主义区分为自由竞争阶段和垄断阶段的依据何在。事实上，自 20 世纪 70 年代以来，马克思主义经济学内部一直存在着争论，其中一方坚持在传统意义上对自由竞争和垄断这两个阶段的划分，另一方则怀疑这种划分，指摘前者忽略了竞争在当代资本主义经济中的作用。[①] 在笔者看来，争论的双方在相当程度上误解了将资本主义划分为上述两个阶段的真正依据之所在。资本主义从自由竞争阶段步入垄断阶段主要不是因为资本集中度的提高，而是取决于金融在资本主义经济中的地位和作用的变化。[②] 在这个意义上，对自由竞争阶段和垄断阶段的划分，与资本主义部门内始终并存的垄断和竞争并不是一回事。承认后者并不等于否定对资本主义历史阶段的上述界分。

3　部门内竞争的动态层级结构与价值规律的实现形式

在马克思的模型里，部门内竞争是凭借价格竞争而展开的。在论证

---

① 对 20 世纪 70 年代以来相关争论的介绍可参见高峰《发达资本主义经济中的垄断与竞争》，南开大学出版社，1996。

② 资本主义向垄断阶段的过渡与金融资本的崛起是联系在一起的，对这一点的讨论可参见孟捷、李亚伟、唐毅南《金融化与利润率的政治经济学研究》，《经济学动态》2014 年第 6 期。

这个问题的时候，马克思以商品单位价值的变化作为联系生产率提高和单位价格下降的媒介。为此马克思提出，劳动生产率提高与商品单位价值量的变化成反比，此即通常所说的成反比规律。值得指出的是，在马克思的部门内竞争模型里，成反比规律既是前提也是结果。作为前提，它指的是个别企业只有通过提高生产率以降低价格，才能有效地开展竞争。作为结果，它指的是竞争造成全部门生产率的提高，以及全部门产品的单位价值和单位价格下降。

成反比规律是价值规律的实现形式。但成反比规律以及与之相联系的部门内竞争，是以假定不同企业生产完全同质化的产品为前提的。如果不同企业的产品在使用价值上不完全同质，则在不同产品之间就无法形成统一的社会价值，而是存在互有差别但无法收敛的几种个别价值和相应的个别价格。这样一来，技术进步就不能像以往那样，单纯通过降低个别价值来降低个别企业的商品价格（或者在技术扩散后，通过降低社会价值，来降低所有企业的商品价格），而是以性价比为中介，通过提高性价比，来帮助企业获取更多的市场份额。由于性价比的提高并不单纯依赖于个别价值或个别价格的下降，而取决于性价比这一比率的提高，这就意味着，在价格提高时，企业也可以获得更高的性价比。这样一来，成反比规律作为价值规律的实现形式，在我们所要考虑的情形中就失去了普遍意义。

需要考虑的还有所谓"成正比"，即劳动生产率与单位时间形成的价值量成比例增长。成正比是在特定条件下存在的价值规律的一种实现形式。近年来学术界对这个问题展开了较为充分的研究。"成正比"的实现是以个别企业的复杂劳动还原为基础的。例如，可以引入以下价值生产函数：

$$W_i = \varphi_i T_i$$

其中，T 是一个企业在单位时间里投入的劳动量（既包含活劳动也包含过去劳动），φ 代表复杂劳动转换系数，W 是单位时间生产的全部产出的价值。由于 T 是给定的，当复杂劳动转换系数伴随生产率提高而增加时，T 所形成的价值量将与生产率提高成比例增长。需要指出的是，若不考虑产品差异化，成正比的实现要以成反比规律的同时成立为条件，否则该企业的技术进步将沦为失败。而成正比和成反比的同时成立，又要求该企业劳动生产率的增长速度要高于复杂劳动转换系数的增长速度。[①]

在考虑产品差异化的条件下，单个企业仍然可以在复杂劳动还原的基础上实现成正比。个别企业的复杂劳动还原与其组织知识的生产是相伴随的。在部门内竞争的层级结构中，不同企业的组织知识生产过程，决定了各自使用的劳动在多大程度上是复杂劳动。这个基本假定将在下文的正式模型里得到应用。但此时成正比并不必然要以成反比为条件。因为企业可以通过提高产品性价比，而非单纯地降低价格来展开竞争。

将产品性能的差别归结为劳动复杂程度的差异，是用企业自身的劳动来解释产品的价值和价格形成。换言之，是利用第一种含义的社会必要劳动时间所做的解释。在此我们可借鉴冯金华所做的一项研究，从第二种社会必要劳动时间的角度补充前述讨论。冯金华提出了一个刻画第二种社会必要劳动时间的数学模型。[②] 本章试图在下述两个方面将冯金华的模型加以推广。第一，第二种社会必要劳动时间本来涉及的是全社会劳动量在不同部门之间的分布，冯金华的模型也是在这个意义上来讨论的。本章则试图将他的原始模型转用于部门内的情形，即考虑一个部门的总劳动如何在不同企业的产品上分布。第二，本章还试图将冯金华的

---

① 参见孟捷《劳动生产率和单位时间创造的价值量成正比的理论：一个简史》，《经济学动态》2011 年第 6 期（本书第 4 章）；张衔《劳动生产率与商品价值量关系的思考》，《教学与研究》2011 年第 7 期。

② 冯金华：《社会总劳动的分配和价值量的决定》，《经济评论》2013 年第 6 期。该文和其他相关文章收于冯金华《价值决定、价值转形和联合生产》，社会科学文献出版社，2014。

模型推广到考虑复杂劳动还原的情形，即将第二种社会必要劳动时间的确定与复杂劳动还原结合在一起。

为简单起见，假设某部门有两个企业，其产品市场达到了供求均衡。其中第二个企业（下标为2）的活劳动具有复杂劳动性质，需要还原为简单劳动，让我们假设，在生产过程里，这种复杂劳动伴随价值的形成还原为简单劳动，从而可以得出下述价值生产（或价值形成）函数：

$$\lambda_1 = t_1 \qquad\qquad (7-1)$$

$$\lambda_2 = \varphi t_2 \qquad\qquad (7-2)$$

公式（7-1）和公式（7-2）中，λ_i（$i=1$，2）是商品的单位价值，t_i 是生产1单位产品所投入的劳动量（这一劳动量里包括物化劳动），φ 是因复杂劳动还原为简单劳动而产生的价值偏离系数（不直接是复杂劳动还原系数，因为在 t 当中还含有物化劳动量）。

让我们再从价值实现的视角，假设上述两种商品的交换都符合等价交换原则，即有如下价值实现函数：

$$\lambda_1 = p_1 \lambda_g \qquad\qquad (7-3)$$

$$\lambda_2 = p_2 \lambda_g \qquad\qquad (7-4)$$

在公式（7-3）和公式（7-4）中，p_i 是商品的价格；λ_g 则是单位货币（如黄金）的价值，可以视为常数。需要强调的是，这里的价值实现函数，不同于公式（7-1）和公式（7-2）所代表的价值形成函数。后者是从生产过程形成价值的角度来定义的，前者则是从交换即价值实现的角度来定义的。

假设该部门生产中投入的劳动量（活劳动和过去劳动）为 L，并且所有商品的价值量等于 L，从而可以得出一个价值分布函数，该函数体现了"劳动守恒原理"（其中 Q_1 和 Q_2 分别代表企业1和2的产出数量）：

$$\lambda_1 Q_1 + \lambda_2 Q_2 = L \qquad\qquad (7-5)$$

将公式（7-3）和公式（7-4）代入公式（7-5），经整理得[1]：

$$\lambda_1 = \frac{p_1}{p_1 Q_1 + p_2 Q_2} L \tag{7-6}$$

$$\lambda_2 = \frac{p_2}{p_1 Q_1 + p_2 Q_2} L \tag{7-7}$$

对两个企业来说，其单位商品价值是总劳动量 L 按照特定比例分布的结果。该比例的分子是各自商品的价格，分母则是该部门的价格总量。

上述三类方程，即价值生产方程［公式（7-1）和公式（7-2）］、价值实现方程［公式（7-3）和公式（7-4）］、价值分布方程［公式（7-5）］，可以结合在一起，构成一个联立方程组，其中有五个方程和五个未知数（λ_1、λ_2、φ、p_1、p_2）。这样一来，我们就把马克思主义经济学中一直存在的两种解释价值决定的理论，即分别基于第一种社会必要劳动和第二种社会必要劳动的理论，统一在了一个框架内。

不过，上述讨论仍有一局限。在价值生产方程和价值实现方程里，λ 是相同的。这意味着，第一种含义的社会必要劳动等于第二种含义的社会必要劳动。这一点的成立，是以下述假定为前提的，即 $\dfrac{p_1}{t_1} = \dfrac{p_2}{\varphi t_2}$。下面我们将进一步讨论在放松该假定时的情况，如：

$$\frac{p_1}{t_1} < \frac{p_2}{\varphi t_2}，\text{或} \frac{m_r p_1}{t_1} = \frac{p_2}{\varphi t_2}，\ m_r > 1 \tag{7-8}$$

---

[1] 在推导过程中，$\lambda_g = \dfrac{L}{p_1 Q_1 + p_2 Q_2}$。而作为货币的价值，$\lambda_g$ 本应是在全社会范围被决定的，即它应等于全社会投入生产的总劳动量和社会年产品的价格的比率（也可看作劳动时间的货币表现的倒数）。在这里，我们可以假定全社会投入生产的总劳动量和社会年产品的价格的比率恰好等于该部门投入的劳动量与其产出价格的比率。即 $\lambda_g =$

$\dfrac{L}{p_1 Q_1 + p_2 Q_2} = \dfrac{\sum\limits_{i=1}^{n} L_i}{\sum\limits_{i=1}^{n} P_i}$ ，最右边的比率代表了全社会投入生产的总劳动量和社会年产品

的价格的比率，其中 P_i 是各部门产出的总价格。

在这里，m_r 可以看作第二个企业进行成本加成的幅度，换言之，φt_2 可以看作以劳动价值定义的生产中耗费的全部成本，第二个企业根据 m_r 来进行成本加成定价。这使其投入的劳动时间的货币表现，要大于第一个企业。需要回答的问题是，这里的 m_r 是如何确定的。从经验来看，第二个企业的成本加成能力取决于多种因素，在这里，我们假定当其他一切条件相同时，第二个企业的成本加成能力与其使用的劳动复杂程度成比例，同时也与其产品使用价值大于所谓社会标准使用价值的程度成比例。

这里需要介绍彭必源等人的一项研究。他们认为，产品性能的差异可以直接影响并参与产品的价值形成。他们假设存在一种社会标准使用价值，即某种产品在正常生产条件下所具有的性能。如果有的企业生产出了某种性能更为优越的产品，则其使用价值就可看作社会标准使用价值的倍数（为明确起见，我们可以将他们所说的这种社会标准使用价值理解为产品的基本功能数。）根据他们的观点，如果生产 1 单位具有社会标准使用价值的产品所需要的劳动量为 t，其价值为 λ，则可写出：

$$\lambda_i = \frac{U_i}{U^*} t_i$$

其中，$\dfrac{U_i}{U^*}$ 是某种产品的功能数与社会标准功能的比率。[①] 需要指出的是，彭必源等人虽然在这里正确地提出了使用价值参与微观价值决定的问题，但他们拒绝以劳动复杂程度的差异来解释产品性能的差别化。这样一来，他们把反映两种使用价值性能的比率直接写入上述方程，从价值形成的角度来看便难以成立。除非将产品性能的差别归咎于劳动复杂程度的差异，否则在马克思的价值形成过程理论的基础上，无法解释

---

① 见彭必源、李冬梅《对使用价值参与决定价值量的微观研究》，《湖北工程学院学报》2013 年第 4 期。

他们的这一方程的含义。我们认为，产品性能——或更为准确地说——产品性价比的差异，只能影响产品实现时的价格，或企业进行成本加成定价的能力。然后再通过价格影响到单位产品所实现的价值（或市场价值）。

假定第二个企业会在定价时采用成本加成的方法，且其成本加成与其使用的劳动复杂程度成比例，同时也与其产品使用价值大于所谓社会标准使用价值的程度成比例。可以写出：

$$\frac{p_2}{p_1} = \eta \frac{U_2}{U_1} = m_r \frac{\varphi t_2}{t_1} = \mu, \quad \eta < 1 \tag{7-9}$$

μ 在这里也可看作成本加成能力的代理指标。

进而假定价值实现方程和价值形成方程里的单位价值不再同一，则有：

$$\lambda_1^* = p_1 \lambda_g \tag{7-10}$$

$$\lambda_2^* = p_2 \lambda_g \tag{7-11}$$

$$\lambda_1^* Q_1 + \lambda_2^* Q_2 = L \tag{7-12}$$

这里的 λ_i^* 为第二种含义的社会必要劳动意义上的市场价值，且可以有 $\lambda_i^* \neq \lambda_i$。

将第公式（7-10）和公式（7-11）代入公式（7-12），可得：

$$\lambda_1^* = \frac{p_1}{p_1 Q_1 + p_2 Q_2} L = \frac{1}{Q_1 + \mu Q_2} L \tag{7-13}$$

$$\lambda_2^* = \frac{p_2}{p_1 Q_1 + p_2 Q_2} L = \frac{\mu}{Q_1 + \mu Q_2} L \tag{7-14}$$

从公式（7-13）和公式（7-14）看到，第二种产品的单位价值，除了取决于两个企业的产出外，还取决于创新企业的成本加成能力即 μ。第一个企业的单位价值，也在被动意义上受到创新企业的成本加成能力的影响。

可将公式（7-8）、公式（7-9）、公式（7-12）、公式（7-13）和公式（7-14）这五个方程和前述公式（7-1）、公式（7-2）和公式（7-5）一起构成一组联立方程，其中有 8 个方程和 8 个未知数，即 λ_1、λ_2、φ、λ_1^*、λ_2^*、p_1、p_2、m_r。

值得注意的是，公式（7-12）和公式（7-5）在形式上是类似的，但其含义不同。公式（7-5）意指两个企业为生产而投入的劳动量的总和，等于该部门使用的总劳动。而公式（7-12）则指的是，两个企业的产出所实现的价值总和，等于该部门使用的总劳动。这两个方程是相互联系的，沟通了价值生产和价值实现。

从公式（7-5）和公式（7-12）还可得出：

$$(\lambda_2^* - \lambda_2)Q_2 = -(\lambda_1^* - \lambda_1)Q_1 \tag{7-15}$$

这表明，当 L 给定时，一个企业所实现的价值（简称"实现价值"）与投入劳动物化所形成的价值（简称"形成价值"）的差额，来自另外一个企业形成价值的转移。

下面来看两个企业的利润。为简单起见，假设不变资本为 0，则一个企业的总利润可写为：

$$\Pi = Q\lambda^* \frac{e}{1+e} \tag{7-16}$$

这里 e 为剥削率，Q 为产量。将公式（7-13）和公式（7-14）代入公式（7-16），则分别有：

$$\Pi_1 = \frac{Q_1}{Q_1 + \mu Q_2} L \frac{e_1}{1 + e_1}$$

$$\Pi_2 = \frac{\mu Q_2}{Q_1 + \mu Q_2} L \frac{e_2}{1 + e_2}$$

若两个企业的剥削率相等，则有：

$$\Pi_2 - \Pi_1 = (\mu Q_2 - Q_1) \frac{L}{Q_1 + \mu Q_2} \frac{e}{1+e} \tag{7-17}$$

公式（7-17）定义了第二个企业所取得的超额利润，它取决于成本加成能力 μ 的大小和市场份额（即企业产量 Q）的差异。至于剥削率，在长期内（或在取极限值的情况下），反而不会对超额利润带来大的影响。当然，我们也可取消剥削率相等的假定，这样一来，公式（7-17）里的利润差距，除了取决于市场份额等因素外，就还取决于两个企业的剥削率的差别。需要指出的是，由于两个企业的产品并不完全同质，满足的是不同群体的消费需要，因此超额利润并不一定会像马克思的模型分析的那样，伴随技术扩散而消失，反而可能持久地存在下去，即出现不同企业在取得利润的能力上的等级制。

4　代谢竞争与企业的竞争优势

在我们研究的同一部门内两个企业基于性价比展开的竞争中，可能会出现多种不同的局面。一种局面是，本来两个企业都生产同质的产品，然后其中一个企业开始将其产品差别化，并提高其性价比（前文一直假设的是这种情况），于是，该企业就有可能取得超额利润。另一种可能的局面是，在部门内开始只有一种企业，另一个企业稍后加入，它所生产的产品虽不具备与老企业同样多的功能，但价格相对便宜。这样一来，凭借富有竞争力的性价比，该企业就不仅能吸引一部分既有的对该部门产品的需求，而且能发掘或创造出对该产品的新需求，并在此基础上与既有企业展开竞争。在一个部门内基于性价比而展开的这种市场份额竞争，在传统理论中一直鲜有涉及。笔者受陈平教授启发，将这种竞争命名为"代谢竞争"（Metabolic Competition）。① 不过，需要指出的是，在陈

---

① 参见陈平《代谢增长：市场份额竞争、学习不确定性和技术小波》，《清华政治经济学报》第 2 卷，2014。该文的英文版发表于 *Journal of Evolutionary Economics* 2014，24（2）。他的研究可以看作一篇正式的宣言，一方面批判了新古典经济学的竞争理论，另一方面强有力地推动了对演化竞争理论的研究。

平那里，代谢竞争泛指一切围绕市场份额的竞争，而在本章当中，所研究的实际上是代谢竞争的一个类型，即以提高性价比为前提而展开的那类代谢竞争。

陈平教授在其论文里用逻辑斯蒂模型描述了代谢竞争。我们可以把这一模型里的变量改换为马克思劳动价值论中的相应变量，重新加以表述。例如，若用 n_1 和 n_2 分别表示两个企业的价值（即两个企业生产的总产品的价值量），则企业 1 的价值的变化率可以表示为：

$$\frac{\mathrm{d}n_1}{\mathrm{d}t} = r_1 n_1 \left(1 - \frac{n_1 + \beta_1 n_2}{m_1} \right) \qquad (7-18)$$

此处的 r_1、m_1 和 β_1 均为非负的参数。其中，r_1 是企业 1 的价值的"自然增长率"，即在假定企业 1 的产品不受市场容量的限制时，其价值的增长率；m_1 代表企业 1 所可能达到的"最大价值量"，即当企业 1 的产品受到市场容量的限制但不存在来自其他企业的产品的竞争时，其价值所可能达到的最大数量；β_1 则反映了企业 2 对企业 1 的最大价值量的影响强度，可简称为企业 2（对企业 1）的"影响系数"。之所以存在企业 2 对企业 1 的影响系数是因为，尽管企业 2 与企业 1 所生产的产品并不相同，但仍然属于同一类型产品，故企业 2 的产品的存在会部分地影响到企业 1 的产品的市场，并通过对企业 1 的市场的影响，影响企业 1 所可能具有的最大价值量。

同理，企业 2 的价值的变化率可以表示为：

$$\frac{\mathrm{d}n_2}{\mathrm{d}t} = r_2 n_2 \left(1 - \frac{n_2 + \beta_2 n_1}{m_2} \right) \qquad (7-19)$$

其中，r_2 是企业 2 的价值的自然增长率，m_2 是企业 2 的价值的最大可能值，β_2 是企业 1（对企业 2）的影响系数。它们也都是非负的参数。

公式（7-18）和公式（7-19）共同构成了两个生产同类但有差异产品的企业的竞争模型。为了求得该模型的均衡解，令两个企业的价值的变化率均为零，即：

$$\frac{\mathrm{d}n_1}{\mathrm{d}t} = 0$$

$$\frac{\mathrm{d}n_2}{\mathrm{d}t} = 0$$

或者

$$r_1 n_1 \left(1 - \frac{n_1 + \beta_1 n_2}{m_1} \right) = 0$$

$$r_2 n_2 \left(1 - \frac{n_2 + \beta_2 n_1}{m_2} \right) = 0$$

显然，$n_1 = 0$、$n_2 = 0$，或者 $n_1 = 0$、$n_2 = m_2$，或者 $n_2 = 0$、$n_1 = m_1$，都是满足上述均衡条件的均衡解。

如果假定一开始时，两个企业的价值都不等于零，即 $n_1 \neq 0$、$n_2 \neq 0$，则上述均衡条件就等价于：

$$n_2 = \frac{m_1}{\beta_1} - \frac{1}{\beta_1} n_1$$

$$n_2 = m_2 - \beta_2 n_1$$

容易看到，如果两个企业的影响系数的乘积（可看成反映两个企业之间的竞争强度的指标）不等于 1，即 $\beta_1 \beta_2 \neq 1$，或者 $\beta_1 \neq 1/\beta_2$，则存在唯一一个非零的均衡解[①]：

$$n_1 = \frac{m_1 - \beta_1 m_2}{1 - \beta_1 \beta_2}$$

$$n_2 = \frac{m_2 - \beta_2 m_1}{1 - \beta_1 \beta_2}$$

$$(7-20)$$

进一步来看，上述的非零均衡解既可能是稳定的，也可能是不稳定

①　如果 $\beta_1 = 1/\beta_2$，则模型的均衡解或者不存在，或者有无穷多个。

的，结果究竟如何，取决于两个企业的影响系数的乘积的相对大小。具体而言，当影响系数的乘积小于1，即当 $\beta_1\beta_2 < 1$ 时，均衡解是稳定的（更具体地说，此时得到的是所谓"稳定的结点均衡"）。在这种情况下，无论一开始时两个企业的价值是多少，只要它们不等于零，就总会趋向于这个均衡点。

当影响系数的乘积大于1，即当 $\beta_1\beta_2 > 1$ 时，均衡点是不稳定的（更具体地说，此时得到的是所谓的"鞍点均衡"）。在这种情况下，两个企业的任何初始价值，除非恰好位于两条趋于均衡点的轨线之上，最终都将远离均衡点而去。

由此可见，两个企业的竞争结果完全取决于它们的影响系数的乘积的大小。如果这个乘积相对较小，即当 $\beta_1\beta_2 < 1$ 时，则从任何非零的初始状态开始，两个企业的价值将趋于非零的即由公式（7-20）决定的均衡状态——这是两个企业在竞争中"共存"的情况。如果这个乘积相对较大，即当 $\beta_1\beta_2 > 1$ 时，则除非两个企业的价值一开始时就恰好处于鞍点的稳定枝上，从而能够趋于共存的均衡，在所有其他情况下，都必将有一个企业的价值趋向于零。换句话说，在这些场合，都是只有一个企业能够存活下来，成为竞争的胜利者，而另一个企业将遭到淘汰，退出竞争。具体来说就是，当初始状态是在鞍点稳定枝的左上方时，企业2就在竞争中处于较为有利的地位，并将最终获胜，而当初始状态是在鞍点稳定枝的右下方时，企业1就在竞争中处于较为有利的地位，并将最终获胜。

从劳动价值论的视角看，两个企业在代谢竞争中的竞争优势，可以通过价值转移率和转移价值来定义。若令企业1和企业2在生产中实际投入的劳动量分别为 L_1（$= t_1Q_1$）和 L_2（$= \varphi t_2Q_2$），则有：

$$L = L_1 + L_2 = t_1Q_1 + \varphi t_2Q_2$$

于是，价值实现方程［公式（7-13）和公式（7-14）］可进一步改写为：

$$\lambda_1^* = \frac{p_1}{p_1 Q_1 + p_2 Q_2}(t_1 Q_1 + \varphi t_2 Q_2)$$

$$\lambda_2^* = \frac{p_2}{p_1 Q_1 + p_2 Q_2}(t_1 Q_1 + \varphi t_2 Q_2)$$

在上述公式的两边分别除以在单位商品上的形成价值量 $\lambda_1 = t_1$ 和 $\lambda_2 = \varphi t_2$ 再减去 1 后即可得到（参见本章附录 1）：

$$\phi_1 = \frac{\lambda_1^* - \lambda_1}{\lambda_1} = \left(\frac{p_1}{t_1} - \frac{p_2}{\varphi t_2}\right)\frac{L_2}{p_1 Q_1 + p_2 Q_2}$$

$$\phi_2 = \frac{\lambda_2^* - \lambda_2}{\lambda_2} = \left(\frac{p_2}{\varphi t_2} - \frac{p_1}{t_1}\right)\frac{L_1}{p_1 Q_1 + p_2 Q_2}$$

在这里，$\phi = \frac{\lambda^* - \lambda}{\lambda}$ 可看成企业的"价值转移率"。当某个企业的价值转移率为正时，该企业实现的价值大于其形成的价值，或者说，其他企业将其形成的价值的一部分转移给了该企业。反之，当某个企业的价值转移率为负时，该企业实现的价值小于其形成的价值，或者说，该企业将其形成的价值的一部分转移给了其他企业。只有当一个企业的价值转移率正好等于零时，该企业实现的价值才恰好等于其形成的价值，才不存在企业之间的价值转移。

在上面决定价值转移率 ϕ 的公式中，由于等号右边的第二个因子 $\frac{L_i}{p_1 Q_1 + p_2 Q_2}$（$i = 1$，2）总是正的，故任意一个企业的价值转移率的符号完全由该企业和其他企业在各自单位产品上的价格 – 劳动比率的相对大小决定。例如，在我们的模型中，企业 1 和企业 2 在单位产品上的价格 – 劳动比率分别为 $\frac{p_1}{t_1}$ 和 $\frac{p_2}{\varphi t_2}$。如果假定企业 1 故步自封而企业 2 实现了更快的创新，则会有 $\frac{p_2}{\varphi t_2} > \frac{p_1}{t_1}$，即企业 2 在单位产品上的价格 – 劳动比率大于企业 1 在单位产品上的价格 – 劳动比率，从而有 $\phi_2 > 0$、$\phi_1 < 0$，即企业 2 的价值转移率大于 0、企业 1 的价值转移率小于 0。换句话说，

在这种情况下，企业 2 实现的价值大于其劳动所形成的价值，企业 1 实现的价值小于其劳动所形成的价值。前者的价值增加来源于后者的价值减少。①

这里需要立即指出以下两点。

（1）个别企业的价格－劳动比率，实际上就是个别企业的劳动时间的货币表现。两个企业围绕价格－劳动比率的竞争，就是围绕劳动时间的货币表现的竞争。此外，如果让企业价格－劳动比率的分子和分母同时乘以产出，该比率便转化为以名义产出计算的生产率。按照我们的竞争优势定义，两个企业在生产率上的差别决定了各自的竞争优势。

（2）在前面的讨论中，价格－劳动比率是与两个企业的产品性价比的差异相联系的。这意味着，提高各自产品的性价比是企业维持竞争优势和生产率增长的核心前提。波特在讨论其竞争优势概念时，心目中想到的正是这一点。例如他写道："为了实现成功的竞争，某国企业必须以下述形式之一拥有竞争优势，要么降低成本，要么凭借差别化的产品以获得较高的价格。为了维持优势，企业必须通过提供高品质的产品和服务，或者通过更有效率地生产，来不断地实现更富内涵的竞争优势。这样做将直接转化为生产率的增长。"②

然而，上述就两个企业的价值转移率所做的定义（我们以此来定义各自企业的竞争优势），与逻辑斯蒂方程所暗含的一个假设是相同的，即假定某一部门的市场份额（或种群的环境承载量）是给定的。在我们的定义中，这一市场份额实际上等于该部门投入的全部劳动量（L）。然而，

---

① 特别是，如果两个企业的产品完全一样，则它们的价格亦将完全一样，即有 $p_1 = p_2$，从而，企业价值转移率 ϕ 的符号就只取决于其在单位产品上投入的劳动量 t_1 或 φt_2，而与价格没有关系。在这种情况下，生产效率高（即使用较少劳动量就可以生产出同量产品）的企业就可以用同样的劳动投入得到较多的价值。这正好就是马克思所说的效率高的企业可以得到所谓超额剩余价值的情况。

② M. E. Porter, *The Competitive Advantage of Nations* (Free Press, 1990), p. 10.

假定市场份额在代谢竞争中一成不变是不符合现实的。对这个假定的依赖恰恰构成了逻辑斯蒂方程所固有的缺陷。[1] 陈平在以逻辑斯蒂方程模拟代谢竞争时，也未批判地考察这一点。

从劳动价值论的视角来看，如果市场份额的扩张速度超过了该部门产出的增长速度，就会出现该部门所实现的价值总量大于该部门投入的劳动总量的情况。在这种情况下，环境承载量就发生了变化。它意味着在部门间形成了价值转移，即有来自其他部门的价值转移到该部门，并为该部门的企业所据有。为此，公式（7 - 12）可改写为：

$$\lambda_1^* Q_1 + \lambda_2^* Q_2 = L^* \tag{7 - 21}$$

在这里，L^* 是该部门实现的价值总量。它可以等于、大于或小于该部门投入的劳动总量 L。当 $L^* > L$ 时，创新部门实现的价值与投入劳动形成的价值之间的差额就来自其他部门形成价值的转移。[2] 特别是，L^* 可由下式决定：

$$L^* = (p_1 Q_1 + p_2 Q_2)\lambda_g \tag{7 - 22}$$

相应的，企业在单位产品上实现的价值量的公式可写为（为简单起见，这里仍然用 λ^* 代表当部门的实现价值大于形成价值时企业在单位产品上实现的价值量）：

$$\lambda_1^* = \frac{p_1}{p_1 Q_1 + p_2 Q_2} L^*$$

$$\lambda_2^* = \frac{p_2}{p_1 Q_1 + p_2 Q_2} L^*$$

从而，企业的价值转移率为（参见本章附录 2）：

---

[1]　对逻辑斯蒂模型所依赖假设的讨论，可参见 E. R. Pianka, *Evolutionary Ecology*, 6th edn. (Benjamin Cummings, 2000), pp. 191 - 192。

[2]　在整个部门的实现价值大于形成价值量的情况下，该部门中不仅创新企业（如企业 2）的实现价值量会大于形成价值量，而且非创新企业（如企业 1）的实现价值量也可能会大于形成价值量。

$$\phi_1 = \frac{\lambda_1^* - \lambda_1}{\lambda_1} = \left(\frac{p_1}{t_1} - \frac{p_1 Q_1 + p_2 Q_2}{L^*} \right) \frac{L^*}{p_1 Q_1 + p_2 Q_2}$$

$$\phi_2 = \frac{\lambda_2^* - \lambda_2}{\lambda_2} = \left(\frac{p_2}{\varphi t_2} - \frac{p_1 Q_1 + p_2 Q_2}{L^*} \right) \frac{L^*}{p_1 Q_1 + p_2 Q_2}$$

企业在总产品上得到或失去的转移价值（用 Φ 代表）则为：

$$\Phi_1 = (\lambda_1^* - \lambda_1) Q_1 = \left(\frac{p_1}{t_1} - \frac{p_1 Q_1 + p_2 Q_2}{L^*} \right) \frac{t_1 L^*}{p_1 Q_1 + p_2 Q_2} Q_1$$

$$\Phi_2 = (\lambda_2^* - \lambda_2) Q_2 = \left(\frac{p_2}{\varphi t_2} - \frac{p_1 Q_1 + p_2 Q_2}{L^*} \right) \frac{\varphi t_2 L^*}{p_1 Q_1 + p_2 Q_2} Q_2$$

由于在这个价值转移公式中，括弧内的 $\dfrac{p_1 Q_1 + p_2 Q_2}{L^*}$ 是一共同的被减项，两个企业的转移价值，即其各自的竞争优势，实际上就取决于各自的价格－劳动比率。这样一来，我们就回到了先前讨论过的结论，即基于各自产品性价比的生产率的差异，在竞争优势中的形成中起到决定的作用。

这里特别需要提醒注意的是，尽管在部门的实现价值等于形成价值（即 $L^* = L$）的情况下，部门内部所有企业的转移价值之和等于零，但是，在部门实现价值大于形成价值（即 $L^* > L$）的情况下，部门内部所有企业的转移价值之和却大于零。这是因为，由上式显而易见有：

$$\Phi_1 + \Phi_2 = L^* - L > 0$$

由于在这种情况下，所有企业的转移价值之和大于零，故当某个企业在总产品上的转移价值大于零时，另外一个企业在总产品上的转移价值既可能小于或等于零，也可能同样大于零。这是因为，根据上面的公式，当某个企业在单位产品上的价格－劳动比率大于整个部门的价格总量－市场价值总量比率时，另外一个企业在单位产品上的价格－劳动比率既可能小于或等于整个部门的价格总量－市场价值总量比率，也可能同样地大于整个部门的价格总量－市场价值总量比率。

于是，在这种情况下，该部门内部两个企业之间的竞争可能出现三种类型的关系。（1）绝对意义的零和关系，即一个企业的价格－劳动比率大于整个部门的价格总量－市场价值总量比率，而另一个企业的价格－劳动比率小于整个部门的价格总量－市场价值总量比率。在这种情况下，前一个企业不仅从其他部门的企业那里而且从本部门的其他企业那里得到转移价值，后一个企业则会失去一部分转移价值。（2）相对意义的零和关系，即一个企业的价格－劳动比率大于整个部门的价格总量－市场价值总量比率，而另一个企业的价格－劳动比率等于整个部门的价格总量－市场价值总量比率。在这种情况下，前一个企业所得到的转移价值完全来自其他部门而非本部门，后一个企业则既不得到也不失去转移价值。（3）正和关系，即两个企业的价格－劳动比率都大于整个部门的价格总量－市场价值总量比率。在这种情况下，两个企业都从其他部门得到转移价值。

上述从模型里得出的抽象结论，在经验中是与历史和制度等复杂因素联系在一起的。这些复杂性在我们的模型里不可能得到反映。譬如，我们可以把上述模型里的第一个企业看作后发企业，它在追赶第二个企业。至于这两个企业究竟隶属于同一个国家，或分属不同的国度，则可以暂时不予考虑。当后发企业通过差别化产品和要素投入的节约提高其生产率，即提高其价格－劳动比率时，就有可能与上述模型提到的三种情形之一相对应。我们暂且假设所对应的是第二种情形。这种情形的出现一方面与后发企业的技术进步有关，另一方面也和该部门的市场需求条件有关。由于两个企业的产品在性价比上不同，各自产品所对应的也是不同的市场。我们可以设想，后发企业凭借其富有竞争力的性价比夺取了一部分为另一个企业所占据的既有市场，但更重要的是，后发企业还可能通过其价格相对低廉但性能不俗的产品，发掘出前所未有的新用户和新市场。这些新用户本来根本无法购买第二个企业生产的更高级也更昂贵的产品。而伴随后发企业的出现，他们的消费变得可能了。在这里，对落后企业的成长具有关键意义的是，能否利用一个数量庞大的低收入阶层，他们对该类产品的需求还远未得到满足。如果具备这项条件，落后企业就会找到自己的后发优势，并实现自己的规模经济。这种低收入阶层的存在，要么反映了一国收入分配中的两极化，要么反映了发展中国家与发达国家在人均收入水平上的差距。不管是哪种情形，对后发企业而言，这种本来具有不发达性质的现象，反而可能成为其构造竞争优势的有利条件。[1]

5　尾论

本章所讨论的代谢竞争在现实中是广泛存在的。举例来说，在管理学中被奉为经典的丰田生产方式和福特生产方式之间的竞争就属于这类代谢竞争。这种竞争对于理解不同企业，乃至不同经济体的兴衰是十分关键的。然而，在现实中常见的这类竞争，在当代最主要的经济学范式中——包括马克思主义经济学范式——一直没有得到正式和透彻的分析。能否将代谢竞争引入这些范式，已经成为检验这些理论的解释力的一个试金石。

在马克思那里，不同企业的竞争是在特殊的资本主义生产方式的基础上展开的；而在一个部门之内，依照马克思的假设，特殊的资本主义生产方式对不同企业而言是同质的。在本章中，我们试图把演化经济学的视角纳入马克思的理论模型，提出以知识生产的组织形态为中介，不同企业可以采用不同的技术，或不同的生产方式来生产属于一个部门的

---

[1]　波特在其竞争理论里谈到需求条件对于促成企业竞争优势的作用，见《国家竞争优势》（波特，李明轩、邱如美译，中信出版社，2012，第三章）。但在他列举的各种影响需求形态的因素里，没有涉及收入分配差距对一国乃至世界市场结构的影响。近年来，以华为、联想为代表的中国智能手机企业通过开拓第三世界市场，在全球市场份额竞争中取得了巨大进步，实际上正是这种情形的一个例证。

产品。换言之，特殊的资本主义生产方式在一个部门内并非是同质的，这会对竞争的形态带来重要的影响，即在一个部门内派生出以各自产品的性价比为前提的市场份额竞争，即代谢竞争。陈平教授分析了这类竞争的一般形式，而我们则结合马克思的价值理论，进一步分析了在一个部门或一个产业内部的这类竞争的具体特点。需要指出的一点是，在概念上得以明确的这种代谢竞争，在现实里对应着各种具体而复杂的形态。而这些具体形态只能通过进一步的历史和制度研究才能被透彻地理解。我们希望，本章所发展的有关部门内代谢竞争的理论模型，可以为这类历史和制度研究奠定一个分析的基础。

附录 1 价值实现公式的变形（一）

当部门的实现价值恰好等于形成价值时，价值实现的公式可以写为：

$$\lambda_1^* = \frac{p_1}{p_1 Q_1 + p_2 Q_2}(t_1 Q_1 + \varphi t_2 Q_2)$$

$$\lambda_2^* = \frac{p_2}{p_1 Q_1 + p_2 Q_2}(t_1 Q_1 + \varphi t_2 Q_2)$$

两边除以相应的形成价值 λ 并减 1 后可得：

$$\frac{\lambda_1^*}{\lambda_1} - 1 = \frac{1}{\lambda_1} \frac{p_1}{p_1 Q_1 + p_2 Q_2}(t_1 Q_1 + \varphi t_2 Q_2) - 1$$

$$\frac{\lambda_2^*}{\lambda_2} - 1 = \frac{1}{\lambda_2} \frac{p_2}{p_1 Q_1 + p_2 Q_2}(t_1 Q_1 + \varphi t_2 Q_2) - 1$$

再将 $\lambda_1 = t_1$ 和 $\lambda_2 = \varphi t_2$ 代入上述两式的右边并整理得到：

$$\frac{\lambda_1^* - \lambda_1}{\lambda_1} = \frac{p_1 \varphi t_2 Q_2 - t_1 p_2 Q_2}{t_1(p_1 Q_1 + p_2 Q_2)}$$

$$\frac{\lambda_2^* - \lambda_2}{\lambda_2} = \frac{p_2 t_1 Q_1 - \varphi t_2 p_1 Q_1}{\varphi t_2(p_1 Q_1 + p_2 Q_2)}$$

亦即：

$$\frac{\lambda_1^* - \lambda_1}{\lambda_1} = \left(\frac{p_1}{t_1} - \frac{p_2}{\varphi t_2} \right) \frac{\varphi t_2 Q_2}{p_1 Q_1 + p_2 Q_2}$$

$$\frac{\lambda_2^* - \lambda_2}{\lambda_2} = \left(\frac{p_2}{\varphi t_2} - \frac{p_1}{t_1} \right) \frac{t_1 Q_1}{p_1 Q_1 + p_2 Q_2}$$

或者：

$$\frac{\lambda_1^* - \lambda_1}{\lambda_1} = \left(\frac{p_1}{t_1} - \frac{p_2}{\varphi t_2} \right) \frac{L_2}{p_1 Q_1 + p_2 Q_2}$$

$$\frac{\lambda_2^* - \lambda_2}{\lambda_2} = \left(\frac{p_2}{\varphi t_2} - \frac{p_1}{t_1} \right) \frac{L_1}{p_1 Q_1 + p_2 Q_2}$$

附录 2　价值实现公式的变形（二）

当部门的实现价值大于形成价值时，价值实现的公式可以写为：

$$\lambda_1^* = \frac{p_1}{p_1 Q_1 + p_2 Q_2} L^*$$

$$\lambda_2^* = \frac{p_2}{p_1 Q_1 + p_2 Q_2} L^*$$

两边除以相应的形成价值 λ 并减 1 后可得：

$$\frac{\lambda_1^*}{\lambda_1} - 1 = \frac{1}{\lambda_1} \frac{p_1}{p_1 Q_1 + p_2 Q_2} L^* - 1$$

$$\frac{\lambda_2^*}{\lambda_2} - 1 = \frac{1}{\lambda_2} \frac{p_2}{p_1 Q_1 + p_2 Q_2} L^* - 1$$

再将 $\lambda_1 = t_1$ 和 $\lambda_2 = \varphi t_2$ 代入上述两式的右边并整理得到：

$$\frac{\lambda_1^* - \lambda_1}{\lambda_1} = \frac{p_1 L^* - t_1 (p_1 Q_1 + p_2 Q_2)}{t_1 (p_1 Q_1 + p_2 Q_2)}$$

$$\frac{\lambda_2^* - \lambda_2}{\lambda_2} = \frac{p_2 L^* - \varphi t_2 (p_1 Q_1 + p_2 Q_2)}{\varphi t_2 (p_1 Q_1 + p_2 Q_2)}$$

亦即：

$$\frac{\lambda_1^* - \lambda_1}{\lambda_1} = \left(\frac{p_1}{t_1} - \frac{p_1 Q_1 + p_2 Q_2}{L^*} \right) \frac{L^*}{p_1 Q_1 + p_2 Q_2}$$

$$\frac{\lambda_2^* - \lambda_2}{\lambda_2} = \left(\frac{p_2}{\varphi t_2} - \frac{p_1 Q_1 + p_2 Q_2}{L^*} \right) \frac{L^*}{p_1 Q_1 + p_2 Q_2}$$

第8章 劳动力价值再定义与剩余价值论的重构

剩余价值论是整个马克思经济学体系的核心，恩格斯曾把它和历史唯物主义并列，称作马克思毕生的两大科学发现之一。剩余价值论建立在一系列研究假设的基础上，这些假设可分为两类：第一类是马克思自己明确讨论过的，第二类虽未被马克思明确提及，但在现代马克思主义文献中已有不同程度的讨论。剩余价值论的运用和进一步发展，取决于我们如何看待并处理这些假设。

笔者尝试将这些假设概括如下：第一，劳动力是可以完全商品化的，并可与任何普通商品相类比；第二，生产者的所谓"双重自由"是劳动力商品化的充分必要条件，劳动力商品化和无产阶级化是同一个过程；第三，工人阶级的再生产是依靠工资实现的，工人的必要生活资料只能通过工资在市场上获取；第四，特定型式的国家和家庭结构与工人阶级的再生产及劳动力价值的决定无关；第五，实际工资率和由工资品价值决定的劳动力价值，是在价值形成过程之前预先给定的已知量；第六，劳动力价值决定了劳动力价格或货币工资的水平；第七，剩余价值或利润是在新价值中扣除了预先给定的劳动力价值之后的余额；第八，在相对剩余价值生产中，劳动力价值或价格的变化只受劳动生产率的影响；第九，在劳动生产率增长的前提下，保持不变的剩余价值率有利于工人阶级的利益；第十，资本和劳动在新价值的分配中只存在零和关系。本章将依次讨论这些假设，并着力分析对这些假设做出变更或补充的必要性和可能性，以及这些变更和补充所能带来的理论后果。

1　劳动力商品化和工人阶级的再生产

1.1　劳动力商品化与无产阶级化

剩余价值论，乃至全部马克思经济学，是以假设劳动力可以不受任何限制地实现商品化为前提的。这意味着，在马克思那里，劳动力虽然是一种特殊商品，却和普通商品一样，价格完全受市场规律的支配。这种将劳动力商品和普通商品相类比，甚至将前者完全还原为普通商品的倾向，并不是马克思的首创，而是英国古典经济学家尤其是李嘉图的一贯做法。在《政治经济学与赋税原理》中，李嘉图这样写道：

> 如果把帽子的生产费用减少，即使需求增加两三倍，帽子的价格结果也会降到新的自然价格的水平。如果用减少维持生活的粮食和衣服的自然价格的办法来减少人们的生活费用，即使对劳动者的需求大大增加，结果工资也会下降。①

在这段话里，李嘉图把决定普通商品（即帽子）价格的规律与决定人的价格的规律等同了起来。与李嘉图同时代的一些人道主义批评者抓住了这一点，认为李嘉图"把人变成帽子"，即把劳动力还原为普通商品，是犯了反人道主义的错误。在其青年时代的著作《哲学的贫困》里，马克思谈到了李嘉图和同时代人道主义批评家之间的这种对立，但是，他没有非难李嘉图，反而选择支持李嘉图的观点，并写道：

> 李嘉图的话是极为刻薄的。把帽子的生产费用和人的生活费用混为一谈，这就是把人变成帽子。但是用不着对刻薄大声叫嚷！刻

---

① 转引自马克思《哲学的贫困》，载《马克思恩格斯全集》第 4 卷，人民出版社，1958，第 94 页。

薄在于事实本身，而不在于表明事实的字句！法国的作家，象德罗兹、布郎基、罗西等先生用遵守"人道的"语言的礼节来证明他们比英国的经济学家们高明，从而得到天真的满足；如果他们责难李嘉图和他的学派言词刻薄，那是由于他们不乐意看到把现代经济关系赤裸裸地揭露，把资产阶级最大秘密戳穿。①

将马克思的这种态度与现代思想家卡尔·波兰尼做一番比较是饶有意味的。波兰尼和马克思类似，都将劳动力商品化视为现代市场经济得以产生的根本前提。但与马克思不同的是，波兰尼通过将劳动力定义为"虚构商品"，使劳动力与普通商品彻底区分开来。他写道：

> 关键就在于：劳动力、土地与货币是工业不可或缺的要素；它们同样必须被组织在市场之中；实际上，这些市场形成了市场经济体系的一个绝对关键的组成部分。但劳动力、土地和货币显然都不是商品；这样一个基本假定，即任何在市场上买卖的东西都必须是为了出售而生产出来的，对它们而言显然是不成立的。换言之，根据商品的经验定义，它们不是商品。劳动力仅仅是与生俱来的人类活动的另外一个名称而已，就其本身而言，它不是为了出售，而是出于完全不同的原因而存在的，并且这种活动也不能分离了生活的其它部分而被转移或储存；土地不过是自然的另一个名称，它不是人类的创造；最后，实际的货币，仅仅是购买力的象征，一般而言，根本就不是生产出来的，而是经由银行或国家金融机制形成的。三者之中没有一个是为了出售而生产出来的。劳动力、土地和货币的商品形象完全是虚构的。②

---

① 马克思：《哲学的贫困》，载《马克思恩格斯全集》第 4 卷，人民出版社，1958，第 94 页。
② 波兰尼：《大转型：我们时代的政治与经济起源》，冯钢、刘阳译，浙江人民出版社，2007，第 62～63 页。

　　在波兰尼看来，这种虚构商品是一个矛盾，一方面，虚构商品的出现为整个社会提供了根本的组织原则，该原则深刻地影响了几乎所有的社会制度；另一方面，如果一任市场机制成为人的命运、自然环境，以及购买力大小的唯一主宰，整个社会便有被摧毁的危险。在这个意义上，波兰尼甚至说，以虚构商品为基础的自我调节的市场，"是彻头彻尾的乌托邦"①。波兰尼提出，上述两方面矛盾构成了资本主义社会发展的动力。自 19 世纪以来，随着市场的无限扩张，也出现了力图限制市场、限制虚构商品发展的力量，即出现了各种社会保护运动。以劳动力的保护为例，有组织的工人运动和福利国家，就是限制劳动力商品化的具有一定成效的制度安排。

　　和波兰尼类似，马克思也把劳动力、土地和货币（货币资本）作为特殊商品来看待。劳动力作为特殊商品，一方面体现在它的使用价值上，另一方面体现在它的价值上。在讨论劳动力价值的决定时，马克思提出，"劳动的价值还取决于每个国家的传统生活水平""包含着一个历史的和道德的因素"，在这些地方，他是把劳动力作为特殊商品来看待的。② 但是，马克思对待劳动力的态度，和他对待土地及货币资本的态度是有微妙差异的，马克思更为彻底地将后两者作为虚构商品对待，他指出，从劳动价值论的角度看，土地或货币都不是资本主义生产过程的结果，不是劳动的产品，并没有物化于其中的内含价值，在此意义上，诸如"土地的购买价格"或"货币资本的价格"之类的概念，都是"价格的不合理的形式，与商品价格的概念完全相矛盾"。然而，马克思却从未像批判"土地的购买价格"或"货币资本的价格"那样，批判地反思过"劳动力价格"这一概念，他只批判了古典经济学的"劳动的价格"概念，并

① 波兰尼：《大转型：我们时代的政治与经济起源》，冯钢、刘阳译，浙江人民出版社，2007，第 3、63 页。
② 引号内的内容分别见《工资、价格和利润》，载《马克思恩格斯选集》第 2 卷，人民出版社，1995，第 93 页；《马克思恩格斯全集》第 23 卷，人民出版社，1972，第 194 页。

用"劳动力价格"取而代之。他坚持将劳动力价格和普通商品价格相类比，没有意识到劳动力价格和土地价格一样，也是不合理的范畴。① 这样一来，劳动力商品的特殊性在他那里一会儿被承认，一会儿又被消解了。这种矛盾深刻地影响了剩余价值论本身的建构。

今天看来，被马克思在《哲学的贫困》里批评过的德罗兹、布郎基、罗西等人，在某种意义上预告了波兰尼的理论。② 与波兰尼不同的是，马克思——一如英国古典经济学家——始终相信资本主义生产方式是建立在纯粹自主的、自我调节的市场基础上的。这种认识构成了熊彼特所称的"图景"（Vision），在此基础上，理论家们（马克思或李嘉图）才着手提出各种假设和范畴，进而构建出宏伟的经济学体系。在马克思那里，不受任何限制的劳动力商品化，便是构建其经济学的核心理论即剩余价值论的首要假设。

在马克思那里，所谓劳动力商品化具有以下两重含义：首先，它指的是劳动力使用权在一个社会经济中普遍地成为可交易的对象；其次，它意味着直接生产者只有出卖劳动力，才能取得必要的生存资料（Means of Subsistence），这同时也意味着，劳动力再生产所需的一切产品和服务，都来自市场。值得注意的是，马克思所理解的劳动力商品化是以直接生产者的无产阶级化为前提的，换言之，在他那里，劳动力商品化与无产阶级化同属一个过程。③ 然而，许多历史经验表明，劳动力商品化并不需

---

① 马克思对货币资本价格的评论，见马克思《资本论》第 3 卷，载《马克思恩格斯全集》第 25 卷，人民出版社，1974，第 396 页；关于土地的价格则见该书第 702 页。

② 饶有意味的是，青年恩格斯在相当程度上接近于这些"法国人道主义者"的观点，在《政治经济学批判大纲》里，恩格斯写道：资本主义"最终使人变成了商品，使人的生产和消灭也仅仅取决于需求……竞争制度因此屠杀了，并且每日屠杀者千百万人"。见马克思、恩格斯《马克思恩格斯全集》第 1 卷，人民出版社，1956，第 621 页。

③ 在马克思那里，无产阶级化的标志是所谓"双重自由"，即一方面直接生产者摆脱了超经济的强制，取得了人身自由；另一方面，直接生产者丧失了一切生产资料，"自由得一无所有"。见马克思《资本论》第 1 卷，载《马克思恩格斯全集》第 23 卷，人民出版社，1972，第 192 页。

要依赖于马克思所设定的这种条件就实际地发生了。当代中国农民工阶层的发展就是一个活生生的事例。农民工并未完全取得人身自由（譬如迁徙的自由、子女在迁入地受教育的自由等），也没有丧失一切生产资料，但其劳动力商品化了。①

图 8-1 通过一个坐标系大致描绘了无产阶级化和劳动力商品化之间的差异，以及两者之间所能有的各种组合。该图分别以横轴和纵轴度量劳动力商品化的程度和无产阶级化的程度，在此基础上，可以得到四个象限。第一象限可称为"马克思象限"，它对应了高度的劳动力商品化和高度的无产阶级化。从波兰尼的眼光看，"马克思象限"在现实中不可能真正存在，只能是一种理论上的设想。第二象限可称为"波兰尼象限"，它对应了发达资本主义经济的情况：一方面，生产者丧失了一切生产资料，即存在着高度的无产阶级化；另一方面，由于福利国家和转移支付的存在，实现了某种程度的劳动力"去商品化"，这是有史以来在资本主义劳动市场上有可能出现的最好的情况。最后是第三象限和第四象限，它们分别对应了另外两种可能的组合，这两种组合所代表的情况与改革前后中国劳动市场的变化是大体对应的。

劳动力商品化和无产阶级化的差别，意味着生产者并不需要在丧失一切生产资料的前提下才出卖劳动力，或者即便丧失生产资料，也不需要以市场作为获取劳动力再生产所需要的产品和服务的唯一途径。在这种情况下，劳动力再生产就不会固着于某个统一的模式，而是依历史和制度环境的变化呈现许多不同的特点。马克思将劳动力商品化和无产阶级化视为同一个过程，必然使其进一步假设劳动力再生产是在一个完全

---

①　19 世纪晚期，列宁、考茨基，乃至更早些时候的恩格斯都关注到，劳动力商品化往往是与直接生产者的"半无产阶级化"相联系的，而不必依赖于彻底的无产阶级化。在当代，以沃勒斯坦为代表的一些学者针对半无产阶级化和资本积累的关系进一步开展了研究，揭示了全球资本积累对于半无产阶级化的工人乃至非自由劳工的结构性依赖。参见孟捷、李怡乐《改革以来劳动力商品化和雇佣关系的发展：波兰尼和马克思的视角》，《开放时代》2013 年第 10 期。

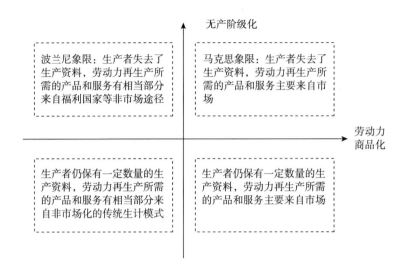

图 8 - 1　无产阶级化与劳动力商品化的各种组合

资料来源：孟捷、李怡乐《改革以来劳动力商品化与雇佣关系的发展——波兰尼和马克思的视角》，《开放时代》2013 年第 10 期。

无产阶级化的生活世界，即在纯粹资本主义生产关系范围内进行的。在这种情况下，工人只能凭借工资在市场上取得生存资料，而不可能诉诸资本主义生产方式之外的其他途径达到这一目的。在此基础上，马克思形成了如下观点，即只限于从资本的角度看待工人阶级的再生产，将后者完全贬低为资本积累的附属品。与此相应的是，马克思从未探讨过特定型式的家庭结构或国家在工人阶级再生产中所起的作用。下面这段话集中体现了马克思的观点："工人阶级的不断维持和再生产始终是资本再生产的条件。资本家可以放心地让工人维持自己和繁殖后代的本能去实现这个条件。他所操心的只是把工人的个人消费尽量限制在必要的范围之内"。① 既然马克思认为，工人阶级的再生产可以完全托付给工人的本能，就没有必要把这种再生产作为一种社会建构过程来看待，也没有必

———————

① 马克思：《资本论》第 1 卷，载《马克思恩格斯全集》第 23 卷，人民出版社，1972，第 628 页。

要去分析支配这一过程的各种权力关系了。

1.2 家庭劳动与剩余价值率

马克思对工人阶级再生产的这种简单化处理，必然影响到他对劳动力价值的定义。他把劳动力价值仅仅定义为工资品的价值。20 世纪 70 年代以来，女性主义者率先发难，批评了马克思的这个定义，并试图探讨家庭劳动（Domestic Labour）在劳动力再生产和劳动力价值决定中的作用。她们提出，资本家支付给工人的劳动力价值，一般而言低于工人阶级家庭为劳动力再生产所付出的全部劳动时间，因为后者不仅包括在工资品的生产中所耗费的劳动时间，而且包括在家庭生产中往往由妇女耗费的那部分劳动时间。女性主义者的这些批评带来了对必要劳动概念的重新理解，即将其归结为生产工人所需的全部生存资料所耗费的劳动，而不只是在以工资购买的消费品中所物化的劳动，下面这个式子表达了这一点：

$$\begin{array}{c} \text{资本家支付的劳动力价值（狭义的必要劳动）} \\ + \\ \text{家庭劳动（包括活劳动和物质成本）} \end{array} = \text{广义的必要劳动}$$

资本家通过工资实际支付的劳动力价值，在这里对应于狭义的必要劳动；工人阶级家庭成员（传统上主要是妇女）所从事的家庭劳动，则构成了广义必要劳动概念的组成部分。由于资本家或资本主义企业并不支付全部广义的必要劳动，这就使下述比率不再相等了，即不再有剩余

价值率 $= \dfrac{\text{剩余劳动}}{\text{必要劳动}} = \dfrac{\text{剩余价值}}{\text{劳动力价值}}$，而会导致 $\dfrac{\text{剩余劳动}}{\text{（广义的）必要劳动}} <$

$\dfrac{\text{剩余劳动}}{\text{（狭义的）必要劳动}} = \dfrac{\text{剩余价值}}{\text{劳动力价值}}$，这里的不等式意味着，家庭劳动在广义的必要劳动中占据的比重越大，资本家或资本主义企业需要支付的

（狭义的）必要劳动相对而言就越小，以 $\dfrac{\text{剩余价值}}{\text{劳动力价值}}$ 表示的剩余价值率就

越高。在非资本主义的家庭结构和资本主义企业之间开展的劳动力交换，是一种不平等交换。资本主义可以利用既定的家庭结构和在这种结构下的家庭劳动，达到提高剩余价值率的目的。承认这一现实，便为马克思主义经济学和女性主义经济学的对话开辟了广阔的空间。①

　　女性主义经济学对家庭劳动的考察还可以进一步扩展到医疗服务和教育培训等部门，在这些部门进行的劳动对于工人阶级的再生产也同样是至关重要的，从这个角度看，这些劳动也构成了广义的必要劳动。② 一般而言，资本家或资本主义企业由于在购买劳动力时没有充分支付劳动力再生产的成本，就以无偿的形式支配了一部分家庭劳动，以及在其他再生产部门里耗费的劳动。③

2　劳动力价值及工资的再定义

2.1　最低工资论与绝对贫困化理论

　　上一节的讨论涉及本章开篇列举的第一至第四个假定，接下来要探

---

① 有关20世纪70年代以来女性主义经济学和马克思主义经济学的关系，可参见以下文献：J. Gardiner, S. Himmelweit and M. Mackintosh, "Woman's Domestic Labour," in S. Himmelweit, ed., *Inside the Household* (London：Macmillan, 2000)；J. Gardiner, "Domestic Labour Revisited：A Feminist Critique of Marxist Economics," in S. Himmelwelt, ed., *Inside the Household* (London：Macmillan, 2000)。另见 J. Gardiner, "The Political Economy of Domestic Labour in Capitalist Society," in D. L. Barker and S. Allen, eds., *Dependence and Exploitation in Work and Marriage* (London：Longman, 1976)；J. Harrison, "The Political Economy of Housework," *Bulletin of the Conference of Socialist Economists* 1973, 3（1）：35 – 52。

② 莱博维奇指出，从工人阶级再生产的角度看，家庭劳动，以及在医疗服务、教育培训等部门进行的劳动都是创造价值的生产性劳动。参见莱博维奇《超越〈资本论〉》，崔秀红译，经济科学出版社，2007，第182~185页。

③ 由此就派生出直接生产过程以外的第二种剩余价值率的概念，以家庭劳动为例，这一剩余价值率等于家庭劳动中未得到工资支付的部分和已得到支付的那一部分的比率。参见 J. Gardiner, S. Himmelweit and M. Mackintosh, "Woman's Domestic Labour," in S. Himmelweit, ed., *Inside the Household* (London：Macmillan, 2000), pp. 33 – 34。

讨的是第五至第七个假定。

在讨论价值增殖过程时，马克思假设，工人所需的生活资料数量（实际工资率）以及由此带来的劳动力价值在价值创造过程之前是预先给定的已知量。这种假定劳动力价值是已知量的做法来自古典经济学，尤其是重农学派的最低工资论（the Subsistence Wage Theory）。[①] 在《剩余价值理论》里，马克思对重农学派和最低工资论做了如下评价：

> 从事分析资本主义生产的现代政治经济学的基础，就是把劳动能力的价值看作某种固定的东西，已知的量，而实际上它在每一个特定的场合，也就是一个已知量。所以，最低限度的工资理所当然地构成重农学派的学说的轴心……其次，如果说，他们错误地把这个最低限度看作不变的量，在他们看来，这个量完全决定于自然，而不决定于本身就是一个变量的历史发展阶段，那末，这丝毫也不影响他们的结论的抽象正确性，因为劳动能力的价值和这个劳动能力所创造的价值之间的差额，同我们假定劳动能力的价值是大是小毫无关系。

> 重农学派把关于剩余价值起源的研究从流通领域转到直接生产领域，这样就为分析资本主义生产奠定了基础。

和上述论断相联系的，是把剩余价值理解为价值创造过程的余额："既然原料和材料的价值是已知的，劳动能力的价值又等于最低限度的工资，那末很明显，这个剩余价值只能由工人向资本家提供的劳动超过工人以工资形式得到的劳动量的余额构成。"[②]

---

① 一般认为，最低工资论是由重农学派提出来的，杨国昌教授在一篇比较马克思和重农学派的文章里则指出，最低工资论最早可上溯到古典经济学的创始人配第。参见杨国昌《马克思与最低工资论》，载高崧等主编《马克思主义来源研究论丛》第 14 辑，商务印书馆，1992。

② 马克思、恩格斯：《马克思恩格斯全集》第 26 卷第 1 册，人民出版社，1972，第 18～19 页。

在分析直接生产过程时，将剩余价值作为余额自然是合理的。但问题是，在讨论社会总资本再生产的场合，还会出现新的关系：此时工资本身将成为国民收入决定中的余额（详见本章第 3 节的分析）。这样一来，将重农学派首倡的余额论视为一种假设，就不失为合理的选择。

马克思对重农学派的上述评论，一方面指出了最低工资论的贡献，另一方面也划清了马克思本人和最低工资论的界限。马克思并不认为工人的"必要生活资料"或"劳动力价值"是恒久不变的，只不过在特定历史阶段、相对于直接生产过程而言，它们是给定的量而已。

但既然如此，为什么在一个半世纪的时间内，一直有人误认为马克思也是一个最低工资论者呢？饶有意味的是，在这些学者中不仅有萨缪尔逊、罗宾逊夫人等非马克思主义者，而且有莱博维奇、罗桑等马克思主义者。[①] 在笔者看来，对马克思的指责一直不绝于耳的原因，首先在于批评者们对以下两个假定未加分别，其一是假定劳动力价值在价值形成过程之前是个已知量，其二是假定工人的必要生活资料量在积累过程中不发生任何变化。在最低工资论里，这两个假定是混同的，但马克思的前引批评显然已经区分了这两者，并认为第二个假定即必要生活资料数量一直维持不变是站不住脚的。后世的批评者，如最近的莱博维奇，却没有意识到这种混同，坚持认为在马克思的相对剩余价值生产理论中，工人的必要生活资料数量始终是固定不变的，这种指摘不完全符合马克

---

① 杨国昌教授曾枚举了多位批评者的名字，除了这里提到的萨缪尔逊和罗宾逊夫人，还有 20 世纪中叶的英国工党理论家斯特拉彻、日本数理马克思主义经济学家森岛通夫、"分析的马克思主义者"罗默。当代最为著名的马克思主义者如多布、曼德尔、罗斯多尔斯基则反驳了这些指责。（见杨国昌《马克思与最低工资论》，载高崧等主编《马克思主义来源研究论丛》第 14 辑，商务印书馆，1992，第 344 页注释 1 和注释 2。）在杨国昌列举的这些反对者以外，我们还可添上作为非马克思主义者的卡尔多，以及作为马克思主义者的鲍勃·罗桑和莱博维奇。参见卡尔多《从凯恩斯经济学看资本主义的演进》，载卡尔多《论经济的稳定和成长》，蔡受百译，商务印书馆，1966 年；Bob Rowthorn, *Capitalism, Conflict, and Inflation* (London: Lawrence and Wishart, 1980)；莱博维奇《超越〈资本论〉》，崔秀红译，经济科学出版社，2007。

思的原意。

其次，上述批评还与马克思自身表述中的矛盾有关。在考察价值形成过程时，预先假定劳动力价值是已知量，对于解释剩余价值在直接生产过程中的起源的确是必要的。但马克思在《资本论》里不仅假设了劳动力价值是已知量，而且假设工人所需的必要生活资料量在"一定社会的一定时代……是一个不变量"。① 这个假设事实上等于宣布，至少在中短期内（即"一定时代"），必要生活资料数量（实际工资率）是不变的。这样一来，马克思就又回到了他刚刚批评过的重农学派的观点。

在笔者看来，假定劳动力价值是已知量，并不需要同时假定必要生活资料数量在一定时代也是固定不变的，马克思本应采用更准确的说法，即假定必要生活资料也是已知量，这个已知量尽管相对于价值创造过程而言是暂时不变的，但在积累或再生产中是可变的。进而言之，马克思假定必要生活资料数量在"一定时代"里固定不变，和他的相对剩余价值理论也是矛盾的，在后一理论里，马克思明确提出了必要生活资料数量改变的可能性（详见本章第3节）。莱博维奇在批评马克思的时候，把两个假设混同了，一个是假设必要生活资料相对于价值形成过程是已知的或不变的，另一个则是假设必要生活资料在积累中也始终维持不变。对后一假设的批评是合理的，但从马克思对重农学派的批评来看，这不是马克思的本意，而是重农学派的一贯看法。

最后，认为马克思属于最低工资论者，还与马克思在某种意义上接受了无产阶级绝对贫困化理论有关。指摘马克思赞同最低工资论，也必然会批判无产阶级绝对贫困化理论，因为这两个理论是相互联系的。② 需要指出的是，在对待绝对贫困化理论的问题上，马克思是自相矛盾的。

①　马克思、恩格斯：《马克思恩格斯全集》第 23 卷，人民出版社，1972，第 194、567 页。
②　罗斯多尔斯基指出，没有最低工资论，无产阶级绝对贫困化理论就是无法理解的。见罗斯多尔斯基《马克思〈资本论〉的形成》，魏埙、张彤玉、沈玉玲等译，魏埙审校，山东人民出版社，1992，第 330 页。

在《共产党宣言》里，我们可以找到马克思、恩格斯拥护这种理论的最早证据。但在那时，马克思还是古典经济学家尤其是李嘉图的学生，还没有着手建立自己的经济学。马克思的第一部传记作者梅林，就批评了《共产党宣言》的这种观点，认为《宣言》作者此时还没有摆脱古典经济学，尤其是马尔萨斯人口论的影响。[①] 在马克思经济学体系形成后，即在《资本论》及其多部主要手稿里，我们已经找不到赞同绝对贫困化理论的阐述，反而可以明确无误地发现许多有关工人阶级的实际工资可以提高的论述。罗斯多尔斯基在研究这个问题时恰当地提出，从马克思经济学体系出发，或者从马克思阐明的资本主义社会的发展规律出发，并不必然得出绝对贫困化的结论。他甚至认为，即便马克思提出过这种贫困化理论，他也会起而反对它，因为这个理论和他的工资理论是相冲突的。[②]

罗斯多尔斯基的这些看法是中肯的，但他在为马克思辩护时走向了另一极端：在他看来，自《共产党宣言》发表后，这个理论就被马克思永远放弃了。[③] 这一点是不确实的。罗斯多尔斯基刻意回避了马克思成熟时期的一部重要著作，即写于 1865 年的《工资、价格和利润》。在这部著作里，马克思又重新捡起了绝对贫困化理论，宣布在资本主义社会里劳动力价值会不断下降，直至其最低限度。[④] 由于《工资、价格和利润》写于《资本论》第一卷问世前不久，可以认为其中的观点对第一卷内有关"资本积累一般规律"的论述产生了直接影响。马克思对"资本积累一般规律"的表述因其个别措辞含义不清，加之在德文本和法文本之间存在微妙的差异，影响了读者的理解，并催生了后来有关马克思是否持

---

① 见梅林《马克思传》上册，樊集译，持平校，人民出版社，1973，第 197～199 页。
② 罗斯多尔斯基：《马克思〈资本论〉的形成》，魏埙、张彤玉、沈玉玲等译，魏埙审校，山东人民出版社，1992，第 336 页。
③ 罗斯多尔斯基：《马克思〈资本论〉的形成》，魏埙、张彤玉、沈玉玲等译，魏埙审校，山东人民出版社，1992，第 329、331 页。持类似观点的还有曼德尔（又译孟德尔），见孟德尔《〈资本论〉新英译本导言》，中央党校出版社，1991，第 57～58 页。
④ 马克思：《工资、价格和利润》，载《马克思恩格斯选集》第 2 卷，人民出版社，1995，第 96～97 页。

有绝对贫困化理论的争论。①

　　在笔者看来，绝对贫困化作为资本主义经济中的现象，不仅在 19 世纪存在过，而且即便在今日发达资本主义国家也可能在特定条件下再现。以美国为例，其劳动人口中工资较低的 60% 劳动者，实际工资在 1972～1995 年下降了 10%，便是一个突出的例证。② 然而，承认绝对贫困化有可能再现是一回事，将其宣布为资本主义经济的普遍规律就是另一回事了。我们或许可以借鉴梅林在评价《共产党宣言》时采用的方法，批判地看待《工资、价格和利润》中的观点。《工资、价格和利润》是马克思在"第一国际"的发言，它和《宣言》一样，"只是从政治革命的观点来考察无产阶级对资产阶级生产方式产生贫困一事的反应"，因而是"过于片面的"。③

2.2　马克思对劳动力价值的定义及其循环论证

　　接下来考察马克思对劳动力价值的定义。在做这一界定时，马克思

---

① 在《资本论》德文第 4 版（即后来的通用版）里，马克思写道："社会的财富即执行职能的资本越大，它的增长的规模和能力越大，从而无产阶级的绝对数量和他们的劳动生产力越大，产业后备军也就越大。可供支配的劳动力同资本的膨胀力一样，是由同一些原因发展起来的。因此，产业后备军的相对量和财富的力量一同增长。但是同现役劳动军相比，这种后备军越大，常备的过剩人口也就越多，他们的贫困同他们所受的劳动折磨成反比。最后，工人阶级中贫苦阶层和产业后备军越大，官方认为需要救济的贫民也就越多。**这就是资本主义积累的绝对的、一般的规律**。"（马克思、恩格斯：《马克思恩格斯全集》第 23 卷，人民出版社，1972，第 707 页）而在法文版里，这里提到的"成反比"，又被改成了"成正比"（马克思：《资本论》第一卷法文版，冯文光、李其庆等译校，中国社会科学出版社，1983，第 687－688 页）。这样一来，围绕成正比和成反比的含义，便出现了许多意见相左的讨论。此外，罗斯多尔斯基虽然不承认在《共产党宣言》以后马克思也接受过绝对贫困化理论，但在下面这些段落里，他还是对不同观点做了妥协："这并不意味着马克思的'贫困化理论'的传奇说法完全没有根据：大多数科学上的误解都有它们的合理性""对马克思的批评有一点可以承认：马克思（和恩格斯）常常过高地估计使无产阶级生活条件下降的因素的份量，因此他们不能准确地看到即使在主要资本主义国家，工人阶级生活水平也有着巨大提高的可能性"。见罗斯多尔斯基《马克思〈资本论〉的形成》，魏埙、张彤玉、沈玉玲等译，魏埙审校，山东人民出版社，1992，第 336、337 页。

② R. Brenner, *The Economics of Global Turbulence* (London: Verso, 2006), pp. 209－210.

③ 梅林：《马克思传》上册，樊集译，持平校，人民出版社，1973，第 199 页。

刻意将劳动力商品和普通商品相类比。下面是两处有代表性的表述①：

同一切其他商品一样， 劳动力也具有价值。这个价值是怎样决定的呢？

同任何其他商品的价值一样， 劳动力的价值也是由生产从而再生产这种特殊物品所必需的劳动时间决定的。

在这里，马克思提出了劳动力价值的第一个定义。在进一步的讨论中，就像古典经济学家一样，马克思又提出了另一种定义，即将劳动力价值归结为"生产、发展、维持和延续劳动力所必需的生活必需品的价值"。② 上述这两种定义是有区别的。③ 对这两种定义不加区别，给马克思带来了进一步的矛盾。如果马克思认为，"劳动力的价值，也像其他一切商品的价值一样，是由生产它所必需的劳动量决定的"④，那么劳动力就具有内在价值，即在其中凝结、物化、结晶或体现着无差别的人类抽

---

① 马克思、恩格斯：《马克思恩格斯全集》第 23 卷，人民出版社，1972，第 193 页（重点标识系笔者所加）。在《剩余价值理论》中，马克思对这个定义做了如下解释："生产劳动能力所花费的劳动是什么？除了在培养劳动能力、教育、学徒上花费的劳动——这在谈到非熟练劳动时几乎是用不着考虑的——以外，劳动能力的再生产所花费的，不过是工人消费的生活资料的再生产所花费的劳动。"参见马克思、恩格斯《马克思恩格斯全集》第 26 卷第 3 册，人民出版社，1974，第 160 页。从字面来看，马克思在这段解释里并没有限定生活资料仅仅是通过工资来购买的，在此意义上，这一段表述和前述女性主义经济学的观点是可以兼容的。

② 马克思：《工资、价格和利润》，载《马克思恩格斯选集》第 2 卷，人民出版社，1995，第 76～77 页。

③ 英国学者罗桑认为，在《工资、价格和利润》里，马克思有三个不同的劳动力价值定义，除了这里谈到的两个定义外，劳动力价值还"取决于每个国家的传统生活水平"，罗桑将此作为第三个定义（见马克思《工资、价格和利润》，载《马克思恩格斯选集》第 2 卷，人民出版社，1995，第 93 页）。在笔者看来，把最后一个定义作为对第二个定义的补充，而不是一个独立的定义，可能更适当些。罗桑的观点见 B. Rowthorn，"Marx's Theory of Wages," in B. Rowthorn, *Capitalism, Conflict, and Inflation* (London: Lawrence and Wishart, 1980)。

④ 马克思：《工资、价格和利润》，载《马克思恩格斯选集》第 2 卷，人民出版社，1995，第 76 页。

象劳动。这种内在价值需要借助其他商品，即通过价值形式才能表现出来，也就是说，劳动力是位于相对价值形式的商品，与之对应的是等价形式或价格形式，在这种关系中，劳动力价格或工资成为劳动力价值的货币表现。但是，马克思没有采用第一个定义，而是将劳动力价值转而定义为工人的必要生活资料的价值，就宛如将一匹马的价值归结为饲料的价值一样。第二个定义意味着，马克思实际上并不承认劳动力商品具有内在价值。如果马克思坚持这一进路，有关相对价值形式和等价形式的分析就不适用于劳动力商品，进而言之，就不存在劳动力价格或工资是劳动力价值的货币表现这样的关系。然而，马克思的矛盾之处在于，他一方面坚持第二个定义，另一方面又试图通过仅仅适用于普通商品的价值形式分析，来构造劳动力价值和劳动力价格的关系。① 马克思的这个立场是令人诧异的，因为没有价值的东西，便不是相对价值形式，因而也无须表现为等价形式。在谈到土地的价格或货币资本的价格这样的概念时，马克思曾批评它们是价格的不合理的形式，但对于劳动力价格，马克思却未置一辞。马克思只是批判了古典经济学的"劳动价值"或"劳动价格"范畴，认为他们是"无意义的名词"，但在解释劳动力价值和劳动力价格的关系时，马克思暴露出和古典经济学一致的立场，即将劳动力商品完全等同于普通商品。马克思在这些问题上的矛盾，还从未被彻底地清算过。

就普通商品而言，价值决定价格，价格则受市场供需因素的影响而围绕价值波动。在马克思和古典经济学那里，这一机制也适用于劳动力。劳动力

---

① 劳动价值论"新解释"的代表人物、英国学者莫亨，曾这样概括马克思的这种矛盾立场："由于劳动力并非被生产出来的商品，便没有劳动内含于其中。因此，不仅其价值（和所有商品一样）必须在别的东西上表现出来，而且，对劳动力而言其价值还必须是其他东西的价值。"见 S. Mohun，"The Labour Theory of Value as Foundation for Empirical Investigation，"*Metroeconomica* 2004，55（1）：74，92。莫亨在此赞同马克思的立场，即本身不是相对价值形式的商品却要表现为等价形式，却没有意识到其中的矛盾。

价值决定了劳动力的价格或工资①，后者在短期内围绕前者波动，但在长期则要适应于劳动力价值。② 这一观点的贯彻，还须以某种人口理论作为必要的补充。古典经济学依靠的是马尔萨斯人口论，马克思在《资本论》里批判了这个理论，并代之以自己的相对过剩人口论。但问题是，这两种人口理论具有如下共同点，即都假设工人阶级再生产或劳动力供给服从于一种自动调节机制，进而使劳动力价格得以在长期内符合劳动力价值。加拿大马克思主义者莱博维奇就此指出："（和古典经济学相比，马克思的相对过剩人口论）是一个较好的理论，但它仍然是从片面的资本立场出发的。马克思强调机器的作用使劳动力价格回复到通常的水平，这仍完全局限在古典政治经济学（尤其是李嘉图）的范围内。供给的变化持续引起价格的调整，使其回归（劳动力）价值；差别只在于，过剩人口在马克思那里是相对的，而不是绝对的。"③ 莱博维奇这一批评的意义，稍后我们还会再做进一步的阐明。

借助于相对过剩人口形成的机制，马克思完成了他对劳动力价值、工资和必要生活资料量的相互关系的解释，这一解释可概括为以下关系式（箭头代表因果决定关系）：

劳动力价值→货币工资（劳动力价格）→必要生活资料量或实际工资

这里存在两层因果关系：首先，劳动力价值决定了劳动力价格或货

---

① 为简便起见，我们将劳动力价格和货币工资作为意义相近的范畴不加区别地使用。这与马克思的本来用法是不同的，他将工资定义为劳动力价值或劳动力价格的"转化形式"。这个定义的要害，是把工资看作具有拜物教性质的范畴，遮蔽了剩余价值生产的秘密。在此意义上，工资也是在《资本论》第三卷以前出现的、作为资本主义生产当事人日常意识形式的唯一范畴。从马克思的这一立场看，只有劳动力价格可作为劳动力价值的货币表现，货币工资则会遮蔽其与劳动力价值的关系。

② "劳动的市场价格，如同其他一切商品的市场价格一样，在长时期里会与它的价值相适应。"引自马克思、恩格斯《马克思恩格斯全集》第 16 卷，人民出版社，1964，第 164 页。

③ M. Lebowitz, *Beyond Capital*, 2nd edn.（London：Palgrave Macmillan, 2003），p. 107（括号里的话是笔者添加的）。在此书的另一处（第 105 页）他还写道："马克思对劳动力价值和人口论关系的处理再明显不过地表明，他是服从于古典政治经济学的假定的……他与古典政治经济学的决裂并不彻底。"

币工资的水平；其次，在消费品价格给定时，一笔货币工资决定了必要生活资料量或实际工资。然而，如果采用马克思和古典经济学对劳动力价值的定义，即劳动力价值取决于工人的必要生活资料的价值，那就不难发现，在上述关系式里存在着明显的循环论证，这是因为，给定数量的必要生活资料原本是定义劳动力价值的前提，而上述关系式却又在劳动力价值的基础上，通过这一价值的等价形式即货币工资，最终决定了必要生活资料量。一定数量的必要生活资料在这里既是起点，也是终点。

在上述关系式里包含的循环论证，是由莱博维奇最初发现的。[①] 这种循环论证之所以产生，源于马克思将本身没有内在价值实体的劳动力，作为相对价值形式对待。如果我们修正马克思的做法，不仅承认劳动力商品没有内在价值实体，而且不再寻求以某种等价形式来表现劳动力的价值，就可以如下方式重新表达劳动力价值和劳动力价格的关系：

实际工资或必要生活资料量

阶级斗争→　　　　　　　　　　　　　　　　→　劳动力价值

货币工资（劳动力价格）

这个关系式里包含着另一种截然不同的因果关系。[②] 据笔者所知，莱

---

① 莱博维奇写道："如果工人花费他们所得到的，在定义劳动力价值时将其等同于'生活必需品'的价值便是同义反复。如果我们接着假定必需品的标准是'确定的'和不变的，则因果关系的方向就自然地表现为是从这些给定的必需品价值到劳动力的价值。因此，接着就可以使用奥卡姆剃刀，即让劳动力（以及工人）的价值仅仅表现为生产固定数量的必需品所需要的劳动……既然在面对这一特定商品时颠倒了因果关系的正确方向，结果就会作为前提被表达出来。"参见 M. Lebowitz, *Beyond Capital*, 2nd edn. (London: Palgrave Macmillan, 2003), p. 117。

② 阶级斗争是先决定货币工资水平还是先决定一篮子必需生活资料，是一个很难解决的问题。弗里主张，在资本主义社会里，工人总是为货币工资额，而不是一篮子消费品而斗争的。见 D. A. Foley, "The Value of Money, the Value of Labor Power, and the Marxian Transformation Problem," *Review of Radical Political Economics* 1982, 14 (2): 43。但在其他理论派别如调节学派那里，工人阶级消费标准是和某些典型的福特主义大众消费品（汽车和住宅）相联系的，货币工资水平必须和这种消费标准相适应。在笔者看来，一个较为简便可行的做法，是假设货币工资和必要生活资料是在相互联系中被同时决定的。

博维奇最早论述了这种关系。他提出，工人需要的生活资料量通常是可变的，劳动力价格或货币工资会伴随这一变化而变化，劳动力价值也因之受到影响，用他的话来说："劳动力价值有着向其价格而调整的趋势——而非相反。"他还指出，工人的必需生活资料量通过阶级斗争来决定，意味着劳动力价值的调整绝非自动完成的，一方面，资本会努力使劳动力价格的增加变成仅仅是暂时的；另一方面，工人则会努力通过斗争使之长期化，即使之成为劳动力价值的新标准。①

2.3 "新解释"与劳动力价值的再定义

不过，劳动力价值围绕劳动力价格而调整的命题，在莱博维奇那里并未得到令人满意的论证。这是因为，莱博维奇没有详加讨论，劳动力价格或货币工资的变动如何转换为劳动力价值的变化。与此相应，莱博维奇虽然颠倒了劳动力价格或工资与劳动力价值的关系，却没有给出一个新的劳动力价值和工资的定义。

根据上述第二个关系式，工人阶级必需生活资料数量的变化将引起货币工资的变化，但这一变化如何反映于劳动力价值呢？莱博维奇既没有回答，也没有提出这个问题。在笔者看来，这个问题可在"新解释"（the New Interpretation）那里求得解决。根据"新解释"的定义，货币工资率除以劳动时间的货币表现（即 *MELT*，它是货币价值的倒数），便等于每小时劳动的劳动力价值。若以 *VLP* 代表这一劳动力价值，w 是货币工资率，则可写出：

$$VLP = \frac{w}{MELT}$$

在马克思那里，劳动力价值是在价值形成过程之前预先给定的已知量，属于"事前"（ex ante）概念。而在"新解释"那里，由于 MELT 指

---

① M. Lebowitz, *Beyond Capital*, 2nd edn. （London：Palgrave Macmillan, 2003）, p. 112.

的是给定数量的劳动时间所创造的以货币衡量的增加值，据此定义的劳动力价值便有了"事后"（ex post）的意义，即它是在价值形成过程结束后才被决定的。"新解释"的这一定义对于反思和拓展马克思的剩余价值论，是十分重要的概念工具。

不过，一旦接纳"新解释"对劳动力价值的定义，在逻辑上就会面临下述问题。根据这个定义，货币工资和劳动力价值之间将只剩下量纲上的差别，货币工资水平的任何变化似乎必然同时带来劳动力价值的变化，而且，由于货币工资的变化往往带有偶然性，如此定义的劳动力价值也必然会失去其相对稳定性。在笔者看来，这个问题并不难解决。货币工资尽管是经常波动的，但在特定的时间框架内，对工人阶级总体而言，仍然遵循着一个基本的变动趋势。我们不妨将这种在特定时间框架内可识别的基本趋势与日常波动区分开来，通过将前者界定为货币工资水平在一定时期内的平均值，以区分劳动力价值和货币工资水平的变化。这里所涉及的时间框架既可以是古典周期，也可以是康德拉季耶夫或凡盖尔德伦长波。1891 年，恩格斯就曾建议以两次古典周期的波谷为时间框架，来观察工人阶级生活标准的长期变动，他说："总的说来，随着工人组织性的加强，他们的反抗力量也在增长，所以工人的一般状况，平均说来，有所改善；任何危机也不能重新使这种状况长期降到低于或者回到原来的出发点，即前次危机所造成的最低水平。"[1] 恩格斯的这个观点可以看作对笔者上述见解的佐证。

接下来探讨工资的新定义。既然工资或劳动力价格不应该作为劳动力价值的货币表现形式来看待，那又如何定义工资呢？工资的界定事实上取决于对资本和劳动力的交换关系的理解。马克思对工资的传统定义是以假定这种交换等同于普通商品之间的交换为前提的。但在

---

[1] 恩格斯：《恩格斯致麦克斯·奥本海姆的信（1891 年 3 月 24 日）》，载《〈资本论〉书信集》，人民出版社，1976，第 513 页。

马克思的著述里，我们有时也能找到对这种交换关系的其他解释，例如他说：

> 工人卖给资本家的不是他的劳动，而是对他自身作为**劳动力的暂时使用权**。在资本家和工人订立的合同中，在他们商定的买卖中，这才是直接的对象。①

在另一处他又说："资本家例如支付劳动力一天的价值。于是，在这一天内，劳动力就象**出租**一天的任何其他商品（例如一匹马）一样，归资本家使用。"②

笔者认为，如果工人出卖或出租的不是劳动力本身，而是劳动力在一定时期内的使用权，那么货币工资就可以界定为租金。这一租金一方面包含在价值创造之前预先给定的部分，另一方面还包含在价值创造过程之后形成的部分。③

将劳动力价值界定为一定时期内货币工资的平均价值，并把工资界定为租金，意味着在工资的决定中，并没有某种作为引力重心的自然价格在起作用。在这个意义上，工资的决定就和利息率的决定颇为相似。在讨论利息率的决定时，马克思曾坚决否认存在所谓"自然利息率"。"自然利息率"这个概念来自古典经济学，它和"劳动的自然价格"是类似的范畴，都被用来说明在日常价格的波动以外，存在着某种预先给定的作为日常价格波动的引力重心的内在价格。马克思指出："一个国家中占统治地位的平均利润率，——不同于不断变动的市场利息率，——不能由任何规律决定。在这个领域中，象经济学家所说的自然

---

① 马克思、恩格斯：《马克思恩格斯全集》第 26 卷第 3 册，人民出版社，1974，第 121 页（重点标识为笔者所加）。

② 马克思、恩格斯：《马克思恩格斯全集》第 23 卷，人民出版社，1972，第 210 页（重点标识为笔者所加）。

③ 参见本书第 6 章第 5 节的讨论。

利润率和自然工资率那样的自然利息率，是没有的。"① 平均利息率的形成完全是由供求，从而由竞争来调节的。② 类似的，我们可以把马克思的这种观点运用于解释工资。在其最低水平之上，工资的决定只服从于竞争，首先是两大阶级之间的竞争即阶级斗争，其次是阶级内部的竞争。这些竞争调节着工人阶级所需的生活资料数量和货币工资，并在一个时期内形成劳动力价值变化的基本趋势。需要补充的一点是，和利息率不同，工资的确还有一个最低限度，这个限度并不是由竞争决定的。只要工人阶级再生产还是资本积累的绝对前提，工资就必须保证这种再生产能够正常进行。对个别工人或工人阶级内部的个别阶层来说，工资或许会下降到这个最低水平以下，但就整体而言，工资不能降低到这个最低限度以下。

　　现在要问的是，重新界定工资，是否会破坏剩余价值论的基本结论呢？换言之，在工资的一般水平是由阶级斗争决定的条件下，有什么机制能保证，如果工资出现持续上涨，其结果不会吞噬全部剩余价值呢？需要指出的是，即使我们不修改劳动力价值和工资的定义，依然维持马克思的观点，其实也会面临类似的问题。在《资本主义发展论》一书中，斯威齐就曾在马克思的概念框架内提出了这一问题。他问道，如果劳动力价格是围绕劳动力价值而波动的，在劳动力价格上升时，有什么机制能约束这一上升，使其不至于侵蚀全部新价值呢？他指出，根据马克思的观点，当工资上升到一定程度时，资本家就会引入技术进步，制造出产业后备军。产业后备军的扩大会限制工资的增长，迫使工资只能围绕一个均衡水平即劳动力价值而波动。③ 笔者认为，若采用新的劳动力价值和工资的定义，仍可求助于这个机制来解释，工资的上升为什么不会从

---

① 马克思、恩格斯：《马克思恩格斯全集》第 25 卷，人民出版社，1974，第 406 页。

② 参见马克思、恩格斯《马克思恩格斯全集》第 25 卷，人民出版社，1974，第 399、408~409 页。

③ 斯威齐：《资本主义发展论》，陈观烈等译，商务印书馆，1997，第 103 页。

根本上颠覆剩余价值的生产，而是被约束在使资本积累可以持续进行的某个水平上。① 换言之，相对过剩人口理论的作用，不是为了保证劳动力价格符合劳动力价值，而是为了保证劳动力价格的上涨不至于威胁到剩余价值本身。

对工资和劳动力价值的再定义会给我们带来一些分析上的便利。譬如，该定义无须依赖于必要生活资料数量或劳动力价值在价值创造过程之前预先给定的假设。马克思曾这样表述了这个假设，他说："和其他任何商品的价值一样，它的价值（指劳动力价值——引者注）在它进入流通以前就已确定，因为在劳动力的生产上已经耗费了一定量的社会劳动"。与这一假定相适应，马克思还假设，在价值创造过程之前，资本家就已经预付了劳动力价值。但是，劳动力价值预付这一假定与劳动市场的实际状况往往并不符合，马克思自己也指出过这一点，他说："在资本主义生产方式占统治地位的一切国家里，给劳动力支付报酬，是在它按购买契约所规定的时间发挥作用以后，例如在每周的周末。因此，到处都是工人把劳动力的使用价值预付给资本家；工人在得到买者支付他的劳动力价格以前，就让买者消费他的劳动力，因此，到处都是工人给资本家以信贷。"然而，为了和其他假设相适应，马克思刻意采取了和现实相违背的假设，他说："劳动力已经卖出，虽然报酬要在以后才得到。但是，为了在纯粹的形式上理解这种关系，我们暂且假定，劳动力所有者每次出卖劳动力时就立即得到了契约所规定的价格。"② 如果采用劳动力价值的新定义，这样假定便是没有必要的。新定义具有"事后"特征，

---

① 产业后备军的这种重要性还意味着，在现代资本主义社会里，充分就业在政治上是不被允许的。卡莱茨基在凯恩斯主义流行伊始的 20 世纪 40 年代，就鲜明地指出了这一点，从而揭露了凯恩斯主义充分就业目标的自相矛盾性质。见 M. Kalecki, "Political Affects of Full Employment," in *Selected Essays on the Dynamics of the Capitalist Economy* (Cambridge: Cambridge University Press, 1980)。

② 本段内的所有引文均见马克思、恩格斯《马克思恩格斯全集》第 23 卷，人民出版社，1972，第 197~198 页。

即劳动力价值是在价值形成过程之后决定的，这与劳动市场的习俗是完全一致的。

劳动力价值预先给定这一假设，还与马克思的另一假设相关联，即在价值创造中，资本和劳动之间只存在对抗性的分配关系，或价值层面的零和关系。[①] 如果劳动力价值是预先给定的，工人最终创造多少价值就与工人自己无关了。要在零和关系以外引入正和关系，就需要修改劳动力价值的定义，以允许工人分享新创造的一部分价值。有趣的是，马克思有时也承认，在工资高于劳动力价值时，工人可以分享一部分新价值，例如他说："工资……提高到它的正常平均水平以上，这就意味着工人也分享、占有他自身的一部分剩余劳动。"类似的表述在马克思的文本里还一再出现。[②] 严格来讲，马克思这里的表述在逻辑上是自相矛盾的。既然劳动力的价值已预先给定，剩下的就只能是归资本家的剩余价值；如果工人可以分享一部分剩余价值，劳动力价值就不是预先给定的，工人所分享到的也不应该再称作剩余价值。依照我们的定义，工人是通过工资参与新价值的分割的，工人"在事后"实际取得的那部分新价值，就是劳动力价值。[③]

劳动和资本共同**分割**新价值的提法，类似于货币资本家和职能资本家围绕利润的分割，通过这种分割，利润划分为企业主收入和利息。在谈论利润的这种分割时，马克思还指出，量的分割会产生质的区别，被分割的两部分会"硬化和物化"为质上不同的两种收入，从而进一步助

----

① 马克思写道："资本家和工人所能分配的仅仅是这个有限的价值，即根据工人的全部劳动所测量的价值，所以一方分得的越多，他方分得的就越少，反之亦然。"见马克思《工资、价格和利润》，载《马克思恩格斯选集》第 2 卷，人民出版社，1995，第 85 页。

② 马克思、恩格斯《马克思恩格斯全集》第 47 卷，人民出版社，1979，第 266 页。另见马克思、恩格斯《马克思恩格斯全集》第 23 卷，人民出版社，1972，第 677 页；马克思、恩格斯《马克思恩格斯全集》第 46 卷下册，人民出版社，1980，第 76 页。莱博维奇收集了所有这些引证，见 M. Lebowitz, *Beyond Capital*, 2nd edn. (London: Palgrave Macmillan, 2003), p. 109。

③ 参见本书第 6 章有关劳动和资本在价值创造中的正和关系的论述。

长拜物教观念的发展。和这种情形类似，把工资定义为租金，会在两方面助长拜物教观念的发展：一方面，工资和利润会被看作性质上截然不同的两种收入，分别产生于两种不同的要素对于生产的贡献，从而在理论上衍生出各种要素价值论的版本；另一方面，工资作为租金还有可能派生出人力资本的概念——恰如土地的价格等于地租的资本化一样，人力资本的价格也可视为工资的资本化。与土地的价格类似，这种意义的人力资本也是一个"不合理的范畴"，但这不妨碍它成为资本主义经济当事人的日常意识形式。在历史上，人力资本的概念产生得很晚，而且和别的拜物教范畴不同，它是先由经济学家炮制出来的，然后进入了日常意识。① 人力资本范畴之所以形成得较晚，大概和二战以后发达资本主义国家大学教育的日渐普及以及实际工资水平的大幅提升有关。在整个 19 世纪和 20 世纪初，由于缺乏类似的现实土壤，就难以形成或接纳这样的观念。

值得一提的是，国内近年来有一些学者在另一种意义上使用人力资本概念。在他们看来，凭借股票期权等制度，劳动力所有者能够分享一部分企业的剩余，这意味着劳动力变成了资本。② 这一观点在何种程度上成立，尚需进一步论证。土地所有者凭借土地所有权也可以分享一部分剩余，但并不因此就使土地成为资本。个中原因在于，土地所有权不参与产品价值形成过程。然而，某些高级劳动力若有可能凭借其教育和培训背景而影响产品的价值形成和实现过程，并借此支配一部分剩余，则有可能成为人力资本。③

---

① 现代人力资本概念是以费雪的资本概念为前提的，但在当时，这个概念遭到了马歇尔的批判（见马歇尔《经济学原理》下卷，商务印书馆，1983，第 429、431 页）。直到约半个世纪后，即在 20 世纪 60 年代，人力资本理论才由舒尔茨等人再次提出，并得以流行。对人力资本概念的一个马克思主义批判，可参见米列伊科夫斯基等《现代资产阶级政治经济学批判》，杨德明、厉以平等译，商务印书馆，1985，第十一章。
② 参见史正富《现代企业中的劳动与价值》，上海人民出版社，2002，第 74、96 页。
③ 对此问题的进一步讨论可参见本书第 5 章第 4 节。

2.4　莱博维奇的两个"必须"与资本主义社会内部的阶级斗争

在将阶级斗争引入工资和劳动力价值的决定这一问题上，莱博维奇做出了重要贡献。为了引入阶级斗争的这种作用，莱博维奇提出，在资本主义社会里存在"两个必须"，即一方面资本必须实现价值增殖，另一方面工人阶级必须实现自身的发展。以下是对他的这一观点的简略介绍。

在《资本论》里，资本主义生产方式是作为一个有机整体呈现出来的。莱博维奇指出，在这样的有机整体中，任何前提都要作为结果不断地被再生产出来，在此意义上，资本积累表现为一个自我封闭的回路。然而，从现实的角度看，资本积累的这种自主性和自我封闭不过是假象，资本主义生产其实是以某些外生的条件，如工人阶级的再生产为前提的，而后者在《资本论》中恰恰被悬置了起来。由于这种悬置，《资本论》中就只剩下一个主体，即不断追求价值增殖的资本。基于这一考虑，莱博维奇认为，《资本论》并不是关于资本主义社会的完整理论，这部著作忽略了，在现实资本主义社会中，除了资本这一主体之外，还存在另一主体，即工人阶级。与资本不同的是，工人阶级作为主体追求的不是价值增殖，而是需要的满足和使用价值的消费。莱博维奇为此提出，在资本主义社会存在着"两个必须"（Two Oughts）：一方面，资本必须实现价值增殖；另一方面，工人阶级必须实现自身的发展，为此就要增加工资，不断扩大必要生活资料的数量和范围，满足工人的各种以前从未实现的需要。[①]

莱博维奇在匈牙利哲学家赫勒尔的基础上，探讨了马克思的需要概念。[②] 在马克思看来，工人已实现的需要和尚未实现的社会需要之间存在

---

① M. Lebowitz, *Beyond Capital*, 2nd edn. （London：Palgrave Macmillan, 2003）, p. 73（中文版见第 101 页）。

② A. Heller, *Marx's Theory of Needs*（London：Allison & Busby, 1978）。

着差距，认识到这一差距是促使工人开展斗争的动因。莱博维奇写道："工人依照对自我的理解来生产自身，为此就需要许多投入，但这些投入是不能充分实现的——因为资本主义生产是受资本增殖的目标限制的，而不是受'生产和社会需要（即社会地发展了的人的需要）之间的比例'的限制。满足需要的'资本主义限制'的存在，必要需要和社会需要之间的差距，意味着工人把自身作为被剥夺者而生产出来：'只要人的需要并没有实现，他就与其需要因而与其自身存在着冲突。'为更高的工资而斗争是内在于作为自为之存在的雇佣工人之中的。"①

不难看出，莱博维奇的这些论述包含如下弱点。首先，他对"两个必须"在资本主义社会里何以产生的论证是不充分的。在以往的阶级社会，被压迫者也有实现其需要的愿望，但他们并不被承认为权利对等的主体，其愿望也不可能转化为社会的"必须"。在资本主义社会，为什么工人阶级的发展及其需要的满足就可以成为和资本的价值增殖对等的另一个"必须"呢？或言之，什么原因赋予现代工人阶级以特殊地位，使工人阶级的斗争和以往时代的斗争相比要更富有成效呢？在解释工人阶级必要生活资料增长的原因时，莱博维奇一度谈及公民身份所起的作用，但他的讨论远未展开，只限于一段对马克思的引征：工人阶级取得一部分使用价值还"得益于劳动者在社会中的成员资格——就像罗马公民'对公有地有（至少是）观念上的要求权，而对于若干罗马亩的土地等等则有实际上的要求权一样。'"② 自 20 世纪中叶以来，公民身份（Citizenship）的理论在政治学里得到了长足的发展。从公民身份的角度看，在现代资本主义社会，工人的角色是两重的，即一方面是资本主义生产的当事人，另一方面又是拥有各种公民权利、政治权利和社会权利的公民。

① M. Lebowitz, *Beyond Capital*, 2nd edn. (London：Palgrave Macmillan, 2003), p. 73.

② M. Lebowitz, *Beyond Capital*, 2nd edn. (London：Palgrave Macmillan, 2003), p. 144；单引号内的引言来自马克思、恩格斯《马克思恩格斯全集》第 46 卷上册，人民出版社，1979，第 489 页。

公民身份的扩展在资本主义历史中是诉诸阶级斗争而实现的[①]；也正是公民身份的扩展赋予工人阶级的斗争以不同于以往社会的特殊性。现代公民身份理论的创立者马歇尔曾提出，借助福利国家和转移支付，人们的货币收入和实际收入是可以分离的，一些最重要的社会服务（如健康和教育），是以实物的形式，通过非价格机制来分配的。[②] 这些作为实物的收入构成了工人的间接工资，增加了工人所能取得的生活资料的数量。在《资本论》里，马克思曾经将现代雇佣工人和古代世界的奴隶相类比[③]，完全撇开了两者在经济地位和政治、社会权利上的差别。科恩在论及这一问题时正确地批评了马克思，指出现代雇佣工人不仅拥有组织成工会和罢工的权利，而且这种权利也是为资产阶级的意识形态所允许的。[④]

然而，在承认现代雇佣工人的特殊地位的同时，仍需看到资本一方毕竟拥有更多的政治和经济权力，而这足以使其在双方的力量对比中取得结构性优势。公民身份的扩展虽然增加了工人阶级在阶级斗争中的地位，但公民身份本身并不是可以独立于阶级斗争而独立地发展的，其内涵既可以在特定时期内不断扩展，也可能在特定时期内趋于萎缩。正如前文提到的，1972～1995 年，由于新自由主义制度和政策的影响，美国大多数工人的实际工资持续下降，就是一个很好的证明。在此意义上，莱博维奇提出的"两个必须"论，显然过高地估计了工人阶级在资本主义社会中的力量。

莱博维奇的另一个显而易见的缺点，是对波兰尼著作的忽略，这使

---

① 一位学者曾把公民身份的发展当作一种为包容阶级冲突而采取的阶级统治策略，参见 M. Mann, "Ruling Class Strategies and Citizenship," *Sociology* 1987, 21（3）：339 – 354。

② T. H. Marshall, *Class, Citizenship and Social Development* (Westport, Connecticut: Greenwood Press, 1973), pp. 119 – 120.

③ 参见"罗马的奴隶是由锁链，雇佣工人则由看不见的线系在自己的所有者手里"。引自马克思、恩格斯《马克思恩格斯全集》第 23 卷，人民出版社，1972，第 629 页。

④ 科恩：《卡尔·马克思的历史理论——一个辩护》，段忠桥译，高等教育出版社，2008，第 8 章第 7 节。

他没能像西尔弗那样，将工人的阶级斗争在理想类型上区分为两种形式：即所谓马克思的反抗（Marx-type Labor Unrest）和波兰尼的反抗（Polanyi-type Labor Unrest）。前者是围绕剩余价值的生产而展开的，是对剥削的反抗，后者是对劳动力过度商品化的反抗。① 莱博维奇更为关注的是前者，而忽视了后者，这不可避免地限制了他的视野，弱化了他的分析。在一个资本主义社会里，西尔弗谈到的这两类斗争是互相联系、相辅相成的，第二类斗争更多地和公民权的发展相联系，它将有助于实现劳动力的去商品化，降低工人的失业成本，增强工人阶级开展第一类斗争的意愿和能力。②

在《工资、价格和利润》中，马克思系统地总结了工人为提高工资而进行的斗争所涵盖的具体类型。在马克思看来，工人的这些斗争有两个特点：其一，它们是"因资本永不停止的进攻或市场的各种变动而不断引起的游击式的搏斗"，因而具有防御的性质；其二，这些斗争"在一百回中有九十九回都只是为了维持现有的劳动价值"，或防止其下降到劳动力价值的最低限度以下。③ 马克思的这些观点日后为卢森堡所继承，她以类似方式提出：由于大量产业后备军的经常存在，工资有低于劳动力价值的倾向；只有依靠工会和社会民主党，工人才有可能按其劳动力价

---

① Beverly J. Silver, *Forces of Labor：Workers' Movements and Globalization since 1870*（Cambridge：Cambridge University Press, 2003）. 需要指出的是，对这两种反抗的定义具有理想类型的性质，因为有些斗争事实上兼具两方面的特点。一个突出的例子是马克思分析的围绕十小时工作日的斗争，很难说这种斗争纯粹属于哪一类型，它既可看作是对劳动力过度商品化的反抗，也可以看作对过度剥削的反抗。

② 英国学者法因在一篇文章里评论了莱博维奇的著作。他没有提到波兰尼和西尔弗，但也从类似角度对莱博维奇提出了批评。他指出，莱博维奇只考虑了围绕着价值的生产和流通的阶级斗争，或纯粹经济领域的阶级斗争，忽视了围绕着住宅、教育、交通等劳动力再生产领域的去商品化和再商品化的斗争。见 B. Fine, "Debating Lebowitz：Is Class Conflict the Moral and Historical Element in the Value of labour-Power?" *Historical Materialism* 2008, 16（3）：110。

③ 马克思：《工资、价格和利润》，载《马克思恩格斯选集》第 2 卷，人民出版社，1995，第 97 页。

值出卖劳动力。①

　　在《工资、价格和利润》里，马克思区分了以下两种阶级斗争：资本主义社会内部的阶级斗争，以及试图根本超越这一社会的阶级斗争。后者要从根本上改造资本主义生产关系，前者则不触动资本主义的基本生产关系。马克思强调后一类斗争的意义，却低估了前一类斗争的作用。与马克思不同，莱博维奇对劳动力价值和工资的因果关系的颠倒，使他能赋予资本主义社会内部的阶级斗争以更为积极的作用。这一类型的阶级斗争不只是维持必要生活资料的数量和劳动力价值的现有水平，而且会提高这一水平，从而进一步满足工人阶级的社会需要。这种以莱博维奇为代表、强调阶级斗争之于劳动力价值的决定性作用的理论，可以名之为**决定剩余价值率的阶级斗争理论**。

　　然而，莱博维奇并未进一步分析资本主义社会内部的阶级斗争得以发挥作用的经济条件，而是对工人的斗争采取了过度乐观的态度。他借用马克思的观点，强调"资本在其纯粹经济的行动上是比较强有力的一方"，因而工人必须"采取普遍政治行动"。② 但问题在于，任何政治行动只能在特定的经济环境下才能发挥作用；或言之，政治权力需要有适当的经济权力作为匹配，否则就将沦为空洞的权利。在下一节里，我们将指出，在剩余价值率的决定中，阶级斗争其实并不是唯一重要的力量，甚至可能还不是最主要的力量。决定剩余价值率的阶级斗争理论，必须补充以决定剩余价值率的投资理论，否则就是不全面的。后一理论表明，在资本主义社会里，资本家阶级拥有一项至关重要的经济权力，即投资

---

①　卢森堡：《国民经济学入门》，彭尘舜译，三联书店，1962，第 245 页。依照这种观点，工资水平向劳动力价值的收敛并不是作为纯粹的经济规律自主地实现的，还须借助于非经济制度型式（工会和党）的作用。这一观点与《资本论》第一卷的相对过剩人口理论表现出微妙的差别，后者强调工资围绕劳动力价值的波动是通过产业后备军机制实现的。

②　马克思：《工资、价格和利润》，载《马克思恩格斯选集》第 2 卷，人民出版社，1995，第 95 页。

的权力,这种权力表面看来是纯粹的经济权力,但它使资本家阶级有能力对抗和抵销那些有利于工人的"普遍政治行动"[①],并对可实现剩余价值率产生重大影响。

3　不变的剩余价值率和工人阶级政治经济学

3.1　相对剩余价值生产和不变的剩余价值率

在《超越〈资本论〉》一书中,为了论证工人的必要生活资料增加的可能性,莱博维奇还提出,马克思所分析的相对剩余价值生产不仅以生产率提高为前提,还取决于劳动市场的具体形势。这是个非常新颖而重要的观点,在介绍他的这个观点之前,让我们先来回顾一下两种生产剩余价值生产的方法,即绝对剩余价值生产和相对剩余价值生产。

设 B 为实际工资率(即工人在一天内的实际工资),λ_2 是单位消费品的价值,N 是就业量,T 是工作日总数,a 表示劳动强度(也可定义为劳动复杂程度),s 为剩余价值,再将一个工作日所生产的新价值记为1,可以写出:

$$s = aNT(1 - \lambda_2 B) \qquad (8-1)$$

这个等式既可用以表示个别企业剩余价值的生产,也可用以表示整个经济中剩余价值的生产。由等式(8-1)可看出,存在三种提高剩余价值的途径:第一,工作日总量 T 的增加、劳动强度 a 的提高、工人人数 N 的增长、实际工资 B 的减少都有助于增加剩余价值。这几种增加剩余价值的手段在马克思那里属于绝对剩余价值生产的方法。第二,如果

---

① 在对资本主义经济固有的弊端进行诊断时,凯恩斯意识到投资权力为资本家所垄断是导致有效需求不足的根源,为此他主张社会应从资本家手里接管一部分投资的权力,即实现投资的社会化。参见凯恩斯《就业、利息和货币通论》,徐毓枬译,商务印书馆,1988,第24章。

把 a 定义为劳动复杂程度（$a > 1$），则个别资本家此时可以获得超额剩余价值。在其他一切条件相同时，超额剩余价值等于 $(a-1)NT(1-\lambda_2 B)$。第三，在其他因素不变时，还可通过降低单位消费品的价值 λ_2 来增加剩余价值，这是相对剩余价值生产的方法。

如果我们假定 a、N、T 这三个因素不变，或者不考虑这三个因素，即将其舍象，则在等式（8-1）的两端除以 $\lambda_2 B$ 后得到

$$e = \frac{s}{\lambda_2 B} = \frac{1}{\lambda_2 B} - 1 = \frac{t_2}{B} - 1 \qquad (8-2)$$

其中，e 是剩余价值率，$\lambda_2 B$ 相当于单位时间的可变资本，t_2 为消费品的劳动生产率（$t_2 = \dfrac{1}{\lambda_2}$）。等式（8-2）有助于我们理解相对剩余价值生产的方法。在劳动生产率提高的前提下，剩余价值率是否增长，取决于 t_2 和 B 这两个因素的相对变化。如果实际工资（B）的增长落后于劳动生产率（t_2）的增长，剩余价值率就会提高，形成相对剩余价值生产。

通过上述分析可以看到，相对剩余价值生产的出现不仅取决于生产率，还和实际工资增长的幅度有关，后者是由劳动市场的力量对比即阶级斗争决定的。马克思在《资本论》里讨论了生产率增长的必要性和实现途径，但对于实际工资何以实现增长，则未做详细的讨论。这一缺失引发了莱博维奇的批评，他指出，相对剩余价值生产的存在，不仅要以生产率提高为条件，还取决于劳动市场的具体形势，后者既有可能带来相对剩余价值率的提高，也有可能带来剩余价值率不变的结果。①

在《1861—1863 年经济学手稿》里，马克思已经讨论了剩余价值率不变的可能性。他列举了三种在生产率提高的前提下可能出现的情形。

---

① "**主张**（相对剩余价值生产：引者注）**仅仅是以社会生产力的提高为基础的观点，在我们看来是不能成立的**。相反，相对剩余价值的真正基础存在于劳动市场，认识到这点是很重要的。"引自 M. Lebowitz, *Beyond Capital*, 2nd edn. (London：Palgrave Macmillan, 2003)，p.115（重点标识是原有的）。

第一，劳动生产率提高，但工人只得到与过去数量相同的生活资料，在这种场合，劳动力价值下降，且劳动力价值减少的部分全部变成资本的剩余价值。第二，劳动生产率提高，工人得到的生活资料量也增加，但并不是按劳动生产率增长的同一比例增加，在这种场合，劳动力价值会减少，剩余价值则按相应的比例增加。第三，劳动生产率提高，但工人得到的生活资料数量与劳动生产率按同一比例增加，从而劳动力价值保持不变，在这种情况下，剩余价值和剩余价值率也不变。[①]

我们可以通过区分所谓正和关系和零和关系来比较以上三种情形。第一种情形属于绝对意义的零和关系，此时不仅劳动力价值和相对工资（指劳动力价值和新价值的比率）下降，而且工人得到的生活资料数量也维持不变，劳动生产率提高的好处全部归于资本。第二种情形则结合了使用价值形态上的正和关系和价值形态上的零和关系。所谓使用价值形态上的正和关系，是指工人此时得到了更多的生活资料；价值形态上的零和关系，则是指劳动力价值和相对工资同时下降。[②] 在第三种情形下，工人阶级能得到更多的生活资料，他们的劳动力价值甚至相对工资也维持不变，对资本而言，则是剩余价值和剩余价值率维持不变，但相同的剩余价值此时代表比过去更多的使用价值。在纯粹使用价值形态上，双方都增加了各自的利益；在价值形态上，双方也没有丧失任何利益。因此，第三种情形可以说代表了在资本主义社会内部有可能实现的、最大限度的资本与劳动的正和关系。[③] 表8-1总结了上述三种情形下几个主要变量的变化及其所对应的零和或非零和关系。

---

① 马克思、恩格斯：《马克思恩格斯全集》第47卷，人民出版社，1979，第607~608页。

② 美国马克思主义社会学家布洛威率先将第二种情形概括为价值层面的零和关系和使用价值层面的非零和关系，见 M. Buroway, "Toward a Marxist Theory of the Labor Process Theory: Braverman and Beyond," *Politics and Society* 1978, 8 (3-4): 256.

③ 本书第6章结合成正比理论讨论了资本与劳动的正和关系。但那里涉及的正和关系，是在局部，即在个别企业、个别部门、个别国家的层面上存在的正和关系。而马克思在此设想的，是在劳动生产率提高的基础上出现的遍及整体的正和关系。

表 8 - 1　相对剩余价值生产中的三种可能性

	实际工资	劳动力价值	剩余价值率	使用价值层面的零和或非零和关系	价值层面的零和或非零和关系
第一种情形	不变	下降	上升	零和	零和
第二种情形	上升	下降	上升	正和	零和
第三种情形	上升	不变	不变	正和	正和

　　莱博维奇在其论著里，曾把马克思分析的第三种情形——此时存在不变的剩余价值率——作为工人阶级在一个资本主义经济中所应追求的最高斗争目标来看待。应予指出的是，莱博维奇的这个观点和马克思的原意是有区别的。在马克思那里，不变的剩余价值率只是作为一种理论可能性提出来的，对于如何实现这一可能性，马克思并未展开讨论。而在莱博维奇眼中，不变的剩余价值率是一个在经验中可实现的具体目标。此外，如果严格遵循马克思为相对剩余价值生产所设定的前提，即"劳动力的价值取决于劳动生产率并与它成反比"①，则剩余价值率在此过程中必然会上升。这意味着，上述第三种情形实际上是与相对剩余价值论相矛盾的。

　　马克思在使用剩余价值率概念的同时，也使用了相对工资的概念。相对工资指的是工资在新价值中的份额。如果说剩余价值率刻画的是资本家阶级的行为动机，相对工资则体现了工人阶级的行动目的。在讨论上述第一种情形时，马克思写道，"相对工资即工资占的份额减少了。"②相应的，在第二种情形下，相对工资也在下降，但下降的程度要小于第一种情形。在第三种情形下，相对工资保持不变，工人阶级此时取得的

① 马克思、恩格斯：《马克思恩格斯全集》第 47 卷，人民出版社，1979，第 606 页。对这种"成反比"关系我们并不陌生，在讨论单位商品价值与劳动生产率的关系时，马克思也提出过类似观点。劳动力价值与劳动生产率成反比，可以看作单位商品价值与劳动生产率成反比这一命题的应用。

② 马克思、恩格斯：《马克思恩格斯全集》第 47 卷，人民出版社，1979，第 607 页。

是最大限度的工资份额。

3.2　两种剩余价值率概念

为了进一步说明不变的剩余价值率得以实现的经济条件，我们引入一个由匈牙利学者埃尔维什提出来的剩余价值率概念——已实现剩余价值率（the Rate of the Realized Surplus Value）。

假设一个经济由投资品和消费品两个部门构成，且两个部门各自只生产一种产品，记 e 为已实现剩余价值率；X_2 为市场上实现的消费品总量，S_c 和 S_k 分别为资本家的净投资和消费，V 为工人阶级原有消费，S_v 为工人阶级消费增量，且 X_2、S_c、S_k、V 和 S_v 都代表实物量；λ_i（$i=1$，2）是投资品和消费品的单位价值量，两者各自的倒数（记为 t_i）代表两个部门的劳动生产率。可以写出：

$$e = \frac{S_k\lambda_2 + S_c\lambda_1}{X_2\lambda_2 - S_k\lambda_2} = \frac{S_k + S_c\dfrac{\lambda_1}{\lambda_2}}{X_2 - S_k} = \frac{S_k + S_c\dfrac{t_2}{t_1}}{X_2 - S_k} = \frac{S_k + S_c\dfrac{t_2}{t_1}}{V + S_v} \qquad (8-3)$$

在等式（8-3）中，如果我们进一步假设生产率提高的速度在两个部门完全相同，则在考察 e 变化的原因时，就可将生产率变动（$\dfrac{t_2}{t_1}$）这一因素撇开，从而有[①]：

$$e = \frac{S_k + S_c}{X_2 - S_k} = \frac{S_k + S_c}{V + S_v} \qquad (8-4)$$

---

① 等式（8-4）是埃尔维什提出来的，不过，埃尔维什没有采用我们的假定，从等式（8-3）过渡到等式（8-4），而是假定单位价值所体现的产品（Product of Unit Value）恰好等于单位产量（Unit Volume），在这个特殊假定下，他直接得到了等式（8-4）。埃尔维什的假设（即单位价值恰好物化于单位产量）相当于假定不存在生产率提高，这在短期分析中是有效的。但埃尔维什又将该式用于分析存在技术进步的情形，这就造成了矛盾。关于埃尔维什的已实现剩余价值率概念及其假定，可参见 P. Erdoös, *Wages*, *Profit*, *Taxation*（Budapest：Akademiai Kiado, 1982），pp. 129, 237。对埃尔维什这一观点的介绍，还可参见马加什《现代非马克思主义经济学史》下卷，张晓光、李新华译，商务印书馆，1992，第 420 ~ 423、478 ~ 479 页。

等式（8-4）意味着，已实现剩余价值率是已实现利润和实际工资的价值的比率（在埃尔维什的假定下，它同时也等于已实现利润所体现的物量和实际工资的比率）。已实现剩余价值率不同于马克思所定义的剩余价值率，后者可记为：

$$e_m = \frac{s}{v} \qquad\qquad (8-5)$$

其中 s 和 v 分别代表全社会总剩余价值和总可变资本。马克思的这个定义是在《资本论》第一卷提出来的，仅仅反映了直接生产过程的剥削程度，而没有考虑剩余价值实现和再生产的影响。从宏观角度看，剩余价值实现是由资本家阶级的支出水平决定的，这一点构成了已实现剩余价值率概念的理论依据。若以 s 代表全社会生产出来的剩余价值，则可写出等式（8-6），以表示剩余价值生产和剩余价值实现的关系。

$$s = s_k + s_c + s_v \qquad\qquad (8-6)$$

等式（8-6）右端的三项分别代表资本家的个人消费（s_k）、用于新增不变资本的支出（s_c）、用于新增可变资本的支出（s_v），三者均为价值量，它们构成了对全社会剩余产品的需求。在等式（8-6）中，用于新增可变资本的支出 s_v 一旦完成，就不再属于资本家，而归于工人，从这个角度看，s_v 就不应再计入剩余价值率定义里的分子，而应计入分母。马克思没有考虑这一点，在他那里，剩余价值率是立足于个别资本家的生产过程来定义，即被定义为 $e_m = \dfrac{s}{v} = \dfrac{s_k + s_c + s_v}{v}$。① 埃尔维什的已实现剩余价值率则考虑了这一点。在等式（8-4）中，一方面，分母中的 S_v 作为实际工资增量和 V 一起形成全部实际工资；另一方面，分子中只包含剩余价值实现后归于

---

① 将马克思所定义的剩余价值率和埃尔维什的新定义相比，可以发现前者事实上是后者的最大值，即有 $e_m = \dfrac{s}{v} = \dfrac{s_k + s_c + s_v}{v} \geqslant \dfrac{S_k + S_c}{V + S_v}$。当工人阶级的实际工资增量为零，在直接生产过程中形成的剩余价值完全用于资本家阶级的消费和投资时，这两个比率将相等。

资本家的那部分，即由净投资和资本家的个人消费组成的利润。

等式（8-3）或等式（8-4）所定义的已实现剩余价值率可用于刻画如下基本关系：资本家的消费 S_k 是增长较慢的，可以认为慢于消费品产量 X_2 的增长，在此前提下，剩余价值率的变化就主要取决于 S_c 和 X_2 之间的关系。在考虑技术进步时，可以假定 X_2 是 S_c 的增函数①，即 S_c 的增长在经过一段时间后会带来 X_2 的更快增长。埃尔维什认为，在消费品市场出清的前提下，这种相对变化会使得已实现剩余价值率倾向于下降。

埃尔维什试图利用这个新定义借鉴和吸收后凯恩斯主义经济学家卡尔多的观点。卡尔多认为，利润和工资在国民收入中所占的相对份额是由投资率的高低决定的；投资率通过乘数效应决定国民收入的形成，并使总供给和总需求达到充分就业下的均衡。

从等式（8-4）可以看出，在分母即实际工资当中，V 是前期（即在价值形成过程之前）预先给定的，S_v 则经由某种乘数效应为 S_c 所决定。②

沿用等式（8-4）使用的变量符号，可以得到工资份额和利润份额的定义。记 Y 为以物量表示的国民净收入，有 $Y = X_2 + S_c = V + S_v + S_k + S_c$。若以 p_s 代表利润份额，可以得到：

$$p_s = \frac{S_k + S_c}{Y} = \frac{S_k + S_c}{X_2 + S_c} \qquad (8-7)$$

相应的，作为余额的工资份额（w_s）为：

$$w_s = 1 - p_s = 1 - \frac{S_k + S_c}{Y} = \frac{V + S_v}{Y} \qquad (8-8)$$

净投资 S_c 一方面在公式（8-7）中直接决定了利润份额，另一方面还经由某种乘数效应决定了国民收入和实际工资总量。净投资对实际工

---

① 该假定排斥了以下可能性，即 S_c 的增长与 X_2 的变化无关，后者符合杜岗-巴拉诺夫斯基的观点。

② 在马克思主义经济学中，这种乘数效应取决于资本的有机构成和马克思定义的剩余价值率。

资增量 S_v 的变动所起的决定作用，表明实际工资总量并不是在价值形成过程之前预先给定的，而是在国民收入的形成中，即在净产品实现后被决定的。也正由于这一点，工资份额在国民收入的形成中可以作为余额（Residual）来看待。[1] 需要说明的是，在公式（8-7）和公式（8-8）中，相关变量都是实物量，因此，工资份额作为余额的观点首先是针对实际工资而言的。在假设货币工资给定的情况下，实际工资作为国民收入的余额，事实上给出了实际工资和货币工资决定的不同规律。作为马克思主义经济学家，埃尔维什试图将卡尔多的这种观点进一步推广到价值层面来讨论。根据埃尔维什的假定，实际工资总量等于劳动力价值总量，故而劳动力价值与国民收入的比率（即马克思的相对工资）同样是作为国民收入的余额被决定的。

　　将工资份额视为国民收入余额的观点，初看起来迥异于马克思的剩余价值论，因为后者将剩余价值或利润看作新价值中的余额。如何看待这两种观点的不同呢？笔者认为，卡尔多-埃尔维什的观点并不是与马克思截然对立的，而是对马克思观点的进一步补充和发展。马克思关于剩余价值是价值创造过程的余额的观点，对于微观层面即个别资本的价值增殖来说，自然是正确的。但从社会总资本再生产的角度看，卡尔多-埃尔维什的看法就是合理的。由再生产图式可以看到，在社会总资本再生产的层面上，剩余价值的实现主要取决于两大部类资本家的积累或投资。[2] 投资本身又会通过某种乘数效应调节工人阶级的收入和消费。

　　有趣的是，正如埃尔维什注意到的，在《资本论》第一卷第二十三

---

[1]　对卡尔多观点的介绍以及和埃尔维什的对比，可参见马加什《现代非马克思主义经济学史》下卷，张晓光、李新华译，商务印书馆，1992，第477～480页。卡尔多的观点可见其论文《一个经济成长模式》（载卡尔多《论经济的稳定和成长》，蔡受百译，商务印书馆，1966）。

[2]　日本学者置盐信雄利用两部类图式指出了这一点，见 N. Okishio, "On Marx's Reproduction Scheme," *Kobe University Economic Review* 1988, 34: 1-24。另可参见孟捷《马克思主义经济学的创造性转化》，经济科学出版社，2001，第87～93页，在那里笔者得出了和置盐类似的结论。

章，马克思本人也曾意识到，积累率的高低对货币工资水平有决定性影响，他在那里明确提出，积累是自变量，货币工资是因变量。[①] 但在马克思那里，这种实质上崭新的观点，同时亦可置于劳动力价格围绕劳动力价值波动的既有框架内来理解。这意味着，积累所影响的只是劳动力的价格或货币工资，而不是劳动力价值，后者是在价值形成过程之前预先给定的。这一点或许有助于解释，马克思尽管提出了与卡尔多－埃尔维什近似的观点，却没有意识到这种观点所蕴含的全部意义。

马克思对劳动力价值和工资的相互关系的理解，妨碍了他在宏观层面上接受工资份额是国民收入余额的观点。然而，如果我们采用"新解释"对劳动力价值的定义，重新界定劳动力价值和工资之间的关系，接纳卡尔多－埃尔维什的观点就是可能的。"新解释"的定义（$VLP = \frac{w}{MELT}$）有助于说明，积累在影响货币工资率（以及实际工资率）的同时，也影响着劳动力价值本身。公式（8－4）里的 $V + S_v$ 构成了"事后"意义的劳动力价值（或与之对应的实际工资）。

3.3 投资、不确定性与工人阶级政治经济学

和马克思的剩余价值率定义相比，由埃尔维什发展的已实现剩余价值率显然更贴近宏观经济的现实。如果像莱博维奇那样，把不变的剩余价值率作为工人阶级斗争的目标，就不宜无条件地沿用马克思的定义，而应采用已实现剩余价值率这个抽象程度更低的新定义。莱博维奇没有意识到，马克思的剩余价值率定义是一个理论抽象，它忽略了剩余价值生产和剩余价值实现的矛盾对剩余价值率所造成的影响。

如果我们采用已实现剩余价值率的概念，则在理论上可以证明，维

① 马克思：《资本论》第 1 卷，载《马克思恩格斯全集》第 23 卷，人民出版社，1972，第 680 页。埃尔维什的评论参见 P. Erdöös, "The Law of Value and the Real Wage in Capitalism," *Acta Oeconomica* 1974, 12 (3–4): 311–312。

持一个不变的剩余价值率，并非一定有利于工人阶级的利益。埃尔维什曾利用公式（8-4）谈到下述可能性：由于资本家消费 S_k 的增长落后于消费品总量 X_2 的增长，当 S_c 的增长在一段时滞后引起消费品生产能力的相应扩张时，在消费品市场均衡的前提下，X_2 的增长部分将越来越多地转化为实际工资，而进入资本家消费并构成利润的那部分则相对减少。这种变化将不利于提高剩余价值率。为了摆脱这种不利影响，资本家阶级可采取的策略之一，是降低消费品生产的产能利用率，减缓消费品产量的增长，与此同时，投资即 S_c 的扩张也会受到控制，从而达到维持剩余价值率不变的目的。① 埃尔维什所设想的这种情形符合剩余价值率不变的假定，但不利于工人阶级提高生活水平和增加就业。

如果说维持不变的剩余价值率并非一定有利于工人阶级，那么一个增长的剩余价值率也未必一定不利于工人阶级。在某些特殊条件下（比如出现一次技术革命），净投资即 S_c 的水平可能持续增长，且大大快于消费品产量的扩张，在这种情况下，已实现剩余价值率必然会增长。由于已实现剩余价值率的变化是由分子和分母的相对变化所致，该比率的提高并不排除分母即实际工资总量的增长，更何况就业在这种情形下也可能有迅速的增加。因此，在这种情形下出现的剩余价值率增长对于实现工人阶级的目标自然也是有利的。还可指出的一点是，在这种情形下，投资往往属于扩展型或创业型投资，而在埃尔维什那里，投资则多属于资本深化型投资，这两种不同类型的投资对于工人阶级的目标有着不同的影响。前者往往有利于达成工人阶级的目标，后者则不利于实现其目标。在这方面，发达资本主义国家在战后经历的"黄金年代"（the Golden Age）为我们提供了例证。正如新熊彼特派经济学家所指出的，"黄金年代"的出现是以第四次技术革命所催生的扩展型投资和创业型投

---

① 参见马加什《现代非马克思主义经济学史》下卷，张晓光、李新华译，商务印书馆，1992，第 419~422、479~480 页。

资的长期扩张为前提的。① 而且，也正是在这一时期形成了改善工人阶级
生活标准的最为有利的历史条件。某些以法国"调节学派"的理论为指
引的学者，如日本的伊藤诚，误认为这一时期工人阶级生活标准的提高
是以始终不变的剩余价值率为前提的；他甚至提出，既然剩余价值率在
这段时期内没有明显提高，马克思的相对剩余价值生产概念便不适用于
解释整个"黄金年代"。这种观点自然是片面的。在"黄金年代"，发达
资本主义经济的剩余价值率总体而言并非保持不变，由图 8 – 2 中谢克等
人的计算结果可以看出，以美国为例，在"黄金年代"前期，剩余价值
率是明显上升的，只是在进入 20 世纪 60 年代中期后，剩余价值率才开始
维持在一个较为稳定的水平上。② 而此时"黄金年代"已经步入晚期，利
润份额和利润率就要开始下降了。

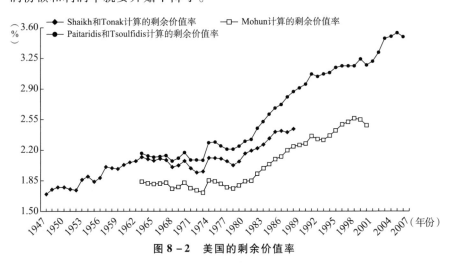

图 8 – 2　美国的剩余价值率

资料来源：D. Paitaridis and L. Tsoulfidis，"The Growth of Unproductive Activities，the
Rate of Profit，and the Phase-Change of the U. S. Economy"，*Review of Radical Political Eco-
nomics* 2014，44（2）：222，Figure 4。

---

① 参见 C. Freeman，J. Clark and L. Soete，*Unemployment and Technical Innovation*（West Port，
Connecticut：Green Wood Press，1982）；G. Mensch，*The Stalemate in Technology*（Cam-
bridge，Massachusetts：Ballinger，1979）。

② 对伊藤诚的批评，以及对"黄金年代"成因的进一步讨论，可参见孟捷《战后黄金年
代是如何形成的？——对两种马克思主义解释的批判性分析》，《马克思主义研究》
2011 年第 5 期。

20 世纪 60 年代晚期，由于充分就业和集体谈判等制度的影响，伴随主要发达资本主义国家生产率增长的减速，实际工资却呈现爆炸性增长，并超过了生产率增长的速度（见表 8 - 2 和表 8 - 3）。与此相应，利润在国民收入中的份额开始显著下降。1973 年，美国、日本和西欧三大经济体的利润在净增加值中据有的份额与 "黄金年代" 的峰值相比下降了 1/4。在欧洲，利润份额从 20 世纪 50 年代中期的 25%，下降至 20 世纪 60 年代末的 20%；在美国，利润份额从 20 世纪 50 年代中期的 20% 降至 20 世纪 60 年代末的 15%；日本则从 20 世纪 60 年代中期的 35% 降至 20 世纪 70 年代初的 30%。① 积累环境的恶化预告了 1974 ~ 1975 年危机的到来。

表 8 - 2　西欧的罢工和工资爆炸：1965 ~ 1970 年

	时间	（1）罢工	（2）货币工资	（2）实际工资
法　国	1965 ~ 1967 年 1968 ~ 1969 年	2569 76000	5.8 11.0	2.9 5.4
德　国	1966 ~ 1968 年 1969 ~ 1970 年	147 171	5.6 12.0	3.3 9.2
意大利	1966 ~ 1968 年 1969 ~ 1970 年	10761 29356	6.9 11.3	4.3 7.3
英　国	1967 ~ 1969 年 1970 ~ 1971 年	4774 12365	6.9 12.0	2.4 3.9

注：（1）年均罢工千日数；（2）年均百分比变化率。

资料来源：阿姆斯特朗等《第二次世界大战以后的资本主义》，江苏人民出版社，1994，第 213 页。

———————————

① S. Marglin and J. B. Schor, eds., *The Golden Age of Capitalism* (Oxford: Clarendon Press, 1990), p. 19. 另见阿姆斯特朗等《第二次世界大战以后的资本主义》，江苏人民出版社，1994。

表 8 - 3　生产率与工资增长的关系：1964～1973 年

单位：%

	时间	（1） 年均生产率增长	（2） 年均工资增长	（3）=（1）-（2） 差距
美国	1964～1968 年	2.4	2.5	- 0.1
	1969～1973 年	1.0	2.0	- 1.0
欧洲	1964～1968 年	4.5	4.3	+ 0.2
	1969～1973 年	4.2	5.0	- 0.8
日本	1964～1968 年	8.7	7.6	+ 1.1
	1969～1973 年	7.8	10.6	- 2.8

　　注：第（1）和第（2）列的数据并不直接可比，因而第（3）列只是工资份额下降的一个近似。"年均生产率增长"指的是民营部门就业人口的人均 GDP 增长率；"年均工资增长"则是工商业部门实际工资的增长率；欧洲是法国、德国、意大利和英国的非加权平均。

　　资料来源：转引自 S. Marglin and J. B. Schor, eds., *The Golden Age of Capitalism*（Oxford：Clarendon Press, 1990), p. 18。

　　从新熊彼特派经济学的角度看，战后"黄金年代"由兴盛向衰落的转折，是与投资类型从扩展型和创业型向资本深化型的转变相伴随的。①由前述埃尔维什的分析可以看到，投资类型的这一转变不利于提高已实现剩余价值率。与此同时，工人阶级改善其生活标准的努力，也会逐渐失去有利的外部条件。旨在提高工资的阶级斗争，虽然在短期内可以达成目的，但在中长期内可能成为诱发危机的因素。几位英国马克思主义经济学家在概述"黄金年代"兴衰的著作里这样写道："1968 到 1970 年，罢工浪潮席卷欧洲"，但问题是，"工人赢得的货币工资超过了为推动设备更新和缓解劳工短缺所需的程度。结果是，不仅实际工资增加了，通货膨胀率也提高了。"②通货膨胀率的攀升最终和经济停滞相结合，带来了以"滞涨"为特点的 1974～1975 年危机。这场危机最终结束了资本

---

① C. Freeman, J. Clark and L. Soete, *Unemployment and Technical Innovation*（West Port, Connecticut：Green Wood Press, 1982）；G. Mensch, *The Stalemate in Technology*（Cambridge, Massachusetts：Ballinger, 1979）.

② 阿姆斯特朗等：《第二次世界大战以来的资本主义》，江苏人民出版社，1994，第 212、214 页。

主义历史上对于改善工人阶级生活条件最为有利的时期。此后，从 1979 年开始，以美、英两国为代表的发达资本主义经济进入了新自由主义时期，其特征是工人阶级收入增长的长期下降和停滞。

"黄金年代"兴衰和新自由主义崛起的历史经验表明，工人阶级生活水平的提高不仅仅取决于为改善收入分配而开展的斗争，技术革命生命周期、投资及其类型的变化等都是与工人阶级的总体和长远利益密切相关的因素。有鉴于此，要发展一种"工人阶级政治经济学"①，即能为工人阶级的发展目标进行论证，并提供相应的行动策略的政治经济学，就比莱博维奇所设想的要困难得多。在现实斗争中完全可能出现这样的情况：工人阶级为之奋斗的目标实际上不利于工人阶级自身；而工人阶级所反对的，反而可能对工人阶级有利。对工人阶级的斗争目标和行动策略的设定，一方面需要谨慎地区分工人的近期和局部利益与其长远和整体利益，另一方面需要充分考虑资本积累动态、技术革命生命周期，以及与此相伴随的经济非均衡和不确定性的影响。资本家是在充满不确定性的环境下做出投资决策的，相应的，工人阶级为争取更高的消费标准而开展的斗争，也会受到不确定性的影响。在这一点上，工人和资本家多少有些相似，他们都是在充满不确定性的环境里作为当事人而行动的。莱博维奇的理论恰恰忽视了这些方面。他将不变的剩余价值率作为工人阶级斗争的目标，是以批判《资本论》所代表的"片面的马克思主义"为前提的，但他的批判丢掉了马克思经济学中某些最深刻的内含。他对"工人阶级政治经济学"的论证，仍然停留在抽象理论的层次，没有真正贴近资本主义经济的表面；而不接近这种表面，就不可能合理地设定工

<hr />

① "工人阶级政治经济学"这一提法来自马克思，并与"资产阶级政治经济学"对举。此外，马克思还有"劳动的政治经济学"和"财产的政治经济学"的提法。均见马克思《国际工人协会成立宣言》，载《马克思恩格斯全集》第 16 卷，人民出版社，1964，第 11～12 页。莱博维奇则以"马克思的工人阶级政治经济学"作为其著作《超越〈资本论〉》的副标题。

人阶级行动的目标，并为实现这一目标寻找到适当的经济条件。莱博维奇为我们指出了重建"工人阶级政治经济学"的必要性，但一个真正令人满意的"工人阶级政治经济学"还有待于发展。

4　尾论

本章依次考察了构成剩余价值论前提的十大假设，这些假设虽然在以往的文献中程度不等地有所讨论，却从未像现在这样被集中起来、作为一个整体加以分析。本章的核心观点之一，是强调阶级斗争在剩余价值率的决定中起着比马克思所承认的更为重要的作用。为了论证这个观点，本章批判地考察了马克思对劳动力价值和工资的关系所做的解释，借鉴了"新解释"对劳动力价值的定义，重新阐发了劳动力价值和工资的关系。在此基础上提出，可将货币工资视为租用劳动力的使用权而偿付的租金。这一租金一方面包含在事前（即价值形成过程之前）给定的部分，另一方面还包含在事后产生的部分。根据这一阐释，剩余价值率的决定取决于两大阶级的力量对比和各自阶级内部的竞争，而不必依赖于工人的必要生活资料在一定时代始终不变，以及劳动力价值是在价值形成过程之前预先给定的已知量等为马克思所倚重的假设。

除了强调阶级斗争在剩余价值率的决定中所起的重要作用以外，本章还分析了阶级斗争的局限。笔者结合埃尔维什提出的已实现剩余价值率的概念，探讨了投资对于剩余价值率的影响，以及所谓不变的剩余价值率对于工人阶级斗争的意义。尽管阶级斗争对于利润和工资的划分是至关重要的，但投资及其所固有的不确定性，也会给作为国民收入余额的工资份额的变化带来了实质性影响。笔者把前一种注重阶级斗争的作用的观点称作**决定剩余价值率的阶级斗争理论**，把后一种强调投资作用的观点称为**决定剩余价值率的投资理论**。在剩余价值率的决定中，工人阶级斗争的作用会受到资本家的投资权力的制约。马克思在《资本论》

里虽然不曾有意识地充分发展后一种理论，但他也注意到，不同类型的投资对于工人阶级的利益有着不同的影响。像《工资、价格和利润》或莱博维奇的《超越〈资本论〉》那样，仅仅关注于工人阶级提高工资的斗争是远远不够的。纯粹以提高工资为目的的斗争，其成功与否要以更为广阔的经济和政治环境为条件。在此意义上，我们或可将"工人阶级政治经济学"区分为广义和狭义两种，前者旨在维护工人阶级在收入分配中的直接利益，因而在理论上只限于讨论收入分配，后者则要考察影响工人阶级利益的一切可能的因素，为此必须把分析的触角伸展到包括宏观经济政策，以及产业和创新政策等在内的更为广泛的领域。

第9章 从"新解释"到价值 转形的一般理论

20世纪80年代初，美国学者弗里、法国学者迪梅尼尔分别独立提出了一种关于劳动价值论的新见解，引发了国际马克思主义经济学界的长期关注和讨论。[①] 在文献中，这一新见解起初被称为"新解法"（the New Solution），后来则被冠名为"新解释"（the New Interpretation）。"新解释"为转形问题的研究提供了一个新的思路。自那时以来，围绕转形问题的研究和争论，在相当程度上是以"新解释"提出的方法和问题为核心的。"新解释"的出现虽然有利于转形问题的研究摆脱鲍特基维茨和新李嘉图主义传统的束缚，但因其在考察价值和价格的关系时囿于净产品，也招致了不少诟病。本章指出，"新解释"被忽略的真正贡献，在于回到了马克思原初的立场，即以产出而非投入的价值作为转形的出发点。本章继承了这一立场，并试图在下述方面进一步发展"新解释"所倡导的方法：第一，利用冯金华提出的实现价值方程，将这一方法推广到总产品；第二，强调转形不必局限于均衡条件，在再生产失衡的前提下，同样存在价值转形；第三，结合第二种社会必要劳动（或第二种市场价值）概念，对转形所需服从的总量一致命题做新的阐释。转形不仅是从价值到生产价格的转形，在考虑非均衡和市场价值概念的前提下，也是从第

---

① G. Dumenil, "Beyond the Transformation Riddle: A Labor Theory of Value," *Science and Society* 1983 – 1984, 47 (4); D. A. Foley, "The Value of Money, the Value of Labor Power, and the Marxian Transformation Problem," *Review of Radical Political Economics* 1982, 14 (2): 37 – 47; D. A. Foley, *Understanding Capital* (Cambridge: Harvard University Press, 1986).

二种含义的市场价值向市场生产价格的转形。

1　以"新解释"为中心的当代转形理论：
一个批判的概述

1.1　"新解释"的基本思想：一个再评价

"新解释"的理论出发点来自劳动价值论的基本思想：生产中投入的活劳动创造新价值。但"新解释"把这个纯理论命题转换成了经验性命题，主张在生产中使用的活劳动与扣除了中间物质消耗的净产品之间，存在着因果关系。基于这一观点，"新解释"在总量层面定义了"劳动时间的货币表现"（the Monetary Expression of Labor Time，MELT），它等于某一时期以市场价格度量的增加值（等于该时期产出的价格减去工资以外的成本）与生产性活劳动的比率。根据"新解释"的这一定义，货币的价值（不同于货币商品的价值）等于 MELT 的倒数，即等于 1 单位货币所代表的抽象劳动量。借用弗里举示的例子，在 20 世纪 80 年代初，美国国民收入的增加值或净产品大约等于 3 万亿美元，雇用劳动力 1 亿人左右，如果假设这些人一年里工作 50 周，每周的标准工作时间是 40 小时，再假设这些人全部在生产性部门就业，则所耗费的全部活劳动时间就约等于 2000 亿个小时。根据这些条件，每小时劳动平均可带来约 15 美元的增加值，即 MELT = 15 美元/小时；货币的价值则等于其倒数（= 1/15 小时/美元）。[①]

在概述"新解释"的基本思想时，大多数文献都使用了由多部门构成的方程组。伦敦大学亚非学院的法因、拉帕维萨斯、萨德－费罗在一篇合著文章中则指出，这样做并无必要，利用简单的数学表述便足以概

---

① 　D. A. Foley, *Understanding Capital*（Cambridge：Harvard University Press，1986），p. 14.

括"新解释"的基本思想。[①] 记某一经济中的总利润为 Π，净收入（即总收入减去非工资成本）为 R，货币工资率为 w，活劳动总量为 L，总剩余价值为 S，货币价值 $m = L/R$，可以写出以下三个方程：

$$\Pi = R - wL \qquad (9-1)$$

$$S = L - wLm \qquad (9-2)$$

$$Rm = L \qquad (9-3)$$

其含义分别为：总利润等于净收入减货币工资总量，总剩余价值等于活劳动总量减货币工资所代表的价值量，通过货币价值得到的净产品价值量等于活劳动量。

值得注意的是，在给定 m 即货币价值的定义时，等式（9-3）事实上是同义反复。在等式（9-1）的两端乘以 m，解出 Rm 后代入方程（9-3），可有：

$$\Pi m = L - wLm \qquad (9-4)$$

或

$$S = \Pi m \qquad (9-5)$$

公式（9-5）意味着，总利润乘以货币的价值等于总剩余价值，或言之，利润是剩余价值的货币表现形式。

法因等人在概括"新解释"的基本思想时，只采用了上述五个方程。在此基础上，还可添加一个方程：

$$e = \frac{S}{V} = \frac{\Pi m}{wLm} = \frac{\Pi}{wL} \qquad (9-6)$$

其中 e 为剩余价值率，V 是劳动力价值总量。公式（9-6）表明，剩

---

① B. Fine, C. Lapavitsas and A. Saad - Filho, "Transforming the Transformation Problem: Why the 'New Interpretation' is a Wrong Turning," *Review of Radical Political Economics* 2004, 36 (1).

余价值率既可看作剩余价值和劳动力价值之比，也可以看作利润总量和货币工资总量之比。

在"新解释"那里，只要给定货币价值和劳动力价值的定义，就会得出上述方程。值得强调的是，这些方程不受特定的价格形成原则的束缚，也即是说，"新解释"的核心思想既适用于一个利润率平均化，从而形成了生产价格的经济，也适用于市场价格偏离生产价格、不存在利润率平均化的经济。① 在此意义上，"新解释"并不以解决转形问题为唯一目的，但是，正如将在下文看到的，"新解释"的确构成了对转形问题的一种解答。在"新解释"的转形模型中，公式（9-3）和公式（9-5）都可作为转形的不变性条件，其含义分别为：第一，投入生产的活劳动所形成的新价值等于净产出在实现后取得的价值（后者等于净收入乘以货币的价值）；第二，在生产中形成的总剩余价值等于在交换后所取得的总剩余价值（后者等于总利润乘以货币的价值）。不过，正如后文在介绍伊藤诚时将要说明的，"新解释"自身对于公式（9-3）和公式（9-5）的理论意蕴阐述得并不充分，需要借助其他学派的工作，我们才能更为清晰地认识这些等式的含义。

公式（9-3）作为转形的不变性条件，同时也构成了对鲍特基维茨所代表的转形研究进路的拒斥，使"新解释"在某种意义上回到了马克思原初的立场。公式（9-3）有两个特点：第一，等式右边的 L，代表了生产中投入的活劳动及其创造的净产出的价值；第二，从货币资本循环公式 $G-W-P-W'-G'$ 来看，公式（9-3）对应的是其中的 $W'-G'$ 阶

① 法因等人认为："新解释"只是一个解释，其正式内容属同义反复。参见 B. Fine, C. Lapavitsas and A. Saad-Filho, "Transforming the Transformation Problem: Why the 'New Interpretation' is a Wrong Turning," *Review of Radical Political Economics* 2004, 36 (1): 6; 另见 A. Saad-Filho, "The Value of Money, the Value of Labour Power and the Net Product: An Appraisal of the 'New Approach' to the Transformation Problem," in A. Freeman, and G. Carchedi, eds., *Marx and Non-Equilibrium Economics* (Cheltenham, U K: Edward Elgar, 1996), p. 132。

段，即净产出的价值表现为货币衡量的增加值。因此，公式（9-3）的提出，意味着"新解释"明确将产出（W′）而非投入的价值（W）作为转形的真正出发点。与此相反，在鲍特基维茨看来，马克思只限于将产出的价值转形为生产价格，而未将投入的价值做类似处理，因而在理论上是不彻底的。① 但问题是，从再生产过程来看，当期的投入就是上一期的产出，如果像鲍特基维茨那样，将投入的价值和产出同时转形，对各部门而言，前后两个再生产时期的单位产出价值就是相等的。这一假设若能成立，又需以再生产过程中没有技术进步，且始终存在再生产均衡为前提。②

---

① 对鲍特基维茨及其后继者研究的系统介绍，可参见张忠任《百年难题的破解：价值向生产价格转形问题的历史和研究》，人民出版社，2004。在国内研究者中，也有一批这一进路的追随者，如张忠任、丁堡骏等，对这些研究者的批判性评论，可参见冯金华《生产价格会偏离价值吗》，载冯金华《价值决定、价值转形和联合生产》，社会科学文献出版社，2014。近年来，冯金华教授从事了一项重要研究，他利用反证法指出，如果象鲍特基维茨及其追随者那样研究转形，即在将成本价格"转形"的同时，坚持马克思所设定的两个总量约束条件，最终将造成个别产品的价值与其生产价格相等这一悖论。冯金华得到的这一结果，相当于宣布由鲍特基维茨开辟的研究进路"此路不通"，从而在客观上支持了"新解释"所代表的观点。见冯金华《价值决定、价值转形和联合生产》，社会科学文献出版社，2014。

② 而这也就解释了，鲍特基维茨何以在其研究中要假设转形隶属于简单再生产及其平衡条件。在新李嘉图主义那里，投入的价值和产出的价值可以在当期投入产出条件和实际工资率的前提下直接求得，这一做法与鲍特基维茨有所不同，但两者在下述意义上仍有一致性：都忽略了再生产失衡所造成的产出实现条件的变化对价值决定的影响。长期以来，国外转形问题的研究一直深受鲍特基维茨和新李嘉图主义的影响，一些马克思主义者体认到这种弊端，将"新解释"的出现作为抵销这一影响的解毒剂来看待。伦敦大学的萨德-费罗曾提出："'新解释'在无须假设一般均衡和简单再生产的前提下就取得了两个总量一致的等式。这是向前迈出的重要一步，因为它使有关转形问题的争论脱离了由新李嘉图主义设定的那些（不充分的）条件。"参见 A. Saad-Filho, "The Value of Money, the Value of Labour Power and the Net Product: An Appraisal of the 'New Approach' to the Transformation Problem," in A. Freeman and G. Carchedi, eds., *Marx and Non-Equilibrium Economics* (Cheltenham, U K: Edward Elgar, 1996), p. 121。法因等人也指出，在"新解释"那里，价值与价格不是以生产的物量数据为前提同时决定的。以劳动力价值为例，它要以货币工资和货币价值的形成为前提，而后者即货币的价值在净产品实现后才能决定。参见 B. Fine, C. Lapavitsas and A. Saad-Filho, "Transforming the Transformation Problem: Why the 'New Interpretation' is a Wrong Turning," *Review of Radical Political Economics* 2004, 36 (1): 13。

价值转形是以产品的价值形成过程为前提的，在价值形成过程中，不管投入是以何种价格购买的，它们都将在生产过程中作为价值转化为产品价值的一部分（$C + V$）；一旦价值形成过程结束，产品的价值就构成转形的唯一出发点，而无须再考虑投入价值的转形。"新解释" 在这个重要的方法论问题上回到了马克思的立场，并因此在当代西方转形理论中独树一帜。不过，"新解释" 尽管有上述贡献，仍存在如下不足。第一，公式（9-3）在解释价值和价格的关系时，是以净产品为前提的，而未顾及总产品（参见本章附录）。第二，"新解释" 虽然在相当程度上摆脱了新李嘉图主义和鲍特基维茨的影响，但公式（9-3）仍暗含了再生产均衡的假设：生产中投入的活劳动恰好等于净产出实现后所取得的价值，后者进而表现为以货币为量纲的净收入。若以公式表达，可写出 $MELT = \frac{R}{L} = \frac{W}{L} \times \frac{R}{W} = \frac{R}{W}$，其中 W 是净产出所实现的价值。在这个等式里，$MELT$ 被分解为两项，即劳动时间的价值表现（$\frac{W}{L}$）和价值的货币表现（$\frac{R}{W}$）。在《资本论》里，马克思使用了 "社会平均劳动的货币表现" 这一概念，但从未用过 "劳动时间的货币表现"，原因很简单，货币是价值的尺度，是用于表现价值的，而不能直接表现劳动。[1] 只有在假设 $L = W$ 时，前述 $MELT$ 的定义才与价值的货币表现相等。第三，在公式（9-3）中，Rm 即通过货币价值得到的价值，在概念上不同于生产中形成的价值，而 "新解释" 对这一价值概念的含义却未做足够充分的交代。如果要将 "新解释" 所倡导的方法在转形研究中加以推广，即提出一个更为一般的理论，就必须解决上述三个问题。

接下来，我们将依次介绍弗里、伊藤诚和 "单一体系" 的转形理论，从比较的角度分述其得与失。

---

[1] 马克思：《资本论》第 1 卷，载《马克思恩格斯全集》第 23 卷，人民出版社，1972。

1.2　弗里的转形方案①

"新解释"的代表之一弗里,曾提出了一个更为具体的转形模型,兹介绍如下。假定一个生产小麦和钢铁的两部门经济,其投入和产出的技术关系如表 9 – 1 所示。

表 9 – 1　小麦和钢铁部门的投入产出条件(一)

部门	小麦	钢	活劳动	产出
小麦	0	1/4	1	1
钢铁	0	1/2	1	1

令钢和小麦的单位价值分别为 λ_s 和 λ_w,根据表 9 – 1 给出的生产条件,可写出单位价值形成方程如下:

$$\lambda_s = 1 + \frac{1}{2}\lambda_s$$

$$\lambda_w = 1 + \frac{1}{4}\lambda_s$$

解此方程组,得 $\lambda_s = 2$、$\lambda_w = 3/2$。假设小麦和钢的产量均为 10000 单位,剩余价值率为 100%,再假设价值与价格的比例为 1∶1,即 1 单位劳动量表现为 1 美元,可得到表 9 – 2 中的价值体系。

表 9 – 2　价值体系和马克思的转形方案

部门	C	V	S	$C+V+S$	p	e	r (%)
小麦	5000	5000	5000	15000	\$ 1.40	1	50
钢铁	10000	5000	5000	20000	\$ 2.10	1	33.33
总计	15000	10000	10000	35000		1	40.00

① 参见 D. A. Foley, *Understanding Capital* (Cambridge:Harvard University Press, 1986), pp. 95 – 104。

从表 9 - 2 中可知一般利润率为 $r = 40\%$ 。设 c、v 分别为单位产品价值中的不变资本和可变资本，则马克思的生产价格定义式可写为 $p = (c + v)(1 + r)$ 。将一般利润率代入此式，得到小麦的生产价格（p_w）为 1.40 美元，钢的生产价格（p_s）为 2.10 美元。此时有 1000 美元的利润从小麦部门再分配到钢铁部门。

在马克思之后由鲍特基维茨开创的转形研究传统中，实际工资率在转形前后是假定不变的。根据表 9 - 1 给出的投入产出条件，包含小麦部门在内的两部门为生产单位产品而投入的活劳动均为 1 单位，剩余价值率为 100%，故而单位产品或单位时间所包含的劳动力价值为 1/2。又因小麦单位价值为 $\lambda_w = 3/2$，可知单位时间的劳动力价值相当于 1/3 单位小麦的价值，即 $1/3\lambda_w = 1/2$。由于先前假定 1 单位（1 小时）劳动量表现为 1 单位货币量，故而该式里的小麦单位价值，也可改换为小麦的单位价格（p_w），单位时间的劳动力价值则可改换为货币工资率（w），从而有 $1/3p_w = w$。据此可写出鲍特基维茨意义上的、将成本价格也转换为生产价格的一组方程：

$$p_w = (1 + r)\left(\frac{1}{4}p_s + w\right)$$

$$p_s = (1 + r)\left(\frac{1}{2}p_s + w\right)$$

$$w = \frac{1}{3}p_w$$

解此方程组，可得一般利润率和相对价格，即 $r = 39.45\%$、$p_s/p_w = 1.5354$。在鲍特基维茨开创的转形研究传统中，常见的做法是在上述体系中再增添一个方程，如总利润 = 总剩余价值，或总价格 = 总价值，以求得绝对价格。但是，除非假设一种极为特殊的条件，否则无法保证这两个等式同时成立。这便是鲍特基维茨的研究进路所面临的无法化解的难题。

为解决上述问题，"新解释"提出了两个新的不变性条件。其中一个条件涉及对劳动力价值的重新界定。根据"新解释"的定义，单位时间的劳动力价值等于货币工资率乘以货币的价值。由于前文已经假设 1 单位（1 小时）劳动量表现为 1 美元，1 单位美元的货币价值便等于 1 小时，在此前提下，若假设货币工资率为 1/2 美元，劳动力价值便等于 1/2 小时。"新解释"认为，在转形前后，货币工资率或单位时间的劳动力价值保持不变，这一观点修改了鲍特基维茨进路所假设的实际工资率不变的条件。

"新解释"所倚重的另一不变性条件涉及活劳动和增加值。"新解释"认为，在转形前后，活劳动总量保持不变，当货币价值给定时，这一活劳动量也决定了增加值或净收入的数量。在上述例子里，两部门新价值为 20000 单位，由于货币价值等于 1，增加值便为 20000 美元。

基于上述不变性条件，弗里构造了如下一组方程：

$$p_w = (1 + r)\left(\frac{1}{4}p_s + \frac{1}{2}\right)$$

$$p_s = (1 + r)\left(\frac{1}{2}p_s + \frac{1}{2}\right)$$

$$10000\left(p_w - \frac{1}{4}p_s\right) + 10000\left(p_s - \frac{1}{2}p_s\right) = 20000$$

其中第三个方程与等式（9-3）相对应：方程左边的各项分别为产量乘以利润，右边则为投入生产的活劳动总量乘以劳动时间的货币表现（假设为 1）。解此方程组，得到一个以美元为单位的生产价格体系（见表 9-3），其中 Π 为利润，e 为剥削率。

表 9-3 弗里的转形方案

部门	C	V	Π	$C+V+\Pi$	p	e	r（%）
小麦	5520	5000	3960	14480	\$1.448	0.79	37.65
钢铁	11040	5000	6040	22080	\$2.208	1.21	37.65
总计	16560	10000	10000	36560		1	37.65

表 9 – 3 第二列数字是这样得到的。由表 9 – 1 给出的投入条件可知，当两部门产量均为 10000 单位时，小麦部门与钢铁部门投入的钢分别为 2500（ = 10000 × 1/4）和 5000（ = 10000 × 1/2）单位；将这些投入量分别乘以钢的单位生产价格，就得到表 9 – 3 第二列的 5520 和 11040 这两个数字。①

如何评价弗里的模型是个有趣的问题。一方面，从该模型中的第三个方程来看，弗里贯彻了"新解释"的思想；但另一方面，从模型的前两个方程来看，由于将投入也做了转形，因而明显表现出鲍特基维茨和新李嘉图主义的影响。在笔者看来，弗里的模型是矛盾的产物，这种矛盾体现在：弗里本人虽然是"新解释"的领军人物，却未能完全领略"新解释"的主要贡献之一是将产出而非投入的价值作为转形的出发点。在笔者看来，对均衡假设的习惯性依赖，或许是妨碍弗里认识到这一点（或在此问题上表现出倒退）的原因。

1.3　伊藤诚论转形

"新解释"提出，转形的不变性条件之一，是生产中形成的价值量和实现的价值量相等，这个观点从思想史的角度来看并非是其独创。在"新解释"出现之前，日本学者伊藤诚就已提出了类似观点，并且在方法论上更为自觉和彻底。伊藤诚隶属于日本马克思主义经济学的"宇野学派"（the Uno School），该学派主张：生产价格是在自由竞争资本主义经济中发展起来的一种特有的价值形式；生产价格作为这样一种发展了的价值形式不仅要表现生产中形成的价值实体和价值量，而且是在不同部门和不同阶级间分配价值实体的中介。宇野学派的这个观点是对《资本论》开篇提出的价值形式理论的发展，在国

----

① 在弗里的模型中，尽管净产品价值等于其生产价格（以货币价值等于 1 为前提），但总产品价值（35000）与其生产价格（36560）是不等的。"新解释"将这一不等归咎于总产品带来的重复计算。

际范围内也产生了一定的影响。① 伊藤诚将此观点进一步运用于解决
转形问题。在他看来，价值和生产价格分属不同的理论层次，前者对
应于价值实体（其量纲为劳动时间），后者对应于价值形式（其量纲
为货币），将一个以价值为量纲的生产体系与一个经过转形，并以货
币为量纲的生产价格体系直接比较，即在转形中遵从马克思所设定的
两个总量约束条件，除非附加十分特殊的假设，否则在理论上是难以
成立的。②

伊藤诚进一步提出，马克思的价值概念并不只涉及生产中形成的价
值量，而包含以下三重维度：第一，在生产中形成的、物化于商品的价
值实体；第二，作为价值形式的生产价格；第三，以生产价格为中介，
不同部门和阶级在市场上取得的价值。上述三个维度分别对应于商品流
通一般公式即 W - G - W 中的三个环节。在转形研究中，马克思、鲍特基
维茨传统是将第一个环节的 W（对应于生产中形成的价值体系）与第二
个环节的 G（对应于生产价格体系）相比较。而在伊藤诚看来，这种比
较在概念上是不合理的；应该加以比较的，是第一个环节的 W 和第三个
环节的 W，与前者一样，后者也是一个以价值为量纲的体系。③ 下面通过
伊藤诚给出的一个数例（见表 9 - 4、表 9 - 5 和表 9 - 6）进一步介绍他
的观点。

①　除了后文将要提到的格林——已故牛津大学马克思主义经济学家——以外，美国著名马
克思主义经济学家、纽约新学院大学的谢克也曾接受了这个观点。见 A. Shaikh，"Neo-
Ricardian Economics—A Wealth of Algebra，A Poverty of Theory，" *Review of Radical Political
Economics* 1982，14（2）：72。

②　伊藤诚对转形理论的研究见于以下两本著作：M. Itoh，*The Basic Theory of Capitalism*
（London：Macmillan，1988）pp. 220f；M. Itoh，*Value and Crisis*（London：Pluto Press，
1980）pp. 74f。

③　伊藤诚的这一观点得到了格林的支持，见 A. Glyn，"Marxist Economics，" in J. Eatwell，et
al.，eds.，*The New Palgrave：Marxian Economics*（London：Macmillan Press Limited，
1990），p. 277。

表 9 – 4 价值体系（商品内含价值实体）

单位：工作日

部门	不变资本	可变资本	剩余价值	总价值
1	225	90	60	375
2	100	120	80	300
3	50	90	60	200
总 计	375	300	200	875

表 9 – 5 生产价格体系

单位：美元

部门	不变资本	可变资本	平均利润	总生产价格
1	144	48	48	240
2	64	64	32	160
3	32	48	20	100
总 计	240	160	100	500

表 9 – 6 价值体系（得到的价值实体）

单位：工作日

部门	不变资本	可变资本	剩余价值	总价值
1	225	90	96	411
2	100	120	64	284
3	50	90	40	180
总 计	375	300	200	875

表 9 – 4 是转形的出发点。在从表 9 – 4 得出表 9 – 5 时，伊藤诚沿用了鲍特基维茨设计的经过"彻底"转形的方程组。为了解出这样一组方程，鲍特基维茨假设每个部门都有一个生产价格 – 价值比率（分别为 x、y、z），并假设第三个部门（即奢侈品部门，作为价值尺度的黄金的生产隶属于该部门）的比率即 $z = 1$。值得注意的是，在鲍特基维茨那里，$z = 1$ 的假设不仅可以减少一个未知数，从而使方程得到唯一的解析解，而且

起到了将 1 单位价值等同于 1 单位生产价格,从而使价值体系和生产价格体系可以直接相互比较的作用。在此意义上,$z=1$ 是个十分特殊的条件。与鲍特基维茨不同的是,伊藤诚刻意假设奢侈品部门的生产价格－价值比率不等于 1,而等于 1/2,这样一来,两张表就不存在直接等同关系,无法直观地进行比较。①

伊藤诚的理论特色,或与鲍特基维茨的不同之处,在于他所设计的第三张表(表 9－6)。将表 9－5 的数字分别除以对应各部门的生产价格－价值比率(x、y、z),就得到表 9－6 的数字。表 9－6 的经济意义在于,资本家将产品实现后,还要在再生产中补偿所耗费的不变资本和可变资本,同时——在简单再生产条件下——用利润购买奢侈品以满足自己的消费。伊藤诚指出,比较上述三张表,可以观察到如下特征。

第一,表 9－4 和表 9－5 的总量互不相等。但这不应引起任何异议,因为二者分属不同的概念层次,量纲也不相同,无法直接比较。

第二,表 9－6 和表 9－4 在不变资本和可变资本这两列数字完全一致,这意味着,以生产价格为中介,各部门通过购买不变资本和可变资本要素在再生产中不仅实现了实物补偿,而且实现了价值补偿。

第三,与不变资本和可变资本不同,各部门在市场上取得的剩余价值数量不等于它们各自所生产的剩余价值数量。这一结果是由部门间竞争造成的,竞争通过平均利润率的形成实现了剩余价值总量在各个部门的再分配。

第四,比较表 9－4 和表 9－6,全部商品的价值总量和剩余价值总量是一致的,这恰好是生产价格发挥其中介作用的结果。

伊藤诚的理论缺失主要是追随鲍特基维茨传统,将投入也转形为生产价格。其贡献则在于:区分了作为价值形式的生产价格和在生产中形成的价值实体,并在此基础上重新界定了转形的约束条件:在生产中形

---

① 如果像鲍特基维茨那样假设 $z=1$,表 9－5 里的总利润就等于表 9－4 的总剩余价值。

成的价值总量等于经由生产价格中介而在市场上取得的价值总量。显然，将生产价格定义为价值形式的做法，在理论上支持了"新解释"的公式（9-3）。伊藤诚对转形约束条件的重新界定，也与公式（9-3）极为近似。不过，在伊藤诚那里，在市场取得的价值总量，是通过将各个部门产出的生产价格乘以价值－生产价格比率而得到的，这样一来，在市场取得的价值总量就和以价值为量纲的生产价格无关。而在"新解释"那里，在市场取得或实现的价值等于生产价格直接乘以货币的价值，这意味着，在市场上取得或实现的价值事实上等于以价值为量纲的生产价格。对这两种生产价格的分梳是必要的，在本章的模型中，这一分梳也起着重要作用。[①]

1.4　"新解释"和"单一体系"学派

"单一体系"学派是和"新解释"同时出现的，其首倡者为美国学者沃尔夫及其合作者罗伯茨和卡拉里。[②] 另一位美国学者莫斯里也是该学派的重要代表。以莫斯里为例，他认为，"新解释"对可变资本和不变资本的处理在方法论上是不对称的。一方面，根据定义，可变资本或劳动力价值以一笔给定的货币工资为前提，即等于货币工资乘以货币的价值（前文的 wLm），而非像新李嘉图主义那样得自给定的物量数据，即以实际工资乘以工资品的价值（$b\lambda L$，其中 b 为实际工资率，λ 为工资品单位价值）。另一方面，在"新解释"那里，不变资本却仍是以生产的物量数

---

① 严格来讲，有三种不同的生产价格。除了以货币为量纲的生产价格外，以价值为量纲的生产价格还可区分为两种，第一种是以生产中形成的价值为实体的生产价格，第二种是以流通中取得的价值为实体的生产价格。马克思采用的是前一种含义的以价值为量纲的生产价格，并在此意义上主张总产品的价值等于其生产价格。"新解释"所采纳的是第二种含义的以价值为量纲的生产价格。

② R. D. Wolff, B. Roberts and A. Callari, "Marx's (not Ricardo's) 'Transformation Problem'," *History of Political Economy* 1982, 14 (4): 564 – 582; R. D. Wolff, A. Callari and B. Roberts, "A Marxian Alternative to the Traditional 'Transformation Problem'," *Review of Radical Political Economics* 1984, 16 (2 – 3): 115 – 135.

据为前提的，即等于生产资料价值乘以物量，因而并未与新李嘉图主义彻底划清界限。[①] 为了克服这一矛盾，莫斯里提出，在马克思的相关理论中，初始给定的前提并不是生产的技术条件和实际工资这些物量数据，而是作为货币额的不变资本和可变资本；在购买生产资料和工资品时，无论是按照与价值成比例的价格来购买，还是按照生产价格来购买，不变资本和可变资本都是作为具有一定价值的货币额而给定的。在此观点的基础上，莫斯里写出了如下等式，以替代"新解释"的公式（9－3）[②]：

$$P = \bar{C} + \frac{1}{m}L \qquad\qquad (9-7)$$

其中，P 是以价格为量纲的生产价格总量，$\bar{C}$ 是预付资本里用于支付生产资料的部分，$\frac{1}{m}L$ 则是活劳动所创造的货币增加值。

从本章的角度看，公式（9－7）其实是未完成的，这是因为，该式虽然引入了不变资本，但等式右端的两项具有某种非对称性：一方面，和"新解释"一样，$\frac{1}{m}L$ 所代表的净收入价值是由生产中投入的活劳动创造的；但另一方面，在 $\bar{C}$ 上面看不到它与当下价值形成过程的联系。"单一体系"片面强调不变资本是具有价值的货币额，必然会忽视不变资本价值的形成与生产的技术条件的关系。正如莫亨所指出的，"单一体系"彻底切断了由生产的技术条件决定的商品内含价值量与通过货币价

---

① 莫斯里说道："我认为，在弗里的解释中，不变资本的决定与可变资本的决定在方法上存在关键的不一致。可变资本得自给定的货币量，而不变资本则得自给定的物量。弗里对于处理不变资本和可变资本的前后不一并未给出合理的解释。我认为，由于不变资本和可变资本都是资本的一般概念的特殊形式，是最初预付的货币资本（M）的两个组成部分，因而应该以相同的方式来决定，即要么都作为给定的货币量，要么都得自给定的物量。""因此我认为，在摆脱新李嘉图主义对马克思理论的物量解释这个问题上，弗里只走了'半程'。如果弗里接受我对不变资本的理解，我们之间的差异似乎就涣然冰释了。"参阅 F. Moseley, "The 'New Solution' to the Transformation Problem: A Sympathetic Critique," *Review of Radical Political Economics* 2000, 32 (2).

② F. Moseley, *Money and Totality: A Macro-Monetary Interpretation of Marx's Logic in Capital and the End of the "Transformation Problem"* (Leiden, Netherlands: Brill, 2016).

值得到的价值量的关系。[①] 此外，作为预付货币资本价值的一部分，$\bar{C}$ 的大小事实上取决于投入品的数量和价格，为此可写出 $\bar{C} = pAq$，其中 p、q 分别为以货币为量纲的生产价格和产出向量，A 为生产资料投入矩阵。在此可以看到，与莫斯里的意图相反，新李嘉图主义的物量数据事实上仍是形成不变资本价值的基础。

公式（9-7）与沃尔夫等人提出的 "单一体系" 理论的典型表达式是一致的。可以从 "新解释" 的公式（9-3）出发，经过扩展得到 "单一体系" 的标准表达式。通过公式（9-3）即 $Rm = L$，"新解释" 界定了货币的价值，若以包含多部门的矩阵方式整理公式（9-3），可写出：

$$mpy = lq \qquad (9-8)$$

其中各变量均为相关向量，y 代表净产出，且 $R = py$，l 为生产单位产品所支出的活劳动，q 为总产出。货币的价值为：

$$m = \frac{lq}{py} \qquad (9-9)$$

等式（9-8）左边为净产出的价值，这一价值是通过货币的价值（m）得到的，因而不同于在生产中形成的内含价值（λ）。为表达这一差异，我们将这一价值称为实现价值，并将单位实现价值向量记为 λ^*（$= mp$），以与内含价值 λ 相区别。正如后文指出的，将 λ 和 λ^* 区别开来，在理论上具有重要意义。

在公式（9-8）两边加上 $mpAq$，得到：

$$mpy + mpAq = lq + mpAq \qquad (9-10)$$

此式左边是净产品价值和生产资料投入价值之和，等于总产品的价值，即等于 mpq。故有：

---

① S. Mohun, "The Labor Theory of Value as Foundation for Empirical Investigation," *Metroeconomica* 2004, 55 (1): 80-81, 92-93.

$$mpq = \lambda^* q = mpAq + lq$$

或

$$\lambda^* = mpA + l \qquad\qquad (9-11)$$

公式（9-11）可视为"单一体系"理论的典型表达式[1]，其中不变资本等于预付货币额（pA）乘以货币的价值（m），活劳动量 l（或单位净产出价值）则在转形中维持不变。[2]

将公式（9-11）和公式（9-8）相比较，可以直观地发现"单一体系"与"新解释"之间的区别和相通之处。两者间的共通之处体现在：第一，双方都主张投入生产的活劳动量在转形前后保持不变；第二，尽管公式（9-11）和公式（9-8）分别以总产品和净产品为前提，但可以证明，两式各自定义的货币价值在数学上是等价的。[3]

"单一体系"和"新解释"的区别则在于，前者试图将不变资本也纳入考虑范围，即在总产品的意义上考察转形，而后者仅限于考察净产品。不过，"单一体系"的意图虽然合理，在模型中却误将预付资本价值，而不是生产中形成的价值作为转形的前提。由于预付资本价值的大小必然要以生产的物量数据（A）为前提，因而"单一体系"并没有如它希望的那样，真正脱离鲍特基维茨和新李嘉图主义的影响。

在"单一体系"的基础上，又派生出"跨期单一体系"学派（TSSI）。

---

[1]　要指出的是，由于产量 q 是列向量，公式（9-11）并不能通过将 $\lambda^* q = mpAq + lq$ 里的产量直接化约而得到。但是，如果该公式中的 q 和价值、价格决定没有关系，也就是在同一套价值、价格体系下，产量可以是任意的，那么此处向公式（9-11）的过渡就是成立的。不过，本章的这一推导只是为了方便和"新解释"相比较。事实上，正如下一个脚注里提及的，"单一体系"的代表沃尔夫等人在构建模型时直接就写出了公式（9-11）。

[2]　沃尔夫、卡拉利、罗伯茨提出了一个正式的价值转形模型，其中共有三个方程，除了生产价格方程和价值利润率方程外，第三个最为关键的方程即为：$\lambda = pA + l$，其中 p 为价值量纲的生产价格。见 R. D. Wolff, A. Callari and B. Roberts, "A Marxian Alternative to the Traditional 'Transformation Problem'," *Review of Radical Political Economics* 1984, 16（2-3）：115-135。

[3]　莫亨给出了这一证明，见 S. Mohun, "The Labor Theory of Value as Foundation for Empirical Investigation," *Metroeconomica* 2004, 55（1）：80-81。

这一派的特点是注重非均衡，强调同一产品作为产出的价值不同于作为投入的价值。[①]　其思想概括在如下以矩阵形式表达的方程中（其中投入和产出在时期上是分开的）：

$$\lambda_{t+1}^{*} = m_{t}(pA)_{t} + l_{t}$$

和先前一样，为了强调等式左边的单位价值不同于生产中形成的价值，而是经由货币价值的中介而得到的，我们用 λ_{t+1}^{*} 代替了 λ_{t+1}。将这个方程和前述"单一体系"的核心方程即公式（9-11）相比较，可以发现"跨期单一体系"是对后者的进一步发展。尽管笔者并不赞成"单一体系"和"跨期单一体系"的核心方程，但后者强调非均衡在方法论上是有积极意义的，和"新解释"相比，应视为一个进步。

针对"单一体系"将考察拓展到总产品的建议，弗里表现出一种微妙的调和性态度：一方面，他在原则上不反对改以总产品为考察对象；另一方面，他又有保留地认为，通过乘以货币价值而把货币形态的不变资本转换为以劳动度量的价值，其理论含义是暧昧不明的，因为由此得到价值"一般而言既不等于生产资料中内含的历史劳动，也不等于在现行技术下再生产生产资料所需要的劳动"。[②]

然而，弗里没有虑及的是，第一，在生产中形成的、内含于商品的

---

① "跨期单一体系学派"的代表人物为克莱曼、弗里曼等人，相关文献可参见 A. Kliman and T. MaGlone, "A Temporal Single-System Interpretation of Marx's Value Theory," *Review of Political Economy* 1999, 11 (1); A. Freeman, A. Kliman and J. Wells, eds., *The New Controversy and the Foundations of Economics* (Cheltenham, UK: Edward Elgar, 2004)。后一文献还包含了一些学者对 TSS 的批判性讨论。

② D. A. Foley, "Recent Developments in the Labor Theory of Value," *Review of Radical Political Economics* 2000, 32 (1): 24-25。法因等人在谈及此问题时则持更明确的反对态度，他们认为："如果同期的死劳动……也借助货币的价值而转形，严重的问题就会不顾弗里的调和性声明而出现。认为通过除以活劳动与当前净产出价格的比率，就可将既往不同时期、不同批次的不变资本中所包含的劳动（这些劳动已经转移为当前产出的价值）普遍视为彼此等同，并且与现期耗费的劳动也相等同，这种做法并不具有逻辑或经济的理由。"见 B. Fine, C. Lapavitsas and A. Saad-Filho, "Transforming the Transformation Problem: Why the 'New Interpretation' is a Wrong Turning," *Review of Radical Political Economics* 2004, 36 (1): 14。

历史劳动，抑或在现行技术条件下再生产商品的劳动，都属于第一种含义的社会必要劳动，而价值概念还要以第二种含义的社会必要劳动为依据。借助于货币的价值而得到的不变资本价值，对应于第二种含义的社会必要劳动概念。第二，商品价值关系所表达的是在同一价值空间里形成的共时性关系，在此意义上，不同批次、不同时期的不变资本价值与当前耗费的活劳动所形成的价值在理论上是同质的。

2　非均衡与第二种市场价值概念

正如前文提及的，"新解释"（以及"单一体系"）在界定货币价值时假设了再生产均衡。然而，在马克思那里，转形问题和均衡条件并无实质的联系。在非均衡条件下，也存在利润率平均化和价值转形，但此时总量一致条件的表达，会有微妙的变化：总产出的价值与其生产价格相等，将被替换为总产出的市场价值与其市场生产价格相等。为此，这一节将引入与非均衡相对应的第二种市场价值概念，以作为下一节研究的预备性讨论。

在马克思主义经济学内部，围绕两种含义社会必要劳动概念的争论最早发生于 20 世纪初叶的德、俄两国。当时极为活跃的俄国经济学家鲁宾在其著作中反映了这场争论。半个世纪后，鲁宾的著作首度被翻译为英文，使这一争论得以在国际范围内被了解。鲁宾对当时争论双方的立场做了这样的概括：

> 社会必要劳动的"经济"概念在于……商品的价值不仅取决于生产率（它表现为在给定的平均技术条件下生产一种商品所必需的劳动量），而且取决于社会需要或需求。这个概念的反对者（即那些认为社会必要劳动时间由"技术"决定的人）则反对道，需求的变化，如果没有伴随着生产率和生产技术的变化，只能带来市场价格对市场价值的暂时的偏离，而不会给平均价格带来长期的永久的变

化，也就是说，不会带来价值本身的变化。①

此后，在马克思主义经济学中间一直存在这两种相互对立的立场，但相较而言，后一种立场——坚持第一种含义的社会必要劳动——具有更大的影响，日本学者伊藤诚在出版于 20 世纪 80 年代的英文著作里恰当地指出了个中原因之所在，他写道：

> 如果供给和需求的比率决定市场价值的水平，那么价值由生产这种商品的内含的抽象劳动量所决定这一点，就会受到损害，而且这样做类似于边际主义以供给和需求决定价格的理论。为了避免这一立场，多数马克思主义者在传统上偏爱马克思对市场价值的第一种定义，把市场价值理解为由生产一种给定商品在技术上所需要的平均劳动时间所决定的。②

不幸的是，在伊藤诚的这一论断发表之后，上述局面在西方马克思主义者中间一直未有任何改观，以至于在围绕"新解释"的争论中，几乎没有人提及市场价值的第二种理论与这场争论的联系。

在协调马克思两种市场价值概念的努力中，笔者赞赏罗斯多尔斯基，以及国内学者魏埙等人的尝试。魏埙和谷书堂在 20 世纪 50 年代提出：

> 供求状况在一定条件下（劳动生产率不变）可以调节社会价值，使之或是与社会平均条件下的个别价值相一致，或是和优等或劣等条件下的个别价值相一致。③

---

① I. I. Rubin, *Essays on Marx's Theory of Value* (Detroit: Black and Red, 1972), p. 185.

② M. Itoh, *Value and Crisis* (London: Pluto Press, 1980), p. 84.

③ 魏埙、谷书堂：《价值规律在资本主义各个阶段中的作用及其表现形式》（第三版），上海人民出版社，1961，第 6 页。不过，在和第一种理论的拥护者辩论时，谷书堂等人有时陷入了误区，以为供求只影响价格与价值的偏离，而不涉及市场价值决定本身。例如，他们说："第二种含义的社会必要劳动时间参与价值决定，而市场供求只决定市场价格与价值的差额，只决定价值实现，两者怎么可以混同呢？"见谷书堂、杨玉川《对价值决定和价值规律的再探讨》，《经济研究》1982 年第 2 期，第 22 页。

类似的，罗斯多尔斯基也以马克思的论述为依据，主张在下述意义上理解市场价值概念以及市场价格和市场价值的关系①：

> 市场价值只能在由三种生产类型中的某一种所决定的生产条件（从而也是由个别价值决定）的限度内运动。

> 如果由于市场的变动，大多数商品按照高于在较坏条件下生产的商品的个别价值出售，或者相反，按照低于在较好条件下生产的商品的个别价值的价值出售，市场价格就会在实际上偏离市场价值。

根据上述解释，第一，市场价值对应于部门内某种既有的个别价值，但未必等于由平均的生产条件所决定的个别价值。第二，供求因素可以参与市场价值的决定，但其影响被局限在一个限度内，即供求只能导致市场价值在最坏或最好的生产条件之间变动；一旦超出这个范围，供求变化就只影响市场价格与市场价值的偏离，而不影响市场价值本身。

以罗斯多尔斯基、魏埙和谷书堂为代表的这类解释，代表了协调市场价值两种理论的重要尝试。笔者赞同并试图发展这一解释。值得强调的是，罗斯多尔斯基在讨论市场价值的形成时，没有为其附加任何均衡条件，这意味着，当市场价值由较高或较低的生产率水平调节时，该部门（乃至整个社会生产）可能处于市场供求均衡乃至再生产失衡的状态。在一篇发表于1982年的论文里，谷书堂和杨玉川更为明确地指出：应该在商品供求不均衡的前提下开展对第二种意义的市场价值的分析；在非均衡的前提下，市场价值可能和通过加权平均得到的市场价值无关，而直接等于最优或最劣生产条件下的个别价值。②

---

① 罗斯多尔斯基：《马克思〈资本论〉的形成》，魏埙、张彤玉、沈玉玲等译，魏埙审校，山东人民出版社，1992，第三章第五节，尤见第102~105页。
② 谷书堂、杨玉川：《对价值决定和价值规律的再探讨》，《经济研究》1982年第2期，第20~21页。

在围绕第二种含义市场价值的研究中，近年来出现了一个突破性进展。由于冯金华教授的工作，我们拥有了一个分析市场价值决定的便利工具，即冯金华提出的实现价值方程。[①] 利用这个方程，我们可以更为准确地界定第二种市场价值概念，揭示这一概念和第一种市场价值之间的联系。

假定存在一个两部门经济。令生产第 i 种（$i=1$，2）产品所需要的劳动量（包括物化劳动和活劳动）为 t_i，这一劳动量所带来的总产出为 q_i，单位产品的内含价值量为 λ_i，同时令第 i 种产品在市场上实现的单位价值量为 λ_i^*。在再生产均衡的前提下，两个部门总产出在生产中形成的内含价值总量（$\sum_{i=1}^{2} \lambda_i q_i$），必然等于投入生产的全部劳动量 $\sum_{i=1}^{2} t_i$，且总产出的内含价值总量等于其实现价值总量（$\sum_{i=1}^{2} \lambda_i^* q_i$），即有：

$$\sum_{i=1}^{2} \lambda_i^* q_i = \sum_{i=1}^{2} \lambda_i q_i = \sum_{i=1}^{2} t_i \qquad (9-12)$$

接下来要讨论，单位商品的实现价值 λ^* 是如何被决定的。从定义来看，单位产品的实现价值（λ_i^*）应当等于用单位产品交换到的货币的价值（以劳动量衡量），换言之，即等于产品的交易价格与单位货币价值（后者用 m 表示）的乘积。若用 p_i 表示第 i 种产品的价格，则可写出如下交易方程：

$$\lambda_i^* = p_i m \qquad (9-13)$$

将公式（9-13）代入公式（9-12），解出单位实现价值 λ_i^*，得到：

$$\lambda_i^* = \frac{p_i}{\sum_{i=1}^{2} p_i q_i} \sum_{i=1}^{2} t_i = m p_i \qquad (9-14)$$

[①] 冯金华：《价值的形成和实现：一个新的解释》，《学习与探索》2015 年第 5 期；冯金华：《价值决定、价值转形和联合生产》，社会科学文献出版社，2014。

这便是所谓"冯金华实现价值方程"。该式意味着，第一，根据其中的第一个等式，单位产品实现价值是全社会在生产中耗费的总劳动量（$\sum_{i=1}^{2} t_i$）按照一个比率分布而形成的，这个比率等于单位产品价格与全社会总产出价格的比率。在特定条件下，这一等式可用以定义第二种含义的社会必要劳动（详见后文）；第二，根据第二个等式，单位产品实现

价值也可看作交易价格和货币价值（m）的乘积，$m = \dfrac{\sum_{i=1}^{2} t_i}{\sum_{i=1}^{2} p_i q_i}$①。

在冯金华实现价值方程的推导中，不难加入代表非均衡的条件。再生产非均衡意味着在生产中投入的劳动量以及这一劳动量所形成的市场价值总量没有完全实现，从而总产出的实现价值总量小于市场价值总量（这一市场价值总量同时也是均衡条件下的内含平均价值总量），即有如下不等式：

$$\sum_{i=1}^{2} \lambda_i^* q_i < \sum_{i=1}^{2} t_i = \sum_{i=1}^{2} \lambda_i q_i$$

或

$$\sum_{i=1}^{2} \lambda_i^* q_i = \phi \sum_{i=1}^{2} t_i \qquad (9-15)$$

其中 ϕ（$0 < \phi \leqslant 1$）为度量非均衡的系数。将公式（9-13）代入公式（9-15），有：

$$\lambda_i^* = \frac{\phi p_i}{\sum_{i=1}^{2} p_i q_i} \sum_{i=1}^{2} t_i \qquad (9-16)$$

---

① 将公式（9-13）代入公式（9-12），可以求出 $m = \dfrac{\sum_{i=1}^{2} t_i}{\sum_{i=1}^{2} p_i q_i}$。

在公式 (9 - 16) 的基础上还可写出:

$$\lambda_i^* q_i = \frac{\phi p_i q_i}{\sum\limits_{i=1}^{2} p_i q_i} \sum_{i=1}^{2} t_i \tag{9 - 17}$$

从马克思再生产图式的角度看,$\sum\limits_{i=1}^{2} t_i$ 带来的年产品价值为 $\sum\limits_{i=1}^{2} (C_i +$

$V_i + S_i)$,其实现 (即年产品价值补偿和实物补偿) 是由 $\sum\limits_{i=1}^{2} (C_i + V_i +$

$S_{ik} + S_{ic} + S_{iv})$ 所代表的有效需求所决定的,其中 S_{ik}、S_{ic}、S_{iv} 分别代表资本家的消费和净投资,以及新增工人的消费。这样一来,公式 (9 - 17) 还可写为:

$$\lambda_i^* q_i = \frac{p_i q_i}{\sum\limits_{i=1}^{2} p_i q_i} \sum_{i=1}^{2} (C_i + V_i + S_{ik} + S_{ic} + S_{iv}) \tag{9 - 18}$$

其中 $\sum\limits_{i=1}^{2} (C_i + V_i + S_{ik} + S_{ic} + S_{iv})$ 相当于全部社会年产品最终实现的总价值。比较公式 (9 - 17) 和公式 (9 - 18),可知:$\phi =$

$$\frac{\sum\limits_{i=1}^{2} (C_i + V_i + S_{ik} + S_{ic} + S_{iv})}{\sum\limits_{i=1}^{2} t_i}。$$

在再生产均衡条件下,冯金华实现价值方程所定义的实现价值 (λ_i^*) 与市场价值在数量上是一致的,但在非均衡条件下,两者数量上并不必然相等。用数学集合语言来说,市场价值此时只是实现价值的一个子集,为此需要确定这一子集形成的条件。按照罗斯多尔斯基、魏埙等人所代表的解释,在非均衡条件下,市场价值不再等于部门内中等的或经过某种平均的内含价值 (记为 λ_i^a),而等于部门内最优或最劣的个别价值 (分别记为 λ^{min} 和 λ^{max})。这个解释可以通过冯金华实现价值方程得到说明。

下式表达了任一部门单位产品实现价值与其内含平均价值的关系：

$$\lambda_i^* = \varphi_i \lambda_i^a = \frac{\phi p_i}{\sum\limits_{i=1}^{2} p_i q_i} \sum\limits_{i=1}^{2} t_i \qquad (9-19)$$

φ 是度量两者偏离程度的系数。由公式（9-19）可以看出，φ 此时也度量了因非均衡造成的实现价值与内含平均价值的偏离。由于单位产品的市场价值可以在 $[\lambda^{min}，\lambda^{max}]$ 这一区间内变动，任一部门单位产品的实现价值只要能满足公式（9-20）所刻画的条件，就可作为市场价值。

$$\lambda_i^{min} \leqslant \lambda_i^* \leqslant \lambda_i^{max} \qquad (9-20)$$

将公式（9-19）的第一个等式代入公式（9-20），就得到 φ 的变动范围为：

$$\frac{\lambda_i^{min}}{\lambda_i^a} \leqslant \varphi \leqslant \frac{\lambda_i^{max}}{\lambda_i^a} \qquad (9-21)$$

依照罗斯多尔斯基等人的观点，当因非均衡而产生的 φ 的变动处于公式（9-21）所刻画的范围时，需求的变化直接影响部门内市场价值的决定；一旦超出该范围，需求的变化就只调节价格和价值的偏离，而不再影响市场价值本身。

将考虑非均衡的公式（9-16）加以整理，可得到：

$$\lambda_i^* = \frac{\phi p_i}{\sum\limits_{i=1}^{n} p_i q_i} \sum\limits_{i=1}^{n} t_i = p_i \frac{\phi \sum\limits_{i=1}^{n} t_i}{\sum\limits_{i=1}^{n} p_i q_i} = m p_i \qquad (9-22)$$

在该式中，第一个等式可作为刻画第二种含义市场价值的工具；第三个等式则表达了非均衡条件下货币价值的定义，即 $m = \dfrac{\phi \sum\limits_{i=1}^{2} t_i}{\sum\limits_{i=1}^{2} p_i q_i}$。

从公式 (9 - 22) 或公式 (9 - 14) 可以看到, 冯金华实现价值方程和 "新解释" 的核心方程即公式 (9 - 3) 在数学结构上是完全一致的。[①] 但相较而言, 冯金华实现价值方程具有如下优点。第一, 冯金华实现价值方程是经推导而来的, "新解释" 的方程则纯粹是定义。第二, 冯金华实现价值方程是在总产品基础上建立的, 因而更具一般性。[②] 第三, 冯金华实现价值方程最初是为了刻画第二种社会必要劳动而提出的, 在这个方程中, 通过乘以货币价值的方式而得到的价值对应于第二种含义的市场价值, 因而其含义不像 "新解释" 的定义那般暧昧不明, 而有着明确的理论基础。第四, 冯金华实现价值方程更为简洁明了地表达了以货币为量纲的生产价格和以价值为量纲的生产价格的区别, 这一点体现在, 只要方程里的交易价格 p 是以货币为量纲的生产价格, 则 λ^* 就对应于以价值为量纲的生产价格。

3 价值转形的一般理论

冯金华实现价值方程即公式 (9 - 14) 为价值转形问题的解决提供了新的思路。将该方程加以整理, 可得:

$$\frac{\lambda_i^*}{p_i} \sum_{i=1}^{n} p_i q_i = m \sum_{i=1}^{n} p_i q_i = \sum_{i=1}^{n} t_i \qquad (9 - 23)$$

其中第二个等式等价于:

[①] 裴宏博士体认到这一点, 见裴宏《劳动价值论数理模型新探》, 《政治经济学报》第 9 卷, 2017。

[②] 该方程也可兼容净产品, 只要将其中的代表总劳动的 $\sum_{i=1}^{n} t_i$ 改换为活劳动 $\sum_{i=1}^{n} L_i$, 总产量 q 改换为净产量 y, 方程同样成立。前文已经指出, 以总产品定义的货币价值和以净产品定义的货币价值在数学上是等价的。

$$\sum_{i=1}^{n} \lambda_i^* q_i = \sum_{i=1}^{n} t_i$$

在非均衡条件下，分别有：

$$m \sum_{i=1}^{n} p_i q_i = \phi \sum_{i=1}^{n} t_i$$

$$\sum_{i=1}^{n} \lambda_i^* q_i = \phi \sum_{i=1}^{n} t_i$$

公式（9-23）相当于"新解释"的公式（9-3），但它是在总产品的意义上建立起来的，该式意味着：总产品的价值通过货币价值（或MELT）的中介表现为总产品的生产价格。

接下来可写出一组与利润率平均化兼容的、由单位产品的市场价值（λ）向实现价值（λ^*）转形的方程——公式（9-24）。此处的实现价值 λ^* 也可看作以价值为量纲的生产价格，对应于以货币为量纲的生产价格 p。

$$\lambda_i^* = mp_i = (1+r)(\lambda_j A_i + mwl_i) \tag{9-24}$$

在这个方程里，投入的价值和产出的价值是不同的，分别以 λ 和 λ^* 表示。前者是根据生产的技术条件并参照需求而形成的，构成了价值转形的基础[1]；后者是通过分配而形成的，反映了利润率平均化的结果。值得注意的是，在公式（9-24）里，不仅生产的技术条件，即生产单位产出的生产资料投入和活劳动量是给定的，而且表示分配关系的剩余价值率也是给定的。

借助于公式（9-14）、公式（9-23）和公式（9-24），可以构建一个解释价值转形的模型。参照弗里给出的两部门投入产出数例（见本章第1.1小节），并和他一样假设货币工资率为1/2，货币价值为1，可得

---

① 在再生产均衡的假定下，λ 等于部门内个别价值的加权或算术平均；而在非均衡时，这一点将不再成立，λ 此时可能等于部门内最优或最劣生产条件下的个别价值。参见后文讨论的以非均衡为前提的数例。

如下一组方程（其中 λ_s 和 λ_w 为已知数，分别等于 2 和 3/2）[①]:

$$\lambda_w^* = (1+r)\left(\frac{1}{4}\lambda_s + \frac{1}{2}\right) = (1+r) \qquad (9-25)$$

$$\lambda_s^* = (1+r)\left(\frac{1}{2}\lambda_s + \frac{1}{2}\right) = (1+r) \times 1.5 \qquad (9-26)$$

$$10000\lambda_s^* + 10000\lambda_w^* = 35000 \qquad (9-27)$$

$$\lambda_w^* = \frac{p_w}{10000p_w + 10000p_s} \times 35000 \qquad (9-28)$$

$$\lambda_s^* = \frac{p_s}{10000p_w + 10000p_s} \times 35000 \qquad (9-29)$$

根据前三个方程，可求得：$r = 0.4$、$\lambda_w^* = 1.4$、$\lambda_s^* = 2.1$。λ_w^* 和 λ_s^* 是以价值为量纲的生产价格，将其代入公式（9-28）和公式（9-29），得到以货币为量纲的生产价格的相对比例，即 $p_w/p_s = 2/3$。在货币价值等于 1 时，$p_w = 1.4$、$p_s = 2.1$。

从模型的求解来看，这一组结果和马克思原来的转形方案所得到的结果是完全一致的（参见本章有关弗里的那一小节）。但在涉及两个总量一致命题时，本章接纳了新的解释。首先，在转形前后，总产品的市场价值总量等于实现价值总量，前者为 $10000\lambda_s + 10000\lambda_w = 35000$；后者为 $10000\lambda_w^* + 10000\lambda_s^* = 35000$。其次，在生产中形成的总剩余价值等于总平均利润。由于货币价值和货币工资是给定的，活劳动总量在转形中也保持不变，在此前提下，生产中形成的剩余价值总量为 $\left(1 - \frac{1}{2}\right) \times 10000 +$

[①] 这一组方程的更为一般的形式如下:

$$\lambda_i^* = (1+r)(\lambda_j A_i + mwl_i)$$

$$\sum_{i=1}^{n} \lambda_i^* q_i = \sum_{i=1}^{n} t_i$$

$$\lambda_i^* = \frac{p_i}{\sum_{i=1}^{n} p_i q_i} \sum_{i=1}^{n} t_i$$

其中未知数为 λ_i^*，r，p_i。

$\left(1 - \dfrac{1}{2}\right) \times 10000 = 10000$；总平均利润为 $10000 \times \left(\dfrac{1}{4}\lambda_s + \dfrac{1}{2}\right) r + 10000 \times$

$\left(\dfrac{1}{2}\lambda_s + \dfrac{1}{2}\right) r = 4000 + 6000 = 10000$。

要特别予以说明的是，以上转形是以再生产均衡为前提的，在此前提下，与利润率平均化对应的市场价值似乎是由投入产出条件单独决定的。然而，这只是假象，市场价值的决定还要依靠模型里的第三个方程，而且，正是在非均衡条件下，第三个方程的作用才更为明显地体现出来。参照前文讨论，引入象征非均衡的偏离系数 ϕ（$\phi \leqslant 1$），且在非均衡时假设产量仍能出清，但会有价格调整，则公式（9 – 27）可改写为：

$$10000\lambda_s^* + 10000\lambda_w^* = 35000\phi$$

与此同时，将公式（9 – 25）和公式（9 – 26）改写如下：

$$\lambda_w^* = mp_w = (1 + r)k_w$$

$$\lambda_s^* = mp_s = (1 + r)k_s$$

其中，k 代表两个部门的以价值度量的单位成本。由此解得：

$$r = \frac{3.5\phi}{k_w + k_s} - 1$$

若 $\phi = \dfrac{4}{7}$，则可知一般利润率大于零的条件为 $k_w + k_s < 2$。在此前的均衡条件下，两部门的单位成本之和为 $k_w + k_s = 1 + 1.5 = 2.5$，故而不符合此条件。在这种情况下，如果任一部门存在更为先进的企业，使其单位成本与另一部门单位成本之和恰好符合这一条件，则该先进企业的个别价值将调节其部门产品的市场价值。

基于以上讨论，可假设钢铁部门存在一种更为先进的技术条件（见表 9 – 7）。

表 9 - 7　小麦和钢铁部门的投入产出条件（二）

部门	小麦	钢	活劳动	产出
小麦	0	1/4	1	1
钢铁	0	3/8	1/2	1

当此生产条件和小麦部门原有的生产条件分别成为各自部门内起调节作用的生产条件时，可建立如下价值生产方程，其中 λ'_s 和 λ'_w 分别为在新的技术条件下形成的两种产品的内含价值：

$$\lambda'_w = \frac{1}{4}\lambda'_s + 1$$

$$\lambda'_s = \frac{3}{8}\lambda'_s + \frac{1}{2}$$

解此方程组，求出 $\lambda'_s = 0.8$，$\lambda'_w = 1.2$；这一结果满足 $k_w + k_s < 2$ 的条件，即有 $\left(\frac{1}{4}\lambda'_s + \frac{1}{2}\right) + \left(\frac{3}{8}\lambda'_s + \frac{1}{4}\right) = 1.25$。在此基础上，可写出如下一组转形方程：

$$\lambda^*_w = (1 + r)\left(\frac{1}{4}\lambda'_s + \frac{1}{2}\right) = (1 + r) \times 0.7$$

$$\lambda^*_s = (1 + r)\left(\frac{3}{8}\lambda'_s + \frac{1}{4}\right) = (1 + r) \times 0.55$$

$$10000\lambda^*_s + 10000\lambda^*_w = 35000 \times \frac{4}{7} = 20000$$

解得 $\lambda^*_w = \frac{28}{25}$、$\lambda^*_s = \frac{22}{25}$，$r = \frac{21}{35}$。据此首先再看两部门总产品的市场价值和实现价值的关系，前者为 $10000\lambda'_w + 10000\lambda'_s = 12000 + 8000 = 20000$，与实现价值总量正好相等。其次考察总产品市场价值中的剩余价值总量与其实现价值中的平均利润总量的关系：剩余价值总量为 $\left(1 - \frac{1}{2}\right) \times 10000 + \left(\frac{1}{2} - \frac{1}{4}\right) \times 10000 = 5000 + 2500 = 7500$；平均利润总量为 $10000 \times \left(\frac{1}{4}\lambda'_s + \frac{1}{2}\right)r + 10000 \times \left(\frac{3}{8}\lambda'_s + \frac{1}{4}\right)r = 4200 + 3300 = 7500$，双方

恰好相等。

在上述模型中，我们从一个给定的价值体系出发，最后得到了以价值为量纲的生产价格和以货币为量纲的生产价格。在此过程中，不仅技术条件，而且活劳动总量和表示分配关系的剩余价值率等都是给定的。在此前提下，我们得到了总产品的市场价值总量和实现价值总量相等，剩余价值总量和平均利润总量相等的结果。这些不变性条件的存在事实上意味着，从原初的价值体系向生产价格体系的转形，是以两个体系在时间上的同时并存为前提的。它们两者的关系——借用一个比方——就像一棵树或一栋建筑物和它们在太阳下的阴影之间的关系。在给定太阳的方位，以及树木或建筑物的尺寸时，我们就能测量影子的长度。在《资本论》里，价值转形服从于马克思所使用的从抽象到具体的叙述方法，这一方法的要旨，是说明生产关系的整体性，也就是在思维上重建"一切关系同时存在而又互相依存的社会机体"①。价值和生产价格的关系，正属于这种同时存在而又互相依存的关系。在此意义上，价值转形是一种逻辑意义上的"静态"转形。"新解释"的公式（9-3）和本章引入的公式（9-12），都表达了转形的这一含义。

值得强调的是，上述意义的价值转形和利润率平均化的动态过程是有区别的，后者伴随着资本在部门间的流入和流出，因而会改变作为转形起点的各部门产品的价值及其构成。在转形研究中，一些研究者有意或无意地将这种利润率平均化的动态过程和价值转形混淆在一起，主张从价值体系出发，经过若干轮竞争或利润率的平均化过程，最终达到一个彻底转形的生产价格体系。在笔者看来，对利润率平均化过程本身进行研究或建模是有意义的，但这一平均化过程和上述逻辑转形不同，两

---

① 马克思：《哲学的贫困》，《马克思恩格斯全集》第 4 卷，人民出版社，1958，第 145 页。

者分属不同的问题。① 将逻辑转形和利润率平均化的实际过程相混淆，必然要求转形研究依赖于简单再生产等极为特殊的假设条件，使之变成一个缺少实际意义的抽象问题。②

4　尾论

20 世纪 80 年代以来，转形问题的研究事实上形成了两大派别：其中一派追随鲍特基维茨的研究传统，错误地理解了转形的出发点，并将投入品的价值转形为生产价格，从而使问题变得难以解决；另一派则以"新解释"为代表，主张转形的出发点是在生产中形成的产出的价值，转形所要满足的条件，是产出价值总量与在交换中通过价格实现的价值总量相等，从而为转形问题的最终解决指出了方向。然而，"新解释"的出现虽然有利于相关研究摆脱鲍特基维茨和新李嘉图主义传统的束缚，但它囿于净产品，并假设了再生产均衡，因而具有明显的局限性。本章一方面继承了"新解释"所采取的方法，另一方面将这一方法推广到与总产品和非均衡相适应的情况，并结合第二种含义的社会必要劳动，对转形的含义做了新的阐释。在此基础上，本章指出，价值转形不只是由生产中形成的内含价值向生产价格的转形，在非均衡前提下，也是由第二种市场价值向市场生产价格的转形。

---

① 所谓历史转形，是和研究利润率平均化的实际过程颇为近似的一个问题。它假设价值体系只存在于简单商品经济，生产价格体系则存在于资本主义经济，因而转形同时也是简单商品经济向资本主义经济的过渡。马克思和恩格斯都有历史转形的看法（见马克思《资本论》第 3 卷，载《马克思恩格斯全集》第 25 卷，人民出版社，1974）。将历史转形作为一个独立的问题来看待，是可以接受的，但若以历史转形取消或代替逻辑转形，则是错误的。在当代学者中，英国学者米克是支持以历史转形取代逻辑转形的代表人物。见米克《劳动价值学说的研究》，陈彪如译，商务印书馆，1963。

② 美国学者谢克是这类研究的代表，他将迭代方法引入转形，为此假设了简单再生产平衡条件。见 A. Shaikh，"Marx's Theory of Value and the 'Transformation Problem'," in J. Schwartz, Santa Monica, eds., *The Subtle Anatomy of Capitalism* (CA：Goodyear Publishing, 1977)。

强调转形和非均衡的联系，对于准确理解马克思经济学的特质具有重要意义。长期以来，马克思主义经济学内部有一种观点，主张生产价格是长期均衡价格。这意味着，除了生产的技术条件和实际工资的变动以外，生产价格不受其他因素的影响。由于价值转形是联系劳动价值论和《资本论》第三卷的资本积累理论的中介环节，上述主张必然会连带地造成对这两种理论的错误理解。首先，将生产价格视为长期均衡价格，会导致将劳动价值论也视为一般均衡理论的组成部分。森岛通夫就曾明确表达了这种观点。[1] 其次，将生产价格理解为长期均衡价格，还会导致在利润率动态的研究中接纳比较静态的方法，从而使利润率动态——这一理论是马克思资本积累理论的核心——也成为均衡理论的组成部分。所谓置盐定理便是这一倾向的典型例证。[2] 因此，若要恢复马克思经济学作为非均衡经济学的特质，将非均衡纳入对价值转形的研究就成为一项先决条件。

附录　总产品与重复计算

"新解释"以净产品为前提定义了货币的价值，并在此基础上就价值转形问题提出了自己的解释。这一进路尽管在经验研究中具有优点，但因排斥总产品，在理论上是有缺陷的，故而引起了较为普遍的批评。"新解释"在给自己辩护时，提出了以下理由：以总产品为前提研究价值转形，会造成下述意义的重复计算——在投资品生产中取得的利润，一方面计入了社会总利润，另一方面又会计入消费品的成本。[3]

---

[1]　M. Morishima, *Marx's Economics：A Dual Theory of Value and Growth*（Cambridge：Cambridge University Press, 1979）, pp. 1 – 2.

[2]　参见本书第 10 章的研究。

[3]　参见 G. Dumenil, "Beyond the Transformation Riddle：A Labor Theory of Value," *Science and Society* 1983 – 1984, 47（4）；D. A. Foley, "The Value of Money, the Value of Labor Power, and the Marxian Transformation Problem," *Review of Radical Political Economics* 1982, 14（2）：37 – 47。

可以通过一个由两部门构成的简化模型来说明这种重复计算产生的原因。[①] 假设两个部门分别生产作为原料的亚麻和作为消费品的麻布，亚麻和麻布的投入产出条件为：

$$4l \rightarrow 1F$$
$$2l + 1F \rightarrow 1L$$

这意味着 4 单位活劳动可生产 1 单位亚麻；2 单位活劳动和 1 单位亚麻可生产 1 单位麻布。由此可知亚麻的单位价值 $\lambda_F = 4l$；麻布的单位价值则为 $2l + [4l] = 6l$，其中 $[4l]$ 是生产 1 单位亚麻的社会必要劳动时间。若写出价值生产方程，可有：

$$\lambda_F = l_F$$
$$\lambda_L = [\lambda_F] + l_L$$

l_F 与 l_L 分别代表生产 1 单位亚麻和麻布所需的活劳动；λ_F 是亚麻的单位价值。设总产出价值为 W，它等于亚麻的单位价值 λ_F 与这一时期生产的麻布的单位价值 λ_L 之和，即有：

$$W = 4 + 6 = 4 + [4] + 2 = 10l$$

或者

$$W = \lambda_F + \lambda_L = \lambda_F + [\lambda_F] + l_L$$

这个例子表明，耗费在生产资料（亚麻）生产中的劳动，在总产出价值里被计算了两次，第一次是作为已耗费生产资料的价值，第二次是作为依靠生产资料生产的最终消费品的价值。

长期以来，有关转形问题的研究一直把总产出作为分析对象。隶属

---

① A. Saad – Filho, "The Value of Money, The Value of labour power and the Net Product: An Appraisal of the 'New Approach' to the Transformation Problem," in A. Freeman, and G. Carchedi, eds., *Marx and Non – Equilibrium Economics* (Cheltenham, U K: Edward Elgar, 1996); A. Campbell, "The Transformation Problem: A Simple Presentation of the 'New Solution'," *Review of Radical Political Economics* 1997, 29 (3).

于"新解释"学派的美国学者坎贝尔提出，正是这一原因不可避免地造成重复计算，并使总价值等于总价格这一不变性条件在转形后不能成立；"新解释"的优点在于以净产出代替总产出，从而在理论上避免了这一困境。[①] 让我们通过上面的数例对此做进一步说明。

假设两个部门的剩余价值率为100%，则每单位亚麻和麻布的价值构成就如附录表9-1所示。按照这个数表，亚麻业的利润率为100%（2/2）；而麻布业的利润率为20%（1/5）。现在考虑一个利润率得到平均化的生产价格体系（见附录表9-2）。在这个体系中，亚麻不再按照与价值成比例的价格即4单位来销售，而是以3来销售，这将使亚麻部门的利润由2单位降至1单位。另外，麻布的价格则假定不变，但麻布的利润由1单位增至2单位，这是作为投入品的亚麻价格下降的结果。这样一来，两个部门的利润率平均化为50%。在表2中，随着价值转形为生产价格，剩余价值在两个部门重新分配：亚麻部门生产的剩余价值有一半没有留在本部门，而被分配到麻布部门。

附录表 9-1　亚麻和麻布部门产品的价值构成

	不变资本	可变资本	剩余价值	总价值
1 单位亚麻	0	2	2	4
1 单位麻布	4	1	1	6
总 计			3	10

附录表 9-2　亚麻和麻布部门的价值转形

	不变资本	可变资本	利润	总生产价格
1 单位亚麻	0	2	1	3
1 单位麻布	3	1	2	6
总 计			3	9

[①]　A. Campbell, "The Transformation Problem: A Simple Presentation of the 'New Solution'," *Review of Radical Political Economics* 1997, 29（3）.

由附录表 9-1 和附录表 9-2 可见，在转形后，两部门总剩余价值仍等于总利润（=3），但总价值（=10）不等于总生产价格（=9）。个中原因就在于，亚麻作为投入进入了麻布的生产过程。亚麻业利润的下降不仅削减了亚麻的价格，而且削减了麻布生产所需的投入品的价格。因此，如果我们计算的是总产出的价格，亚麻价格的下降就被计算了两次，一次反映在亚麻业产出的价格中，另一次反映在麻布业投入的价格中。

然而，正如一位学者指出的，这种重复计算是在经验研究中产生的，在高度抽象的理论分析中，这一问题其实可以忽略不计。如他所说：

> 转形研究假定，所有部门的生产期间是一致的。这样一来，不变资本要素作为产出就不可能在同一期循环中又成为其他商品生产的投入。在 t 时期使用的原材料必须在 t-1 时期生产出来。因而在此并不涉及重复计算。[①]

如果这一辩护成立，在转形研究中以总产品为分析对象就不是问题。事实上，"新解释"完全了解这一点，以英国学者莫亨为例，他明确意识到，对净产品方法的热衷纯粹出于经验研究的考虑，而和更为抽象的理论分析无关。在详细考察了 SS 和 TSS 学派的主张后（这两个学派都赞同分析总产品价值的转形），莫亨最终从经验可操作性的角度维护了"新解释"的观点，他写道：

> 一个核算框架的唯一价值就是能够使用它。偏爱"新解释"的一个纯粹实际的理由在于，它避免了和资本存量的估算联系在一起的众所周知的困难。SS 和 TSS 方法需要就资产的寿命、折旧和摊提的比率、存货的估价，以及通货膨胀核算的一贯合理性达成一致。所有这些问题都是有争议的，资本存量数据是国民收入核算数据中

---

① A. Sinha, "Transformation Problem: A Critique of the 'New Solution'," *Review of Radical Political Economics* 1997, 29（3）.

最不可靠的。而且，由于不变流动资本流量从国民收入核算数据中被剔除了出去，在"增加值"方法和"总价值"方法之间偏爱于前者，就有了显而易见的工具性理由。的确，采用总价值的方法能说出多少具有理论内涵的经验内容是有疑问的。而"新解释"就不是这样。①

然而，价值转形是一个纯粹理论问题，在考察这一问题时，我们完全有理由抽象掉莫亨举示的与资本存量估算相关的所有这些因素。采用总产品进路虽然在经验研究中不具有优势，但就转形问题而言，不失为一个恰当的选择。

---

① S. Mohun, "The Labour Theory of Value as Foundation for Empirical Investigations," *Metroeconomica* 2004, 55（1）: 93.

第 10 章　非均衡和平均利润率的变动：一个一般分析框架

　　马克思的利润率下降理论是在假设再生产均衡的前提下提出来的。这一点在马克思主义经济学家中间虽然也曾有人提及，但一直没有得到足够充分的讨论。具体而言，在《资本论》第三卷的现行版本中，马克思是撇开了资本积累的基本矛盾，即剩余价值生产和剩余价值实现的矛盾，来讨论利润率下降规律的。在现代马克思主义经济学中一直被争论的"置盐定理"（the Okishio Theorem），认为在假定实际工资不变时，基本品部门的技术进步将提高平均利润率[①]，这一结论表面看来虽与马克思不同，但其赖以成立的关键前提和马克思其实是一样的，两者都假设，对利润率变化的研究应该在假定再生产均衡的前提下进行。本章批评了这一假设，并从资本积累的基本矛盾以及由此产生的再生产失衡的立场出发，对马克思的理论和所谓置盐定理进行了再考察。我们重新设计了平均利润率和生产价格决定的方程，最终构建了一个解释平均利润率变动的一般模型，根据我们的模型，平均利润率是技术进步、实际工资和产品实现率这三者的函数。所谓置盐定理只是在产品实现率等于1、实际工资不变时的特例。

　　本章第1节讨论了马克思的一般利润率下降规律与资本积累基本矛盾的关系，指出应该在剩余价值生产和剩余价值实现的矛盾架构下考察利润率动态。第2节对置盐模型做了介绍，并对其中的一些技术性问题

---

① N. Okishio, "Technical Changes and the Rate of Profit," *Kobe University Economic Review* 1961, 7: 85–99.

做了批判的考察。第 3 节通过引入资本积累的基本矛盾（剩余价值生产和剩余价值实现的矛盾），在非均衡的前提下改造了置盐信雄提出的生产价格和利润率的决定方程。第 4 节在此前讨论的基础上，提出了一个解释平均利润率变动的一般模型，根据这个模型，平均利润率是技术进步、实际工资和产品实现率这三者的函数。第 5 节是全文的结论，总结了本章提出的模型对于今后理论和经验研究的意义。

1   一般利润率下降与资本积累的基本矛盾

在《资本论》第三卷，马克思提出了一般利润率下降的规律。这一规律是以《资本论》第一卷讨论的生产资本有机构成提高的趋势为前提的，换言之，马克思此时撇开了资本积累的基本矛盾（即剩余价值生产和剩余价值实现的矛盾），没有从这一矛盾架构出发，来讨论利润率下降。从《资本论》第三卷（恩格斯编辑的现行版本）来看，马克思是在第十三章和第十四章论述了利润率下降及其抵销因素之后，才在第十五章引入资本积累的基本矛盾。而且，参照恩格斯拟定的第十五章标题"规律内部矛盾的展开"，我们或可猜度，剩余价值生产与剩余价值实现的矛盾在逻辑上是从属于利润率下降规律的。也就是说，因资本有机构成提高而造成的利润率下降，反倒是促使剩余价值生产与剩余价值实现的矛盾激化的根源。

关于利润率下降规律和资本积累基本矛盾的关系，在相关文献中较少有讨论。然而，笔者认为，这是一个在理论上具有重要意义的问题。只有在厘清该问题的基础上，才能达成对利润率下降规律的正确理解。从思想史的角度看，美国马克思主义经济学家吉尔曼最早触及该问题。但问题在他那里并不是以自觉的方式提出来的。1957 年，吉尔曼出版了《利润率下降》一书。[①] 他在书中反对以马克思的方式解释垄断资本主义

---

① J. M. Gillman, *The Falling Rate of Profit* (London：Dobson，1957).

时代美国的利润率下降，主张以剩余价值实现困难作为利润率下降的原因。具体而言，他提出了如下公式来解释利润率下降的根源：

$$r = \frac{S - U}{C}$$

S 在此代表全部已实现的剩余价值，C 代表不变资本，U 代表所有与产品实现相关的非生产性支出，其中包括非生产性工人的工资，以及所有用于销售、广告和管理的成本。在此意义上，$S - U$ 代表已实现的净剩余价值。

吉尔曼认为，在自由竞争资本主义时期，U 在剩余价值实现中是一个可以相对忽略的因素，利润率下降的原因在于马克思分析的资本有机构成提高趋势；而在垄断资本主义时期，由于新技术的迅速采用，不变资本的构成要素变得越来越便宜，资本有机构成也因此而相对稳定。利润率下降的根源此时更主要地是与非生产性开支的日益增长相关，这意味着净剩余价值即 $S - U$ 日趋萎缩，由此造成利润率下降。

吉尔曼的具体观点后来遭到了一些学者批评。① 不过，单纯从方法论的角度来看，吉尔曼最先把利润率下降置于剩余价值生产和剩余价值实现的矛盾架构下来分析，而不像马克思那样仅从剩余价值生产条件的变化（即资本有机构成提高）解释利润率下降。而且，在他的解释中还默认了这样一点，即在垄断资本主义条件下，利润率下降是和再生产失衡（或非充分就业的均衡）联系在一起的。这一点在巴兰对他的批判中得到了明确。

在较为晚近的学者中，从方法论上最明确地将资本积累的基本矛盾和利润率下降联系在一起的，是加拿大学者莱博维奇。在一篇发表于

①　保罗·巴兰曾指出，当有效需求不足时，非生产性开支的增长可能有助于实现生产出来的全部剩余价值，从而有助于提高利润率，而不是像吉尔曼主张的那样，造成净剩余价值的下降。参见 M. C. Howard and J. E. King, *A History of Marxian Economics*, vol. 2 (London: Macmillan, 1992), pp. 141 - 142。

20 世纪 70 年代的文章里，莱博维奇明确地批评了以资本有机构成提高解释利润率下降的理论，提出利润率动态应该在资本积累基本矛盾的分析框架内来研究。他写道："利润率下降是资本的生产和流通之间的矛盾表现自身的方式……不可能从马克思的观点中取消利润率下降的趋势，就像不可能取消资本的流通领域一样。"① 此外，由巴兰、斯威齐开创的"垄断资本学派"（the Monopoly Capital School），在对美国资本积累的研究中，也使用了剩余价值生产和剩余价值实现的矛盾分析框架。② 从吉尔曼到莱博维奇和垄断资本学派，核心观点是主张资本积累的基本矛盾（即剩余价值生产和剩余价值实现的矛盾）才是利润率下降的根源。这个观点和《资本论》第三卷现行版本里蕴含的观点正好相反，在那里，对利润率下降规律的讨论是在抽象了资本积累基本矛盾的前提下进行的。③

　　然而，以吉尔曼、莱博维奇和垄断资本学派为代表的观点，在马克思主义经济学中并未占据主导地位。个中原因或许在于，对于如何理解资本积累的基本矛盾以及这一矛盾产生的根源，马克思主义经济学家并未达成共识。以垄断资本学派的斯威齐为例，他坚持从消费不足论出发来解释资本积累的基本矛盾，而消费不足论一直是大多数马克思主义者诟病的对象。与此不同，以卡莱茨基为代表的分析传统则始终强调投资在这一矛盾发展中的决定作用。自 20 世纪 80 年代以来，置盐信雄、科茨

---

① M. A. Lebowitz, "Marx's Falling Rate of Profit: A Dialectical View," *Canadian Journal of Economics* 1976, IX (2)。对莱博维奇观点的一个评述，可参见高峰《资本积累与现代资本主义》第二版，社会科学文献出版社，2014，第 273 ~ 276 页。

② 参见 J. B. Foster and H. Szlajfer, eds., *The Faltering Economy* (New York: Monthly Review Press, 1984)。该书收录的斯威齐的文章，从消费不足论的立场对剩余价值生产和剩余价值实现的矛盾进行了解释，见 P. Sweezy, "Some Problems in the Theory of Capital Accumulation," in J. B. Foster and H. Szlajfer, eds., *The Faltering Economy* (New York: Monthly Review Press, 1984), pp. 52 – 53。

③ 进一步的讨论，可参见孟捷《马克思主义经济学的创造性转化》，经济科学出版社，2001。

等人从马克思的再生产图式出发各自独立地发展出一个新的表达再生产均衡条件的方程[①]，这个方程支持了卡莱茨基的观点，也构成了本章对再生产非均衡进行分析的基础。

在马克思的两部类模型中，社会总资本再生产在积累条件下的总量均衡条件为：

$$C_1 + V_1 + S_1 = C_1 + C_2 + S_{1c} + S_{2c} \tag{10-1}$$

$$C_2 + V_2 + S_2 = V_1 + V_2 + S_{1k} + S_{2k} + S_{1v} + S_{2v} \tag{10-2}$$

其中，C_i（$i=1$，2）为不变资本，V_i 为可变资本，S_i 为剩余价值，S_{ic} 为追加不变资本，S_{iv} 为追加可变资本，S_{ik} 为资本家的个人消费。将公式（10-1）和公式（10-2）进行整理可得出[②]：

$$\alpha S_1^t + \alpha S_2^t = S_c^{t+1} + S_{1v}^{t+1} + S_{2c}^{t+1} + S_{2v}^{t+1} \tag{10-3}$$

该式左端是生产出来的剩余价值中未被资本家消费的部分，也可看作两部类资本家的意愿积累，其中 α 为意愿积累率；右端则代表了决定剩余价值实现程度的有效需求，这些需求项目恰好是两部类资本家的实际积累。公式（10-3）的好处是，它直观地表现了剩余价值生产与剩余价值实现的差异及其潜在的矛盾。[③]

公式（10-3）里的上标 t 和 $t+1$ 可用于表示马克思所说的剩余价值

---

①　N. Okishio，"On Marx's Reproduction Scheme," *Kobe University Economic Review* 1988，34：1-24；D. M. Kotz，"Accumulation，Money，and Credit in the Circuit of Capital," *Rethinking Marxism* 1991，4（2）.

②　详见孟捷《马克思主义经济学的创造性转化》，经济科学出版社，2001，第 87~92 页。

③　关于这种矛盾，马克思这样写道："直接剥削的条件和实现这种剥削的条件，不是一回事。二者不仅在时间和空间上是分开的，而且在概念上也是分开的。前者只受社会生产力的限制，后者受不同生产部门的比例和社会消费力的限制。但是社会消费力既不是取决于绝对的生产力，也不是取决于绝对的消费力，而是取决于以对抗性的分配关系为基础的消费力；这种分配关系，使社会上大多数人的消费缩小到只能在相当狭小的界限内变动的最低限度。这个消费力还受到追求积累的欲望的限制，受到扩大资本和扩大剩余价值生产规模的欲望的限制。"参见马克思《资本论》第 3 卷，载《马克思恩格斯全集》第 25 卷，人民出版社，1974，第 272~273 页。

生产和剩余价值实现在时空上的差异。这种差异是否转化为对立，取决于资本积累的实际规模。这样一来，剩余价值实现的难易归根结底就取决于积累或新投资的水平。换言之，剩余价值生产和剩余价值实现的矛盾就进一步转化为实现和积累的矛盾：一方面，在再生产 t 时期生产出来的剩余价值要靠 $t+1$ 时期资本家的积累来实现；另一方面，资本家在 $t+1$ 时期进行积累的欲望显然也受制于在 t 时期生产出来的剩余价值的实现程度。剩余价值实现和资本积累就这样陷入了恶性循环，并最终转化为危机或衰退。

正如前文提到的，马克思对资本积累基本矛盾的论述，是在结束了对利润率下降规律的讨论之后进行的。在笔者看来，在引入资本积累的基本矛盾之后，马克思本来可以在这一矛盾架构内对利润率下降规律重新讨论一次。但马克思没有这样做（或未来得及这样做，因为《资本论》第三卷是未完稿）。这样一来，一般利润率下降规律就是在撇开资本积累基本矛盾的前提下，纯粹从生产资本有机构成的提高这一点来论证的。也就是说，利润率下降的前提，仅仅是生产领域的技术变革。在一些维护马克思的学者看来，这一叙述方式是完全合理的，因为马克思的意图是要分析生产力发展的长期趋势对于利润率的影响；剩余价值生产和剩余价值实现的矛盾在此可作为相对短期的因素被抽象掉。[1]

这类观点乍看起来不无道理。但在置盐定理提出以后，这类观点陷入了两难境地。在发表于1961年的经典论文里，置盐信雄在方法

---

[1] 美国学者谢克是这类观点的代表，他在一项研究里曾把利润率区分为基本利润率和考虑生产能力变化的经验利润率，即有 $r=r^*u$，其中 r 是经验利润率，r^* 是基本利润率，u 是产能利用率。他认为，基本利润率的变化反映了马克思的利润率下降规律，但由于需求的变动，这一规律被考虑了产能利用率的经验利润率掩盖了。见 A. Shaikh, "The Falling Rate of Profit as the Cause of Long Waves: Theory and Empirical Evidence," in A. Kleinknecht, E. Mandel, I. M. Wallerstein, eds., *New Findings in Long - Wave Research* (New York: St Martin, 1992)。

论上采纳了和马克思类似的立场，即撇开资本积累的基本矛盾和由此产生的非均衡，在一个比较静态框架内分析了生产领域的技术进步对利润率的影响。然而，他所得出的结论和马克思的观点初看恰好相反：若保持实际工资不变，在技术进步的前提下，平均利润率会上升而不是下降。半个世纪以来，一直有马克思主义者想要反驳置盐，但问题是，这些批判大都忽略了，在马克思和置盐那里存在着共同的假定。[①] 对置盐的反驳，与对马克思的批评，其实是一枚硬币的两面。易言之，对置盐定理的合理批判，同时也必然是对马克思利润率下降理论的某种修正。

2 对置盐定理的重新表述

置盐信雄把一个经济中的所有部门分为三个大类，即生产生产资料的部门、生产工资品的部门和生产奢侈品或非基本品（即既不用于生产资料生产也不用于劳动力再生产的产品）的部门。其中，每一个部门的生产都需要投入和消耗生产资料和活劳动。为简单起见，我们假定在三大类部门中每一大类只包括一个部门。例如，部门 1 只生产生产资料，部门 2 只生产工资品，部门 3 只生产奢侈品。若设第 i（$i=1$，2，3）个部门每生产 1 单位产品需要消耗 a_i 单位的生产资料和 τ_i 单位的活劳动（称 a_i 和 τ_i 为生产第 i 种产品的"物质消耗系数"和"活劳动消耗系数"，统称二者为"消耗系数"），并用 q_i 表示该产品的以货币工资来衡量的"实际价格"（这里，第 i 种产品的实际价格可以理解为用该产品的价格所能够购买到的劳动量），即 $q_i = p_i / w$（p_i 为第 i 种产品的生产价格，w 为单位时间如 1 小时劳动所得到的货

---

① 置盐定理和马克思的利润率下降理论表面看来结论相反，但两者其实具有互补性，并不像通常理解的那样是彼此冲突的。在本章第 2 节的最后，笔者对此还有进一步的评论。

币工资），则部门 i 生产 1 单位产品的实际成本就等于 $a_i q_i + \tau_i$，从而有：

$$q_1 = (1+r)(a_1 q_1 + \tau_1)$$
$$q_2 = (1+r)(a_2 q_1 + \tau_2) \qquad (10-4)$$
$$q_3 = (1+r)(a_3 q_1 + \tau_3)$$

其中，r 为整个经济的平均利润率。每个方程均表示：生产 1 个单位产品的实际成本加上平均利润恰好等于该产品的实际价格。

由于在方程组（10-4）中，总共有四个未知数，即三种产品的实际价格 q_1、q_2、q_3 和平均利润率 r，但只有三个方程，故为了能够求解，置盐补充了一个假定，即假定货币工资 w 与工资品价格 p_2 总是保持同比例的变化，从而，货币工资与工资品价格的比率即实际工资 w/p_2 总是保持固定不变。[①] 置盐的实际工资不变假定可以用公式表示为：

$$\frac{w}{p_2} = \left(\frac{w}{p_2} \right)_0$$

然而，很少有人看到，实际工资不变的假定，对于求解平均利润率来说并不是必要的。在下两节中，我们将放弃该假定，建立一个更为一般的关于平均利润率的模型。

由于工资品的实际价格恰好等于实际工资的倒数，即：

$$q_2 = \frac{p_2}{w} = \frac{1}{w/p_2}$$

故假定实际工资不变就等于假定工资品的实际价格不变，即有：

$$q_2 = \frac{1}{(w/p_2)_0}$$

---

① 实际工资是用货币工资所能够购买到的工资品的数量。因此，假定实际工资不变也就是假定用货币工资所能够购买到的工资品的数量不变。

将上式代入方程组（10 - 4）则得到：

$$q_1 = (1 + r)(a_1 q_1 + \tau_1)$$

$$\frac{1}{(w/p_2)_0} = (1 + r)(a_2 q_1 + \tau_2) \qquad (10 - 5)$$

$$q_3 = (1 + r)(a_3 q_1 + \tau_3)$$

在方程组（10 - 5）中，有三个方程，同时也只有三个未知数，即生产资料的实际价格 q_1、奢侈品的实际价格 q_3，以及平均利润率 r，故可以求得确定的解。

从观察和求解方程组（10 - 5）中可以得到两个重要的结论。第一，平均利润率的决定与奢侈品部门无关，或言之，奢侈品部门的技术进步不会影响整个经济的平均利润率。这是因为，由方程组（10 - 5）的前两个方程（即关于生产资料和工资品生产部门的方程）就可以解得平均利润率 r 以及生产资料的实际价格 q_1，而无须用到第三个方程（即关于奢侈品生产部门的方程）。一旦根据前两个方程求得 r 和 q_1，则奢侈品的实际价格 q_3 就可由第三个方程求得。

第二，在基本品（生产资料和工资品）部门发生的降低单位成本的技术进步必然会导致平均利润率上升。这也是置盐定理的最为关键的结论。该结论不像前一个结论那样一目了然，可以通过一个数字例子来说明。[①]

例如，一开始时，$(a_1, \tau_1) = (1/2, 10)$、$(a_2, \tau_2) = (1/4, 15)$、$(a_3, \tau_3) = (1/5, 16)$ 以及 $(w/p_2)_0 = 1/45$。将这些数值代入方程组（10 - 5）可求得[②]：

$$r = 50\%, \quad q_1 = 60, \quad q_3 = 42$$

[①] 严格的证明可参看 N. Okishio, "Technical Changes and the Rate of Profit," *Kobe University Economic Review* 1961, 7: 85 - 99。

[②] 还有另一组解为 $r = 5$、$q_1 = -30$、$q_3 = 60$，因其中生产资料的实际价格为负数，故略去。

置盐假定工资品部门出现技术进步，使得技术系数变为 (a_2, τ_2) = $(1/3, 35/24)$。[①] 就工资品的单位成本而言，在原来的技术条件 (a_2, τ_2) = $(1/4, 15)$ 下，工资品的单位成本为：

$$\frac{1}{4}q_1 + 15 = \frac{1}{4} \times 60 + 15 = 30$$

而在技术进步后的技术条件 $(a_2, \tau_2) = (1/3, 35/24)$ 下，工资品的单位成本为[②]：

$$\frac{1}{3}q_1 + \frac{35}{24} = \frac{1}{3} \times 60 + \frac{35}{24} \approx 21.458$$

如果假定其他部门的情况一如其旧，则有 $(a_1, \tau_1) = (1/2, 10)$、$(a_2, \tau_2) = (1/3, 35/24)$、$(a_3, \tau_3) = (1/5, 16)$ 以及 $(w/p_2)_0 = 1/45$。再将这些数值代入方程组（10-5）后可解得[③]：

$$r = 60\%, \quad q_1 = 80, \quad q_3 = 51.2$$

由此可见，当工资品部门发生降低单位成本的技术进步之后，平均利润率从原来的 50% 上升到了 60%。

置盐定理是运用比较静态的方法来论证的。2000 年，置盐在《剑桥经济学报》发表了他生前最后一篇英文论文，在该文中，他批判地反思了这种比较静态方法，认为这一方法的运用依赖于两个不适当的假设前提，其一是实际工资保持不变，其二是新的生产价格始终能够确立。[④] 但

---

① 值得一提的是，置盐在讨论技术进步时尽管区分了劳动生产率标准和成本标准，并认为只有后者才是资本主义企业真正关心的，但在他的模型里所假设的技术进步，实际上仍然同时符合以下三个特征：降低单位产品价值（这被看成提高劳动生产率的表现）、降低以生产价格度量的单位成本、提高资本的构成。

② 置盐在计算新技术条件下工资品单位成本时犯了一个错误，即他使用的生产资料的实际价格仍然是旧技术条件下的 $q_1 = 60$ 而不是新技术条件下的 $q_1 = 80$。

③ 这里同样略去了另一组包括负数的解。

④ N. Okishio, "Competition and Production Prices," *Cambridge Journal of Economics* 2000, 25 (4): 493-501.

在进一步的讨论中，置盐并未从这种反思出发，从根本上质疑其定理，而是构想了一个思想试验。与置盐定理相反，他假设此时不存在技术进步，在此前提下，伴随资本的竞争，实际工资将因劳动市场接近于充分就业而不断增长，从而挤压剩余价值，使其最终趋向为零。[①] 这一趋势意味着，竞争的结果将消灭可供平均化的剩余价值，从而导致新的均衡价格（生产价格）无法确立。这个思想试验其实是从另一角度为置盐定理所做的辩护。这是因为，根据这个模型，若要改变利润趋于零的结局，资本家的唯一出路是推动技术进步，降低生产的成本，以抵销实际工资上升的影响，实现利润率的增长。换言之，置盐在这篇论文里从反思置盐定理的假设前提出发，最终得出的却仍然是维护置盐定理的结论。

比较置盐在 1961 年和 2000 年发表的两篇论文，可以发现置盐分别叙述了两个截然不同的故事。在 1961 年的论文里，置盐假设实际工资不变，在技术进步的前提下，论证了一般利润率将出现增长。而在 2000 年的论文里，置盐反过来假设没有技术进步，在实际工资不断上升的前提下，利润会遭到挤压，最终消失殆尽。在这两个互为极端的故事之间，还存在第三种情况，即实际工资伴随技术进步而增长。在此条件下，利润率上升的前提，是实际工资增速小于劳动生产率增速；反之，则有利润率下降；当实际工资增速和生产率增速持平时，利润率不变。下面通过一

---

① 置盐提出："在没有技术变革时，资本家之间的竞争不会建立带有正的利润率的生产价格，反而会摧毁剩余价值本身。竞争之所以会造成这个结果的主要原因在于劳动供给维持不变，实际工资增长，并挤压了剩余价值。"见 N. Okishio，"Competition and Production Prices," *Cambridge Journal of Economics* 2000，25（4）：500。置盐在此表达的正是所谓"利润挤压论"（the Profit Squeeze Theory）的观点。利润挤压论是解释1974～1975 年发达资本主义经济衰退的最有影响的政治经济学理论，它主张工人阶级谈判能力的提高导致工资过快的增长，从而挤压了利润份额，造成利润率下降。置盐定理实际上是利润挤压论在学理上的基础。这也难怪利润挤压论的代表人物，如已故的牛津大学马克思主义经济学家格林，在理论上支持置盐定理。见 A. Glyn，"Marxist Economics," in J. Eatwell，M. Milgate and P. Newman，eds.，*The New Palgrave：Marxian Economics*（London：Macmillan Press Limited，1990），pp. 281－282。

个数字例子说明这一点。

在发生技术进步的条件下，实际工资要增长到什么程度才能恰好抵销技术进步对平均利润率的影响呢？在前述数字例子中，令技术进步后的平均利润率等于技术进步前的水平，即令 $r = 0.5$，我们可以得到：

$$q_1 = (1 + 0.5)\left(\frac{1}{2}q_1 + 10\right)$$

$$q_2 = (1 + 0.5)\left(\frac{1}{3}q_1 + \frac{35}{24}\right)$$

它的解为：

$$q_1 = 60$$

$$q_2 = \frac{515}{16}$$

q_2 的倒数，即：

$$\frac{1}{q_2} = \frac{w}{p_2} = \frac{16}{515}$$

就是所要的结果。也即是说，在发生技术进步后，如果实际工资从原来的 $1/45 \approx 0.022$ 上升到 $16/515 \approx 0.031$，则平均利润率就将保持在原来的 50% 水平不变。如果实际工资的上升低于这个水平，平均利润率仍然会上升。但若超过了这个水平，平均利润率就会下降。

以上讨论表明，在置盐的理论框架里，分别存在以下几种可能的情况。第一，当实际工资不变时，技术进步会提高平均利润率；第二，当不存在技术进步时，实际工资的增长会侵蚀利润，最终使利润荡然无存；第三，当实际工资上升和技术进步并存时，视两者增速的差异，分别有平均利润率上升、不变和下降三种情况。然而，所有这些情况事实上都依赖于以下前提，即平均利润率变化与资本积累的基本矛盾和由此产生的非均衡无涉。换言之，这些讨论和马克思的理论有一个共同点，即抽象了资本积累基本矛盾以及再生产失衡的可能性，只限于考虑生产领域的技术和成本变化对平均利润率的影响。

还可指出的是，置盐定理表面看来和马克思的观点相反，但这一定理实际上是对马克思观点的补充。置盐与马克思的区别体现在，两者采纳的量纲不同，置盐是在价格和实物量纲上考虑问题的，马克思则是在价值量纲上考虑问题的，这种差异使人容易忽略两者之间的内在联系。这两个量纲虽有差别，但又是相互对应、相互转化的，在一个量纲上使用的概念，完全可以转换或对应于另一个量纲的概念。置盐假定在实际工资不变时，技术进步会提高平均利润率，如果从马克思的价值量纲来看，这相当于假定剩余价值率的增长可以达到技术进步所能允许的最大值，并足以抵销资本有机构成的提高。从这个角度看，置盐的贡献在于，第一，他将抵销利润率下降的一种特殊情形在理论上明确化了；第二，更重要的是，通过改变各变量的量纲，他使利润率的研究有可能从纯理论研究转化为利用经验数据的实证研究。

3　再生产失衡、产品实现率与平均利润率的变动

3.1　置盐定理与非均衡

半个世纪以来，围绕置盐定理的争论从未停歇。韩国学者柳东民曾将相关批判划分为两类[①]：一类是内部批判，其特点是将置盐的模型扩展到涵盖固定资本和联合生产的情况；另一类是外部批判，其特点是对置盐模型的假设前提提出不同程度的质疑。柳东民的这一界分是根据置盐本人的观点做出的。正如前文提到的，置盐认为，其定理建立在两个假设前提的基础上，即实际工资保持不变，以及存在着以利润率平均化为

[①]　D. M. Rieu, "Has the Okishio Theorem Been Refuted," *Metroeconomica* 2009, 60（1）: 162 - 178.

标志的均衡。① 对置盐定理的内部批判，无须触动这两个前提；而外部批判则涉及对这两个前提的反思。近年来，在国际范围内影响最大的外部批判，来自所谓 TSSI（或译"分期单一体系解释"）。② TSSI 的批判是以下述观点为基础的，即主张区分投入的价值（或价格）与产出的价值（或价格），以历史成本而非当前成本定义利润率。这一方法的本质，是反对将利润率定义与共时均衡（Simultaneous Equilibrium）相联系，转而引入分期乃至非均衡的视角。TSSI 的这种观点在方法论上无疑是正确的③，但 TSSI 所发展的具体模型引起了广泛的批评。正如柳东民所指出的，TSSI 对置盐的批判依赖于对劳动生产率和价格变化的时间路径的任意假定，因而是不成功的。④

　　置盐本人在其 2000 年发表的论文中，也曾比较了两种不同的利润率定义：一种是采纳重置成本、依赖共时均衡的定义；另一种是采纳历史成本、可以接纳非均衡的定义。考虑一个两部门经济，分别生产投资品和工资品，两种利润率便可分别定义为：

$$r_i^t = p_i^t / (a_i p_1^t + n_i m^t) - 1$$

$$r_i^t = p_i^t / (a_i p_1^{t-1} + n_1 m^{t-1}) - 1 \quad i = 1, 2$$

　　其中，p_1 是投资品的生产价格，m 是货币工资率，a 和 n 代表投资品

①　N. Okishio, "Competition and Production Prices," *Cambridge Journal of Economics* 2000, 25 (4): 493 – 501.

②　A. Kliman and T. McGlone, "A Temporal Single – System Interpretation of Marx's Value Theory," *Review of Political Economy* 1999, 11 (1): 33 – 59.

③　可以指出的一点是，这一观点并不是 TSSI 的独创。主张在价值决定中区分投入的价值和产出的价值，至少可以追溯到曼德尔。20 世纪 70 年代，在为《资本论》新英译本撰写的导言里，曼德尔提出："投入层次上的价值并不自动地决定产出层次上的价值。只在一定的时间间隔以后，才能表明'投入'的一个部分是否已被浪费。"见孟德尔《〈资本论〉新英译本导言》，仇启华、杜章智译，中央党校出版社，1991，第 95 页。20 世纪 80 年代以来，类似观点在马克思主义者对新李嘉图主义的批判中进一步发展起来。

④　D. M. Rieu, "Has the Okishio Theorem Been Refuted," *Metroeconomica* 2009, 60 (1): 162 – 178.

和活劳动的数量。与第一个定义不同的是，第二个定义区分了两个不同时期（t 和 $t-1$），这意味着，投入的价格（包括货币工资率）和产出的价格有可能互不相同。从定义来看，第二个利润率是以预付资本或历史成本为基础的利润率。与此不同的是，第一个定义假设不同时期的价格和货币工资率是相同的，这样一来，利润率就是以当前成本为基础的利润率。

饶有意味的是，在其 2000 年的论文里，置盐本人也不否认采纳第二种定义的利润率（或分期利润率）有其积极意义。[①] 但他最终还是选择了第一种利润率（即假设了比较静态均衡的利润率）。置盐明确提出，他之所以在其模型中选择第一个定义，是因为资本家可以凭借这个定义预测其产出的价格，从而预期投资的赢利性。[②] 换言之，置盐仍然倾向于在排除了不确定性和非均衡的条件下，考察技术进步对利润率变化的影响。

置盐对两种利润率的比较，在一定程度上开启了对置盐定理的外部批判。但是，他的这种批判性反思是远非彻底的。这种不彻底性，除了上文所谈的以外，还体现在他对均衡的片面理解上。在他那里，均衡只被理解为在整个经济中利润率的平均化。也就是说，能否建立统一的利润率或形成生产价格，被看作均衡是否存在的唯一标准。然而，这样来理解均衡，没有摆脱单纯以资本主义生产当事人的经验意识为依据来理解经济概念的弊端。马克思的观点与此迥然不同。在马克思那里，即便存在着利润率平均化，也会出现再生产的非均衡。在笔者看来，《资本论》第三卷所采用的叙述方法足够清晰地表达了这一点。在第十三章（题为"规律本身"）讨论了平均利润率下降规律以后，马克思随即在第十五章（题为"规律内部矛盾的展开"）里引入了资本积累的基本矛盾，

①　用他的话来说，如果假设生产期间是统一的，分期利润率就是有意义的，见 N. Okishio, "Competition and Production Prices," *Cambridge Journal of Economics* 2000, 25（4）：497。

②　N. Okishio, "Competition and Production Prices," *Cambridge Journal of Economics* 2000, 25（4）：497.

即剩余价值生产和剩余价值实现的矛盾。这一叙述方法意味着，在马克思看来，一般利润率的存在或生产价格的形成，是完全可能和再生产非均衡相伴随的。确认这一点是我们对置盐定理展开批判的前提之一。

在相关部门出现技术进步的情况下，依照马克思的观点，不仅单位产品价值会下降，单位时间内的产出也会增长。在《资本论》第一卷开篇不久，这两个并行不悖的趋势就被分别概括为劳动生产率与单位产品价值成反比变化的规律，以及劳动生产率与使用价值量成正比变化的规律。劳动生产率与使用价值量成正比的规律，潜在地意味着资本的价值增殖将变得日益依赖于使用价值量的实现。[①] 由于市场上针对特定使用价值的需求总会达到饱和，使用价值就会从价值的承担者变成价值增殖的障碍。在此意义上，马克思所揭示的商品两因素即使用价值和价值的矛盾，事实上是推动《资本论》第三卷所分析的剩余价值生产和剩余价值实现的矛盾逐步激化的内在力量。

在经济思想史上，古典经济学家魁奈通过下述悖论第一次把握到使用价值和价值之间的这种矛盾，以及这种矛盾对于资本积累的影响。作为"重农学派"的代表，魁奈相信价值源自土地而非劳动。为了驳倒劳动价值论，魁奈别出心裁地采用了归谬法。[②] 他假定劳动价值论是正确的，然后依照劳动价值论原理来推论，在劳动生产率提高的前提下，单位商品价值会不断下降。在魁奈看来，这一结论与资本主义生产在概念

[①] 为了说明这一点，不妨假设生产某商品时不需要任何不变资本，即 $c = 0$。该商品的单位价值量可以表达为：$\lambda = v + s = v(1 + e)$，并有 $v = \lambda \dfrac{1}{1 + e}$。这里的 λ 是单位商品价值，v 是单位商品所含的可变资本，s 是单位商品的利润，e 是剩余价值率。由 $s = ve$，有 $s = \lambda \dfrac{e}{1 + e}$。生产这种商品的总利润为：$\Pi = xs = x\lambda \dfrac{e}{1 + e}$。$x$ 是在单位时间内生产出来并得到实现的全部商品量，x 的增长是 λ 下降的抵销因素。至于剩余价值率，在数学上取极限时，$\dfrac{e}{1 + e}$ 等于 1，这意味着，在长期内，剩余价值率的提高对于 λ 及商品单位利润下降所起的抵销作用是有限的，总利润量能否增长越来越取决于使用价值的实现规模。

[②] 魁奈：《关于手工业劳动》，载《魁奈经济著作选集》，吴斐丹、张草纫译，商务印书馆，1991。

上是相互冲突的，因为单位商品价值的下降将不可避免地带来单位利润的减少，后者势必会危及以利润为目的的资本主义生产。反过来说，如果资本主义生产能够在现实中成立，劳动价值论就必然是错误的。

　　魁奈所发现的这种矛盾可以称作"魁奈悖论"。这一悖论在经济思想史上首次发现资本主义生产不可能建立在单位产品价值永恒下降的基础上。换言之，魁奈在某种意义上意识到"通货紧缩"是对资本主义生产方式的致命威胁。但魁奈不是利用这一发现揭示资本主义发展的内在矛盾，而是据此宣布，劳动价值论是错误的。在《资本论》里，马克思非常重视魁奈的思想，在不止一个地方和魁奈进行了有时是不点名的对话。① 在马克思看来，魁奈所发现的矛盾，并不是导致资本主义生产不能成立的理由，反而是资本主义生产得到发展的依据。在《资本论》第三卷讨论利润率下降规律时，马克思针对魁奈悖论提出了一个解决办法：单位商品价值（价格）下降及其所伴随的单位商品利润的下降，可以同商品总额利润量的增长相并存。马克思把这一点作为利润率下降规律的表现形式之一。②

　　值得指出的是，马克思尽管正确地提出了单位利润下降与总利润增长并存的可能性，却没有论证这一并存的前提条件。从微观即个别企业来看，这种并存要以下述假定为前提，即针对某种特定产品或特定使用价值的有效需求，会和劳动生产率提高一起成比例地增长。从宏观来看，这种并存则是以包括公式（10-3）在内的社会总资本再生产均衡条件的成立为条件的。在讨论利润率下降规律及其在竞争中的表现形式时，马克思并没有提出过这个问题。这一不寻常的缄默意味着，马克思其实在

<hr>

① 除了在讨论利润率下降的《资本论》第3卷，马克思还在《资本论》第1卷里谈到了魁奈悖论。见马克思《资本论》第1卷，载《马克思恩格斯全集》第23卷，人民出版社，1972，第356页。

② 马克思：《资本论》第3卷，载《马克思恩格斯全集》第25卷，人民出版社，1974，第251~257页。

暗中假定这些条件是能得到保证的。

和马克思相似，置盐在研究利润率变化时，也没有考虑再生产失衡的问题。而且，在置盐那里，由于他对劳动生产率提高有不适当的理解，更预先排斥了考察这个问题的可能性。这体现在，第一，他提出，资本家所引入的新技术只需降低生产成本，不必一定提高劳动生产率。第二，即便在考虑技术进步对劳动生产率的影响时，他也仅仅把劳动生产率提高理解为单位产品价值的下降，而忽略了单位时间产出可以和劳动生产率成比例地增长。早在 20 世纪 60 年代，即在置盐的文章发表后不久，就有日本学者批判了置盐的这个观点。[①] 在马克思的相对剩余价值生产理论中，技术进步是以提高劳动生产率为偏向的。之所以如此，原因就在于，和单纯提高资本生产率相比，劳动生产率提高有助于通过提高单位时间产出增加剩余价值或利润总量。置盐完全无视这一点，片面地主张以所谓成本标准代替劳动生产率标准来理解技术进步的动因。置盐在这个问题上的片面性，并不是一个小小的失误。劳动生产率提高所引起的单位时间产出的增长，会在总量层面带来再生产失衡的可能性。可以认为，置盐正是因为忽略了产出总量与技术变革的关系，仅限于从单位产品价值（或价格）着眼来分析问题，才最终忽略了单位时间产出（或马克思的社会年产品）的实现困难及其给平均利润率变化所带来的影响。

3.2　产品实现率和平均利润率的变动

下面通过一个模型来考察单位时间产出的实现价值和平均利润率的关系。假定生产第 i 种（$i = 1$，2）产品所需要的劳动（包括物化劳动和活劳动）为 t_i，所形成的单位产品价值量为 λ_i。该产品在单位时间内的产出为 x_i。再假定第 i 种产品在市场上可实现的单位价值量为 λ_i^*。在再

---

① R. Tomizuka, *Chikuseikiron Kenkyu*（*Studies in Theory of Accumulation*）（Tokyo：Miraisha，1965）.

生产均衡的假定下，这两个部门在单位时间内生产的产出所实现的价值总量，应该等于由标准技术条件所决定的在生产中形成的价值总量，为此可以写出：

$$\sum_{i=1}^{2} \lambda_i^* x_i = \sum_{i=1}^{2} \lambda_i x_i = \sum_{i=1}^{2} t_i \qquad (10-6)$$

接下来需要讨论的是，单位产品的实现价值 λ^* 是如何被决定的。为此，我们要引入一个由冯金华发展的第二种社会必要劳动时间决定的模型①，我们曾将其称为"冯金华方程"。从定义来看，单位产品的实现价值（λ_i^*）应当等于用该单位产品交换到的全部货币的价值（以劳动价值衡量），即等于产品的交易价格与货币价值（后者用 λ_g^* 表示）的乘积。若用 p_i 表示第 i 种产品的价格，可写出如下交易方程：

$$\lambda_i^* = p_i \lambda_g^* \qquad (10-7)$$

需要指出的是，在这个交易方程里，价格 p_i 可以是任何一种价格形态。也就是说，该式中的 p_i 既可以是"直接价格"（即与价值成比例的价格），也可以是生产价格等其他价格形式。在这里，我们假定它就是生产价格。

将公式（10-7）代入公式（10-6），可以解出产品的单位实现价值 λ_i^*，即所谓冯金华方程：

$$\lambda_i^* = \frac{p_i}{\sum\limits_{i=1}^{2} p_i x_i} \sum_{i=1}^{2} t_i$$

若在该方程两边乘以单位时间产出 x_i，则有：

$$\lambda_i^* x_i = \frac{p_i x_i}{\sum\limits_{i=1}^{2} p_i x_i} \sum_{i=1}^{2} t_i \qquad (10-8)$$

---

① 冯金华：《社会总劳动的分配和价值量的决定》，《经济评论》2013 年第 6 期。

冯金华方程在提出时并没有考虑再生产出现非均衡的情况。我们可以结合上一节对资本积累基本矛盾的讨论，将再生产失衡引入冯金华方程。我们将讨论分为两个步骤，首先假定技术进步发生在工资品部门，然后再考虑工资品部门和生产资料（或投资品）部门同时发生技术进步的情况。

首先来看工资品部门。假定工资品部门在技术变革后，单位时间产出能够全部实现，即存在再生产均衡。此时有：

$$\lambda_2^{'*} x_2^{'} = \frac{p_2^{'} x_2^{'}}{p_1 x_1 + p_2^{'} x_2^{'}} \ (\lambda_1 x_1 + \lambda_2^{'} x_2^{'}) \qquad (10-9)$$

同时，参照公式（10-3），还可写出：

$$\lambda_1 x_1 + \lambda_2^{'} x_2^{'} = \sum_{i=1}^{2} (C_i + V_i + S_{ic} + S_{iv}) = \lambda_1 x_1 + \lambda_2^{'*} x_2^{'} \qquad (10-10)$$

其中，$\lambda_2^{'}$ 代表工资品部门在技术进步后的单位产品形成价值，并有 $\lambda_2^{'} < \lambda_2$；$x_2^{'}$ 则是技术进步后的单位时间产出，且 $x_2^{'} > x_2$。相应的，$\lambda_2^{'*}$ 则代表在技术变革后与再生产均衡相对应的单位工资品的实现价值。公式（10-10）第一个等式右边的后两项因子，即 $S_{ic} + S_{iv}$，表示的是两个部门的实际积累。对工资品部门的需求增量，是由其中的 S_{iv} 决定的。需要指出的是，由于置盐模型里假设资本家仅消费奢侈品，因此，在公式（10-10）的 $\sum_{i=1}^{2} (C_i + V_i + S_{ic} + S_{iv})$ 之中，资本家的消费即 S_{ik} 没有写入。

在再生产均衡的条件下，公式（10-9）右边的第二项因子，即 $(\lambda_1 x_1 + \lambda_2^{'} x_2^{'})$，作为在两个部门之间待分配的价值总量，取决于在生产中投入的、由生产的技术条件决定的劳动量。然而，在再生产存在非均衡时，这个待分配的价值总量就不再由生产中投入的劳动量（包括物化劳动和活劳动）来决定了，而是由剩余价值生产和剩余价值实现的矛盾所主宰的最终实现价值总量来决定。在非均衡的情况下，有不等式 $\Delta S_{iv} <$

$\Delta\lambda_2 x_2$，其中 $\Delta\lambda_2 x_2 = \lambda_2' x_2' - \lambda_2 x_2$，它代表了工资品部门在技术变革前后单位时间产出价值的变化。该不等式的存在，意味着公式（10－10）的第一个等号转化为不等式，即有：

$$\lambda_1 x_1 + \lambda_2' x_2' > \sum_{i=1}^{2} \left(C_i + V_i + S_{ic} + S_{iv} \right)$$

此不等式右边的各项代表了两个部门的有效需求。该不等式意味着工资品部门出现了由实现困难造成的再生产失衡，为此将出现相应的价格调整或产量调整。我们把经过价格和产量调整后的工资品部门的单位实现价值和单位时间产出，分别写作 λ_2^{**} 和 x_2^{**}，并写出新的方程：

$$\lambda_1 x_1 + \lambda_2^{**} x_2^{**} = \sum_{i=1}^{2} \left(C_i + V_i + S_{ic} + S_{iv} \right)$$

以及

$$\lambda_2^{**} x_2^{**} = \sum_{i=1}^{2} \left(V_i + S_{iv} \right)$$

该方程表示工资品部门年产品的可实现价值等于工资品部门的有效需求。参照前述冯金华方程，我们还可写出：

$$\lambda_2^{**} x_2^{**} = \frac{p_2^{**} x_2^{**}}{p_1 x_1 + p_2^{**} x_2^{**}} \sum_{i=1}^{2} \left(C_i + V_i + S_{ic} + S_{iv} \right) = \sum_{i=1}^{2} \left(V_i + S_{iv} \right) \quad (10-11)$$

这里的 p_2^{**} 是与非均衡对应的市场生产价格。在再生产失衡的条件下，会有 $p_2^{**} x_2^{**} < p_2' x_2'$，或

$$p_2^{**} x_2^{**} = \phi_2 p_2' x_2', \ 0 < \phi_2 \leqslant 1$$

其中系数 ϕ_2 代表产量和价格调整所带来的变化，它可定义为工资品部门的产品实现率。将此式代入公式（10－11），可得出 ϕ_2 的一个补充定义式：

$$\phi_2 = \cfrac{\cfrac{p_1 x_1 + p_2^{**} x_2^{**}}{\sum_{i=1}^{2} (C_i + V_i + S_{ic} + S_{iv})}}{\cfrac{p_2' x_2'}{\sum_{i=1}^{2} (V_i + S_{iv})}}$$

参照上述讨论和公式（10 – 11），可知该式的分子和分母遵从以下关系：

$$\frac{p_2' x_2'}{\sum_{i=1}^{2} (V_i + S_{iv})} > \frac{p_2^{**} x_2^{**}}{\sum_{i=1}^{2} (V_i + S_{iv})} = \frac{p_1 x_1 + p_2^{**} x_2^{**}}{\sum_{i=1}^{2} (C_i + V_i + S_{ic} + S_{iv})}$$

这意味着 $\phi_2 < 1$。从 ϕ_2 的这个补充定义式可看到，产品实现率归根结底取决于资本家阶级的积累活动，即 S_{ic} 和 S_{iv} 的实际规模。

在上述分析的基础上，可写出工资品部门在进行产量和价格调整后的新的生产价格方程：

$$\phi_2 p_2' x_2' = (1 + r) (a_2 p_1 + \tau_2 w) x_2'$$

或

$$\phi_2 q_2 = (1 + r)(a_2 q_1 + \tau_2) \qquad (10 - 12)$$

与置盐的方程不同，这个新方程有如下特点：第一，它区别了投入和产出的价格；第二，它考虑了因实现困难而带来的再生产失衡。为了简化分析，可假设工资品部门只进行产量调整，ϕ_2 代表在特定时间内产量调整的幅度。参照置盐给出的表示工资品部门技术进步的数例，可写出如下新的方程组（其中 $q_2 = \dfrac{p_2'}{w}$）：

$$q_1 = (1 + r)\left(\frac{1}{2} q_1 + 10\right)$$

$$\phi_2 q_2 = (1 + r)\left(\frac{1}{3} q_1 + \frac{35}{24}\right)$$

$$1 = \frac{q_2}{45}$$

若将该方程组里的第三个方程代入第二个方程，便得到：

$$q_1 = (1 + r)\left(\frac{1}{2}q_1 + 10\right)$$

$$45\phi_2 = (1 + r)\left(\frac{1}{3}q_1 + \frac{35}{24}\right) \qquad (10-13)$$

由方程组（10-13）可以解得：

$$r = \frac{24\sqrt{\dfrac{2025\phi_2^2}{4} + \dfrac{4275\phi_2}{8} + \dfrac{1225}{576}}}{125} - \frac{108\phi_2}{25} - \frac{32}{25}$$

从此解中可以看到以下几点。第一，在 $0 < \phi_2 \leqslant 1$ 的范围内，平均利润率 r 与工资品的实现率 ϕ_2 同方向变化。特别是，当工资品的实现率下降时，平均利润率也趋于下降。第二，工资品的实现率 ϕ_2 有一个"下限"——当 ϕ_2 低于该下限时，平均利润率 r 将为负数。在这个例子中，这个下限为 $\phi_2 \approx 0.1805$。第三，当工资品的实现率 ϕ_2 趋于 1，即当非均衡趋于均衡时，平均利润率 r 趋于 0.6。这正好是我们在置盐所给的技术进步的均衡例子中所看到的结果。第四，当工资品的实现率 ϕ_2 下降到大约 0.7153 时，平均利润率 r 下降到 0.5。这正好是工资品部门发生技术进步前的均衡情况。这意味着，在我们的例子中，工资品的实现率下降到大约 0.7153 时，将恰好抵销掉技术进步对平均利润率的影响。

下面再来分析所有基本品部门在技术进步条件下同时出现再生产失衡的情况。由于投资品或生产资料部门也出现再生产失衡，可以针对该部门写出：

$$\lambda_1' x_1' - \lambda_1 x_1 > \sum_{i=1}^{2} S_{ic}$$

并有：

$$\lambda_1' x_1' + \lambda_2' x_2' > \sum_{i=1}^{2} (C_i + V_i + S_{ic} + S_{iv})$$

参照公式（10 – 12），可写出：

$$\phi_1 q_1 = (1 + r)(a_1 q_1 + \tau_1)$$

其中 ϕ_1 代表生产资料生产部门的产品实现率。假定生产资料生产部门的物质消耗系数和活劳动消耗系数分别从原来的 $a_1 = 1/2$ 和 $\tau_1 = 10$ 下降到 $a_1 = 2/5$ 和 $\tau_1 = 5$。这样，方程组（10 – 13）就可改写为：

$$\phi_1 q_1 = (1 + r)\left(\frac{2}{5} q_1 + 5\right)$$
$$45\phi_2 = (1 + r)\left(\frac{1}{3} q_1 + \frac{35}{24}\right) \tag{10 – 14}$$

这里的 ϕ_1 和 ϕ_2 分别代表生产资料和工资品的实现率。由上述方程组（10 – 14）中的第一个方程可以得到：

$$\frac{\phi_1 q_1}{0.4 q_1 + 5} = 1 + r$$

代入第二个方程则有：

$$45\phi_2 = \frac{\phi_1 q_1}{0.4 q_1 + 5}\left(\frac{1}{3} q_1 + \frac{35}{24}\right)$$

由此即能解得：

$$q_1 = \frac{24\sqrt{\left(-\frac{35}{24}\phi_1 + 18\phi_2\right)^2 + 300\phi_1\phi_2} - 35\phi_1 + 432\phi_2}{16\phi_1}$$

再将上式代入方程组（10 – 14）的第二个方程，即可最后解得平均利润率为：

$$r = \frac{\phi_1 \phi_2}{\frac{\sqrt{\left(-\frac{35\phi_1}{24} + 18\phi_2\right)^2 + 300\phi_1\phi_2}}{90} + \frac{\phi_2}{5} + \frac{7\phi_1}{432}} - 1$$

从上式可以看到，平均利润率 r 随 ϕ_1 和 ϕ_2 的下降而下降，反之亦然，而且，随 ϕ_1 而下降的速度要大于随 ϕ_2 而下降的速度。这意味着，就对平均利润率的影响而言，生产资料的实现率要比工资品的实现率更加重要。这一点是可以预期到的，因为工资品是由工人购买的，资本家的利润在使用价值形态上主要体现为投资品。

4　技术进步、实际工资和产品实现率对平均利润率变动的影响

在这一节里，我们将在以上讨论的基础上，提出一个解释平均利润率变化的一般模型。考虑一个两部门经济，其中的两个部门分别生产生产资料和工资品。设生产资料和工资品的"实际价格"为 q_1 和 q_2。这里，q_i 是（名义）价格（用 p_i 表示）与货币工资（用 w 表示）的比率，即 $q_i = p_i / w$。于是，该经济的实际价格体系可表示为：

$$q_1 = (1 + r)(a_1 q_1 + \tau_1)$$

$$q_2 = (1 + r)(a_2 q_1 + \tau_2) \tag{10-15}$$

其中，a_i 和 τ_i 是第 i 个部门生产 1 单位第 i 种产品所消耗的生产资料和活劳动的数量。[①]

容易看到，方程组（10-15）实际上假定了所有生产出来的生产资料和工资品都能够得到完全的实现。换句话说，方程组（10-15）描述的是所有生产资料和工资品市场的供给和需求都完全相等的均衡情况。

现在考虑非均衡条件下的产品实现问题。为简单起见，我们假定生产资料的实现率 ϕ_1 和工资品的实现率 ϕ_2 相同，即有：$\phi_1 = \phi_2 = \phi$。[②] 其

---

① 方程组（10-15）就是置盐的基本品价格方程组，即置盐的价格方程组（10-4）中的前两个方程。见 N. Okishio, "Technical Changes and the Rate of Profit," *Kobe University Economic Review* 1961, 7: 85-99.

② 本章的讨论也可以放宽到假定两个部门的产品实现率保持不同比例变化的更加一般的情况。

中，$0 < \phi \leqslant 1$。于是，在这种包括非均衡的条件下，方程组（10 – 15）应当修正为：

$$\phi q_1 = (1 + r)(a_1 q_1 + \tau_1)$$
$$\phi q_2 = (1 + r)(a_2 q_1 + \tau_2)$$

(10 – 16)

需要说明的是，方程组（10 – 16）既可以用来确定非均衡条件下（即当 $0 < \phi < 1$ 时）的平均利润率，也可以用来确定均衡条件下（即当 $\phi = 1$ 时）的平均利润率。因此，方程组（10 – 16）可以看成方程组（10 – 15）的一般化，而方程组（10 – 15）则为方程组（10 – 16）的一个特例。①

由于工资品的实际价格 q_2 与实际工资（可表示为 $\omega = w/p_2$）正好互为倒数，故方程组（10 – 16）亦可以表示为：

$$\phi q_1 = (1 + r)(a_1 q_1 + \tau_1)$$
$$\frac{\phi}{\omega} = (1 + r)(a_2 q_1 + \tau_2)$$

(10 – 17)

若将产品实现率 ϕ 和实际工资 ω 看成参数（或"外生变量"），则方程组（10 – 17）就是一个只包括两个未知数（即生产资料的实际价格 q_1 和平均利润率 r）的线性方程组。

4.1 平均利润率

现在来求解方程组（10 – 17）中的平均利润率。首先，由方程组（10 – 17）的第一个方程可得：

$$\frac{\phi q_1}{a_1 q_1 + \tau_1} = 1 + r$$

将此式代入方程组（10 – 17）的第二个方程则得到：

① 在这组方程里，生产价格的定义与本书第 9 章的转形理论是不一致的。在第 9 章，价值转形是以产出价值为出发点的，因而成本价格无须再转形；而在这里，成本价格也得到了转形。需要提醒读者的是，这样做只是为了便于和置盐的模型相比较。

$$q_1 = \frac{-(\omega\tau_2 - a_1) \pm \sqrt{(\omega\tau_2 - a_1)^2 + 4a_2\omega\tau_1}}{2a_2\omega}$$

由于生产资料的实际价格必须大于零，即必须有 $q_1 > 0$，故上式根号前应当取"＋"号。于是有：

$$q_1 = \frac{-(\omega\tau_2 - a_1) + \sqrt{(\omega\tau_2 - a_1)^2 + 4a_2\omega\tau_1}}{2a_2\omega}$$

将此结果代入方程组（10 - 17）的第二个方程即得到：

$$r = \frac{2\phi}{a_1 + \omega\tau_2 + \sqrt{(\omega\tau_2 - a_1)^2 + 4a_2\omega\tau_1}} - 1 \qquad (10-18)$$

在公式（10 - 18）中，平均利润率 r 取决于所有三项因素，即反映技术状况的消耗系数（a_1，a_2，τ_1，τ_2）、实际工资 ω 和产品实现率 ϕ。因此，公式（10 - 18）可以看成关于平均利润率的一般公式。

如果假定产品实现率 ϕ 不变，则平均利润率就只取决于消耗系数和实际工资。特别是，如果假定产品实现率 $\phi = 1$，公式（10 - 18）就退化为：

$$r = \frac{2}{a_1 + \omega\tau_2 + \sqrt{(\omega\tau_2 - a_1)^2 + 4a_2\omega\tau_1}} - 1$$

这是"均衡"（即所有产品都能够得到完全实现）条件下的平均利润率决定公式。

如果再进一步假定实际工资不变，如 $\omega = \omega_0$，则上式就退化为：

$$r = \frac{2}{a_1 + \omega_0\tau_2 + \sqrt{(\omega_0\tau_2 - a_1)^2 + 4a_2\omega_0\tau_1}} - 1$$

这相当于置盐的平均利润率决定公式。[1] 在该公式中，平均利润率只取决于反映技术进步的消耗系数。

---

[1]　N. Okishio, "Technical Changes and the Rate of Profit," *Kobe University Economic Review* 1961, 7: 85 - 99.

4.2　平均利润率的变动

在平均利润率的一般公式（10 - 18）中，如果假定每次都只有一个变量在变化，所有其他的变量都暂时被固定，则可以很容易地得到此种简单情况下的平均利润率的变化规律。

例如，首先由一般公式（10 - 18）容易看到，平均利润率 r 将随产品实现率 ϕ 的上升而上升，随产品实现率 ϕ 的下降而下降。

其次，由一般公式（10 - 18）也容易知道，平均利润率 r 将随消耗系数的下降（亦即技术的进步）而上升，反之亦然。r 随生产资料生产部门和工资品生产部门的活劳动消耗系数 τ_1 和 τ_2 以及工资品生产部门的物质消耗系数 a_2 的下降而上升是显然的。r 随生产资料生产部门的物质消耗系数 a_1 的下降而上升则是因为：

$$\frac{\partial r}{\partial a_1} = -2\phi\left\{\frac{\sqrt{(\omega\tau_2 - a_1)^2 + 4a_2\omega\tau_1} - (\omega\tau_2 - a_1)}{\sqrt{(\omega\tau_2 - a_1)^2 + 4a_2\omega\tau_1}\left[a_1 + \omega\tau_2 + \sqrt{(\omega\tau_2 - a_1)^2 + 4a_2\omega\tau_1}\right]^2}\right\}$$

由于在上式中总有：

$$\sqrt{(\omega\tau_2 - a_1)^2 + 4a_2\omega\tau_1} > \omega\tau_2 - a_1$$

故必有：

$$\frac{\partial r}{\partial a_1} < 0$$

这意味着，平均利润率随生产资料生产部门的物质消耗系数的下降而上升。

最后，由一般公式（10 - 18）对实际工资的一阶导数的符号也可以知道，一般利润率 r 将随实际工资 ω 的上升而下降，反之亦然。这是因为：

$$\frac{\partial r}{\partial w} = -2\phi\left\{\frac{\tau_2\left[\sqrt{(\omega\tau_2 - a_1)^2 + 4a_2\omega\tau_1} + (\omega\tau_2 - a_1)\right] + 2a_2\tau_1}{\left[a_1 + \omega\tau_2 + \sqrt{(\omega\tau_2 - a_1)^2 + 4a_2\omega\tau_1}\right]^2 \sqrt{(\omega\tau_2 - a_1)^2 + 4a_2\omega\tau_1}}\right\} < 0$$

这意味着，平均利润率随实际工资的上升而下降。

4.3　等利润率方程

以上讨论的是单独一个变量的变化对平均利润率的影响。为了说明两个或两个以上的变量同时变化对平均利润率的影响，我们可由平均利润率的一般公式（10 – 18）引申出所谓"等利润率方程"，即能够导致同一个平均利润率水平的不同变量的各种可能的组合。

方法如下：先任意给定一组生产资料和工资品生产部门的各个消耗系数以及产品实现率和实际工资的值，并将它们代入平均利润率的一般公式（10 – 18），求得相应的某个平均利润率的值，如 $r = r_0$；然后再将这个 $r = r_0$ 代回公式（10 – 18），得到在维持平均利润率不变（即 $r = r_0$）的条件下各种变量之间的关系式，即：

$$r_0 = \frac{2\phi}{a_1 + \omega\tau_2 + \sqrt{(\omega\tau_2 - a_1)^2 + 4a_2\omega\tau_1}} - 1 \qquad (10 - 19)$$

例如，假定一开始时各个消耗系数以及实际工资和产品实现率的值分别为[①]：

$$a_1 = \frac{1}{2} 、 \tau_1 = 10 、 a_2 = \frac{1}{3} 、 \tau_2 = \frac{35}{24} 、 \omega = \frac{1}{45} 、 \phi = 0.7 \qquad (10 - 20)$$

将它们代入等利润率方程（10 – 19）可解得 $r_0 = 3/25$。再将 $r_0 = 3/25$ 代回等利润率方程（10 – 19），即得到一个具体的（初始消耗系数以及产品实现率和实际工资给定或者平均利润率等于 3/25 的）等利润率方程：

$$\frac{3}{25} = \frac{2\phi}{a_1 + \omega\tau_2 + \sqrt{(\omega\tau_2 - a_1)^2 + 4a_2\omega\tau_1}} - 1 \qquad (10 - 21)$$

---

①　这些值中的前五个就是置盐给出的在发生技术进步后的消耗系数和实际工资。见 N. Okishio，"Technical Changes and the Rate of Profit," *Kobe University Economic Review* 1961，7：85 – 99。

方程（10-19）和方程（10-21）都是符合我们要求的等利润率方程。前者是等利润率方程的一般形式，后者则是在给定初始状态条件下得到的更加具体的等利润方程。

4.4 等利润率曲线

在等利润率方程（10-19）或方程（10-21）中，如果同时有且仅有两个变量在变化，例如，消耗系数下降和实际工资上升同时发生，或者，实际工资上升和产品实现率上升同时发生，又或者，产品实现率上升和消耗系数下降同时发生，如此等等，则就可以得到各种特殊的等利润率方程以及相应的等利润率曲线。这里分三种情况具体讨论（其中，反映技术进步的消耗系数的变化用生产资料生产部门的活劳动消耗系数 τ_1 的下降来代表）。

1. ϕ 和 ω 可变，其他不变

在等利润率方程的一般形式公式（10-19）中，如果只考虑产品实现率 ϕ 和实际工资 ω 的变化，而假定所有其他因素均不变化，则得到的等利润率方程以及相应的等利润率曲线就描述了在维持平均利润率不变条件下产品实现率 ϕ 与实际工资 ω 的所有可能的各种组合。

若以横轴表示实际工资 ω，纵轴表示产品实现率 ϕ，则容易看到，这条等利润率曲线具有如下特点。

首先，它的纵截距等于 $(1+r_0)\,a_1 > 0$。

其次，等利润曲线一定向右上方倾斜。这是因为，在公式（10-19）中，产品实现率 ϕ 对实际工资 ω 的一阶导数为：

$$\frac{\partial \phi}{\partial \omega} = \frac{1+r_0}{2}\left\{\frac{\tau_2\left[\sqrt{(\omega\tau_2 - a_1)^2 + 4a_2\omega\tau_1} + (\omega\tau_2 - a_1)\right] + 2a_2\tau_1}{\sqrt{(\omega\tau_2 - a_1)^2 + 4a_2\omega\tau_1}}\right\} > 0$$

最后，等利润率曲线的弯曲方向完全取决于消耗系数的相对大小。这是因为，在公式（10-19）中，产品实现率 ϕ 对实际工资 ω 的二阶导数为：

$$\frac{\partial^2 \phi}{\partial \omega^2} = 2 \ (1 + r_0) \ \frac{a_2 \tau_1 \ (a_1 \tau_2 - a_2 \tau_1)}{[\ (\omega \tau_2 - a_1)^2 + 4 a_2 \omega \tau_1\ ] \ \sqrt{(\omega \tau_2 - a_1)^2 + 4 a_2 \omega \tau_1}}$$

由此可见，如果 $a_1 \tau_2 > a_2 \tau_1$，则 $\partial^2 \phi / \partial \omega^2 > 0$，等利润率曲线向上弯曲；反之，如果 $a_1 \tau_2 < a_2 \tau_1$，则 $\partial^2 \phi / \partial \omega^2 < 0$，等利润率曲线向下弯曲；如果 $a_1 \tau_2 = a_2 \tau_1$，则 $\partial^2 \phi / \partial \omega^2 = 0$，等利润率曲线为一条直线。

若在更加具体的等利润率方程（10-21）中，让产品实现率 ϕ 和实际工资 ω 可变，而所有其他因素仍为初始值，即令：

$$a_1 = \frac{1}{2} 、 \tau_1 = 10 、 a_2 = \frac{1}{3} 、 \tau_2 = \frac{35}{24} 、 \omega = \omega 、 \phi = \phi$$

再将它们代入公式（10-21）后，等利润率方程就简化为：

$$\frac{3}{25} = \frac{2\phi}{\frac{1}{2} + \frac{35}{24}\omega + \sqrt{\left(\frac{35}{24}\omega - \frac{1}{2}\right)^2 + \frac{40}{3}\omega}} - 1 \qquad (10-22)$$

或者

$$\phi = \frac{7}{25} + \frac{49}{60}\omega + \frac{14}{25}\sqrt{\left(\frac{35}{24}\omega - \frac{1}{2}\right)^2 + \frac{40}{3}\omega} \qquad (10-23)$$

其几何表示如图 10-1 所示。

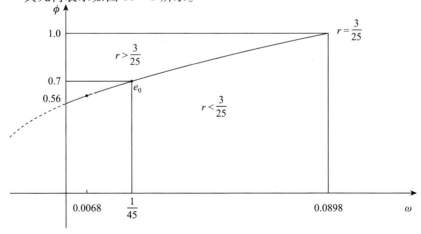

图 10-1　等利润率曲线 （Ⅰ）

在图 10 − 1 中，e_0 点给出的是初始的产品实现率 − 实际工资组合，即（ϕ，ω）=（0.7，1/45），该点所代表的平均利润率为 $r = 3/25$。过 e_0 点的曲线是等利润率方程（10 − 22）或方程（10 − 23）的几何表示。[①] 从 e_0 点出发，如果沿着曲线向右上方或左下方移动，则可以保证平均利润率不变，而如果离开曲线，向曲线的右下方区域移动，则平均利润率将下降；反之，向曲线的左上方区域移动，则平均利润率将上升。

值得注意的是，实际工资通常有一个"下限"。正如马克思所说："劳动力价值的最低限度或最小限度，是劳动力的承担者即人每天得不到就不能更新他的生命过程的那个商品量的价值，也就是维持身体所必不可少的生活资料的价值。假如劳动力的价格降到这个最低限度，那就降到劳动力的价值以下，因为这样一来，劳动力就只能在萎缩的状态下维持和发挥。"[②]

例如，在我们的上面的例子中，若设实际工资的下限为 0.0068，则这意味着，当实际工资下降到 0.0068 之后一般就不能再下降，因而此时，平均利润率就只随产品实现率的上升而上升，随产品实现率的下降而下降。

就产品实现率而言，则既有一个下限，也有一个上限。在我们的例子中，这个下限为 0.56。在等利润率曲线上，当产品实现率下降到 0.56 时，相应的实际工资将下降到零。在这种情况下，如果产品实现率进一步下降，实际工资也不可能再下降，从而，平均利润率实际上不再可能

[①] 由于在本例中有：

$$a_1\tau_2 = (1/2) \times (35/24) = 35/48$$
$$a_2\tau_1 = (1/3) \times 10 = 10/3$$

从而

$$a_1\tau_2 = 35/48 < 10/3 = a_2\tau_1$$

故等利润率曲线向下弯曲。

[②] 马克思：《资本论》第 1 卷，载《马克思恩格斯全集》第 23 卷，人民出版社，1972，第 196 页。

保持不变。换句话说，图 10-1 中纵轴左边的等利润率曲线（即用细虚线画出的部分）实际上是不现实的。产品实现率的上限显然就是 100% 即 1。产品实现率上升到 1 之后即不可能再上升，因而此时，平均利润率就只随实际工资的上升而下降，随实际工资的下降而上升。这正好是我们在置盐模型中看到的情况。

2. ω 和 τ_1 可变，其他不变

在等利润率方程的一般形式公式（10-19）中，如果只考虑实际工资 ω 和生产资料生产部门的活劳动消耗系数 τ_1 的变化，而假定所有其他因素均不变化，则可以得到另外一个特殊的等利润率方程以及相应的等利润率曲线——它描述了在平均利润率不变的条件下，实际工资 ω 和活劳动消耗系数 τ_1 的所有可能的各种组合。

若以横轴表示实际工资 ω，纵轴表示活劳动消耗系数 τ_1，且假定 $a_2\tau_1 \geqslant a_1\tau_2$，则容易看到这条等利润率曲线具有如下特点。第一，它的横截距等于（或小于）$\phi/(1+r_0)\tau_2 > 0$。

第二，它向右下方倾斜。这是因为，由公式（10-19）可以解得：

$$\tau_1 = \frac{1}{\omega}\frac{\phi}{a_2(1+r_0)}\left(\frac{\phi}{1+r_0}-a_1\right)+\frac{1}{a_2}\left(a_1\tau_2-\frac{\tau_2\phi}{1+r_0}\right)$$

从而

$$\frac{\partial\tau_1}{\partial\omega}=-\frac{\phi}{a_2(1+r_0)}\frac{\phi-a_1(1+r_0)}{1+r_0}\frac{1}{\omega^2}$$

其中

$$\phi-a_1(1+r_0)>0$$

于是有：

$$\frac{\partial\tau_1}{\partial\omega}<0$$

第三，它向下凸出。这是因为：

$$\frac{\partial^2 \tau_1}{\partial \omega^2} = \frac{\phi}{a_1 (1 + r_0)} \frac{\phi - a_1 (1 + r_0)}{1 + r_0} \frac{2}{\omega^3} > 0$$

若在更加具体的等利润率方程（10-21）中，让实际工资 ω 和生产资料生产部门的活劳动消耗系数 τ_1 可变，而保持所有其他因素为初始值，即令：

$$a_1 = \frac{1}{2} \text{、} \tau_1 = \tau_1 \text{、} a_2 = \frac{1}{3} \text{、} \tau_2 = \frac{35}{24} \text{、} \omega = \omega \text{、} \phi = 0.7$$

则将它们代入公式（10-21）后，等利润率方程就可简化为：

$$\frac{3}{25} = \frac{2 \times 0.7}{\frac{1}{2} + \frac{35}{24}\omega + \sqrt{\left(\frac{35}{24}\omega - \frac{1}{2}\right)^2 + 4 \times \frac{1}{3}\omega\tau_1}} - 1 \tag{10-24}$$

或者

$$\tau_1 = \frac{3}{4\omega}\left(\frac{5}{16} - \frac{35}{48}\omega\right) \tag{10-25}$$

其几何表示如图 10-2 所示。

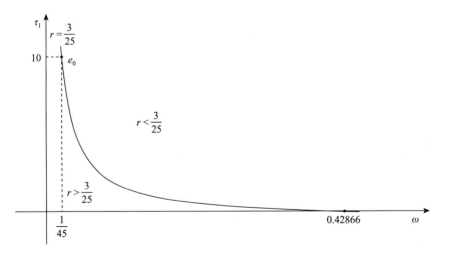

图 10-2　等利润率曲线（Ⅱ）

在图 10-2 中，e_0 点给出的是初始的实际工资与生产资料生产部门的活劳动消耗系数的组合，即（ω，τ_1）＝（$1/45$，10），该点所代表的平均利润率为 $r = 3/25$。过 e_0 点的曲线是等利润率方程（$10-24$）和方程（$10-25$）的几何表示。从 e_0 点出发，如果沿着曲线向右下方或左上方移动，则可以保证平均利润率不变，而如果离开曲线，向曲线的右上方区域移动，则平均利润率将下降；反之，向曲线的左下方区域移动，则平均利润率将上升。

3. τ_1 和 ϕ 可变，其他不变

在等利润率方程的一般形式公式（$10-19$）中，如果只考虑生产资料生产部门的活劳动消耗系数 τ_1 和产品实现率 ϕ 的变化，而假定所有其他因素均不变化，则可以得到第三个特殊的等利润率方程以及相应的等利润率曲线——它描述了在平均利润率不变的条件下，活劳动消耗系数 τ_1 和产品实现率 ϕ 的所有可能的各种组合。

若以横轴表示活劳动消耗系数 τ_1，纵轴表示产品实现率 ϕ，则容易看到这条等利润率曲线具有如下特点。第一，它的纵截距等于（$1 + r_0$）$\omega\tau_2 > 0$（若 $\omega\tau_2 \geqslant a_1$），或（$1 + r_0$）$a_1 > 0$（若 $\omega\tau_2 < a_1$）。

第二，它向右上方倾斜。这是因为：

$$\frac{\partial \phi}{\partial \tau_1} = \frac{(1 + r_0)\ a_2 \omega}{\sqrt{(\omega\tau_2 - a_1)^2 + 4a_2\omega\tau_1}} > 0$$

第三，它向下凹。这是因为：

$$\frac{\partial^2 \phi}{\partial \tau_1^2} = \frac{2\ (1 + r_0)\ a_2^2 \omega^2}{\left[\ (\omega\tau_2 - a_1)^2 + 4a_2\omega\tau_1\right]^{\frac{3}{2}}} < 0$$

若在特殊的等利润率方程（$10-21$）中，让活劳动消耗系数 τ_1 和产品实现率 ϕ 可变，而保持所有其他因素为初始值，即令：

$$a_1 = \frac{1}{2}、\tau_1 = \tau_1、a_2 = \frac{1}{3}、\tau_2 = \frac{35}{24}、\omega = \frac{1}{45}、\phi = \phi$$

则将它们代入公式（$10-21$）后，等利润率方程就可简化为：

$$\frac{3}{25} = \frac{2\phi}{\frac{1}{2} + \frac{1}{45} \times \frac{35}{24} + \sqrt{\left(\frac{1}{45} \times \frac{35}{24} - \frac{1}{2}\right)^2 + 4 \times \frac{1}{3} \times \frac{1}{45}\tau_1}} - 1 \qquad (10-26)$$

或者

$$\phi = \frac{14}{25}\left(\frac{115}{216} + \sqrt{\frac{10201}{46656} + \frac{4}{135}\tau_1}\right) \qquad (10-27)$$

其几何表示如图 10 - 3 所示。

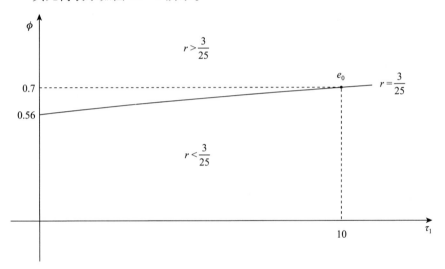

图 10 - 3 等利润率曲线（Ⅲ）

图 10 - 3 中，e_0 点给出的是初始的生产资料生产部门的活劳动消耗系数与产品实现率的组合，即（τ_1，ϕ）=（10，0.7），该点所代表的平均利润率为 $r = 3/25$。过 e_0 点的曲线是等利润率方程（10 - 26）和方程（10 - 27）的几何表示。从 e_0 点出发，如果沿着曲线向右上方或左下方移动，则可以保证平均利润率不变，而如果离开曲线，向曲线的右下方区域移动，则平均利润率将下降，反之，向曲线的左上方区域移动，则平均利润率将上升。

4.5 等利润率曲面

最后来看三个变量同时可变的情况。如果在等利润率方程的一般形式公式（10–19）中，假定产品实现率 ϕ、实际工资 ω 和生产资料生产部门的活劳动消耗系数 τ_1 都可变（同时假定所有其他因素——其余的消耗系数——不变），则得到的就是与一般形式的等利润率方程相应的"等利润率曲面"——它描述了在平均利润率不变的条件下，产品实现率 ϕ、实际工资 ω 和生产资料生产部门的活劳动消耗系数 τ_1 的所有可能的各种组合。

若在更加具体的等利润率方程（10–21）中，让产品实现率 ϕ、产品实际工资 ω 和生产资料生产部门的活劳动消耗系数 τ_1 均可变，而保持所有其他因素为初始值，即令：

$$a_1 = \frac{1}{2}、\tau_1 = \tau_1、a_2 = \frac{1}{3}、\tau_2 = \frac{35}{24}、\omega = \omega、\phi = \phi$$

则将它们代入公式（10–21）后，等利润率方程可简化为：

$$\frac{3}{25} = \frac{2\phi}{\frac{1}{2} + \frac{35}{24}\omega + \sqrt{\left(\frac{35}{24}\omega - \frac{1}{2}\right)^2 + 4 \times \frac{1}{3}\tau_1}} - 1 \qquad (10–28)$$

或者

$$\phi = \frac{14}{25}\left(\frac{1}{2} + \frac{35}{24}\omega + \sqrt{\left(\frac{35}{24}\omega - \frac{1}{2}\right)^2 + \frac{4}{3}\omega\tau_1}\right) \qquad (10–29)$$

其几何表示如图 10–4 所示。

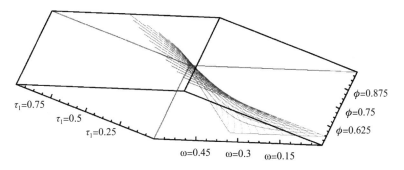

图 10–4 等利润率曲面

在图 10 - 4 中，等利润率曲面是等利润率方程（10 - 28）和方程（10 - 29）的几何表示。曲面上任何一点代表的平均利润率都相同，即都等于 3/25。曲面"右前上方"区域的平均利润率大于 3/25，"左后下方"区域的平均利润率小于 3/25。这里，"左"和"右"是根据实际工资 ω 的大小来判定：ω 的值越大，表示越靠左，反之，ω 的值越小，表示越靠后；"前"和"后"是根据生产资料生产部门的活劳动消耗系数 τ_1 的大小来判定的：τ_1 的值越小，表示越靠前，反之，τ_1 的值越大，表示越靠后；"上"和"下"是根据产品实现率 ϕ 的大小来判定的：ϕ 的值越大，表示越靠上，ϕ 的值越小，表示越靠下。

5　尾论

本章对马克思的一般利润率下降理论和置盐定理进行了比较，提出马克思和置盐信雄的结论虽然表面上看截然相反，双方的观点实际上具有互补性，并遵循着某些共同的假定。马克思主义者迄今为止对置盐定理的批判，尽管在方法论上有一定的贡献，但基本上都未取得成功。其主要原因在于，这些批判大多强调了马克思和置盐观点的差别，而没有体认到马克思和置盐在观点上的互补，以及在研究假设上的共通之处。我们的分析表明，在利润率动态的研究中，以再生产均衡为预设前提的做法是片面的。利润率的变化只有置于一个以剩余价值生产和剩余价值实现的矛盾为基础的非均衡的框架中，才能得到全面合理的分析。为此，本章重新设计了平均利润率和生产价格决定的方程，引入了代表再生产失衡的产品实现率，最终构建了一个可以解释平均利润率变动的一般模型。在我们的模型里，平均利润率的变动受到技术进步、产品实现率和实际工资这三重因素的影响。这三重因素的并存，意味着平均利润率的变化与生产率提高的联系不是直接的，而是以社会年产品的实现程度和成本的变化为中介的。所谓置盐定理，只是在假设产品实现率为 1 和实际工资不变的前提下的特例。

由于利润率的高低既衡量了资本积累的能力，也可解释积累的动机，对利润率动态的解释在马克思资本积累理论中便居于特别重要的地位。在马克思那里，利润率是在价值量纲上度量的，对于理论分析而言，这样做是必要的，但对于进一步的经验研究而言，就需要把价值量纲进一步转换为价格和实物量纲，以方便经验度量。在笔者看来，置盐的最为关键的贡献，或许是在这一方面，而不仅仅在于考察了一种对利润率下降起抵销作用的重要因素。通过重新改造置盐的方程，本章提出了一个更为一般的模型解释利润率的变动，并将利润率的变化还原为三个最为基本的因素。如果在计量分析中能有效地解决这些因素（尤其是产品实现率）的经验度量问题，则该模型也可为解释经济周期和危机的实证研究奠定理论的基础。

参考文献

中文

[1] 阿姆斯特朗、克林、哈里森：《第二次世界大战以后的资本主义》，江苏人民出版社，1994。

[2] 埃尔斯特：《理解马克思》，何怀远等译，中国人民大学出版社，2008。

[3] 奥苏丽文：《创新企业与公司治理》，载拉让尼克、奥苏丽文《公司治理与产业发展》，黄一义译，人民邮电出版社，2005。

[4] 白暴力：《论价格直接基础》，西北工业大学出版社，1986。

[5] 鲍尔斯、爱德华兹、罗斯福：《理解资本主义：竞争、统制、变革》，孟捷、赵准、徐华等译，中国人民大学出版社，2010。

[6] 贝尔纳：《科学的社会功能》，陈体芳译，张今校，商务印书馆，1986。

[7] 波兰尼：《大转型：我们时代的政治与经济起源》，冯钢、刘阳译，浙江人民出版社，2006。

[8] 波兰尼：《个人知识》，许泽明译，贵州人民出版社，2000。

[9] 波兰尼：《科学、信仰与社会》，王靖华译，南京大学出版社，2004。

[10] 波特：《国家竞争优势》，李明轩、邱如美译，中信出版社，2012。

[11] 布哈林：《食利者政治经济学》，郭连成译，商务印书馆，2002。

[12] 布雷弗曼：《劳动与垄断资本》，方生、朱基俊等译，张伯健校，商务印书馆，1978。

[13] 布若威：《制造同意》，李荣荣译，商务印书馆，2008。

[14] 陈平：《代谢增长：市场份额竞争、学习不确定性和技术小波》，刘刚译，陈平校，《清华政治经济学报》第2卷，2014。

[15] 陈永志、杨继国：《价值总量之谜试解》，《经济学家》2003年第6期。

［16］陈征：《发展劳动价值论的关键所在》，《当代经济研究》2002 年第 11 期，后载于陈征《劳动和劳动价值论的运用与发展》，高等教育出版社，2005。

［17］陈征：《劳动和劳动价值论的运用与发展》，高等教育出版社，2005。

［18］陈征：《再论科学劳动》，《当代经济研究》2001 年第 10 期，后载于陈征《劳动和劳动价值论的运用与发展》，高等教育出版社，2005。

［19］恩格斯：《恩格斯致考尔·考茨基的信（1882 年 9 月 12 日)》，载《马克思恩格斯全集》第 35 卷，人民出版社，1971。

［20］恩格斯：《恩格斯致麦克斯·奥本海姆的信（1891 年 3 月 24 日)》，载马克思、恩格斯《〈资本论〉书信集》，人民出版社，1976。

［21］恩格斯：《反杜林论》，载《马克思恩格斯全集》第 20 卷，人民出版社，1971。

［22］恩格斯：《反杜林论》，载《马克思恩格斯选集》第 3 卷，人民出版社，1995。

［23］恩格斯：《政治经济学批判大纲》，载《马克思恩格斯全集》第 1 卷，人民出版社，1956。

［24］恩格斯：《致国际社会主义者大学生代表大会》，载《马克思恩格斯全集》第 22 卷，人民出版社，1965。

［25］法因、哈里斯：《重读资本论》，魏埙等译，山东人民出版社，1993。

［26］费雪：《利息理论》，陈彪如译，商务印书馆，2013。

［27］冯金华：《价值的形成和实现：一个新的解释》，《学习与探索》2015 年第 5 期。

［28］冯金华：《价值决定、价值转形和联合生产》，社会科学文献出版社，2014。

[29] 冯金华：《社会总劳动的分配和价值量的决定》，《经济评论》2013年第 6 期。

[30] 弗里：《劳动价值论的最新发展》，高伟、张苏译，《政治经济学评论》总第 13 辑，中国人民大学出版社，2008。

[31] 弗里曼、卢桑：《光阴似箭》，沈宏亮、沈由佳译，中国人民大学出版社，2007。

[32] 弗里曼、苏特：《工业创新经济学》，华宏勋等译，柳卸林校，北京大学出版社，2004。

[33] 高峰：《发达资本主义经济中的垄断与竞争》，南开大学出版社，1996。

[34] 高峰：《资本积累与现代资本主义》，南开大学出版社，1991。

[35] 高峰：《资本积累与现代资本主义》（第二版），社会科学文献出版社，2014。

[36] 谷书堂、杨玉川：《对价值决定和价值规律的再探讨》，《经济研究》1982 年第 2 期。

[37] 谷书堂：《求解价值总量之谜：两条思路的比较》，《南开经济研究》2002 年第 1 期。

[38] 谷书堂：《求解价值总量之谜》，《中华工商时报》2001 年 10 月 11 日。

[39] 哈耶克：《个人主义与经济秩序》，邓正来译，三联书店，2003。

[40] 何干强：《论有用劳动是价值创造的前提》，《南京师范大学学报》（社科版）1986 年第 2 期。

[41] 何祚庥：《必须将"科技×劳动"创造使用价值的思想引入新劳动价值论的探索和研究》，《政治经济学评论》2014 年第 1 期。

[42] 霍奇森（逊）：《资本主义、价值和剥削》，于树生、陈东威译，商务印书馆，1990。

[43] 霍奇逊：《演化与制度》，任荣华等译，中国人民大学出版社，2007。

[44] 基莱：《科学研究的经济定律》，王耀德译，河北科学技术出版社，2002。

［45］加亚特:《马克思著作中的简单劳动和复杂劳动》,李其庆译,载赵洪主编《国外〈资本论〉研究》,东北财经大学出版社,1987。

［46］卡尔多:《一个经济成长模式》,载卡尔多《论经济的稳定和成长》,蔡受百译,商务印书馆,1966。

［47］凯恩斯:《就业、利息和货币通论》,徐毓枏译,商务印书馆,1988。

［48］科恩:《卡尔·马克思的历史理论——一个辩护》,段忠桥译,高等教育出版社,2008。

［49］魁奈:《关于手工业劳动》,载《魁奈经济著作选集》,吴斐丹、张草纫译,商务印书馆,1991。

［50］拉让尼克、奥苏丽文:《股东价值最大化的由来与影响》,载拉让尼克、奥苏丽文《公司治理与产业发展》,黄一义译,人民邮电出版社,2005。

［51］拉佐尼克:《车间的竞争优势》,徐华等译,中国人民大学出版社,2007。

［52］莱博维奇:《超越〈资本论〉》,崔秀红译,经济科学出版社,2007。

［53］李翀:《复杂劳动化简之管见》,《马克思主义研究》1987年第3期。

［54］李翀:《价值和价格论》,中山大学出版社,1989。

［55］李翀:《论价值下降与价格上升的世纪之谜》,《北京师范大学学报》(社科版)1989年第6期。

［56］李慧中:《也谈价值的测量——与叶航同志商榷》,《中国社会科学(未定稿)》1981年第23期。

［57］李嘉图:《政治经济学及赋税原理》,郭大力、王亚南译,商务印书馆,1983。

［58］林岗、张宇:《马克思主义经济学的现代阐释——普通高等教育"十五"国家级规划教材〈政治经济学〉选登》,载《政治经济学评论》2003年第3辑,中国人民大学出版社,2003。

［59］林岗:《关于社会必要劳动时间以及劳动生产率与商品价值量的关

系的若干理论问题》,《教学与研究》2005 年第 7 期。

[60] 卢卡奇:《关于社会存在的本体论》,白锡堃、张西平、李秋零等译,白锡堃校,重庆出版社,1993。

[61] 卢卡奇:《审美特性》第 1 卷,徐恒醇译,中国社会科学出版社,1986。

[62] 卢森堡:《国民经济学入门》,彭尘舜译,三联书店,1962。

[63] 卢森堡:《资本积累论》,彭尘舜、吴纪先译,三联书店,1959。

[64] 罗斯多尔斯基:《马克思〈资本论〉的形成》,魏埙、张彤玉、沈玉玲等译,魏埙审校,山东人民出版社,1992。

[65] 马加什:《现代非马克思主义经济学史》下卷,张晓光、李新华译,商务印书馆,1992。

[66] 马克思:《直接生产过程的结果》,载《马克思恩格斯全集》第 49 卷,人民出版社,1982。

[67] 马克思、恩格斯:《德意志意识形态》,载《马克思恩格斯选集》第 1 卷,人民出版社,1995。

[68] 马克思、恩格斯:《马克思恩格斯全集》第 47 卷,人民出版社,1979。

[69] 马克思:《1857—1858 年经济学手稿》上册,载《马克思恩格斯全集》第 46 卷上册,人民出版社,1979。

[70] 马克思:《1857—1858 年经济学手稿》下册,载《马克思恩格斯全集》第 46 卷下册,人民出版社,1980。

[71] 马克思:《1861—1863 年经济学手稿》,载《马克思恩格斯全集》第 47 卷,人民出版社,1979。

[72] 马克思:《工资、价格和利润》,载《马克思恩格斯选集》第 2 卷,人民出版社,1995。

[73] 马克思:《雇佣劳动与资本》,载《马克思恩格斯选集》第 1 卷,人民出版社,1995。

[74] 马克思:《国际工人协会成立宣言》,载《马克思恩格斯全集》第

16 卷，人民出版社，1965。

[75] 马克思：《剩余价值理论》第 1 册，载《马克思恩格斯全集》第 26 卷第 1 册，人民出版社，1972。

[76] 马克思：《剩余价值理论》第 3 册，载《马克思恩格斯全集》第 26 卷第 3 册，人民出版社，1974。

[77] 马克思：《哲学的贫困》，载《马克思恩格斯全集》第 4 卷，人民出版社，1958。

[78] 马克思：《政治经济学批判》，载《马克思恩格斯全集》第 13 卷，人民出版社，1962。

[79] 马克思：《资本论》第 1 卷，载《马克思恩格斯全集》第 23 卷，人民出版社，1972。

[80] 马克思：《资本论》第 2 卷，载《马克思恩格斯全集》第 24 卷，人民出版社，1972。

[81] 马克思：《资本论》第 3 卷，载《马克思恩格斯全集》第 25 卷，人民出版社，1974。

[82] 马克思：《资本论》第一卷德文第一版，经济科学出版社，1987。

[83] 马克思：《资本论》第一卷法文版，冯文光、李其庆等译校，中国社会科学出版社，1983。

[84] 马歇尔：《经济学原理》，商务印书馆，1983。

[85] 马艳、程恩富：《马克思"商品价值量与劳动生产率变动规律"新探》，《财经研究》2002 年第 9 期，后载于程恩富、樊建新、周肇光《劳动·价值·分配》，安徽大学出版社，2003。

[86] 马艳：《马克思主义资本有机构成理论创新与实证分析》，《学术月刊》2009 年第 5 期。

[87] 梅林：《马克思传》上册，樊集译，持平校，人民出版社，1973。

[88] 梅特卡夫：《个体群思维的演化方法与增长和发展问题》，载多普菲主编《演化经济学：纲领与范围》，贾根良等译，高等教育出版

社，2004。

[89] 梅特卡夫：《演化经济学与创造性毁灭》，冯健译，中国人民大学出版社，2007。

[90] 孟德尔：《〈资本论〉新英译本导言》，仇启华、杜章智译，中央党校出版社，1991。

[91] 孟捷、李怡乐：《改革以来劳动力商品化和雇佣关系的发展——波兰尼和马克思的视角》，《开放时代》2013年第10期。

[92] 孟捷：《产品创新与马克思主义资本积累理论》，载张宇、孟捷、卢荻主编《高级政治经济学——马克思主义经济学的最新发展》，经济科学出版社，2002。

[93] 孟捷：《从再生产图式看剩余价值实现危机——兼论解释70年代资本主义经济危机的几种范式》，《当代经济研究》1998年第2期。

[94] 孟捷：《马克思主义经济学的创造性转化》，经济科学出版社，2001。

[95] 孟扬、孟捷：《默会知识与企业理论：一个演化经济学的视角》，《经济学动态》2010年第10期。

[96] 孟氧：《经济学社会场论》，中国人民大学出版社，1997。

[97] 米克：《劳动价值学说研究》，陈彪如译，商务印书馆，1963。

[98] 米列伊科夫斯基：《现代资产阶级政治经济学批判》，杨德明、厉以平等译，商务印书馆，1985。

[99] 诺布尔：《生产力》，李风华译，中国人民大学出版社，2007。

[100] 佩蕾丝：《技术创新与金融资本》，田方萌等译，孟捷校，中国人民大学出版社，2007。

[101] 彭必源、李冬梅：《对使用价值参与决定价值量的微观研究》，《湖北工程学院学报》2013年第4期。

[102] 彭罗斯：《企业成长理论》，赵晓译，上海人民出版社，2007。

[103] 青木昌彦：《企业的合作博弈理论》，郑江淮等译，中国人民大学

出版社，2005。

[104] 荣兆梓：《相对剩余价值长期趋势与劳动力价值决定》，《马克思主义研究》2009 年第 7 期。

[105] 史正富：《现代企业中的劳动与价值》，上海人民出版社，2002。

[106] 斯蒂德曼：《按照斯拉法思想研究马克思》，吴剑敏、史晋川译，商务印书馆，1991。

[107] 斯威齐：《资本主义发展论》，陈观烈、秦亚男译，商务印书馆，1997。

[108] 孙连成：《略论劳动生产率与商品价值量的关系》，《中国经济问题》1963 年第 11 期。

[109] 瓦尔加：《现代资本主义和经济危机》，三联书店，1964。

[110] 威廉姆森：《资本主义经济制度》，段毅才、王伟译，商务印书馆，2002。

[111] 卫兴华：《再论深化对劳动和劳动价值论的认识》，《宏观经济研究》2001 年第 3 期，后载于《卫兴华经济学文集》第一卷，经济科学出版社，2002。

[112] 魏埙、谷书堂：《价值规律在资本主义各个阶段中的作用及其表现形式》，《南开大学学报》（经济科学版）1955 年第 1 期。

[113] 魏埙、谷书堂：《价值规律在资本主义各个阶段中的作用及其表现形式》（第三版），上海人民出版社，1961。

[114] 吴宣恭：《个别企业劳动生产率与商品价值量的关系》，《中国经济问题》1964 年第 9 期。

[115] 吴宣恭：《吴宣恭文集：产权、价值、分配》，经济科学出版社，2010。

[116] 武建奇：《生产率、经济增长和价值总量的关系》，《中国经济问题》2005 年第 6 期。

[117] 希法亭：《金融资本》，福明等译，商务印书馆，1994。

[118] 熊彼特:《资本主义、社会主义与民主》,吴良健译,商务印书馆,1999。

[119] 亚里士多德:《政治学》,吴寿彭译,商务印书馆,1965。

[120] 杨国昌:《马克思与最低工资论》,载高崧等主编《马克思主义来源研究论丛》第14辑,商务印书馆,1992。

[121] 野中郁次郎、竹内弘高:《创造知识的企业》,李萌、高飞译,知识产权出版社,2006。

[122] 叶航:《试论价值的测量和精神生产对价值量的影响》,《中国社会科学（未定稿）》1980年第33期。

[123] 伊藤诚:《马克思的价值理论研究》,梁小民译,张友仁、胡代光校,载外国经济学说研究会编《现代国外经济学论文选》第3辑,商务印书馆,1982。

[124] 泽勒尼:《马克思的逻辑》,荣新海、肖振远译,张峰校,中央党校出版社,1986。

[125] 张衔:《劳动生产率与商品价值量关系的思考》,《教学与研究》2011年第7期。

[126] 张忠任:《百年难题的破解:价值向生产价格转形问题的历史和研究》,人民出版社,2004。

[127] 张忠任:《劳动生产率与价值量关系的微观法则和宏观特征》,《政治经济学评论》2011年第2期。

[128] 置盐信雄:《技术变革与利润率》,骆桢、李怡乐译,孟捷校,《教学与研究》2010年第7期。

[129] 朱仲棣:《劳动价值论中一个并未得到充分论述的问题》,《财经研究》1989年第4期。

[130] 佐藤金三郎等编《〈资本论〉百题论争（一）》,刘焱、赵洪、陈家英译,山东人民出版社,1993。

英文

[1] Adler, P. S., "The Dynamic Relationship between Tacit and Codified Knowledge: Comment on Nonaka," in Allouche, J., and G. Pogorel, eds., *Technology Management and Corporate Strategies: A Tricontinental Perspective* (Amsterdam: North-Holland, 1995).

[2] Adler, P. S., "The Future of Critical Management Studies: A Paleo-Marxist Critique of Labour Process Theory," *Organization Studies* 2007, 28 (9).

[3] Aglietta, M., *A Theory of Capitalist Regulation: US Experience*, English trans. (London: Verso, 1979).

[4] Ancori, B., A. Bureth and P. Cohendet, "The Economics of Knowledge: The Debate about Codification and Tacit Knowledge," *Industrial and Corporate Change* 2000, 19 (2).

[5] Aoki, M., "A New Paradigm of Work Organization and Co-ordination? —Lessons from Japanese Experience," in Marglin, S. A. and J. B. Schor, eds., *The Golden Age of Capitalism* (Oxford: Clarendon Press, 1990).

[6] Blair, M. M., "Institutionalists, Neoclassicals, and Team Production," *British Journal of Industrial Relations* 2005, 43 (4).

[7] Blair, M. M., "Firm-specific Human Capital and Theories of the Firm," in Blair, M. M. and M. J. Roe, eds., *Employees and Corporate Governance* (Washington: Brooking Institution Press, 1999).

[8] Blair, M. M. and L. A. Stott, "A Team Production Theory of Corporate Law," *Virginia Law Review* 1999, 85 (2).

[9] Bowles, S., D. M. Gordon and T. E. Weisskopf, *After the Wasteland* (New York: M. E. Sharpe, 1990).

[10] Brenner, R. and M. Glick, "The Regulation Approach: Theory and His-

tory," *New Left Review* 1991, 188 (188).

[11] Brown, J. S. and P. Duguid, "Knowledge and Organization: A Social-Practice Perspective," *Organization Science* 2001, 12 (2).

[12] Buroway, M., "Toward a Marxist Theory of the Labor Process Theory: Braverman and Beyond," *Politics and Society* 1978, 8 (3 – 4).

[13] Campbell, A., "The Transformation Problem: A Simple Presentation of the 'New Solution'," *Review of Radical Political Economics* 1997, 29 (3).

[14] Chen, Ping, "Metabolic Growth Theory: Market-share Competition, Learning Uncertainty, and Technology Wavelets," *Journal of Evolutionary Economics* 2014, 24 (2).

[15] Devine, J., "What is 'Simple Labour'? —A Re-examination of the Value-creating Capacity of Skilled Labour," *Capital and Class* 1989, 39 (1).

[16] Dumenil, G., "Beyond the Transformation Riddle: A Labor Theory of Value," *Science and Society* 1983 – 1984, 47 (4).

[17] Erdoös, P., "The Law of Value and the Real Wage in Capitalism," *Acta Oeconomica* 1974, 12 (3 – 4).

[18] Erdoös, P., *Wages, Profit, Taxation* (Budapest: Akademiai Kiado, 1982).

[19] Fajourn, E. and M. Machover, *Laws of Chaos: A Probabilistic Approach to Political Economy* (London: Verso, 1983).

[20] Fine, B., "Debating Lebowitz: Is Class Conflict the Moral and Historical Element in the Value of Labour-Power?" *Historical Materialism* 2008, 16 (3).

[21] Fine, B., "Banking Capital and the Theory of Interest," *Science & Society* 1985 – 1986, 49 (4).

[22] Fine, B., C. Lapavitsas, A. Saad-Filho, "Transforming the Transformation Problem: Why the 'New Interpretation' is a Wrong Turning," *Review of Radical Political Economics* 2004, 36 (1).

[23] Foley, D. A., "Marx's Theory of Money in the Historical Perspective," in Moseley, F., ed., *Marx's Theory of Money: Modern Appraisals* (London: Palgrave, 2005).

[24] Foley, D. A., "Realization and Accumulation in a Marxian Model of the Circuit of Capital," *Journal of Economic Theory* 1982, 28 (2).

[25] Foley, D. A., "The Value of Money, the Value of Labor Power, and the Marxian Transformation Problem," *Review of Radical Political Economics* 1982, 14 (2).

[26] Foley, D. A., *Understanding Capital* (Cambridge: Harvard University Press, 1986).

[27] Foley, D. A., "Recent Developments in the Labor Theory of Value," *Review of Radical Political Economics* 2000, 32 (1).

[28] Freeman, A. and G. Carchedi, eds., *Marx and Non-equilibrium Economics* (Cheltenham, UK: Edward Elgar, 1996).

[29] Freeman, A., A. Kliman and J. Wells, eds., *The New Controversy and the Foundations of Economics* (Cheltenham, UK: Edward Elgar, 2004).

[30] Freeman, C., J. Clark and L. Soete, *Unemployment and Technical Innovation* (Westport, Connecticut: Greenwood Press, 1982).

[31] Freeman, C. and F. Louca, *As Time Goes By: From Industrial Revolution to Information Revolution* (Oxford: Oxford University Press, 2002).

[32] Freeman, C. and L. Soete, *The Economics of Industrial Innovation*, 3rd edn. (London: Pinter, 1997).

[33] Gardiner, J., "Domestic Labour Revisited: A Feminist Critique of Marxist Economics," in Himmelwelt, S., ed., *Inside the Household* (Lon-

don: Macmillan, 2000).

[34] Gardiner, J. , "The Political Economy of Domestic Labour in Capitalist Society," in Barker, D. L. and S. Allen, eds. , *Dependence and Exploitation in Work and Marriage* (London: Longman, 1976).

[35] Gardiner, J. , S. Himmelweit and M. Mackintosh, "Woman's Domestic Labour," in Himmelweit, S. , ed. , *Inside the Household* (London: Macmillan, 2000).

[36] Georgescu-Roegen, N. , "Chamberlin's New Economics and the Production Unit," in Kuenne, R. , ed. , *Monopolistic Competition Theory* (New York: Wiley, 1967).

[37] Gillman, J. M. , *The Falling Rate of Profit* (London: Dobson, 1957).

[38] Glyn, A. , A. Hughes, A. Lipietz and A. Singh, "The Rise and Fall of the Golden Age," in Marglin, S. and J. B. Schor, eds. , *The Golden Age of Capitalism* (Oxford: Clarendon Press, 1990).

[39] Glyn, A. , "Marxist Economics," in Eatwell, J. , M. Milgate and P. Newman, eds. , *The New Palgrave: Marxian Economics* (London: Macmillan, 1990).

[40] Gordon, D. M. , *Fat and Mean* (New York: The Free Press, 1996).

[41] Gordon, D. M. , R. Edwards and M. Reich, *Segmented Work, Divided Workers* (Cambridge: Cambridge University Press, 1982).

[42] Harrison, B. , *Lean and Mean* (New York: Guilford Press, 1997).

[43] Harrison, J. , "The Political Economy of Housework," *Bulletin of the Conference of Socialist Economists* 1973, 3 (1).

[44] Harvey, D. , *Limits to Capital* (London: Verso, 1999).

[45] Harvey, P, "The Value-creating Capacity of Skilled Labor in Marxian Economics," *Review of Radical Political Economics* 1985, 17 (1 - 2).

[46] Heller, A. , *Marx's Theory of Needs* (London: Allison & Busby, 1978).

［47］ Hiferding, R., "Bohm-Bawerk's Criticism of Marx," in Sweezy, P., ed., *Karl Marx and the Closure of His System* (New York: Augstus M. Kelley Publishers, 1966).

［48］ Hodeson, G. M., *Economics and Evolution: Bringing Life Back into Economics* (University of Michigan Press, 1997).

［49］ Hodgson, G. M., *Evolution and Institutions: On Evolutionary Economics and the Evolution of Economics* (Cheltenham, UK: Edward Elgar, 1999).

［50］ Hossein-zadeh, Ismael and Anthony Gabb, "Making Sense of the Current Expansion of the U. S. Economy: A Long Wave Approach and a Critique," *Review of Radical Political Economics* 2000, 32 (3).

［51］ Howard, M C. and J. E. King, *A History of Marxian Economics*, Vol. 2 (London: Macmillan, 1992).

［52］ Itoh, M., "The New Interpretation and the Value of Money," in Moseley, F., ed., *Marx's Theory of Money: Modern Appraisals* (New York: Palgrave Macmillan, 2005).

［53］ Itoh, M., *The Basic Theory of Capitalism* (London: Macmillan, 1988).

［54］ Itoh, M., *The World Economic Crisis and Japanese Capitalism* (London: Macmillan, 1990).

［55］ Itoh, M., *Value and Crisis* (London: Pluto Press, 1980).

［56］ Kalecki, M., "Determinants of Profit," in *Selected Essays on the Dynamics of the Capitalist Economy* (Cambridge: Cambridge University Press, 1980).

［57］ Kalecki, M., "Political Affects of Full Employment," in *Selected Essays on the Dynamics of the Capitalist Economy* (Cambridge: Cambridge University Press, 1980).

［58］ Kalecki, M., "The Problem of Effective Demand with Tugan-Baranovsky and Rosa Luxemburg," in *Selected Essays on the Dynamics of Capitalist Economy* (Cambridge: Cambridge University Press, 1980).

[59] Karldor, N., "The Irrelevance of Equilibrium Economics," *Economic Journal* 1972, 82 (328).

[60] Kliman, A. and T. McGlone, "A Temporal Single-system Interpretation of Marx's Value Theory," *Review of Political Economy* 1999, 11 (1).

[61] Lazonick, W., *Business Organization and the Myth of Market Economy* (Cambridge: Cambridge University Press, 2001).

[62] Lazonick, W., *Competitive Advantage on the Shop Floor* (Cambridge, Massachusetts: Harvard University Press, 1990).

[63] Lebowitz, M., "Marx's Falling Rate of Profit: A Dialectical View," *Canadian Journal of Economics* 1976, IX (2).

[64] Lebowitz, M. A., "The Politics of Assumption, the Assumption of Politics," *Historical Materialism* 2006, 14 (2).

[65] Lebowitz, M. A., *Beyond Capital*, 2nd edn. (London: Palgrave Macmillan, 2003).

[66] Luxemburg, R., *The Accumulation of Capital*, translated by Agnes Schwarzschild, with an Introduction by Joan Robinson (London: Routledge & K. Paul, 1951).

[67] Mandel, E., *Late Capitalism* (London: Verso, 1999).

[68] Mann, M., "Ruling Class Strategies and Citizenship," *Sociology* 1987, 21 (3).

[69] Manwaring, T. and S. Wood, "The Ghost in the Labour Process," in Knights, D., H. Willmott, D. Collinson, eds., *Job Redesign: Critical Perspectives on the Labour Process* (Gower Publishing Company Ltd., 1985).

[70] Marglin, S. and J. B. Schoreds, *The Golden Age of Capitalism* (Oxford:

Clarendon Press, 1990).

[71] Marshall, T. H. , *Class, Citizenship and Social Development* (Westport, Connecticut: Greenwood Press, 1973).

[72] Meng, Jie, "Product Innovation and Capital Accumulation: An attempt to Introduce Neo-Schumpeterian Insights into Marxian Economics," *Research in Political Economy* 2013, 28.

[73] Meng, Jie, "Two Kinds of MELT and Their Determinations: Critical Notes on Moseley and the New Interpretation," *Review of Radical Political Economics* 2015, 47 (2).

[74] Mensch, G. , W. Weidlich and G. Haag, "Outline of a Formal Theory of Long-Term Economic Cycles," in Vasko, T. , ed. , *The Long Wave Debate* (Berlin: Springer, 1987).

[75] Mensch, G. , *Stalemate in Technology* (Massachusetts, Cambridge: Ballinger, 1979).

[76] Minsky, H. , *Stabilizing an Unstable Economy* (New Haven and London: Yale University Press, 1986).

[77] Mohun, S. , "The Labour Theory of Value as Foundation for Empirical Investigations," *Metroeconomica* 2004, 55 (1).

[78] Morishima, M. , *Marx's Economics: A Dual Theory of Value and Growth* (Cambridge: Cambridge University Press, 1979).

[79] Moseley, F. , "The 'New Solution' to the Transformation Problem: A Sympathetic Critique," *Review of Radical Political Economics* 2000, 32 (2).

[80] Moseley, F. , ed. , *Marx's Theory of Money: Modern Appraisals* (London: Palgrave, 2005).

[81] Moseley, F. , *Money and Totality: A Macro-Monetary Interpretation of Marx's Logic in Capital and the End of the "Transformation Problem"*

(Leiden, Netherlands: Brill, 2016).

[82] Moseley, F., "The Determination of the 'Monetary Expression of Labor Time' ('MELT') in the Case of Non-Commodity Money," *Review of Radical Political Economics* 2011, 43 (1).

[83] Okishio, N., "A Mathematical Note on Marxian Theorems," in Kruger, M. and P. Flascheleds, *Nobuo Okishio Essays on Political Economy* (Frankfurt am Main: Peter Lang, 1993).

[84] Okishio, N., "Competition and Production Prices," *Cambridge Journal of Economics* 2000, 25 (4).

[85] Okishio, N., "On Marx's Reproduction Scheme," *Kobe University Economic Review* 1988, 34.

[86] Okishio, N., "Technical Changes and the Rate of Profit," *Kobe University Economic Review* 1961, 7.

[87] Paitaridis, D. and L. Tsoulfidis, "The Growth of Unproductive Activities, the Rate of Profit, and the Phase-Change of the U. S. Economy," *Review of Radical Political Economics* 2014, 44 (2).

[88] Perelman, M., "Intellectual Property Rights and the Commodity Form," *Review of Radical Political Economics* 2003, 35 (3).

[89] Perez, C., *Technological Revolutions and Finance Capital* (Cheltenham, UK: Edward Elgar, 2002).

[90] Pianka, E. R., *Evolutionary Ecology*, 6th edn. (Benjamin Cummings, 2000).

[91] Porter, M. E., *The Competitive Advantage of Nations* (New York: Free Press, 1990).

[92] Przeworski, A. and M. Wallerstein, "The Structure of Class Conflict in Democratic Capitalist Societies," *American Political Science Review* 1982, 76 (2).

[93] Quesnay, F. , "The 'Dialogue on the Work of Artisans' , " in Meek, R. L. , ed. , *The Economics of Phsiocracy* (London: George Allen & Unwin Ltd. , 1962).

[94] Rajan, R. G. and L. Zingales, "Power in a Theory of the Firm," *Quarterly Journal of Economics* 1998, 113 (2).

[95] Rieu, D. M. , "Estimating Sectoral Rates of Surplus Value: Methodological issues," *Metroeconomica* 2008, 59 (4).

[96] Rieu, D. M. , "Has the Okishio Theorem Been Refuted," *Metroeconomica* 2009, 60 (1).

[97] Rosdolsky, R. , *The Making of Marx's Capital* (London: Pluto Press, 1977).

[98] Rowthorn, B. , *Capitalism, Conflict and Inflation* (London: Lawrence and Wishart, 1980).

[99] Rubin, I. I. , *Essays on Marx's Theory of Value* (Detroit: Black and Red, 1972) .

[100] Saad-Filho, A. , "The Value of Money, the Value of Labour Power and the Net Product: An Appraisal of the 'New Approach' to the Transformation Problem," in Freeman, A. and G. Carchedi, eds. , *Marx and Non-Equilibrium Economics* (Cheltenham, UK: Edward Elgar, 1996).

[101] Samuelson, P. A. , "Understanding the Marxian Notion of Exploitation: A Summary of the So-Called Transformation Problem Between Marxian Values and Competitive Prices," *Journal of Economic Literature* 1971, 9 (2).

[102] Senker, J. , "Tacit Knowledge and Models of Innovation," *Industrial and Corporate Change* 1995, 4 (2).

[103] Shaikh, A. , "Marx's Theory of Value and the 'Transformation Problem' , " in Schwartz, J. and Santa Monica, *The Subtle Anatomy of Capi-*

talism, (Goodyear Publishing, 1977).

[104] Shaikh, A., "Neo-Ricardian Economics—A Wealth of Algebra, A Poverty of Theory," *Review of Radical Political Economics* 1982, 14 (2).

[105] Shaikh, A. and E. A. Tonak, *Measuring the Wealth of Nations* (New York: Cambridge University Press, 1994).

[106] Silver, Beverly J., *Forces of Labor. Workers' Movements and Globalization Since* 1870 (Cambridge: Cambridge University Press, 2003).

[107] Sinha, A., "Transformation Problem: A Critique of the 'New Solution'," *Review of Radical Political Economics* 1997, 29 (3).

[108] Smith, T., *Technology and Capital in the Age of Lean Production* (Albany: State University of New York Press, 2000).

[109] Spencer, D., "Braverman and the Contribution of Labour Process Analysis to a Critique of Capitalist Production: 25 Years On," *Work, Employment and Society* 2000, 14 (2).

[110] Sweezy, P. M., ed., *Karl Marx and the Close of His System* (New York: Augustus M. Kelly, 1966).

[111] Thompson, P., "The Capitalist Labour Process: Concepts and Connections," *Capital and Class* 2010, 34 (1).

[112] Tomizuka, R., *Chikuseikiron Kenkyu (Studies in Theory of Accumulation)* (Tokyo: Miraisha, 1965).

[113] Tompson, P., "Adler's Theory of the Capitalist Labour Process: A Pale (o) Imitation," *Organization Studies* 2007, 28 (9).

[114] Wolff, R. D., B. Roberts and A. Callari, "Marx's (not Ricardo's) 'Transformation Problem'," *History of Political Economy* 1982, 14 (4).

[115] Wolff, R. D., A. Callari and B. Roberts, "A Marxian Alternative to the

Traditional 'Transformation Problem'," *Review of Radical Political Economics* 1984, 16 (2 − 3).

[116] Wright, E. O. and M. Burawoy, "Coercion and Consent in Contested Exchange," in Wright, E. O., *Interrogating Inequality* (London and New York: Verso, 1994).

[117] Zingales, L., "Corporate Governance," in Newman, P., ed., *The New Palgrave Dictionary of Economics and the Law* (London: Stockton Press, 1998).

[118] Zingales, L., "In Search of New Foundations," *Journal of Finance* 2000, 55 (4).

图书在版编目（CIP）数据

价值和积累理论／孟捷著． -- 北京：社会科学文
献出版社，2018.3
国家社科基金后期资助项目
ISBN 978 - 7 - 5201 - 1889 - 7

Ⅰ.①价…　Ⅱ.①孟…　Ⅲ.①价值论 - 研究②资本积
累 - 研究　Ⅳ.①F014.3

中国版本图书馆 CIP 数据核字（2017）第 298189 号

国家社科基金后期资助项目
价值和积累理论

著　　者 / 孟　捷

出 版 人 / 谢寿光
项目统筹 / 恽　薇　陈凤玲
责任编辑 / 田　康

出　　版 / 社会科学文献出版社 · 经济与管理分社　（010）59367226
　　　　　　地址：北京市北三环中路甲 29 号院华龙大厦　邮编：100029
　　　　　　网址：www. ssap. com. cn
发　　行 / 市场营销中心（010）59367081　59367018
印　　装 / 北京季蜂印刷有限公司

规　　格 / 开　本：787mm × 1092mm　1/16
　　　　　　印　张：25.5　字　数：350 千字
版　　次 / 2018 年 3 月第 1 版　2018 年 3 月第 1 次印刷
书　　号 / ISBN 978 - 7 - 5201 - 1889 - 7
定　　价 / 138. 00 元

本书如有印装质量问题，请与读者服务中心（010 - 59367028）联系